Les Ressources humaines POUR LES NULS

Les Ressources humaines POUR LES NULS

Sabine Wojtas

FIRST Editions

60, rue Mazarine
75006 Paris – France
Tél. : 01 45 49 60 00
Fax : 01 45 49 60 01
Courriel : firstinfo@efirst.com
Internet : www.editionsfirst.fr

ISBN : 978-2-7540-1627-8
Dépôt légal : avril 2011
Imprimé en Italie par «La Tipografica Varese S.p.A.», Varese

Ouvrage dirigé par Benjamin Arranger
Secrétariat d'édition : Capucine Panissal
Correction : Ségolène Estrangin
Index : Emmanuelle Mary
Dessins humoristiques : Marc Chalvin
Mise en page : Catherine Kédémos
Couverture : Reskator
Illustrations : De Visu
Fabrication : Antoine Paolucci
Production : Emmanuelle Clément

À propos de l'auteur

Sabine Wojtas a d'abord obtenu une maîtrise de lettres, option histoire économique et sociale, avant d'être diplômée de l'Institut français de gestion et de devenir une spécialiste des ressources humaines. Elle a effectué l'essentiel de sa carrière à la direction générale de PME en ayant toujours en charge la gestion de l'ensemble des salariés, au niveau du recrutement, de la paie, de la formation et du développement des compétences. Elle a travaillé successivement en banque d'affaires, clinique privée, start-up en haute technologie et dans la sous-traitance dans le secteur du luxe. Dans ses fonctions, elle s'est trouvée confrontée aux diverses problématiques RH et à l'évolution de la fonction vers un management à part entière. Elle a introduit notamment, au sein des entreprises, la notion de management de proximité avec la mise en place d'outils appropriés relatifs à l'implication des salariés.

En parallèle, Sabine Wojtas a enseigné en master RH, à l'IAE (Institut d'administration des entreprises), à l'université de psychologie à Nice et au Cnam (Conservatoire national des arts et métiers). Elle a publié en 2003 *Le Nouveau DRH*, basé sur ses cours. Elle est intervenue en tant que conseil et audit RH dans des sociétés internationales comme Infineon, Motorola ou Toyota, pour la mise en place des 35 heures ou la création de départements RH.

Sabine a ainsi acquis une triple compétence RH en tant que DG/DRH, enseignante RH et consultante RH. Elle participe aussi activement à diverses associations RH, dont l'ANDRH (Association nationale des dirigeants RH), à Paris. Elle est fondatrice de MGRH (Mouvement génération RH) en région Paca et vice-présidente depuis juin 2007 de ce club très convivial, axé sur les bonnes pratiques RH et s'adressant aux directeurs et responsables RH des PME locales.

Cet ouvrage est la synthèse de ses multiples expériences en relations et en ressources humaines.

Remerciements

Je tiens à remercier, tout particulièrement, mes trois filles qui m'ont toujours secondée dans ma passion des ressources humaines, Béatrice Vignier, Caroline Lagarde et Sandrine Risso. D'ailleurs, ma passion a déteint sur Béatrice, qui valide un master RH à la Sorbonne, et sur Caroline, qui s'est spécialisée en périphériques sociaux au cabinet de courtage Ardisson et qui me seconde au sein de MGRH PACA.

Une mention particulière pour leur témoignage en ressources humaines à mes collègues du club EpicurRH, excellent et confidentiel club RH, axé naturellement sur la compétence RH ! mais, surtout, sur une sincère amitié et je suis fière d'avoir participé à son lancement. Merci, donc, à Jean-Michel Garrigues, notre cher président, directeur B & B associés, à notre toujours dévoué Izy Behar, DRH Eutelsat, à l'enthousiaste Nathalie Gateau, DRH Günnebo, à la perfectionniste Aurore Paul, DRH France Staples, et à ceux qui nous ont rejoints : Xavier Jeanjean, DRH Technicolor, Amal Bennouma, DRH IFF, Raphaëlle Laurie, spécialiste du Web RH, et Philippe Gabilliet, professeur en leadership ESCP Europe.

Merci, bien sûr, à tous les membres du bureau MGRH Paca, que j'ai cofondé en 2007 avec Marie-Noëlle Champetier, DRH université de Nice-Sophia et, donc, à Nathalie Malan-Manigne, ex-DRH Cari, Valérie Mirrione, DRH Pizzorno, Stéphane Nicolas, DRH Scubapro et à nos juniors RRH, Julien Pellissier et Samia Rahji. Merci à mon amie Catherine Délivré, documentaliste, à mon gendre Laurent Faraud, juriste, et à Mehdi Caussanel-Haji du cabinet Barthélémy.

Grâce à tous leurs témoignages, le livre s'est enrichi des réelles problématiques RH et, bien sûr, des bonnes pratiques RH.

Sommaire

Préface

Tout salarié, ou futur salarié, a besoin de bien connaître ce que recouvre la désignation « ressources humaines ». En effet, les salariés sont directement concernés par les politiques, les pratiques et les outils RH mis en œuvre dans les organisations dans lesquelles ils travaillent ou envisagent de travailler.

Au cinéma, les responsables ressources humaines ont souvent le mauvais rôle, comme dans le film de Laurent Cantet *Ressources humaines*, sorti en 1999. Le public a souvent l'image d'un DRH expert en plans sociaux, homme des réductions d'effectifs, et non d'un développeur de talent qui innove et qui s'engage pour concilier performance sociale et économique, pour que l'entreprise assume ses responsabilités sociales, sociétale et environnementale. Dans les entreprises et les organisations, leurs missions sont souvent mal connues. Les salariés et futurs salariés, bien que directement concernés par les pratiques de management des ressources humaines, cependant les connaissent peu. De même, les managers de proximité et toute la ligne hiérarchique, au premier plan pour de nombreux problèmes RH, manquent souvent des connaissances de base pour remplir leur rôle de « premier RH ». Connaître les missions de la fonction RH dans les organisations et les techniques de base sur lesquelles elle appuie son action présente un grand intérêt pour chacun au sein de l'entreprise. C'est l'intérêt de cet ouvrage, clair, riche et dense, de faire découvrir les principaux domaines et activités qu'englobe l'appellation « ressources humaines », de rendre accessible les connaissances de base pour comprendre et agir afin de mieux piloter son parcours professionnel et d'éviter de nombreux risques, et aussi de faire partager une vision globale des RH.

Aujourd'hui, parler de RH ne signifie pas que l'on considère que les hommes sont des ressources mais que les hommes *ont* des ressources. L'ambition des gens de RH est de développer et mobiliser les ressources, c'est-à-dire les compétences et les talents que les salariés ont. Toutes les activités qui permettent d'attirer, développer et mobiliser les compétences, dans le cadre économique et réglementaire actuel, sont présentées dans cet ouvrage, qui répond ainsi aux questions du futur salarié sur le recrutement, la sélection, l'embauche et l'intégration. Il répond aux questions des salariés sur leur rémunération globale et toutes ses composantes, collectives et individuelles, fixes et variables, immédiates et différées, monétaires et non monétaires, sur le développement de leurs compétences et leurs formations, et tous les dispositifs dont ils peuvent bénéficier (DIF, CIF, VAE, plan de formation...), leur évolution professionnelle avec les entretiens en vigueur et les dispositifs mobilité dans leur organisation, sur le système de représentation du personnel…

Les questions sur les grands chantiers RH d'aujourd'hui, la gestion prévisionnelle des emplois et des compétences (GPEC), les négociations annuelles obligatoires (NAO), le rôle des partenaires sociaux, le dialogue social, la prévention du stress et des risques psychosociaux sont également abordées.

La richesse et la clarté de cet ouvrage écrit par une professionnelle reconnue doivent être soulignées. Il apporte les connaissances aujourd'hui utiles à tous les actifs et à ceux qui entrent sur le marché du travail.

Jean-Marie Peretti
Professeur à l'Essec Business School de Paris
et à l'IAE de Corse

Introduction

Pourquoi un livre sur les RH ?

Souvent encore, autour de nous, on se demande ce que l'on entend par la dénomination « ressources humaines », qualification relativement récente en entreprise. Ensuite, on se pose la question « en quoi consiste réellement la fonction de directeur des ressources humaines ? ». Pourtant, quand on regarde la bibliographie de ces dernières années, la quantité des livres relatifs à ce domaine est impressionnante ! Cependant, la plupart des ouvrages s'adressent à de fins connaisseurs de ce secteur spécifique. Aussi ai-je essayé avec ce livre de me mettre à la portée de vous tous, pour vous entraîner dans les dédales de cette encore mystérieuse fonction, sans pour autant vous épargner la complexité des innombrables missions de cette activité !

Pendant de nombreuses années, on ne s'est pas posé la question d'une fonction à part entière dévolue aux salariés, on se contentait de confier la gestion du personnel à la direction administrative et financière (DAF) de l'entreprise. Les formalités d'embauche et la paie en constituaient les missions principales, le recrutement dépendant exclusivement des directions concernées. Puis, des lois de plus en plus variées sont venues se greffer sur l'administratif, la rémunération, la formation, l'évaluation, le développement des compétences, les réunions avec les partenaires sociaux, etc. Bref, il devenait désormais impossible de gérer les salariés sans une réelle activité au sein d'une division spécifique : celle de la direction des ressources humaines (DRH).

Aujourd'hui, tous les partenaires de l'entreprise, clients et actionnaires, reconnaissent combien la qualité et la motivation des salariés sont les pivots du succès de leur société. Les salariés représentent en effet le capital intellectuel de l'entreprise et sont un des piliers indispensables à son développement. Il faut en être non seulement conscient, mais également se donner les moyens de le mettre en pratique, ce qui est moins évident.

Un des challenges de la direction des ressources humaines sera de trouver et garder ses hauts potentiels. Comme sur n'importe quel marché, la compétition existe pour les meilleurs candidats et, une fois embauchés, un simple coup de fil peut les voir nous quitter !

Il va ainsi falloir innover dans les RH, se donner des moyens et un minimum de temps pour construire et valider une vraie stratégie RH. Ce livre va vous tenir informé non seulement du contenu de la fonction, mais également de sa constante évolution.

Les enjeux de la fonction RH

La fonction des ressources humaines doit relever le défi en s'affirmant en tant que fonction stratégique de l'entreprise. Elle doit, d'une part, parfaitement maîtriser les règles juridiques liées aux lois de plus en plus complexes et difficiles à appliquer et, d'autre part, participer à une gestion très rigoureuse de maîtrise des coûts sachant que le poste des rémunérations est toujours un des plus sensibles de la société.

Petit à petit, les managers des diverses divisions prennent conscience de l'importance des ressources humaines au cœur de l'entreprise et de l'enjeu d'un département spécifique RH. Mais la fonction RH étant vaste et complexe, cela m'a donné envie d'écrire *Les Ressources humaines pour les Nuls*. À travers ce livre, j'essaie de vous donner une vision globale de la fonction et une approche opérationnelle, quasiment quotidienne. La plupart des spécialistes RH ont développé pendant des années de nombreux outils basés sur leur propre expérience. Je ne prétends pas avec ce livre me substituer à tous ces experts, mais j'espère vous donner quelques clés pour aborder sereinement les divers aspects de cette fonction si difficile mais, ô combien, enrichissante ! Peut-être ces lignes seront-elles à l'origine d'une vocation RH ?

À propos de ce livre

Comme vous pouvez le constater en jetant un coup d'œil sur le sommaire, les ressources humaines sont une discipline très large et très variée, et un livre ne peut vous rendre spécialiste du sujet. Par contre, l'approche pragmatique de chacun des chapitres vous permettra de vous familiariser avec les termes RH et elle vous donnera un maximum d'informations sur le thème abordé.

Que pouvez-vous retirer de ce livre ? Vous serez capable de :

- Connaître les contours de la fonction RH et la plupart des contraintes légales françaises y afférents ;
- Comprendre la stratégie RH d'une entreprise et son impact sur les salariés ;
- Découvrir l'importance du processus de recrutement, ses pratiques et ses formalités ;
- Prendre en compte la relation humaine lors des entretiens d'embauche ainsi qu'au moment de l'intégration des nouveaux salariés ;

- Connaître les obligations relatives au salaire, les périphériques financiers et sociaux spécifiques à la France, le tout composant la rémunération globale ;
- Tenir compte de l'impact du dialogue social au sein de l'entreprise et des modalités structurelles françaises ;
- Prendre conscience du rôle majeur des compétences salariales, de leur évaluation et de leur évolution grâce à la détection des hauts potentiels et à une formation généralisée ;
- Vous faire une idée des outils RH se focalisant sur la mobilisation des salariés, le développement de leur performance, leur sens de l'innovation ainsi que leur capacité à travailler en équipe.

En un mot, ce livre vous servira de guide et vous pourrez vous appuyer dessus pour faire face au défi complexe mais si valorisant du management des hommes en entreprise.

Les conventions utilisées dans ce livre

Nous emploierons le féminin *la* DRH lorsque nous aborderons la direction des ressources humaines en tant que département ou équipe de travail.

Nous dirons par contre *le* DRH chaque fois que nous parlerons de la fonction elle-même, liée à la personne du directeur ou de la directrice des ressources humaines, bien que sachant combien cette fonction se féminise de nos jours !

À l'instar des responsables RH eux-mêmes, ce livre utilise beaucoup d'abréviations. Par exemple « CHSCT » pour « comité d'hygiène, de sécurité et des conditions de travail ». Si vous ne connaissez pas le sens d'un sigle, vous pouvez vous reporter à tout moment à la liste des abréviations de l'annexe A.

Comment ce livre est organisé

Les Ressources humaines pour les Nuls comportent sept parties, décomposées en chapitres consacrés chacun à un thème précis. Vous pouvez lire chaque chapitre indépendamment des autres, survoler l'un, insister sur un autre, en fonction de vos propres connaissances.

Chacune des parties traite d'un grand thème des ressources humaines. En voici un résumé.

Première partie : Les bases de la mission RH

Les ressources humaines sont un des domaines les plus complexes au sein d'une entreprise, car c'est à la fois un secteur à part entière et un département transversal, impliquant tous les services. Le DRH en est le pilier et ses prérogatives sont nombreuses et dépendantes, notamment, de tout l'appareil législatif. Le DRH est non seulement lié au Code du travail, mais aussi à celui de la sécurité sociale. Il doit, en permanence, respecter les lois, les appliquer, les adapter et savoir anticiper les contraintes liées à l'emploi, à la rémunération, à la formation, tout en dialoguant avec les instances représentatives du personnel.

Deuxième partie : Les bonnes personnes aux bons endroits : le recrutement

La DRH a pour première mission de construire une stratégie de recrutement avec l'ensemble des acteurs de l'entreprise. Il s'agit, ensuite, d'élaborer le processus de recrutement, à la fois interne et externe, de se conformer aux normes réglementaires lors de l'embauche et, surtout, de savoir intégrer les candidats retenus afin de gagner en temps et en efficacité.

Troisième partie : La fidélisation des salariés : la rémunération

On ne travaille correctement que si le salaire est en rapport avec ses compétences, d'où l'importance de cette troisième partie, car elle aborde les différentes composantes de la rémunération globale, avec le salaire proprement dit et la création d'un package attractif grâce aux périphériques financiers et sociaux. Cette partie fournit des solutions appropriées en fonction du type d'entreprise et analyse le poste de la masse salariale.

Quatrième partie : Le dialogue avec les salariés

La loi impose de négocier avec les diverses instances représentatives que sont les délégués du personnel, les membres du comité d'entreprise ou ceux du comité d'hygiène, de sécurité et des conditions de travail. La loi insiste également sur la mise en place d'une démocratie sociale avec des délégués syndicaux. Savoir négocier est un des atouts majeurs de la fonction RH.

Cinquième partie : La motivation des salariés

Les missions RH sont relatives aux hommes et femmes de l'entreprise. Aussi ne s'agit-il pas d'évaluer sans former ni de faire évoluer les salariés sans les motiver. La performance est indissociable de la compétence. Le DRH aura à cœur de communiquer en toute transparence, mais aussi d'être vigilant sur des données personnelles, comme la confiance en soi, et des données collectives, comme celle du bien-être en entreprise.

Sixième partie : La partie des Dix

Un rapide coup d'œil vous donnera une synthèse des thèmes abordés dans ce livre. Vous aurez un résumé des dix lois les plus importantes, des dix thèmes RH à maîtriser ainsi que des dix clés pour une DRH efficace à long terme.

Septième partie : Annexes

Dans cette partie, vous trouverez la liste des abréviations utilisées dans ce livre, les modalités des lois 2010, les notions d'un bilan comptable et une liste d'ouvrages et de sites internet.

Les icônes utilisées dans ce livre

Dans ces matières relativement complexes, il y a souvent des chausse-trappes. Cette icône vous met en garde contre les erreurs à éviter.

Un court exemple vaut souvent mieux qu'un long discours. Si les explications données vous semblent complexes ou abstraites, guettez cette icône et tout s'éclaircira.

Cette icône signale les points originaux ou méconnus qui méritent pourtant que l'on s'y arrête.

Un récit qui s'appuie sur du concret peut vous aider à bien comprendre une question.

Cette icône signale les textes législatifs auxquels il est possible de se référer.

Et maintenant, par où commencer ?

Si vous êtes étudiant en RH, manager généraliste ou simplement curieux de cette singulière mais attachante discipline, vous pouvez commencer par le début et lire ce livre presque comme un roman ! Tournez les pages et commencez à vous familiariser avec le monde si varié et si enrichissant des ressources humaines.

Par contre, si vous êtes un DRH expérimenté ou un expert dans l'une ou l'autre des activités des ressources humaines, gagnez du temps et reportez-vous au sommaire en choisissant directement les parties ou plus précisément le ou les chapitres qui vous intéressent.

Bonne lecture !

Première partie

Les bases de la mission RH

Dans cette partie…

Nous vous présenterons concrètement en quoi consiste la fonction RH au quotidien, en soulignant, notamment, la spécificité française des nombreuses contraintes imposées par le droit social, qui ne cesse d'évoluer et de se complexifier !

La fonction RH, comme vous allez vous en rendre compte, fait appel à des compétences variées : juridiques, bien sûr, mais aussi administratives, financières, psychologiques et pédagogiques. C'est à la fois une fonction à part entière que les grands groupes traitent en *business unit* et une fonction transversale reliée à l'ensemble des directions ayant des salariés sous leur responsabilité.

À la fin de cette première partie, vous aurez le début d'une vision synthétique de la fonction qui sera ensuite approfondie par mission dans les chapitres suivants. Vous aurez surtout digéré toutes les subtilités du Code du travail, de celui de la sécurité sociale, ainsi que l'impact des dernières lois sur le quotidien du DRH… Vous pourrez soit approfondir ces chapitres en vous focalisant sur l'aridité des textes de loi, soit les visualiser rapidement pour votre culture RH !

Chapitre 1

Gérer les ressources humaines, et bien plus encore

Dans ce chapitre :

- Le DRH, un rôle stratégique et un véritable manager
- Une fonction transversale avec quatre compétences essentielles
- Le DRH, pivot du dialogue en entreprise, et la DRH, créatrice de valeur

La fonction de directeur des ressources humaines ou « DRH », comme on l'appelle communément, a considérablement évolué ces dernières années. Anciennement chef du personnel, puis directeur du personnel, il est devenu, suivant l'importance des entreprises, directeur du personnel et des relations sociales ou directeur du développement humain et social. Aujourd'hui, son titre dans les grands groupes est celui de DRH, DG/DRH, ou encore vice-président/ DRH.

Homme ou femme, c'est un généraliste dont la réflexion et l'action sont indissociables, il est un manager à part entière.

Pour simplifier, on peut le représenter sous la forme d'une mascotte dont :

- Les deux pieds reposent bien à plat ; c'est la base solide liée, à la fois, à une excellente formation juridique/administrative et à une bonne connaissance financière/gestionnaire. Il doit autant maîtriser le labyrinthe des lois sociales que celui des coûts de la masse salariale, une compétence à l'écrit précise et minutieuse, et un goût des chiffres et des statistiques !
- Les deux bras à l'horizontale sont le symbole d'une grande ouverture aux autres, et destinés l'un aux réunions avec toutes les instances représentatives des salariés et l'autre à la délicate communication interne ; deux compétences indispensables sont à privilégier dans ce cadre : les compétences psychologiques et les compétences pédagogiques.

- La tête, souriante et structurée, insiste sur la dimension humaine de la fonction auprès de la direction générale, participe à l'évolution stratégique de l'entreprise grâce notamment aux outils de la prospective RH que le DRH est seul à maîtriser. On peut citer, par exemple, la gestion prévisionnelle des emplois et des compétences (GPEC), activité très sensible qui relève exclusivement de ses compétences.

Figure 1-1 : La « mascotte » DRH, une base solide.

Un rôle stratégique

La DRH, basée sur les relations humaines, porte en elle la culture d'entreprise et les valeurs qui la fondent. À l'écoute constante des nouveaux enjeux de l'entreprise, elle a pour mission permanente de s'adapter à la compétitivité sans omettre de prendre en compte l'impact social des préoccupations économiques. Elle accompagne les nombreux changements autant par une organisation adéquate au développement des nouvelles technologies que par un transfert des responsabilités de RH vers l'encadrement dans sa globalité. Elle met à la disposition des diverses unités de l'entreprise son expertise, son aide et son assistance.

Parmi les nombreuses tâches incombant à la DRH, on peut noter :

- **La gestion du recrutement** et l'intégration des cadres, des Etam et ouvriers, des OS, des OQ ;
- **L'administration du personnel** et les indispensables formalités liées à l'embauche et à l'organisation du travail en interne ;
- **L'optimisation des systèmes de rémunération** avec le service paie et le suivi des C & B, c'est-à-dire tout ce qui est lié à la rémunération globale et au package attractif pour le salarié ;
- **Le management transversal RH,** relatif notamment à la mise en place et à la maîtrise des processus, comme l'évaluation liée à l'entretien de performance ou le suivi de l'entretien professionnel ;

- **La formation,** avec l'élaboration du plan de formation, sans oublier de le mettre en place avec les critères d'une GPEC ;
- **Les réunions IRP** mensuelles ou trimestrielles : délégués du personnel, délégués syndicaux, comité d'entreprise, comité d'hygiène, de sécurité et des conditions de travail ;
- **Le rôle de manager** et les qualités d'exemple requises.

Au cœur du dispositif de l'entreprise, le DRH assure donc un rôle stratégique, souvent méconnu. Il conduit une politique à moyen et long terme, tout en faisant face à l'aspect opérationnel du quotidien basé sur la valeur indispensable du capital humain.

Une adaptation constante

Une entreprise suit les aléas de son produit et de son marché, c'est-à-dire augmente ou diminue sa productivité, reste sur le marché national ou se positionne sur l'export, s'agrandit par fusion ou acquisition… Devant ces constantes et souvent déroutantes évolutions, le DRH est obligé de s'adapter et de faire passer correctement les messages auprès de l'encadrement. Par exemple, il aide à la mise en place du *staffing*, c'est-à-dire à l'adéquation des ressources nécessaires face aux transformations des emplois, soit en s'appuyant sur la détection en interne des futurs potentiels, soit en s'engageant sur une politique de recrutement externe.

Le rôle du DRH est de plus en plus incitatif et implicatif au sein de la direction générale, à condition qu'il en ait les compétences et qu'on lui en laisse les moyens ! Dans un monde du travail en perpétuelle mutation, le DRH est le mieux placé sur le plan de la veille sociologique, car il se trouve en prise directe avec les salariés, qui sont aujourd'hui, à l'ère des médias et de la globalisation, de mieux en mieux informés.

Le DRH et son équipe ont donc la délicate mission de véhiculer les « valeurs » de la société pour laquelle ils travaillent, de « donner du sens » à toute action RH menée face à des stratégies évolutives, mais aussi de donner une « image humaine » de l'entreprise dans son environnement sociétal.

L'entreprise doit trouver le juste équilibre entre les besoins des salariés et ceux de ses clients et se demander constamment quels sont les moyens à accorder en temps et en argent pour maintenir cette complexe et délicate adéquation.

Sur le plan opérationnel, la fonction, auparavant au service de grands départements comme la production ou la commercialisation, se définit actuellement comme un département à part entière avec ses propres critères d'activité.

Le DRH, un véritable manager

Le DRH est avant tout un leader avec toutes les caractéristiques du management, c'est-à-dire celles d'organisation, de responsabilité, de décision. L'évolution de la fonction du DRH correspond à ce nouveau rôle managérial.

Cohérent et intègre, il est de son devoir de montrer l'exemple en sachant fixer des objectifs, en les planifiant, en déléguant et contrôlant, tout en restant vigilant sur la dimension humaine de son rôle. Il est au cœur même des capacités de mobilisation et d'engagement des divers responsables en ayant une action cohérente sur l'ensemble du système de management.

Personne avec des talents évidents de charisme et de communication, il s'appuie sur des informations exactes et des explications claires à l'égard de ses équipes. En effet, la motivation des salariés est souvent proportionnelle à la compréhension ou à la perception des objectifs définis. Les salariés acceptent d'autant plus les objectifs qu'ils ont été préalablement consultés et associés à leur propre évaluation. Être à la fois d'action et de réflexion, il est également conscient de l'impact de ses décisions sociales en termes d'image de l'entreprise.

ATTENTION !

Le DRH, un vrai touche-à-tout !

Auparavant, l'enseignement RH formait de brillants « spécialistes », juristes, psychologues ou directeurs administratifs et financiers qui appréhendaient leurs attributions RH de façon trop restrictive.

Cette vision est maintenant erronée, car le DRH doit désormais avoir plusieurs « cordes à son arc » ; polyvalent, il doit pouvoir s'adapter à différents types de problématiques. La méconnaissance de l'une d'entre elles conduirait au déséquilibre de la fonction.

Une fonction transversale

Pour mener à bien sa mission, le DRH doit donc répondre à différents critères. La discipline des RH implique un savoir-faire varié et oblige à une synthèse de notions *a priori* contradictoires.

Les responsables RH doivent ainsi allier :

- Un esprit rationnel et une connaissance permanente des textes juridiques pour la partie administrative ;
- Un esprit d'analyse et une bonne compréhension des éléments financiers dans le domaine de la gestion ;
- Une approche charismatique dotée d'une grande écoute pour la partie relationnelle et le contact avec les partenaires sociaux ;
- Un sens pédagogique allié à un esprit de synthèse et à une maîtrise des supports multimédias dans le cadre d'une communication interne.

Devant l'évidente complexité de sa fonction, il doit avoir des compétences variées et/ou s'entourer de spécialistes en interne dans les domaines juridique, financier, psychologique et pédagogique.

Des compétences juridiques

En France, les obligations administratives doivent être parfaitement maîtrisées, car elles sont génératrices de coûts et donc impactent la rentabilité du service et l'image de l'entreprise.

Des connaissances juridiques sont nécessaires pour faire face à la complexité des lois sociales, à leur interprétation et à leur adaptation au sein de l'entreprise. Le domaine légal est basé sur une réglementation administrative que l'on retrouve pour l'ensemble des entreprises dans le Code du travail, le Code de la sécurité sociale, les arrêtés de jurisprudence, la convention collective du secteur d'activité, les divers accords de branche, les accords d'entreprise et maintenant les décisions unilatérales de l'employeur (DUE).

Il faut également se former sur les nouvelles lois applicables régulièrement en des domaines aussi variés que :

- Le harcèlement moral, la discrimination ;
- L'égalité salariale hommes-femmes, le pouvoir d'achat ;
- La retraite, la GPEC, les seniors ;
- La portabilité en matière de prévoyance, les risques psychosociaux, la gestion du stress, etc.

L'importance du juridique repose sur l'écrit, la précision des termes requis et l'évolution constante des lois, sachant que toutes les fonctionnalités du service RH sont un jour confrontées à une adaptation rapide pour être en conformité avec la législation française, les IRP restant très vigilantes quant à l'application de celle-ci.

Les divers articles de loi s'appliquent donc à l'ensemble des fonctionnalités d'un service RH : recrutement, embauche, rémunération globale, formation, conditions de travail… Or les modifications sont permanentes (voir chapitres 2, 3, 4 et 5) !

Un DRH s'appuie généralement sur un cabinet d'avocats spécialistes en droit social et doit se tenir régulièrement informé des lois applicatives en respectant scrupuleusement les délais impartis, car leur non-respect est souvent synonyme de malaise social et de sanctions financières.

EXEMPLE

La non-négociation de la loi sur les seniors dans les entreprises supérieures à 50 salariés au 1er janvier 2010 est passible d'une pénalité de 1 % de la masse salariale. L'inspection du travail veille à l'application stricte, notamment, des dernières lois.

Par ailleurs, le service des RH doit fournir des statistiques à divers organismes, dont :

- La DRTEFP ;
- L'Urssaf ;
- L'Insee ;
- La Dares.

L'année est rythmée par diverses obligations mensuelles, trimestrielles et annuelles pour les entreprises dont les seuils sont les suivants : 10 salariés, 20 salariés, 50 salariés, 300 salariés et 1 000 salariés.

Des compétences financières

Les questions de niveaux de rémunération et celle, plus générale, de partage de la valeur au sein de l'entreprise, sont au cœur de la fonction RH.

Le poste anciennement de la « paie » et, aujourd'hui, intitulé « C & B » dans les groupes concerne la rémunération globale, c'est-à-dire :

- Le salaire, les divers bonus ou primes ;
- Les avantages en nature tels que les tickets-restaurant ;
- Les périphériques financiers (ou épargne salariale), dont la participation (obligatoire en France dans les entreprises de plus de 50 salariés), l'intéressement (facultatif), le plan d'épargne entreprise (PEE) avec l'abondement de l'employeur (facultatif) ;
- Les périphériques sociaux liés aux diverses retraites (obligatoire, facultative), à la prévoyance (obligatoire pour les cadres) et aux frais de santé (mutuelle), facultatifs ;
- Parfois, les stock-options et les actions.

Le salaire est, en France, très réglementé. L'entreprise s'appuie sur des logiciels de paie complexes, difficiles à maîtriser pour un non-initié, même si chacun des gouvernements s'attelle chaque fois à une simplification jamais obtenue mais toujours espérée !

Le DRH, par conséquent, doit être capable de :

- Comprendre et savoir expliquer les nombreuses caractéristiques d'un bulletin de salaire ;
- Présenter les divers avantages d'une rémunération globale ;
- Calculer les ratios liés au salaire et à ses périphériques ;
- Maîtriser les nombreux paramètres de la masse salariale ;
- Établir des projections à moyen et long terme du budget.

Il s'appuie non seulement sur l'évolution des effectifs mensuels et annuels, mais aussi sur les problématiques liées à l'embauche, à la structure des divers contrats de travail, à l'égalité hommes-femmes, à la répartition cadres/employés, à la promotion, à l'ancienneté, à l'absentéisme, au turnover, à la pyramide des âges, etc.

Dans la majorité des entreprises, le coût de la masse salariale est tellement important que la méconnaissance de l'ensemble de ces mécanismes fait courir un risque à la survie de l'entreprise.

Des compétences relationnelles

Pour le DRH, l'aspect relationnel est déterminant. Il est basé sur le contact, la convivialité, l'écoute et l'empathie. Il s'appuie sur de réelles capacités psychologiques, car il lui faut être capable de préparer et conduire efficacement et régulièrement les réunions avec les diverses IRP.

Dès qu'un DRH prend un poste, une de ses premières missions est de s'enquérir des procès-verbaux des dernières réunions relatives aux instances représentatives du personnel (que sont les DP, DS, CE et CHSCT) :

- **Les délégués du personnel :** à partir de 11 salariés, ils présentent à l'employeur toutes les réclamations individuelles ou collectives ;
- **Les délégués syndicaux :** à partir de 50 salariés, ils sont chargés d'animer la section syndicale et assurent une mission d'information auprès des salariés et de négociation auprès de la direction ;
- **Le comité d'entreprise :** à partir de 50 salariés, les membres sont, d'une part, une instance de concertation et de prévention dans le domaine économique et professionnel et, d'autre part, de proposition dans les activités sociales, culturelles et sportives ;

- **Le comité d'hygiène, de sécurité et des conditions de travail :** à partir de 50 salariés, il a pour mission de contribuer à la protection de la santé et de la sécurité des salariés de la société.

Les réunions sont mensuelles ou trimestrielles, en fonction de l'effectif de l'entreprise. Les comptes-rendus des réunions permettent d'avoir une vision d'ensemble sur les problèmes rencontrés et la façon dont ils sont perçus et traités. Leur lecture représente un des éléments sur lesquels s'appuyer pour connaître le ressenti des salariés, l'ambiance de travail et, aujourd'hui, la fameuse notion de bien-être en entreprise. Cela ne doit pas seulement être perçu comme une obligation, mais également comme un outil de veille sociologique.

Des compétences en communication

Les entreprises sont confrontées à des évolutions constantes : les lois changent ou se modifient, l'économie auparavant basée sur une production de biens se transforme progressivement en une économie de services, les diverses crises financières mondiales obligent à s'adapter, la mondialisation des marchés impose l'ouverture, la globalisation de l'information fait jouer la transparence, etc. Le DRH doit non seulement anticiper, mais aussi accompagner le changement.

Là encore, le DRH joue un rôle majeur :

- Donner une information claire pour obtenir l'adhésion de tout un chacun ;
- Savoir choisir les données à communiquer en fonction des catégories de salariés ;
- Expliquer, rassurer et maintenir la motivation ;
- Impliquer tous les salariés dans la cohérence des actions à entreprendre ;
- Donner l'occasion à l'ensemble des salariés de créer le changement ;
- Mettre en œuvre le changement avec l'adhésion du plus grand nombre.

La fonction est basée sur les relations humaines, mais elle s'appuie sur des outils de communication qui doivent être facilement exploitables, tels le site intranet, le livret d'accueil, le panneau d'affichage, les enquêtes de climat social, les comptes-rendus de réunions, l'exploitation des entretiens d'évaluation, de professionnalisation, le plan de formation, les actions sociales et sportives du comité d'entreprise, etc.

Par ailleurs, être à l'écoute demande du temps. Aussi est-il important de renforcer le rôle de coordination et de circulation de l'information tout en sachant s'appuyer sur les managers de proximité des divers départements. Le relais de la communication est non seulement hiérarchique, mais également transversal.

Enfin, le lien avec le service de la communication externe est primordial, car il n'est rien de plus démotivant pour un salarié que d'apprendre ce qui se passe dans sa propre entreprise par les médias. Il se sent exclu, à juste titre !

Et le dialogue social ?

Le dialogue social vise à favoriser la compréhension entre les différentes composantes de l'entreprise. Afin de limiter les risques de conflit, le DRH doit être capable de défendre les positions prises par la direction générale dans un climat de consensus avec les partenaires sociaux. Il doit, en amont, respecter les diverses prérogatives des institutions représentatives du personnel et, en aval, veiller au respect des procédures. Cela nécessite une écoute mutuelle, le courage d'assumer les divers points de vue, mais aussi la volonté d'affronter les divergences avec lucidité. Les entreprises, souvent réticentes hier, sont, de plus en plus, vigilantes à la mise en place et au bon déroulement de ce dialogue social, élément moteur du capital humain.

Le DRH, pivot du dialogue dans l'entreprise

Situé au confluent de la direction générale, des diverses directions et des salariés, le DRH est un maillon indispensable au bon fonctionnement de l'entreprise. Il doit pouvoir s'affirmer face aux décisions stratégiques en s'appuyant sur les prescriptions de la loi, leurs conséquences chiffrées et l'impact psychologique de leur application sur les salariés.

La loi lui impose de nombreuses rencontres, soit mensuelles, soit trimestrielles, avec l'ensemble des partenaires sociaux. Aussi est-il important pour lui de savoir écouter, négocier et instaurer un véritable partenariat plutôt qu'un affrontement constant. Les salariés sont très vigilants à l'image que reflète leur entreprise en termes de dialogue social. Les changements profonds de l'organisation actuelle de l'entreprise, dus à la mondialisation et aux nouvelles technologies, inquiètent, de plus en plus, les salariés, qui cherchent à être rassurés par une DRH à l'écoute et impliquée.

Il est non seulement indispensable de connaître, bien sûr, les prérogatives spécifiques de l'ensemble des IRP, mais aussi de savoir composer avec elles pour éviter tout conflit collectif.

La conciliation, à laquelle on peut ajouter la médiation et l'arbitrage sont des termes qu'emploie, au quotidien, une DRH sensible au dialogue et à la négociation. Un système performant de relations sociales est une source d'efficacité sociale et donc économique, car synonyme de progrès durable. Donner du sens aux décisions prises par la direction, piloter la politique RH avec comme axe prioritaire l'implication de tous les salariés et s'appuyer sur tous les managers opérationnels, telle est la mission globale du DRH.

Le DRH a non seulement l'obligation de créer du lien avec tous les managers de proximité, mais aussi celle de leur déléguer au quotidien une des missions RH, celle du bien-être des équipes pour une meilleure adéquation avec les enjeux économiques et sociétaux de l'entreprise : donner les conditions d'un mieux-vivre en entreprise.

La DRH, créatrice de valeur

On ne peut terminer ce chapitre sans mentionner combien la DRH est au centre de la création de valeur. Auparavant, la DRH était, surtout, connue en tant que fonction du personnel, exerçant un rôle technique et administratif, axé sur le recrutement et la gestion de la paie.

Ensuite, la DRH est devenue, dans un souci de productivité et d'efficacité, une « fonction support » pour le recrutement, la rémunération et la formation, en étant au service des autres divisions de l'entreprise.

Dans les années 1990, la période du « Tous DRH », elle intègre la dimension de *business partner* et les actions RH appuient la réalisation d'objectifs opérationnels, c'est-à-dire qu'elles se fondent sur les réels besoins du business de la société.

Aujourd'hui, la DRH devient un réel partenaire stratégique au même titre que les finances, le marketing, la R&D ou encore la production. Elle affirme son rôle stratégique dans sa capacité à créer, anticiper, s'adapter et atteindre les résultats pour affronter les enjeux économiques et humains de la mondialisation. La DRH contribue à la création de valeur économique, intellectuelle et sociale de l'entreprise.

Les bénéficiaires de la création de valeur RH sont, à la fois :

- Les actionnaires et les clients ;
- Les salariés et la responsabilité sociétale de l'entreprise.

Les actions RH relatives aux actionnaires

L'actionnaire est, avant tout, concerné par le profit financier. La DRH n'est plus considérée comme un coût, elle exerce une responsabilité importante sur la capacité de l'entreprise à générer des résultats, car ses actions concernent :

- Le système de rémunération ;
- Le contrôle de la masse salariale ;
- La gestion des emplois et des compétences en termes d'adéquation et d'adaptation ;
- La qualité du management, notamment de proximité.

Les investisseurs, afin de préserver un rendement économique à long terme, exigent de plus en plus de transparence de l'entreprise quant à une gestion saine de son capital humain.

Les actions RH relatives aux clients

L'entreprise s'appuie sur les capacités d'innovation et d'adaptation de ses salariés. Les actions RH s'opèrent en direction du professionnalisme des équipes pour une meilleure qualité des produits, elles s'orientent vers une volonté, toujours plus grande, de s'impliquer, afin de positionner la société à un niveau d'excellence sur son marché. En effet, les clients recherchent une constante innovation et une réactivité immédiate aux offres du marché. Les actions RH qui privilégient un tel choix pour les clients se déclinent avec la mise en place efficace :

- De la conduite du changement ;
- Du management de la performance ;
- Du management des talents.

Les conséquences de la politique d'une DRH dépassent, donc, le seul cadre interne.

Les actions RH relatives aux salariés

Ces actions sont les plus connues, mais elles doivent être rappelées, car elles sont au cœur de la qualité d'une DRH. En effet, dès le recrutement, la DRH s'engage auprès du salarié à respecter l'emploi qui lui a été promis, tant en matière de qualité du poste occupé que de son adaptation, ou encore de la sécurité de l'emploi tout au long de la vie professionnelle. La juste rétribution, la politique de formation, la gestion de la carrière, la reconnaissance du travail fourni ont un réel impact sur la relation de confiance qui s'établit entre le salarié et son entreprise. Les actions RH obligent à une relation donnant-donnant et s'appuient, à l'égard du salarié, sur :

- L'adaptation ;
- L'employabilité ;
- L'épanouissement.

La DRH reste le pivot central et la meilleure courroie de transmission entre les salariés.

Les actions relatives à la responsabilité sociétale

La DRH est, aujourd'hui, de plus en plus impliquée dans la responsabilité sociétale de l'entreprise, tant au niveau de la santé et de la prévention des risques que du développement durable et de l'environnement au sens large.

En effet, la responsabilité sociétale des entreprises (RSE) est la contribution des entreprises aux enjeux du développement durable. La démarche consiste pour elles à prendre en compte les impacts sociaux et environnementaux de leur activité pour adopter les meilleures pratiques possibles et contribuer ainsi à l'amélioration de la société et à la protection de l'environnement. La RSE permet d'associer logique économique, responsabilité sociale et « écoresponsabilité ».

En conclusion, la dimension du DRH dépasse, comme vous vous en êtes rendu compte, les missions purement techniques ou même, simplement, la notion de support aux autres fonctions. Son rôle devient un rôle stratégique à part entière, au centre de la création de valeur, aux résultats de laquelle il contribue. Mais le DRH reste un directeur des ressources humaines, il doit donc, au préalable, maîtriser toutes les compétences relatives à sa mission première : le management des hommes. En un mot, il doit savoir manager le travail de l'ensemble des salariés et s'approprier l'affirmation suivante : « Remettre les hommes et les femmes au cœur du dispositif de l'entreprise, car ils en sont les sources vives. »

Cherche perle rare ou responsable des ressources humaines

Voici les missions RH répertoriées au Rome.

Mission 1 : Recueillir et structurer l'information en ressources humaines

Connaissance des principaux indicateurs et domaines d'information sociale ;

Connaissance des principes d'utilisation des NTIC dans la gestion des RH ;

Capacité à classer et archiver les données ;

Capacité méthodologique à comparer les pratiques de gestion des ressources humaines pour choisir les approches les plus efficaces.

Mission 2 : Mettre en place et faire fonctionner les procédures de base en RH

Connaissance approfondie des principales obligations sociales ;

Capacité à appliquer principes et règles des relations professionnelles ;

Capacité méthodologique à analyser des conflits sociaux ;

Maîtrise des routines de base de la fonction (fiches de fonction, états de présence, plans de congé, référentiels de compétences…) ;

Maîtrise des logiciels de gestion en RH.

Mission 3 : Gérer les systèmes de rémunération

Connaissance des principes d'administration de la paie ;

Capacité à prendre en compte les éléments de la paie, à établir les bulletins de salaire, à comptabiliser les salaires et les charges sociales ;

Maîtrise des méthodes et outils de saisie des éléments de paie et de leur calcul ainsi que des éléments de participation et d'intéressement.

Mission 4 : Mettre en place des politiques de gestion des ressources humaines (gestion prévisionnelle des emplois et des compétences, recrutement, évaluation, classification, rémunération, formation et gestion des temps)

Connaissance des fondements théoriques des relations individu-organisation et des enjeux d'une politique de gestion du personnel adéquate dans une organisation ;

Capacité à élaborer des démarches et des outils en respectant les règles de mise en place ;

Diagnostic des évolutions des organisations et de leurs modèles de fonctionnement (informationnel, décisionnel, culturel…).

Mission 5 : Réaliser un diagnostic, une évaluation ou un audit et proposer des améliorations

Maîtrise des principales méthodes de recueil de données pour réaliser des enquêtes sociales et élaboration de leurs indicateurs ;

Maîtrise des méthodes d'audit social ;

Capacité à présenter et communiquer les résultats des enquêtes ou audits réalisés ;

Mission 6 : Gérer des relations et dialoguer

Connaissance appliquée du droit social (Code du travail, jurisprudence, conventions…) ;

Capacité méthodologique à analyser un bilan, un plan comptable, et à le mettre en relation avec les éléments économiques de la gestion des ressources humaines ;

Maîtrise des méthodes et outils de la dynamique de groupe, de la négociation et de la conduite de projet ;

Maîtrise des outils de communication entre l'entreprise et le(s) salarié(s) à propos du contrat de travail, du salaire, des congés, des représentations du personnel, des négociations, des conflits, de la politique de gestion des ressources humaines, des licenciements ;

Maîtrise des outils de communication avec les acteurs financiers.

En général, la certification professionnelle obtenue lors de la délivrance des diplômes RH atteste l'ensemble de ces compétences structurant la fonction.

Chapitre 2

Respecter – et faire appliquer – le Code du travail

Dans ce chapitre :

- Le droit du travail et les institutions juridiques
- Le conseil de prud'hommes ou la juridiction des salariés
- Le Code du travail, ou bible du DRH, remodelé en 2008
- Le grand chantier de l'aménagement du temps de travail
- Les différents types de congés en France

Le Code du travail compte 9 965 articles. Rassurez-vous, nous n'allons pas lister tous les articles ! Mais les contraintes juridiques françaises basées sur le Code du travail permettent de mettre en place, au sein des entreprises, les dispositions légales concernant d'une part les relations individuelles entre l'employeur et le salarié, d'autre part les relations collectives entre l'employeur et les instances représentatives du personnel. Après un petit rappel historique du cadre juridique et de l'évolution du travail, des siècles passés à nos jours, ce chapitre va présenter la complexité de l'aménagement du temps de travail depuis la fameuse loi des 35 heures ! Les modalités relatives à son application avec, notamment, les nouveautés que sont la modulation, les RTT ou le compte épargne-temps. On abordera les limites de la durée du travail en terminant sur une des spécificités françaises, l'ampleur des congés payés, jours fériés et congés exceptionnels qui favorisent notre industrie des loisirs…

Le droit du travail en France

Le droit du travail se définit, dans notre bon dictionnaire, comme l'ensemble des règles juridiques applicables aux relations individuelles et collectives entre les travailleurs salariés et leurs employeurs. Ces normes juridiques se trouvent essentiellement dans le Code du travail et dans les lois, suivies des décrets applicatifs.

Ensuite, les conventions collectives des diverses branches d'activité professionnelle adaptent l'ensemble des textes réglementaires à leur secteur, après de larges négociations entre les employeurs de l'activité et les syndicats représentant les salariés des entreprises concernées.

Afin de mieux comprendre l'évolution du droit du travail en France, nous allons commencer par une approche chronologique des acquis.

Un peu d'histoire !

L'histoire du droit du travail en France débute sous la Révolution et se poursuit, aujourd'hui, de façon accélérée.

- 1791 : principe de la liberté du travail et interdiction des regroupements ;
- 1841 : première disposition sociale. On interdit le travail aux moins de 8 ans et on limite le travail des moins de 16 ans à 72 heures au maximum par semaine, le jour seulement ;
- 1874 : législation sur le travail des femmes et des enfants. Prémices d'une inspection du travail ;
- 1884 : liberté d'association. Début du syndicalisme ;
- 1898 : loi sur l'accident du travail. L'employeur doit assurer le salarié contre les risques ;
- 1906 : 1er jour de repos obligatoire. Création du ministère du Travail ;
- 1910 : premier Code du travail ;
- 1919 : semaine de 48 heures ;
- 1928 : création des assurances sociales et de la mutualisation du risque ;
- 1936 : semaine de 40 heures ;
- 1946 : Constitution de la IVe République, qui reconnaît le droit syndical, le droit de grève, le droit à la sécurité sociale, le droit à la convention collective ;
- 1950 : une loi régit la convention collective et les conflits de travail ;
- 1958 : Constitution de la Ve République, qui prône l'éducation ouvrière et la participation des salariés aux bénéfices de l'entreprise ;
- Mai 1968 : les accords de Grenelle accordent une majoration des salaires de 10 %, la révision générale des conventions collectives, la création d'une nouvelle loi sur le droit syndical ;

- 1969 : mise en place du droit d'expression dans l'entreprise. Obligation de renégociation annuelle ;
- 1982 : lois Auroux, relatives notamment à la durée du travail limitée à 39 heures par semaine, aux libertés des travailleurs dans l'entreprise, au développement des instances représentatives du personnel, de l'obligation de négociation collective, de la création du comité d'hygiène, de sécurité et des conditions de travail (CHSCT), sans oublier le droit de retrait du salarié en cas de situation de danger grave (par exemple, récemment, lors des incidents à l'égard des chauffeurs de bus) ;
- 2008 : lois Bertrand, qui bouleversent le droit social, et les DRH sont les premiers concernés. En mai 2008, entrée en vigueur du nouveau Code du travail et de la loi de lutte contre les discriminations. En juin 2008, loi sur la modernisation du marché du travail. En août 2008, loi portant sur la rénovation de la démocratie sociale et du temps de travail. Enfin, en décembre 2008, loi sur les revenus du travail et loi sur le financement de la sécurité sociale. Nous y reviendrons, bien sûr, plus longuement dans les chapitres suivants.

En résumé, tout principe relevant du droit du travail, de la sécurité sociale et du droit syndical est suivi d'une loi.

Juridiquement, la loi est votée par le Parlement.

Il est, également, indispensable de tenir compte des directives européennes, qui doivent être transposées au niveau national.

On peut citer, en particulier, la mise en place d'un système de diplômes lisibles par l'ensemble des pays de la Communauté, le LMD : licence (bac + 3), masters 1 et 2 (bac + 4, bac + 5) et doctorat. Le LMD permet la comparaison des qualifications professionnelles, l'entreprise s'y adapte désormais lors de ses recrutements, pour la rémunération ou la formation continue.

La directive sur la sécurité des travailleurs et la santé au travail, qui, dès 1989, inscrivait le stress lié au travail dans le domaine juridique et aboutissait, chez nous, à un arrêté obligatoire sur une politique de prévention du stress en entreprise. Les critères relatifs au stress sont hélas des questions d'actualité, et qui sont très sensibles lors du dialogue social.

Les institutions juridiques

Les employeurs comme les salariés sont tenus à des devoirs, mais ils ont également des droits. Commençons par comprendre les institutions auxquelles ils peuvent tous deux se référer. On fait appel, en France, à deux juridictions séparées : l'ordre administratif et l'ordre judiciaire.

L'ordre administratif

Il juge les conflits dans lesquels intervient une personne publique (État, collectivité territoriale, administration) et comporte une hiérarchie sur trois niveaux :

- **Le tribunal administratif**, compétent au niveau du département ou de la région ;
- **La cour administrative d'appel** rejuge ce qui a été jugé au tribunal administratif ;
- **Le Conseil d'État**, juridiction suprême de l'ordre administratif.

L'ordre judiciaire

Il règle les litiges entre personnes privées. Il comporte :

- **Le tribunal de grande instance**, un par département au minimum, qui traite les litiges supérieurs à 7 500 € et toutes les contestations qui naissent des conventions collectives (93 % des salariés français dépendent d'une convention collective) ;
- **Le tribunal d'instance,** qui est, lui, saisi pour les litiges inférieurs à 7 500 € et les problèmes liés, par exemple, aux élections professionnelles (délégués du personnel, du comité d'entreprise…) ;
- **La cour d'appel,** qui rejuge les litiges qui proviennent, dans notre cas, du conseil de prud'hommes ;
- **La Cour de cassation,** qui a pour mission de juger le droit et non les faits.

Rappelons pour finir que les « arrêtés de jurisprudence » désignent les décisions rendues par les tribunaux sur un point précis lorsqu'il y a un vide juridique. Les employeurs, vu le labyrinthe des lois, y sont malheureusement de plus en plus confrontés !

Le conseil de prud'hommes

De nombreux employeurs sont confrontés aux prud'hommes et c'est le cauchemar des chefs d'entreprise et des DRH ! Avant de tout faire pour les éviter, il faut comprendre comment ils fonctionnent. Ils ont été créés en 1806 et ont mis plus de 150 ans à être généralisés, puisqu'il a fallu attendre la loi de 1979 pour imposer leur implantation dans l'ensemble des régions. Il en existe actuellement 210.

Chaque conseil de prud'hommes est divisé en cinq sections liées au monde du travail : encadrement, industrie, commerce, agriculture et activités diverses.

La juridiction des salariés de l'entreprise

Le conseil de prud'hommes est composé de juges non professionnels élus, appelés « conseillers prud'homaux », représentant en nombre égal et pour moitié les employeurs et les salariés. C'est la seule juridiction en France où les juges sont en nombre pair ! Comme les conseillers employeurs et salariés se prononcent sur une affaire à égalité des voix, en cas de non-partage de voix de part et d'autre, le conseil est obligé de se réunir à nouveau, cette fois-ci sous la présidence d'un magistrat du tribunal d'instance, appelé « juge départiteur », qui va permettre de départager et de statuer.

Lorsqu'il est saisi d'une affaire, le conseil de prud'hommes tente obligatoirement de concilier les adversaires. En cas d'échec de la conciliation, il rend alors un jugement. En effet, chaque section comporte au minimum un bureau de conciliation et un bureau de jugement. Le bureau de conciliation comprend deux conseillers, dont l'un est un représentant des salariés et l'autre un représentant des employeurs. Le bureau de jugement comprend théoriquement deux représentants des salariés et deux représentants des employeurs.

Le conseiller prud'homal salarié

Les employeurs sont tenus de laisser aux salariés de leur entreprise membres d'un conseil de prud'hommes le temps nécessaire pour participer et se rendre :

- Aux bureaux de conciliation ;
- Aux bureaux de jugement ;
- Aux audiences de référé ;
- À l'exécution et au contrôle des mesures d'instruction ;
- Aux missions confiées aux conseillers rapporteurs ;
- Aux commissions et aux assemblées générales du conseil.

TEXTE DE LOI

Les employeurs sont également tenus de laisser aux présidents et vice-présidents le temps nécessaire à l'exercice de leurs fonctions administratives. Les absences pour exercer les fonctions prud'homales ne peuvent être une cause de rupture du contrat de travail et sont assimilées à un temps de travail effectif pour la détermination de la durée des congés payés, du droit aux prestations d'assurances sociales et aux prestations familiales, ainsi qu'au regard de tous les droits que le salarié tient de son ancienneté dans l'entreprise (Code du travail, art. L 514-1, al. 2).

En ne laissant pas au salarié le temps nécessaire pour exercer ses fonctions de conseiller prud'homal, l'employeur commet le délit d'entrave.

L'État rembourse aux employeurs le salaire maintenu, les avantages et les charges sociales y afférents. Aucune mention ne doit apparaître sur le bulletin de paie (circ. du 30 mars 1989). L'entreprise doit faire parvenir une copie du bulletin de salaire et les frais afférents sur un formulaire spécifique au greffe du conseil de prud'hommes.

Des vacations sont allouées :

- Aux salariés qui exercent leurs fonctions prud'homales en dehors des heures de travail ;
- Aux conseillers prud'homaux salariés qui ont cessé leur activité professionnelle ou qui sont involontairement privés d'emploi ;
- Aux conseillers prud'homaux employeurs qui exercent leurs fonctions avant 8 heures et après 18 heures, ou qui ont cessé leur activité professionnelle.

Les salariés conseillers prud'homaux peuvent, sur leur demande, et pour les besoins de leur formation, s'absenter dans la limite de six semaines par mandat et l'équivalent de deux semaines au cours d'une même année.

ATTENTION !

Le licenciement d'un salarié conseiller aux prud'hommes ne peut intervenir qu'avec l'autorisation de l'inspecteur du travail.

Les exemples de conflits

Les conseillers prud'homaux ont pour unique mission de juger les litiges individuels entre salariés et employeurs. Les conflits portent essentiellement sur :

- Les éléments du salaire ;
- Un non-respect d'un article du contrat de travail, comme une clause de non-concurrence ;
- Le décompte des congés payés ;
- Un non-paiement des heures supplémentaires ;
- Le non-accès aux formations ;
- Les discriminations.

Ces conflits sont aussi souvent liés aux licenciements individuels et concernent, par exemple :

- Le montant des indemnités de départ du salarié ;
- Le calcul des primes ;
- Le non-respect du préavis ;
- Le calcul de l'ancienneté.

En général, le conseil de prud'hommes statue soit en « premier et dernier ressort » sans possibilité d'appel pour les demandes inférieures ou égales à 4 000 €, soit en premier ressort, à charge d'appel pour celles supérieures à 4 000 €. L'affaire est alors examinée par la chambre sociale de la cour d'appel.

Les lois Auroux, de 1982, ont notamment défini le statut actuel des conseillers prud'homaux. Ils sont élus pour cinq ans renouvelables. Tous les salariés et tous les employeurs sont appelés à voter.

Les salariés comme les employeurs peuvent se faire représenter lors des audiences par un avocat ou un représentant syndical. La durée moyenne de traitement d'un dossier est de dix mois. Le délai de prescription est de cinq ans au maximum.

Le Code du travail ou bible du DRH

Le Code du travail est considéré comme la bible du DRH ! Rien ne peut être entrepris au sein d'un service RH sans avoir, au préalable, vérifié si l'un de ses articles n'impacte pas la décision à prendre.

En quoi consiste-t-il ? Le Code du travail a été institué par la loi du 28 décembre 1910. Il reprend et regroupe toutes les avancées de la législation sociale auxquelles les partenaires sociaux sont de plus en plus associés. Il concerne les salariés sous contrat de travail de droit privé. Il organise également la négociation de conventions ou d'accords collectifs.

La recodification récente du Code du travail a abouti à d'importantes modifications. Ces travaux de recodification, entrés en vigueur le 1er mai 2008, ont pour objectif de simplifier l'écriture et la lecture de la règle de droit. Le nombre d'articles est passé de 5 225 à 9 965 ! Les employeurs doivent, depuis, procéder à l'actualisation de tous les documents internes relatifs aux divers articles, par exemple ceux du règlement intérieur ou de l'affichage des horaires de travail. Heureusement, une table de concordance a été mise en place afin de passer plus facilement des anciens aux nouveaux articles. Le nouveau code, dont les articles ont été réécrits, renumérotés et redécoupés, adopte désormais une numérotation à quatre chiffres et une structure subdivisée en parties, livres, titres et chapitres.

Dans le Code du travail, la partie réglementaire – articles commençant par R – est à distinguer de la partie législative – articles commençant par L. Cette dernière partie se compose d'un chapitre préliminaire relatif au dialogue social et est, ensuite, divisée en huit parties :

- Les relations individuelles de travail ;
- Les relations collectives de travail ;
- Durée du travail, salaire, intéressement, participation et épargne salariale ;
- Santé et sécurité au travail ;
- L'emploi ;
- La formation professionnelle tout au long de la vie ;
- Les dispositions particulières à certaines professions et activités ;
- Le contrôle de l'application de la législation du travail.

Une fois compris le maniement du nouveau code, les services RH peuvent se plonger dans tous les articles relatifs à l'aménagement du temps de travail (ATT).

Le grand chantier de l'ATT

L'ATT est un véritable casse-tête pour tous ceux qui n'ont pas participé à la mise en place complexe des 35 heures, car, comme souvent, les textes ont été faits et défaits !

Auparavant, le « temps de travail » était une notion collective et uniforme avec pour seul élément variable les heures supplémentaires. Aujourd'hui, on utilise le sigle « ATT » à la suite des lois récentes qui, d'une part, modifient la durée et la répartition du temps au cours de la journée, la semaine, le mois, l'année et qui, d'autre part, individualisent le temps de travail avec horaires variables, temps partiel, réduction du temps de travail (RTT), compte épargne-temps (CET). Ces lois diversifient également le travail et introduisent la polyvalence, la mobilité, le télétravail.

Un nouvel appareil législatif

Les enjeux de l'ATT sont à la fois économiques et sociaux. Ils introduisent un profond changement à la fois dans l'organisation du temps et dans l'organisation du travail elle-même.

L'importance du dialogue social interne ainsi que la diversité des techniques possibles pour modifier cette organisation du temps de travail s'accompagnent d'une législation spécifique que nous nous proposons d'aborder à présent, de façon très simplifiée. Par contre, il est indispensable de la maîtriser, car elle est à l'origine de l'historique de l'entreprise en matière d'ATT, elle repose essentiellement sur les premiers accords signés entre syndicats et chef d'entreprise.

Loi Robien (11 juin 1996)

Tout commence avec cette loi, qui tend à favoriser l'emploi par l'aménagement et la réduction du temps de travail en fonction des conventions collectives. Première mesure efficace pour réduire le temps de travail, elle incitait les entreprises à diminuer ce temps en échange de la création ou la préservation d'emplois avec l'aide de l'État. Elle sera supprimée dès l'adoption du projet de loi Aubry 1 sur les 35 heures.

Loi Aubry 1 (13 juin 1998)

Cette loi imposait la mise en place d'une réduction progressive du temps de travail à 35 heures et précisait les modalités d'application (textes modifiés par les lois du 18 janvier 2005 et 19 décembre 2005, car, depuis plus de dix ans, l'enjeu est d'essayer de détricoter cette loi !).

À l'époque, les entreprises ou établissements qui avaient, d'une part, réduit la durée du travail, en application d'un accord collectif avant le 1er janvier 2000 (pour les entreprises de plus de 20 salariés) ou avant le 1er janvier 2002 (pour les entreprises de moins de 20 salariés), et qui, d'autre part, avaient procédé en contrepartie à des embauches ou à des préservations d'emplois avaient pu bénéficier d'une aide financière exceptionnelle. Le temps de travail devait être réduit d'au moins 10 %, ne pas excéder 35 heures par semaine ou 1 600 heures, son équivalent annuel. L'entreprise s'engageait à recruter à hauteur de 6 %, au minimum, de l'effectif concerné par la réduction du temps de travail. Les embauches devaient intervenir l'année qui suivait cette réduction. Dans la majorité des entreprises, cet accord, si durement obtenu, est encore en vigueur et tout nouveau DRH nommé doit, au préalable, l'étudier et s'y conformer. Ces mesures ont été diversement perçues selon, bien sûr, que l'on se situait côté patronal ou salarial !

Loi Aubry 2 (19 janvier 2000)

Cette loi est également relative à la réduction négociée du temps de travail, car les cadres avaient été oubliés dans la première loi. En effet, en divisant les heures mensuelles effectives des cadres par 35 heures, on arrivait systématiquement à un nombre incalculable de jours de repos, supérieurs à plus de 20 jours par an, ce que les entreprises ne pouvaient assumer financièrement. De nombreux établissements ont cependant signé des accords sur cette base et certains sont encore en vigueur !

La nouvelle loi a donc confirmé la réduction de la durée légale du travail à 35 heures hebdomadaires mais a aussi précisé les fameux jours de RTT et les possibilités d'ATT (annualisation sur la base de 1 600 heures, compte épargne-temps...).

Elle a été accompagnée d'un allègement des cotisations patronales de sécurité sociale pour faciliter une négociation raisonnable sur la mise en place de RTT au sein des entreprises.

De nouvelles possibilités d'organisation

Les lois Aubry ont donc offert trois principales nouveautés aux entreprises et aux salariés ; d'un côté, la modulation (ou annualisation), considérée comme un avantage accordé aux entreprises, de l'autre, la réduction du temps de travail ainsi que le compte épargne-temps, deux mesures plutôt favorables aux salariés.

La modulation ou annualisation

Si l'activité d'une entreprise est irrégulière du fait de son caractère saisonnier, elle peut, à la suite des lois Aubry, adapter le rythme de travail des salariés à celui de son activité en ayant recours à la modulation des horaires, dispositif qui permet de :

- Calculer la durée du travail sur une période supérieure au cadre légal hebdomadaire de droit commun ;
- Faire varier l'horaire de travail au cours des différentes semaines couvrant la période de modulation ;
- Ne considérer comme des heures supplémentaires que les heures de travail qui excèdent les limites hebdomadaires ou annuelles fixées par l'accord.

La modulation ne peut être mise en place que par une convention ou un accord collectif étendu, ou encore par un accord d'entreprise ou d'établissement.

L'entreprise signe une convention ou un accord collectif qui lui évite les heures supplémentaires en période de haute activité ou le chômage partiel en période de basse activité.

Le contenu de l'accord de modulation est spécifique. La durée hebdomadaire du travail peut varier sur tout ou partie de l'année à condition que, sur un an, cette durée n'excède pas un plafond de 1 600 heures. L'accord précise les données économiques et sociales justifiant le recours à la modulation. Il doit, par contre, respecter les durées maximales quotidiennes et hebdomadaires.

Les heures effectuées au-delà de 1 607 heures constituent les heures supplémentaires. Le relèvement du plafond annuel de 1 600 à 1 607 heures résulte de la création d'une « journée de solidarité » par la loi du 30 juin 2004 (au profit des personnes âgées et handicapées, à la suite de la canicule de 2003). Par décret, le contingent annuel d'heures supplémentaires est de 130 heures en cas de modulation.

L'accord fixe également le programme indicatif de la répartition de la durée du travail, les modalités de recours au travail temporaire, les conditions de recours au chômage partiel pour les heures qui ne sont pas prises en compte dans la modulation, ainsi que le droit à rémunération et à repos compensateur des salariés n'ayant pas travaillé pendant la totalité de la période de modulation de la durée du travail et des salariés dont le contrat de travail a été rompu au cours de cette même période. Le repos compensateur devient, dans les nouveaux textes, la contrepartie obligatoire en repos. Ce repos peut désormais s'accoler aux congés payés annuels et se prendre également pendant la période du 1er juillet au 31 août.

Les décisions relatives à la modulation doivent être négociées en tenant compte des :

- Contraintes de variabilité de l'activité (saisonnalité, conjoncture, nouveaux produits et services…) ;
- Moyens d'y faire face (stocks, heures supplémentaires si surcroît de travail imprévisible…) ;
- Incidences de la modulation sur les conditions de vie et de travail des salariés ;
- Attentes des salariés et souplesses individuelles ;
- Modalités précises de modulation (ampleur de la fourchette, période haute et période basse, délais de prévenance) ainsi que des conséquences sur la vie quotidienne des salariés.

Le chef d'entreprise communique au moins une fois par an au comité d'entreprise, ou, à défaut, aux délégués du personnel un bilan de l'application de la modulation.

Les salariés doivent être prévenus des changements de leurs horaires de travail dans au moins un délai de sept jours ouvrés (jours de travail) avant la date à laquelle ce changement doit intervenir. Des contreparties au bénéfice du salarié doivent alors être prévues dans la convention ou l'accord. Beaucoup d'entreprises ont compris les avantages et la souplesse inhérents à ce système de modulation ou d'annualisation. Cependant, de nombreux salariés en ont pâti dans l'organisation de leur vie privée, par exemple pour prévoir la date de leurs congés payés.

La RTT

Une autre catégorie sociale, celle des cadres et des assimilés cadres a largement bénéficié d'une autre nouveauté, celle de jours de RTT. Elle se présente sous forme de jours de repos.

Les heures effectuées à partir de la 35e heure sont définies comme des RTT à prendre durant l'année. Les entreprises ont accordé cette possibilité aux cadres et assimilés censés ne pas regarder leurs horaires de travail au quotidien et capables de les ajuster par rapport aux contraintes de leur poste. La loi a institué le forfait annuel en jours.

L'article L 3121-41 dit que « la durée annuelle du travail d'un salarié ayant conclu une convention de forfait en jours sur l'année ne peut être supérieure à deux cent dix-huit jours. L'accord collectif prévu à l'article L 3121-39 fixe par ailleurs, dans le respect des dispositions relatives aux repos quotidien et hebdomadaire et aux congés payés, le nombre annuel maximal de jours travaillés qui peut excéder deux cent dix-huit jours. À défaut d'accord collectif, ce nombre annuel maximal est de deux cent trente-cinq jours ».

On ne peut, donc, travailler en « forfait jours » plus de 218 jours, avec un accord collectif, ou, à défaut, 235 jours.

Calcul du « forfait jours »

Comment arrive-t-on à 235 jours ?

L'année compte 365 jours, auxquels on retranche 52 dimanches non travaillés, 52 samedis ou jours de repos en semaine non travaillés, soit 104 jours, il reste 261 jours. Ensuite, on retire les 5 semaines de congés payés, soit 25 jours, on arrive à 236 jours moins le jour du 1er mai, férié et chômé, soit 235 jours.

Comment obtient-on 218 jours ?

On retire aux 235 jours les autres jours fériés qui ne tombent ni un samedi ni un dimanche, soit 7 jours en moyenne, on est donc à 228 jours. Il reste 10 jours de RTT à retenir qui deviennent la norme de ce fameux forfait en jours appliqué, généralement, aux cadres et assimilés.

La majorité des salariés bénéficient de 8 à 12 jours de RTT (un petit rappel : jusqu'à 20 jours ou plus, pour les accords signés avant la loi Aubry 2 et non renégociés à ce jour !). La demande de ces RTT a été souvent définie pour moitié à l'initiative de l'entreprise et pour autre moitié à l'initiative du salarié. Ce sont soit des jours de repos attribués par mois selon un calendrier prédéfini, soit des demi-journées de repos attribuées par mois. La prise de ces repos peut être répartie sur l'année, mais seulement si un accord collectif le prévoit.

Il est à noter que cette nouvelle disparité introduit une inégalité sensible entre les salariés des grandes entreprises et ceux des PME qui ont négocié peu d'accords à cause de l'impact financier pour leur trésorerie. Aussi faut-il en tenir compte sur le marché du travail, car les jeunes cadres ont tendance à se ruer vers les grandes structures leur offrant un nombre plus ou moins grand de jours de RTT.

Le compte épargne-temps (CET)

Une troisième nouveauté a été introduite avec les lois Aubry : la création d'un compte épargne-temps, peu utilisé cependant dans les PME, car souvent considéré comme contraignant financièrement. En effet, il permet au salarié d'accumuler des droits à congé rémunéré ou de bénéficier d'une rémunération, immédiate ou différée, en contrepartie des périodes de congé ou de repos non prises ou des sommes qu'il y a affectées. Il faut donc provisionner en fin d'année sur le plan comptable, et la plupart des cabinets ne sont pas des experts en social, ce qui se conçoit aisément.

Au départ, le CET n'était alimenté que par des jours de congé, il a ensuite été étendu à des sommes diverses pouvant se transformer en jours de repos. Le nombre de jours pouvant y être accumulés était limité à 22 jours par an. Depuis la loi Tepa, on peut l'utiliser soit pour percevoir une rémunération pendant des périodes d'inactivité, soit pour bénéficier d'une rémunération immédiate ou différée.

Le CET est mis en place par accord collectif, conclu, en priorité, au niveau de l'entreprise. Des dispositions spécifiques sont prévues en cas de rupture du contrat de travail, notamment un paiement immédiat, ou l'inverse, une transformation des sommes en jours à prendre sur le préavis, par exemple.

Lois complémentaires

Deux lois sont venues compléter, préciser ou modifier le dispositif de l'ATT, il s'agit des lois Fillon et Bertrand.

La loi Fillon (17 janvier 2003)

Cette loi également relative au temps de travail n'a pas modifié les modalités des différents forfaits horaires annuels ou forfaits jours des lois Aubry mais a redéfini certaines catégories de cadres pouvant y accéder.

La loi distingue trois catégories de cadres :

- **Les cadres dirigeants** ont des responsabilités importantes, prennent des décisions de façon autonome et perçoivent les rémunérations les plus élevées dans l'entreprise et ne sont donc pas concernés par les lois Aubry et Fillon ;

- **Les cadres dits « intégrés » :** la nature de leur fonction les conduit à suivre l'horaire collectif applicable au sein de l'atelier ou du service auquel ils sont intégrés. Ils peuvent bénéficier des conventions de forfait en heures, sur une base hebdomadaire, mensuelle ou annuelle ;
- **Les cadres autonomes** sont définis par le seul critère relatif à l'autonomie dans l'organisation de leur emploi du temps et peuvent bénéficier des conventions de forfait annuel en jours. Les clauses obligatoires demeurent, dont les modalités de décompte des journées et demi-journées travaillées et de prise des journées et demi-journées de repos, les conditions de contrôle de l'application de l'accord ou de la convention, les modalités de suivi de l'organisation du travail des salariés concernés, l'amplitude de leurs journées d'activité et de leur charge de travail.

Les régimes d'équivalence ne pourront être créés que selon deux voies, soit par décret pris après conclusion d'une convention ou d'un accord de branche, soit par un décret pris en Conseil d'État.

Les lois Bertrand (2008)

Les lois Bertrand ont tout au long de l'année 2008 réformé le droit du travail. Dès le mois de mai avec, comme déjà précisé, l'entrée en vigueur du nouveau Code du travail.

TEXTE DE LOI

En juin 2008, de nouveaux dispositifs relatifs au marché du travail sont créés. La période d'essai fait son entrée dans le Code du travail : finies, entre autres, les ruptures immédiates, un délai de prévenance a été instauré. Changement de réflexes, également, pour l'indemnité de licenciement due à partir d'un an d'ancienneté au lieu de deux auparavant, ou pour la rupture conventionnelle, étudiée plus tard (voir chapitre 5). Un nouveau CDD baptisé « contrat de projet » est proposé, basé sur l'existence de tâches à accomplir.

En août 2008, la loi portant rénovation de la démocratie sociale et du temps de travail met en place de nouveaux critères de représentativité syndicale dans l'entreprise, nous y reviendrons dans le chapitre relatif aux délégués syndicaux (voir chapitre 18). Concernant le temps de travail, la loi « donne une place plus importante à la négociation collective pour aménager le temps de travail dans l'entreprise sur plusieurs semaines, voire jusqu'à l'année, afin de tenir compte à la fois des besoins économiques et des besoins des salariés, au plus près des réalités de l'entreprise ». L'accord d'entreprise l'emporte sur la convention collective de branche et la réglementation. Les différents systèmes d'annualisation sont fusionnés en un seul. Le mécanisme des heures supplémentaires et des forfaits est assoupli (là encore, c'est la convention ou l'accord collectif d'entreprise ou d'établissement qui prime : « Le contingent d'heures supplémentaires fixé par l'accord peut donc, dès l'entrée en vigueur de la loi, être dépassé sans autorisation de l'inspecteur du travail, selon les conditions et les modalités fixées par l'accord »).

En décembre 2008, on notera pêle-mêle l'obligation d'ouvrir la négociation annuelle des salaires sous peine de sanctions, le report de la mise à la retraite d'office à 70 ans, l'aide au transport domicile-travail. Bref, comme d'habitude, les DRH se trouvent obligés d'aller se recycler face au nouveau droit du travail et doivent s'entourer de juristes performants, car les lois deviennent de plus en plus complexes au lieu d'être simplifiées !

La durée du travail

En France, la durée légale du travail est, donc, maintenue à 35 heures par semaine. Cette durée n'est ni un maximum – puisqu'elle peut être allongée, par exemple, par le biais d'heures supplémentaires – ni un minimum – puisqu'il existe notamment la possibilité de travailler à temps partiel.

Il faut respecter les durées maximales fixées à :

- 10 heures par jour ;
- 48 heures par semaine ;
- 44 heures par semaine en moyenne sur une période de 12 semaines consécutives.

Il faut également penser au temps de pause, si souvent controversé au sein des entreprises : la durée du travail ne peut atteindre 6 heures consécutives sans que soit ménagée une pause d'au moins 20 minutes. Cette coupure correspond souvent au temps du déjeuner, qui varie entre 45 minutes et 2 heures.

On oublie souvent qu'il est possible d'aménager la durée quotidienne du travail par des horaires variables qui comportent des « plages fixes » où tous les salariés doivent être présents et des « plages mobiles » où chacun choisit ses heures d'arrivée et de départ. Cette disposition est souvent citée comme contribuant au bien-être du salarié, il est ainsi moins stressé, par exemple, par les aléas de la circulation ; cette possibilité s'adapte mieux à la dépose des enfants en crèche, à la possibilité d'aller chercher ses enfants à l'école…

La durée minimale de repos en continu prévue par le Code du travail est de 11 heures consécutives pour le repos quotidien et de 35 heures (24 heures + 11 heures) consécutives pour le repos hebdomadaire.

L'horaire de travail daté et signé par le chef d'établissement est communiqué avant sa mise en application à l'inspecteur du travail et affiché dans chacun des lieux du travail auxquels il s'applique ou, en cas de personnel occupé au-dehors, dans l'établissement auquel le salarié intéressé est attaché.

Le temps de présence en entreprise n'est pas toujours proportionnel à l'efficacité ! Les études récentes sur le télétravail, mis en place au sein des entreprises et des administrations, tant sur le continent américain qu'européen, révèlent d'excellents résultats, aussi bien sur la réelle qualité du travail fourni que sur la diminution du temps imparti. Nous reviendrons par la suite sur la particularité du télétravail.

L'organisation du travail et le CHSCT

Le comité d'hygiène, de sécurité et des conditions de travail est une institution représentative du personnel, dans les entreprises de plus de 50 salariés, qui dispose de pouvoirs délibératifs pour l'ensemble des questions de santé, de sécurité et d'organisation du travail. On ne traitera dans cette partie que cette dernière notion.

Les questions relatives à l'organisation du temps de travail et liées à la santé au travail doivent être discutées à l'occasion de la préparation et du suivi dans la durée d'un accord de réduction du temps de travail, avec :

- Les incidences de la modulation sur les conditions de vie et de travail des salariés ;
- L'ampleur des horaires atypiques de nuit et de week-end ;
- La durée et l'intensité des journées de travail ;
- Les divers temps de pause ;
- L'importance et les modalités des astreintes.

On retrouve aujourd'hui ces diverses prérogatives dans la nouvelle obligation de mise en place d'un accord sur la prévention du stress.

Il est à noter qu'en l'absence de CHSCT ce sont les délégués du personnel qui exercent les attributions normalement dévolues à ce comité.

Les décisions relatives à la modulation doivent être négociées, en prenant en compte :

- L'analyse précise des contraintes de variabilité de l'activité (saisonnalité, conjoncture, nouveaux produits et services…) et celle des différentes façons d'y faire face (stocks, heures supplémentaires en cas de surcroît de travail imprévisible…) ;
- La diversité des attentes des salariés et les souplesses individuelles ;
- Les modalités précises de modulation (ampleur de la fourchette, période haute et période basse, délais de prévenance), en tenant compte de leur impact sur la vie des salariés.

Dans le Code du travail, au titre de l'organisation du travail, il est à souligner une remarque surprenante sur l'encouragement à la pratique du sport… :

« Tout salarié peut, compte tenu des possibilités de l'entreprise, bénéficier d'aménagements de son horaire de travail pour la pratique régulière et contrôlée d'un sport » (art. L 212-4-16).

Les temps d'astreinte

Il est encore à noter dans l'aménagement du temps de travail la définition suivante :

« La durée du travail effectif est le temps pendant lequel le salarié est à la disposition de l'employeur et doit se conformer à ses directives, sans pouvoir vaquer librement à des occupations personnelles » (art. L 3121-1 du Code du travail), qui est une vérité de La Palice et qui pourtant s'applique à certaines situations particulières tels les temps d'astreinte ou d'équivalence, de pause, de repas ou d'habillage.

L'astreinte est une période au cours de laquelle le salarié a l'obligation de rester à son domicile ou à proximité afin d'être en mesure d'intervenir pour effectuer un travail au service de l'entreprise. Si une intervention a lieu pendant la période d'astreinte, le repos intégral doit être donné à compter de la fin de l'intervention. La mise en place d'une astreinte devra obligatoirement s'accompagner d'une compensation. Celle-ci peut être attribuée soit sous une forme financière, soit sous la forme d'un repos.

Chaque mois, le salarié doit obtenir de son employeur un document précisant le nombre d'heures d'astreinte effectuées ainsi que la compensation correspondante. Ce document doit être conservé pendant un an et tenu à la disposition de l'inspecteur du travail.

Heures supplémentaires et repos compensateur

Les heures supplémentaires sont effectuées dans la limite d'un contingent annuel :

« Le contingent d'heures supplémentaires prévu est fixé à 220 heures par an et par salarié… » (art. L 3121-11 à L 3121-25 du Code du travail). Au-delà, l'autorisation de l'inspection du travail n'est plus nécessaire. Elles font l'objet d'un régime fiscal et social particulier depuis la loi du 21 août 2007 en faveur du travail, de l'emploi et du pouvoir d'achat. L'aspect financier sera étudié dans la troisième partie, relative au calcul des salaires.

Les heures supplémentaires accomplies au-delà du contingent réglementaire ouvrent droit à une contrepartie obligatoire en repos qui se calcule ainsi :

- 50 % du temps effectué pour les entreprises inférieures ou égales à 20 salariés ;
- 100 % du temps effectué pour les entreprises supérieures à 20 salariés.

Lorsque le salarié a accumulé sept heures de repos compensateur, il doit prendre ce repos dans un délai maximal de deux mois suivant l'ouverture du droit (art. L 212-5-1 du Code du travail). Si le salarié ne prend pas son repos dans ce délai, c'est à l'employeur de veiller à la prise de ce congé par le salarié dans le délai maximal d'un an.

Temps partiel et heures complémentaires

On en distinguera trois types :

- Le temps partiel choisi : mise en place d'horaires à temps partiel à la demande du salarié ;
- Le temps partiel annuel pour raisons familiales : le salarié peut demander de ne pas travailler pendant certaines périodes de l'année ;
- Le temps partiel modulé : variation de la durée hebdomadaire ou mensuelle du temps de travail d'un salarié à temps partiel. C'est le cas le plus fréquemment rencontré, par exemple, dans le secteur de la grande distribution.

Au-delà de la durée de travail prévue dans son contrat, le salarié effectue des heures complémentaires. Elles font l'objet d'un régime fiscal et social particulier depuis la loi du 21 août 2007 en faveur du travail, de l'emploi et du pouvoir d'achat. L'aspect financier sera précisé dans la troisième partie, qui s'attache à l'explication des rémunérations.

Le temps de trajet

La jurisprudence indique que le temps de travail entre le domicile du salarié et le lieu de travail n'est pas du temps effectif. Toutefois, il est considéré comme tel dans les cas suivants :

- Lorsque le salarié conduit un véhicule pour transporter du personnel ou du matériel pour se rendre du siège de l'entreprise sur le chantier ou d'un chantier à l'autre ;
- Lorsque le salarié est tenu de se rendre au siège de l'entreprise avant d'être transporté sur un chantier. Dans ce cas, c'est le temps du trajet entre le siège de l'entreprise et le chantier qui est du temps de travail effectif.

La journée de solidarité

La mise en place de la journée de solidarité est un exemple bien connu du grand public, elle a été à l'origine d'interminables heures de négociation au sein des services RH, grands comptes et PME, confondus par son manque de clarté et de précision ! Cette loi en faveur des personnes âgées et des personnes handicapées a évolué en deux temps.

La loi du 30 juin 2004

En premier lieu, la loi n° 2004-626, du 30 juin 2004, a instauré une journée de travail supplémentaire non rémunérée pour les salariés des secteurs public et privé le lundi de Pentecôte. Les heures correspondant à la journée de solidarité sont dans la limite de sept heures ou de la durée proportionnelle à la durée contractuelle pour les salariés à temps partiel. Elles ne s'imputent ni sur le contingent annuel d'heures supplémentaires ni sur le nombre d'heures complémentaires et n'ouvrent pas droit à repos compensateur. La création d'un jour supplémentaire de travail a des répercussions sur la durée annuelle du travail. Elle entraîne la majoration de la durée annuelle en heures légales ou conventionnelles (la durée légale passe de 1 600 heures à 1 607 heures) ainsi que celle, légale ou conventionnelle, du forfait jours (le forfait légal passe de 217 à 218 jours). De même, la durée de travail conventionnelle relative au temps partiel modulé doit être majorée d'une durée proportionnelle à la durée contractuelle.

Cette loi crée une nouvelle contribution assise sur les salaires due uniquement par l'employeur. Son taux est fixé à 0,3 %. La contribution est recouvrée par l'Urssaf, de la même façon que pour les cotisations d'assurance maladie.

La loi du 16 avril 2008

Avec la loi n° 2008-351, du 16 avril 2008, de nouvelles modalités sont mises en place. La journée de solidarité, journée supplémentaire de travail non rémunérée pour les salariés, n'est plus automatiquement fixée au lundi de Pentecôte, comme le stipulait la loi de 2004, ce qui en fait à nouveau un jour férié non travaillé dans de nombreuses entreprises. Ce sont dorénavant les partenaires sociaux qui en fixent les modalités d'application par accord d'entreprise, d'établissement ou, à défaut, de branche. Les modalités en question sont les suivantes, on peut affecter :

- Le travail d'un jour férié habituellement chômé (autre que le 1er mai) ;
- La suppression d'une journée de RTT ;
- Sept heures supplémentaires fractionnées dans l'année.

À défaut d'accord collectif, c'est l'employeur qui en détermine les modalités, après consultation du comité d'entreprise ou, à défaut, des délégués du personnel s'ils existent. La rémunération des salariés mensualisés n'est pas modifiée ; ils perdent une journée de repos ou de RTT ou bien doivent effectuer sept heures supplémentaires. De même, la contribution de 0,3 % sur les salaires payable par les employeurs est maintenue.

Les congés payés, jours fériés et congés exceptionnels

La France est mondialement connue dans le monde du travail pour ses fameux avantages acquis, notamment en jours de congés payés. Alors, commençons par un bref rappel historique de l'obtention des cinq semaines de congés payés, prenons en compte la complexité des calculs et leur répartition. Terminons par l'énumération des jours fériés liés à la tradition chrétienne ainsi que par la mention de certains congés exceptionnels rémunérés.

Les congés payés

Les salariés tiennent à leurs cinq semaines de congés payés et les employeurs ont dû, bon gré mal gré, les leur accorder.

L'histoire des congés payés

Quelques dates à retenir :

- 1906 : le repos hebdomadaire est rendu obligatoire ;
- 1936 : à la suite du Front Populaire, lors des accords Matignon, une loi institue deux semaines de congés payés (CP). Les CP sont une innovation destinée à améliorer les conditions de vie des classes ouvrières en leur permettant l'accès à la culture, au tourisme, aux sports et aux loisirs ;
- 1956 : une loi institue la troisième semaine de CP ;
- 1969 : une quatrième semaine est accordée ;
- 1982 : la cinquième semaine est obtenue.

La durée française de 30 jours ouvrables (du lundi au samedi inclus) est la plus importante en Europe avec celle de la Finlande. Les CP des autres pays européens se situent aux alentours de 20 ou 25 journées ouvrables, au maximum. On a, souvent, parlé d'harmoniser les pratiques, mais les disparités sont trop importantes et les Français campent sur leurs célèbres avantages acquis !

La complexité des CP

Les CP sont donc une période de repos rémunérée accordée obligatoirement chaque année au salarié par son employeur. Pendant cette période, l'employeur ne peut pas faire travailler le salarié et le salarié n'a pas le droit de travailler pour le compte d'un autre employeur.

Tout salarié a droit aux congés payés, quels que soient son emploi, sa catégorie ou qualification, la nature de sa rémunération et son horaire de travail. Le salarié à temps partiel a les mêmes droits que le salarié à temps complet. Le salarié ayant droit à cinq semaines de congés payés par an, ceux-ci ne peuvent, donc, en principe être reportés d'une année à l'autre, sauf dans le cas de la création d'un compte épargne-temps, étudié plus loin (voir chapitre 12).

L'année de référence de calcul des CP concerne la période allant du 1er juin de l'année précédente au 31 mai de l'année en cours.

Un salarié a droit à 2,5 jours ouvrables ou 2 jours ouvrés de congé par mois effectivement travaillé pendant un an. Ainsi, pour 12 mois de travail effectif, les droits sont de 30 jours ouvrables ou 25 jours ouvrés. Les jours ouvrables se comptabilisent du lundi au samedi inclus, à l'exception du dimanche (ou jour de repos hebdomadaire le remplaçant), tandis que les jours ouvrés se calculent du lundi au vendredi inclus. Lorsque le calcul n'aboutit pas à un nombre entier, la durée du congé est arrondie au chiffre supérieur. Le décompte des CP se fait selon la durée de travail effectif au cours de l'année de référence.

Les périodes suivantes sont assimilées au travail effectif pour le calcul des CP :

- Congés payés de l'année précédente ;
- Repos compensateurs ;
- Jours de repos acquis au titre des RTT ;
- Congé de maternité ;
- Congés de formation économique, sociale et syndicale pour les DP, les DS, les membres du CE, du CHSCT ;
- Arrêts pour accident du travail ou maladie professionnelle ;
- Congés pour événements familiaux ;
- Congés formation.

ATTENTION !

Trois bases de calcul des CP sont possibles, mais on retient toujours la plus favorable. On peut ainsi calculer les mois entiers de travail accomplis de date à date, ou les périodes de 4 semaines complètes ou, encore, les périodes de 20 jours de travail qui ne se suivent pas obligatoirement. Il est à noter que depuis la loi de juin 2008 sur la modernisation du marché du travail, les congés payés sont acquis dès les 10 premiers jours de travail au lieu des 4 premières semaines auparavant.

Vu la complexité des calculs, il est courant de voir ce genre de litige aux prud'hommes et les cabinets d'expertise comptable s'arrachent les cheveux... Même les logiciels de paie dits « fiables » font des erreurs !

La période légale de prise des CP débute le 1er mai et se termine le 31 octobre. Les congés peuvent être pris dès l'ouverture des droits, c'est-à-dire avant la période légale, en cas d'accord avec l'employeur. À défaut de convention ou d'accord collectif, l'employeur fixe la période et l'ordre des départs après avoir consulté le comité d'entreprise et les délégués du personnel. La date des CP doit être communiquée aux salariés au plus tard deux mois avant le 1er mai.

La répartition et le paiement des CP

Chaque salarié bénéficie d'un congé principal d'au moins 10 jours ouvrés continus. Ce congé principal est attribué pendant la période légale mentionnée plus haut.

Si l'employeur refuse aux salariés de prendre 4 semaines de CP pendant la période légale, les salariés ont droit à une majoration de CP appelée « jours de fractionnement ». Ces jours doivent être pris entre le 1er novembre et le 30 avril. Ils bénéficient de 2 jours supplémentaires lorsque le nombre de jours de congé pris en dehors de la période légale est au moins égal à 5 jours ouvrés. Ils bénéficient également d'un jour supplémentaire lorsque le congé est compris entre 3 et 4 jours ouvrés.

La « cinquième semaine » doit être prise en dehors du congé principal. Il faut noter que le fractionnement de la cinquième semaine ne donne pas droit à des congés supplémentaires. Si un jour férié tombe un jour ouvrable, même s'il est chômé, le CP est prolongé d'un jour.

Les salariés intérimaires perçoivent une indemnité de congés payés quelle que soit la durée de la période travaillée. Les salariés en CDD perçoivent une indemnité de congés payés dès lors que le régime de congés payés applicable dans l'entreprise ne leur permet pas une prise effective de ces congés. Le calcul de l'indemnité de congés payés est égal au dixième de la rémunération globale perçue pendant la période de référence (du 1er juin au 31 mai). Le salaire de base est donc pris en compte en incluant également les compléments et primes (sauf primes annuelles).

TEXTE DE LOI

Les articles L 3121 et L 3122 abordent successivement le droit aux congés, la durée du congé, la période et l'ordre des départs, le fractionnement et, enfin, les indemnités de congés.

Les jours fériés

Là encore, une grande disparité existe entre les pays européens. En France, 11 jours sont fériés :

- Le 1er janvier ;
- Le lundi de Pâques ;
- Le 1er mai ;
- Le 8 mai ;
- Le jeudi de l'Ascension ;
- Le 14 juillet ;
- L'Assomption (15 août) ;
- La Toussaint (1er novembre) ;
- Le 11 novembre ;
- Noël (25 décembre) ;
- Le lundi de Pentecôte (supprimé et remis).

Seul le 1er mai est obligatoirement chômé et payé. Mais, quand l'activité de l'entreprise exige la présence de tout ou partie des salariés ce jour-là, leur rémunération doit être doublée.

Lorsque le jour férié tombe un jour habituel de fermeture de l'entreprise, il n'ouvre droit ni à indemnisation ni à repos compensateur.

Lorsque le jour férié correspond, au contraire, à un jour habituellement travaillé, il est rémunéré intégralement selon le statut du salarié (CDI, CDD, temps partiel…).

Les congés exceptionnels

Il en existe plusieurs types, les plus connus concernent les événements familiaux, ils sont mentionnés dans le Code du travail. Mais, attention ! la plupart des conventions collectives sont plus avantageuses au niveau des jours attribués, il est donc important de ne pas oublier de contrôler et de s'y rapporter.

Il faut également signaler la possibilité de prendre pour le salarié des congés sans solde, soit pour enfant malade, soit sabbatique en se conformant à des modalités bien précises.

Congé pour événements familiaux

Tout salarié bénéficie sur justification d'une autorisation exceptionnelle d'absence de :

- 4 jours pour son propre mariage ;
- 3 jours pour chaque naissance (ou adoption d'un enfant) survenue à son foyer ;
- 2 jours pour le décès d'un conjoint ou d'un enfant ;
- 1 jour pour le mariage d'un enfant ;
- 1 jour pour le décès du père ou de la mère.

Rappel : les clauses conventionnelles peuvent autoriser des absences pour des événements autres que ceux énumérés ci-dessus ou accorder une autorisation d'absence plus longue que celle prévue par la loi.

EXEMPLE

L'article 45 de la convention collective du Syntec, concernant les congés pour événements familiaux, est plus avantageux que celui du Code du travail et s'applique de fait dans les entreprises qui dépendent de cette convention collective. En raison de certains événements familiaux, comme le décès d'un proche ou le mariage d'un enfant, le salarié a la possibilité de s'absenter de l'entreprise. Les absences des salariés motivées par les événements de famille prévus ci-dessous seront, sur justification, rémunérées comme temps de travail effectif dans les limites et conditions suivantes :

- Mariage d'un frère ou d'une sœur : 1 jour ;
- Mariage d'un enfant : 2 jours (1 jour prévu par la loi) ;
- Décès d'un ascendant, descendant, frère, sœur, gendre, bru, beau-père, belle-mère, frère ou sœur du conjoint : 2 jours (1 jour prévu par la loi) ;
- Naissance d'un enfant : 3 jours ;
- Décès d'un enfant : 3 jours (2 jours prévus par la loi) ;
- Mariage du salarié : 5 jours (4 jours prévus par la loi).

Pour les cérémonies dont le lieu est à plus de 300 ou 600 km, 1 ou 2 jours supplémentaires pourront être accordés. Ces congés ne sont pas déduits des congés annuels sauf si ces derniers sont pris au moment de l'événement.

Congé sans solde

Le congé sans solde n'est pas un congé légal. Il ne peut donc intervenir qu'après accord entre l'employeur et le salarié. Son organisation et sa durée sont définies de gré à gré entre eux. Un salarié peut demander un congé sans solde pour divers motifs : fins personnelles (sport, voyage...) ou professionnelles (formation, création d'entreprise...).

Congé pour enfant malade

Tout salarié a le droit de bénéficier d'un congé non rémunéré en cas de maladie ou d'accident, constaté par certificat médical, d'un enfant de moins de 16 ans dont il assume la charge. La durée du congé est au maximum de 3 jours par an. Elle est portée à 5 jours si l'enfant est âgé de moins de 1 an ou si le salarié assume la charge de 3 enfants ou plus âgés de moins de 16 ans.

Congé sabbatique

TEXTE DE LOI

Le congé sabbatique n'est soumis à aucune condition quant à sa finalité : tout salarié peut l'utiliser pour exercer une activité de son choix. D'une durée comprise entre 6 et 11 mois, ce congé suspend le contrat de travail (L 122-32-17). Le droit du congé sabbatique est ouvert au salarié qui, à la date de départ en congé, justifie d'une ancienneté dans l'entreprise d'au moins 36 mois, consécutifs ou non, ainsi que de 6 années d'activité professionnelle, et qui n'a pas bénéficié, au cours des 6 années précédentes dans l'entreprise, d'un congé sabbatique, d'un congé pour la création d'entreprise ou d'un congé formation (L 122-32-18).

La DRH tient, bien sûr, un compte régulier et détaillé de l'ensemble de ces congés !

Chapitre 3

S'adapter au Code de la sécurité sociale

Dans ce chapitre :

- Le fonctionnement de la sécurité sociale
- Le congé de maternité et le congé de paternité
- L'accident du travail et les maladies professionnelles

Les DRH font également appel au Code de la sécurité sociale. Tout un chacun connaît les avantages spécifiques de la sécurité sociale française, mais un service RH doit plus particulièrement en maîtriser les aspects administratifs.

Après un bref rappel de la création de la sécurité sociale et de son financement, on présentera le congé de maternité et le congé de paternité payés par cet organisme. On insistera sur les accidents du travail et les maladies professionnelles en entreprise. En effet, le coût et les conséquences tendent malheureusement à s'aggraver avec l'introduction récente des risques psychosociaux liés notamment au stress. On soulignera les effets positifs de la prévention dans ce domaine encore largement méconnue dans nos PME.

Le fonctionnement de la sécurité sociale

La sécurité sociale a été créée en France progressivement et sur le principe de la solidarité nationale. De nombreux États européens nous l'envient même s'il lui est de plus en plus difficile de maintenir ses comptes en équilibre.

Un petit historique

C'est à compter du XIXe siècle qu'une certaine partie de la population a commencé à profiter d'avantages sociaux :

- 1830-1905 : création d'un système d'assistance publique et d'un système de libre prévoyance. Mise en place de sociétés de secours mutuel basées sur le volontariat et d'un service d'aide (à l'enfance, aux vieillards) limité à une partie de la population et à certaines activités ;
- 1898-1939 : création d'un système d'assurances sociales, assurances obligatoires de certains risques sociaux.
- 1945-1946 : mise en place d'une sécurité sociale, avec quatre objectifs qui sont l'unité de la sécurité sociale, la généralisation quant aux personnes, l'extension des risques couverts, la conservation des régimes spéciaux (professions agricoles, fonctionnaires, marins…). Principe de solidarité entre les cotisants ;
- 1947 : convention collective interprofessionnelle instituant le régime de retraite complémentaire des cadres ;
- 1948 : création de trois régimes d'assurance vieillesse des professions non salariées non agricoles (artisans, professions industrielles et commerciales, professions libérales) ;
- 1967 : l'assurance maladie, l'assurance vieillesse et les allocations familiales sont réparties en trois caisses nationales ;
- 1975 : généralisation à l'ensemble de la population active de l'assurance vieillesse obligatoire ;
- 1999 : couverture maladie universelle (CMU), protection de base sur le seul critère de résidence et protection complémentaire pour les plus démunis.

TEXTE DE LOI

L'article L 111-1 du Code de la sécurité sociale précise : « Elle [la sécurité sociale] garantit les travailleurs et leur famille contre les risques de toute nature susceptibles de réduire ou de supprimer leur capacité de gain. Elle assure, pour toute autre personne et pour les membres de sa famille résidant sur le territoire français, la couverture des charges de maladie, de maternité et de paternité ainsi que des charges de famille. Elle assure le service des prestations d'assurances sociales, d'accidents du travail et maladies professionnelles, des allocations de vieillesse ainsi que le service des prestations familiales dans le cadre des dispositions fixées par le présent code. »

Le financement

Il a évolué au fil des ans et peut se résumer aujourd'hui ainsi, il est basé sur :

- Les cotisations assises sur la masse salariale ;
- Les taxes fiscales ;
- La contribution sociale généralisée (CSG), assise sur l'ensemble des revenus d'activité, de remplacement et du patrimoine, instituée par la loi du 22 juillet 1993 ;
- La contribution sociale de solidarité à la charge des entreprises, contribution au remboursement de la dette sociale (CRDS), instituée par l'ordonnance du 24 janvier 1996.

Les risques couverts

Le régime général de sécurité sociale permet de couvrir les risques encourus par les assurés en ce qui concerne :

- **La maladie** (couverture des frais médicaux, versement d'indemnités journalières en cas d'arrêt) : cela est géré par la caisse primaire d'assurance maladie (CPAM) ;
- **La maternité** (prise en charge des examens pré et postnataux et octroi d'indemnités journalières pendant le congé de maternité) : CPAM ;
- **L'invalidité** (octroi d'une pension lorsque l'assuré présente une invalidité) : CPAM ;
- **Le décès** (paiement d'un capital en cas de décès de l'assuré, frais d'obsèques) : CPAM ;
- **La vieillesse** (régime de retraite de base. Système de retraite sur le mode de la répartition : le régime redistribue au cours d'une année, sous forme de pensions versées aux retraités, les cotisations encaissées la même année auprès des actifs) : Caisse nationale d'assurance vieillesse (Cnav) ;
- **Le veuvage** (prestations versées aux conjoints veufs) : Cnav ;
- **L'accident du travail** (prise en charge totale par la Sécurité sociale des soins et des actions de rééducation fonctionnelle et professionnelle, versement d'indemnités journalières majorées) : CPAM ;
- Le régime général finance également les **prestations familiales** (allocations familiales, aide à l'éducation, aide au logement) : caisse d'allocations familiales (CAF).

Le recouvrement est effectué par l'Urssaf.

Les autres missions de l'Urssaf concernent l'immatriculation et la gestion des comptes des cotisants, ainsi que le contrôle et le contentieux.

Le congé de maternité

Ce congé est précisé à la fois dans le Code du travail et dans celui de la sécurité sociale. Dans l'article L 122-28-1 du Code du travail : « Toute salariée enceinte peut bénéficier d'un congé de maternité et ce, quelle que soit son ancienneté dans l'entreprise. »

La déclaration de grossesse doit être effectuée par lettre recommandée avec avis de réception contenant un certificat médical attestant l'état de grossesse et adressée à l'employeur. Attention, la salariée doit déclarer également sa grossesse à sa caisse d'assurance maladie et à sa caisse d'allocations familiales avant la fin du troisième mois de sa grossesse.

La protection

La salariée est protégée et bénéficie d'aménagements d'horaires au sein de son entreprise :

- Tout licenciement d'une femme enceinte est interdit dès l'instant que la grossesse est médicalement constatée jusqu'aux quatre semaines suivant la fin du congé de maternité ;
- La salariée a le droit de s'absenter pour se rendre aux examens médicaux obligatoires dans le cadre de la surveillance médicale de la grossesse et des suites de l'accouchement, absences assimilées à des périodes de travail effectif.

La durée

La durée minimale du congé de maternité est de 16 semaines, en général 6 semaines avant et 10 semaines après l'accouchement.

Le point de départ du congé postnatal est la date effective de l'accouchement. En cas d'accouchement tardif : le congé prénatal se trouve prolongé sans que le congé postnatal soit réduit d'autant. En cas d'accouchement prématuré : le congé postnatal peut être augmenté de la durée du congé prénatal non pris.

En cas d'état pathologique : si l'état de santé de la mère le justifie, le médecin peut augmenter la durée du congé dans la limite de 2 semaines pour le congé prénatal et de 4 semaines pour le congé postnatal.

Le paiement des journées

Durant cette période, l'indemnisation est effectuée par la CPAM, sauf si la convention collective de l'entreprise prévoit le maintien du salaire par l'employeur.

Pour bénéficier des indemnités journalières versées par la CPAM, la salariée doit remplir les conditions suivantes :

- Être assurée sociale, c'est-à-dire avoir cotisé à la Sécurité sociale pendant les dix mois précédant la date présumée de l'accouchement ;
- N'exercer aucune autre activité salariée durant son congé ;
- Avoir fait les démarches nécessaires pour déclarer sa grossesse ;
- Avoir subi toutes les visites médicales obligatoires ;
- Interrompre son activité au moins 8 semaines (2 semaines avant, 6 semaines après).

ATTENTION !

La salariée doit retrouver l'emploi qu'elle occupait avant son congé de maternité ou à défaut un emploi équivalent, conserver sa rémunération, sa qualification et son ancienneté.

Le congé de paternité

Ce congé est récent, il procède de la loi du 21 décembre 2001 de financement de la sécurité sociale.

TEXTE DE LOI

Après la naissance de son enfant et dans un délai fixé par décret, le père salarié bénéficie d'un congé de paternité de 11 jours consécutifs ou de 18 jours consécutifs en cas de naissances multiples entraînant la suspension de son contrat de travail. Le salarié qui souhaite bénéficier du congé de paternité doit avertir son employeur au moins un mois avant la date à laquelle il entend prendre son congé, en précisant la date à laquelle il entend mettre fin à la suspension de son contrat de travail (art. L 122-25-4).

Le congé de paternité bénéficie à tous les pères salariés, pères d'enfants nés ou adoptés à partir du 1er janvier 2002.

La durée du congé

Le congé est de :

- 11 jours calendaires, tous les jours sont comptabilisés y compris samedi, dimanche et jours fériés, pour une naissance unique ;
- 18 jours pour une naissance multiple (jumeaux, triplés…).

La durée du congé de paternité s'ajoute aux trois jours déjà accordés au père salarié en cas de naissance (congés exceptionnels).

Le congé de paternité ne peut être fractionné, il est pris à la naissance ou dans un délai de quatre mois après la naissance de l'enfant.

Le salarié doit envoyer à son employeur une lettre recommandée avec avis de réception pour l'informer de la date à laquelle il entend prendre son congé.

Le paiement des journées

L'employeur établit une attestation de salaire qui sera transmise à la caisse primaire d'assurance maladie avec le justificatif de naissance et d'affiliation de l'enfant. Ce congé est financé par la Caisse nationale d'allocations familiales, à hauteur de 100 % du salaire brut et dans la limite du plafond de la Sécurité sociale de l'année en cours (extrait du Code de la sécurité sociale, art. 55).

L'accident du travail

Pour être considéré comme lié au travail, l'accident doit survenir pendant et sur le lieu du travail, c'est-à-dire lorsque le salarié est soumis à l'autorité de l'employeur.

« Est considéré comme accident du travail [AT], quelle qu'en soit la cause, l'accident survenu par le fait ou à l'occasion du travail à toute personne salarié ou travaillant, à quelque titre ou en quelque lieu que ce soit, pour un ou plusieurs employeurs ou chefs d'entreprise » (art. L 411-1 à L 482-5).

Le temps de travail peut comprendre certaines périodes particulières, comme le repas pris à la cantine, le transport d'un chantier à l'autre, une course faite à l'extérieur pour le compte de l'employeur. Quant au lieu, il s'agit non seulement de l'endroit même où s'effectue le travail (atelier, bureau, chantier), mais également des voies d'accès et de sortie, les vestiaires, lavabos, réfectoires et autres dépendances.

Les statistiques à remettre

Les accidents du travail font partie de la branche « risques professionnels » de la Sécurité sociale et représentent des chiffres considérables pour cet organisme, soit en 2009 : 1,2 million de sinistres pour un total de 52,8 millions de journées de travail perdues et un montant de 7,5 milliards d'euros. C'est pourquoi les entreprises doivent chaque année remettre à l'Assurance maladie des statistiques précises relatives à ces accidents :

- Taux de fréquence = nombre d'AT avec arrêt de travail/nombre d'heures travaillées ;
- Indice de fréquence = nombre d'AT avec arrêt de travail/nombre de salariés ;
- Taux de gravité = nombre de jours perdus/nombre d'heures travaillées ;
- Indice de gravité = somme des IPP/nombre heures travaillées ;
- Nombre d'accidents mortels (l'année de prise en charge des accidents mortels est celle au cours de laquelle le caractère professionnel du décès est reconnu) ;
- Nombre d'accidents de trajet ayant entraîné un arrêt de travail ;
- Nombre d'AT dont est victime le personnel temporaire ou de prestations de service dans l'établissement.

Le calcul du taux d'AT

Le taux de cotisation AT est fixé par la Cram. La cotisation AT est une charge sociale patronale versée à l'Urssaf au même titre que les autres cotisations de sécurité sociale. Elle couvre les risques : AT, accidents de trajet, maladies professionnelles.

Les mesures de prévention permettent de diminuer ce taux de façon très sensible. Le taux de cotisation de chaque entreprise est déterminé en fonction de deux paramètres :

- La nature de son activité, classifiée selon des « codes risques » ;
- La taille de l'entreprise, c'est-à-dire son effectif global, tous établissements confondus (excepté ceux d'Alsace-Moselle).

Plus la taille de l'entreprise augmente, plus le taux à payer par la société est individualisé :

- En dessous de 10 salariés, le taux dit « collectif » appliqué à l'entreprise dépend de l'activité qu'elle exerce. Il est fixé chaque année dans le barème national, en fonction des coûts enregistrés pour l'indemnisation des accidents du travail et maladies professionnelles survenus dans l'ensemble des entreprises exerçant dans la même branche d'activité, et des masses salariales déclarées ;

- Entre 10 et 199 salariés, le taux de cotisation de l'entreprise intègre une fraction du taux collectif de l'activité et une fraction des coûts d'indemnisation des accidents du travail et maladies professionnelles survenus à ses salariés. Le taux est dit « mixte » : pour partie « collectif », pour partie « individuel » ;
- À partir de 200 salariés, le taux dit « réel » ou « individuel » appliqué à l'entreprise prend en compte l'intégralité des coûts enregistrés pour l'indemnisation des accidents du travail et maladies professionnelles survenus à ses salariés et la masse salariale déclarée. L'individualisation est complète.

Il est calculé selon la formule suivante : coût du risque (1) x 100 = taux brut + majorations forfaitaires (2) = taux net calculé sur la masse salariale.

(1) Le coût du risque représente les dépenses engagées par la CPAM à la suite des accidents du travail et des maladies professionnelles, que ce soient des :

- Dépenses immédiates : soins médicaux, frais pharmaceutiques, hospitalisation, indemnités journalières ;
- Dépenses payées à plus ou moins long terme : les rentes et les capitaux correspondant aux AT mortels.

(2) Les majorations forfaitaires sont ainsi libellées :

- M 1 = accidents de trajet ;
- M 2 = frais de gestion du risque professionnel ;
- M 3 = déficit de certains régimes spéciaux, fonds amiante…

Paiement de l'arrêt maladie lié à l'AT

L'article 51 du Code la sécurité sociale précise : « En cas d'arrêt de travail dû à un accident du travail reconnu par la Sécurité sociale, les membres du personnel permanent comptant au moins 12 mois de service collectif, continu ou non dans l'établissement, recevront, à partir du 1er jour, des indemnités journalières complémentaires. Le montant de ces indemnités sera calculé de façon à ce que le salarié malade perçoive l'équivalent de son salaire entier. »

La souffrance professionnelle peut constituer un risque grave justifiant le recours à un expert par le CHSCT.

Le risque encouru est décrit dans le rapport du médecin du travail qui fait état de façon particulièrement circonstanciée :

- De l'augmentation du nombre de personnes souffrant d'une altération de l'état de santé directement liée à l'environnement professionnel ;
- D'une aggravation des pathologies dépistées en rapport avec le stress professionnel ;
- D'une augmentation de la fréquence et de la gravité des urgences sur les lieux de travail liées à des incidents conflictuels aigus ou des décompensations ;
- De l'aggravation des indicateurs de santé négatifs (cardio-vasculaires, dépressif, digestif) ;
- De la crainte du passage à l'acte chez certains salariés (acte violent non négligeable contre autrui) ;
- De l'augmentation du risque d'accidents du travail ou de trajet directement en relation avec la tension vécue dans le milieu professionnel.

On peut citer quelques exemples d'éléments matériels dans le cadre de l'AT : accident par chariot automoteur, appareil de levage et de manutention, accident de la circulation, accident par conduite d'engin, bris de verre, diverses chutes, lésion oculaire, risque cutané, risque toxique respiratoire, divers traumatismes…

La déclaration d'AT

Chacun, salarié ou employeur, doit se conformer aux obligations suivantes : en ce qui concerne le salarié, la déclaration doit être effectuée dans la journée où l'accident s'est produit ou au plus tard dans les 24 heures ; elle doit être envoyée, par lettre recommandée, à l'employeur sauf si l'accident s'est produit dans l'établissement. Quant à l'employeur, il doit déclarer tout accident dont il a eu connaissance à la caisse primaire d'assurance maladie dont relève la victime par lettre recommandée avec avis de réception dans un délai de 48 heures, dimanches et jours fériés non compris.

La caisse régionale peut autoriser un employeur à remplacer la déclaration des accidents n'entraînant ni arrêt de travail ni soins médicaux par une inscription sur un registre ouvert à cet effet. Il s'agit d'un registre intitulé « Registre accidents du travail ». L'employeur est tenu d'en aviser le CHSCT. Ce registre est par ailleurs tenu à la disposition des agents de contrôle des caisses d'assurance maladie et du CHSCT.

L'AT et le contrat de travail

Le contrat de travail du salarié victime d'un accident du travail autre qu'un accident de trajet ou d'une maladie professionnelle est suspendu pendant la durée de l'arrêt de travail. La durée des périodes de suspension est prise en compte pour la détermination de tous les avantages légaux ou conventionnels liés à l'ancienneté dans l'entreprise. Au cours des périodes de suspension, l'employeur ne peut résilier le contrat de travail à durée indéterminée.

Si le salarié est déclaré apte par le médecin du travail, il retrouve son emploi ou un emploi similaire assorti d'une rémunération équivalente.

Si le salarié est déclaré par le médecin du travail inapte à reprendre l'emploi qu'il occupait précédemment, l'employeur est tenu de lui proposer, après avis des délégués du personnel, un autre emploi approprié à ses capacités, au besoin par la mise en œuvre de mesures telles que mutation, transformation de poste ou aménagement du temps de travail. Si l'employeur ne peut proposer un autre emploi, il est tenu de faire connaître par écrit les motifs qui s'opposent au reclassement.

Il ne peut prononcer le licenciement que s'il justifie soit de l'impossibilité où il se trouve de proposer un emploi dans les conditions prévues ci-dessus, soit du refus par le salarié de l'emploi proposé dans ces conditions. S'il prononce le licenciement, l'employeur doit respecter les procédures prévues en cas de résiliation du contrat de travail à l'initiative de l'employeur (art. L 122-32-1 à 5 du Code du travail).

Particularité de l'accident de trajet

La Sécurité sociale est de plus en plus vigilante concernant les accidents de trajet. Pour éviter toutes sortes d'abus, elle réalise une enquête prouvant que l'accident a bien eu lieu entre le domicile et le lieu du travail lors de l'aller-retour quotidien ou éventuellement entre le lieu de travail et la cantine. L'accident de trajet est pris en compte comme AT à condition que le parcours n'ait pas été interrompu pour un motif d'ordre personnel (art. L 411-2 du Code de la sécurité sociale).

Si l'accident de trajet est reconnu, on applique le même formalisme que pour l'accident du travail (déclaration dans les 48 heures et délivrance de la feuille d'accident du travail…).

Les maladies professionnelles

On retrouve dans le bilan social, c'est-à-dire la photographie annuelle des divers ratios de l'entreprise, des informations concernant les maladies professionnelles. On peut citer sur les tableaux du bilan social trois indicateurs correspondant aux données chiffrées des maladies professionnelles :

- 331. Nombre et dénomination des maladies professionnelles déclarées à la Sécurité sociale au cours de l'année ;
- 332. Nombre de salariés atteints par des affections pathologiques à caractère professionnel ;
- 333. Nombre de déclarations par l'employeur de procédés de travail susceptibles de provoquer des maladies professionnelles.

Conformément à la loi du 25 octobre 1919, une maladie peut être reconnue comme maladie professionnelle si elle figure sur l'un des tableaux annexés au Code de la sécurité sociale. Ces tableaux sont créés et modifiés par décret au fur et à mesure de l'évolution des techniques et des progrès des connaissances médicales (art. L 461-1 à 4).

Peut être également reconnue d'origine professionnelle une maladie caractérisée non désignée dans un tableau de maladies professionnelles lorsqu'il est établi qu'elle est essentiellement et directement causée par le travail habituel de la victime et qu'elle entraîne le décès de celle-ci ou une incapacité.

Tout employeur qui utilise des procédés de travail susceptibles de provoquer les maladies professionnelles citées dans le code doit en faire la déclaration à la caisse primaire d'assurance maladie et à l'inspecteur du travail.

Tableaux des maladies professionnelles

Il existe 112 tableaux du régime général. Chaque tableau comporte :

- Les symptômes ou lésions pathologiques que doit présenter le malade. Leur énumération est limitative ;
- Le délai de prise en charge, c'est-à-dire le délai maximal entre la date à laquelle le travailleur a cessé d'être exposé au risque et la constatation de l'affection. Ce délai est variable selon les manifestations ou symptômes cliniques présentés par le malade ;
- Les travaux susceptibles de provoquer l'affection en cause dont la liste figure dans la colonne de droite du tableau.

Pour les maladies professionnelles, la date de la première constatation médicale de la maladie est assimilée à la date de l'accident. La reconnaissance du caractère professionnel d'une maladie ouvre droit à différentes prestations pour la victime. Elle bénéficie d'une indemnisation de son incapacité permanente et, lorsque l'arrêt de travail est médicalement justifié, d'une indemnisation de son incapacité temporaire.

En outre, dans les entreprises de plus de 50 salariés, le CHSCT a pour mission de contribuer à la protection de la santé et de la sécurité des travailleurs ; il procède notamment à l'analyse des risques et propose des actions de prévention. Le médecin du travail participe au CHSCT, où il dispose d'une voix consultative.

À noter que dans les entreprises où un CHSCT n'est pas mis en place, le rôle de ce comité est dévolu aux délégués du personnel.

La faute inexcusable

ATTENTION !

La faute inexcusable est définie comme une faute d'une gravité exceptionnelle, dérivant d'un acte ou d'une omission volontaires ou de la conscience du danger que devait en avoir son auteur, aussi « en vertu du contrat de travail le liant à son salarié, l'employeur est tenu envers celui-ci d'une obligation de sécurité de résultat ».

Le salarié victime d'un accident ou d'une maladie professionnels ne doit plus prouver la faute inexcusable de l'employeur, le simple manquement à l'obligation de sécurité la constituant. C'est donc à l'employeur de démontrer qu'il a rempli son obligation en ayant pris les mesures nécessaires pour préserver la santé de ses salariés.

Le salarié peut obtenir une réparation complémentaire en cas de faute inexcusable de l'employeur. S'ajoute à sa rente forfaitaire :

- La majoration de la rente calculée en fonction de la gravité de la faute et non du préjudice subi ;
- La réparation du préjudice esthétique et d'agrément, par exemple un préjudice subi par la perte ou la diminution de ses réelles possibilités de promotion professionnelle.

En revanche, aucune majoration ne peut être effectuée sur les indemnités journalières. La juridiction compétente est la juridiction de la Sécurité sociale.

L'employeur paie une cotisation complémentaire destinée à financer la majoration de la rente. Il peut aussi faire face à une condamnation pénale pour homicide involontaire lors d'un accident mortel.

Chapitre 4

Intégrer les nouvelles lois

Dans ce chapitre :

- Les harcèlements moral et sexuel
- L'égalité salariale hommes-femmes
- Les lois sur le tabagisme et le pouvoir d'achat

La direction des ressources humaines doit constamment s'adapter à la nouvelle législation et se former aux modalités de mise en place. Nous avons choisi les dernières lois les plus significatives, en précisant les années de parution puisque le législateur est parfois revenu sur certaines lois pour les compléter. Les articles de loi concernant le harcèlement, la discrimination, l'égalité entre hommes et femmes, le tabagisme… sont venus s'ajouter aux articles du Code du travail ou de la sécurité sociale. Chaque fois, ces diverses lois ont été appliquées en entreprise avec l'adhésion des partenaires sociaux.

L'abus d'autorité en matière sexuelle dans les relations de travail

De nombreux abus dans les années 1980 ont obligé les divers gouvernements à légiférer, notamment en Europe et aux États-Unis. Ainsi, en France, la loi n° 92-1179, du 2 novembre 1992, est relative à l'abus d'autorité en matière sexuelle dans les relations de travail et modifie le Code du travail et le Code de procédure pénale.

Le harcèlement sexuel est le fait pour toute personne de harceler autrui par des agissements dont le but est d'obtenir des faveurs de nature sexuelle à son profit ou au profit d'un tiers. Aucun salarié ou candidat à un emploi, un stage ou une formation ne peut être sanctionné s'il a subi ou refusé de subir un harcèlement sexuel, s'il a été témoin des agissements pratiqués ou pour les avoir relatés. Il ne peut, dans ces conditions, être licencié ou faire l'objet de mesures discriminatoires.

Le harcèlement sexuel ne peut pas être pris en compte dans les décisions suivantes :

- Embauche ;
- Rémunération ;
- Formation ;
- Affectation ;
- Qualification ;
- Classification ;
- Promotion professionnelle ;
- Mutation ;
- Résiliation,
- Renouvellement du contrat de travail ;
- Sanctions disciplinaires.

Le harcèlement moral au travail

Dans les années 2000, le législateur s'est emparé d'une autre problématique souvent malheureusement rencontrée en entreprise, celle du harcèlement moral. Il a d'ailleurs dû intervenir à plusieurs reprises (loi n° 2002-73 de modernisation sociale, du 17 janvier 2002, ; loi n° 2003-775, du 21 août 2003 ; loi n° 2007-290, du 5 mars 2007, et loi n° 2009-526, du 12 mai 2009) !

Le harcèlement moral se manifeste par des agissements répétés qui ont pour objet ou pour effet une dégradation des conditions de travail susceptible de porter atteinte aux droits du salarié au travail et à sa dignité, d'altérer sa santé physique ou de compromettre son avenir professionnel. Ces agissements sont interdits, qu'ils soient exercés par l'employeur, par un supérieur hiérarchique ou entre collègues. Aucun salarié, victime ou témoin de tels agissements, ne peut être sanctionné, licencié ou faire l'objet de mesures discriminatoires directes ou indirectes notamment en matière de rémunération, de formation, de reclassement, d'affectation, de qualification, de promotion professionnelle, de mutation ou de renouvellement de contrat. Toute rupture du contrat de travail qui en résulterait, toute disposition ou tout acte contraire est nul de plein droit. L'employeur doit prendre toutes les dispositions nécessaires en vue de prévenir les agissements constitutifs de harcèlement moral.

Le règlement intérieur de l'entreprise doit rappeler les dispositions relatives à l'interdiction de telles pratiques.

Recours en cas de harcèlement moral

La procédure de médiation : le salarié ou la personne mise en cause peut engager une procédure de médiation. Le choix du médiateur fait l'objet d'un accord entre les parties. Le médiateur tente de les concilier et leur soumet des propositions écrites en vue de mettre fin au harcèlement. En cas d'échec de la conciliation, il informe les parties des éventuelles sanctions encourues et des garanties procédurales prévues en faveur de la victime.

Le recours au contentieux : les salariés victimes ou témoins de harcèlement moral disposent d'un recours devant le conseil de prud'hommes pour faire cesser ces agissements et demander réparation du préjudice subi. Toute organisation syndicale représentative dans l'entreprise peut, avec l'accord écrit du salarié, engager à sa place les actions en justice qui lui sont ouvertes. Le salarié doit établir la preuve des faits permettant de présumer l'existence d'un harcèlement. Au vu de ces éléments, la personne poursuivie doit prouver que ses agissements ne sont pas constitutifs d'un harcèlement ou que ses actes sont justifiés par des motifs étrangers à tout harcèlement.

Sanctions encourues

Les sanctions en cas de harcèlement moral sont les suivantes :

- Sanction disciplinaire : tout salarié ayant procédé à des agissements de harcèlement moral est passible de sanctions disciplinaires plus ou moins importantes face à la gravité ;
- Sanctions pénales : le harcèlement moral est par ailleurs un délit puni d'un an d'emprisonnement et de 15 000 € d'amende.

La lutte contre les discriminations

TEXTE DE LOI

Là encore, la notion de discrimination est récente en entreprise. Deux lois concernent plus précisément les discriminations : la loi n° 2001-1066, du 16 novembre 2001, et la n° 2004-1486, du 30 décembre 2004.

Tout salarié, tout candidat à un emploi, à un stage ou à une période de formation en entreprise est protégé contre les discriminations au travail. Les salariés témoins ou ayant relaté des agissements discriminatoires ne peuvent pas non plus être sanctionnés, licenciés ou faire l'objet d'une mesure discriminatoire.

Les motifs de discrimination interdits concernent :

- Le sexe ;
- Les mœurs ;
- L'orientation sexuelle ;
- L'âge ;
- La situation de famille ;
- L'appartenance ou la non-appartenance, vraie ou supposée, à une ethnie, une nation ou une race ;
- Les opinions politiques ;
- Les activités syndicales ou mutualistes ;
- Les convictions religieuses ;
- L'apparence physique ;
- Le patronyme ;
- L'état de santé ou le handicap.

Aucun de ces motifs ne peut donc être invoqué pour :

- Écarter une personne d'une procédure de recrutement ;
- Sanctionner, licencier ou décider d'une mesure discriminatoire contre un salarié, notamment en matière de rémunération, de formation, de reclassement, d'affectation, de qualification, de classification…

Dans le cas d'un licenciement relatif aux motifs invoqués ci-dessus, celui-ci est nul. Le salarié bénéficie d'un droit à réintégration et est considéré comme n'ayant jamais cessé d'occuper son emploi.

Les recours des victimes et témoins de discrimination

Les recours relèvent du pénal et du civil :

- Recours pénal (tribunal correctionnel) : la personne faisant l'objet d'une discrimination peut déposer plainte auprès du procureur de la République, du commissariat de police, de la gendarmerie ou du doyen des juges d'instruction du tribunal de grande instance ;
- Recours civil (conseil de prud'hommes) : l'objectif du recours est de faire annuler la mesure ou la décision fondée sur un motif discriminatoire et de demander réparation du préjudice subi.

Il appartient à la personne faisant l'objet d'une discrimination de présenter au juge les éléments de fait laissant supposer l'existence d'une telle discrimination, directe ou indirecte.

Les acteurs de la lutte contre les discriminations sont les :

- Organisations syndicales ;
- Associations de lutte contre les discriminations ;
- Délégués du personnel.

Création de la Halde

Les lois sur les discriminations ont entraîné en France la création d'un organisme particulier. Il s'agit de la Haute autorité de lutte contre les discriminations et pour l'égalité, la Halde, voulue par la loi n° 2004-1486, du 30 décembre 2004.

La Halde est une autorité indépendante compétente pour connaître et lutter contre les discriminations, directes ou indirectes, interdites par la loi ou par une convention internationale dont la France fait partie. Elle peut être saisie par toute personne qui s'estime victime de discrimination ou se saisir d'office des cas de discrimination directe ou indirecte dont elle a connaissance, sous réserve que la victime, lorsqu'elle est identifiée, ait été avertie et qu'elle ne s'y soit pas opposée.

La Halde intervient notamment pour aider les victimes à constituer leur dossier ; elle dispose pour cela d'un pouvoir d'investigation permettant de demander des explications, d'auditionner des personnes, de consulter des documents ou même dans certains cas de procéder à des vérifications sur place. La Halde ne dispose pas d'un pouvoir de jugement, mais si les faits portés à sa connaissance lui semblent constitutifs d'un crime ou d'un délit, elle en informe le procureur de la République.

Avec l'accord des personnes en cause, la Halde peut désigner un médiateur afin de parvenir à une résolution amiable des différends portés à sa connaissance.

La personne reconnue coupable de discrimination encourt :

- Une sanction disciplinaire, s'il s'agit d'un salarié de l'entreprise ;
- Des sanctions pénales (trois ans d'emprisonnement et 45 000 € d'amende).

Les personnes morales peuvent aussi être déclarées responsables pénalement d'actes de discrimination. Les peines encourues sont l'amende et l'interdiction d'activité (art. L 122-45-1 à 5 du Code du travail, et L 225-1 à 4 du Code pénal).

L'égalité salariale entre les hommes et les femmes

De nombreuses lois ont été édictées concernant l'égalité salariale entre les hommes et les femmes, mais un écart de l'ordre de 20 % existe encore entre les salaires des hommes et ceux des femmes !

Le dispositif légal

En vertu des lois n° 82-957, du 13 novembre 1982, et n° 83-635, du 13 juillet 1983, tout employeur est tenu d'assurer, pour un même travail ou pour un travail de valeur égale, l'égalité de rémunération entre les hommes et les femmes. Les disparités de rémunération entre les établissements d'une même entreprise ne peuvent pas, pour un même travail ou pour un travail de valeur égale, être fondées sur l'appartenance des salariés de ces établissements à l'un ou l'autre sexe.

Les articles de loi L 140-3 et L 140-6 précisent :

- Les différents éléments composant la rémunération doivent être établis selon des normes identiques pour les hommes et pour les femmes. Les catégories et les critères de classification et de promotion professionnelle ainsi que toutes les autres bases de calcul de la rémunération, notamment les modes d'évaluation des emplois, doivent être communs aux travailleurs des deux sexes ;
- Les inspecteurs du travail et de la main-d'œuvre sont chargés de veiller à l'application des articles de loi ; ils sont également chargés, concurremment avec les officiers et agents de police judiciaire, de constater les infractions à ces dispositions.

Le respect de la règle « à travail égal, salaire égal »

Une nouvelle loi existe, n° 2005-32, du 18 janvier 2005, de programmation pour la cohésion sociale. Tout employeur est tenu d'assurer, pour un même travail ou pour un travail de valeur de valeur égale, l'égalité de rémunération entre les hommes et les femmes. Le principe d'égalité de traitement intéresse également :

- Les salariés du même sexe ;
- Les salariés en CDI et ceux en CDD ;
- Les salariés à temps partiel et ceux occupant le même poste à temps complet.

Sont considérés comme ayant une valeur égale les travaux qui exigent des salariés un ensemble comparable de :

- Connaissances professionnelles consacrées par un titre, un diplôme ou une pratique professionnelle ;
- Capacités découlant de l'expérience acquise, notamment de l'ancienneté dans l'entreprise ;
- Responsabilités ;
- Charge physique ou nerveuse.

Pour permettre la comparaison, la convention collective prévoit le plus souvent les éléments déterminant les classifications professionnelles et les niveaux de qualification, notamment les mentions relatives aux diplômes ou à leurs équivalences.

L'inobservation du principe d'égalité de traitement peut donner lieu au versement de dommages-intérêts au salarié, en sus de différents rappels de salaire et primes.

Une circulaire complémentaire en 2007

La loi n° 2006-340, du 23 mars 2006, relative à l'égalité salariale entre les femmes et les hommes a été complétée par la circulaire du 19 avril 2007. L'égalité de traitement entre les hommes et les femmes dans le travail implique le respect de plusieurs principes par l'employeur :

- Absence de différenciation en matière de rémunération et de déroulement de carrière ;
- Obligations envers les représentants du personnel avec l'élaboration d'un rapport écrit et négociation.

En 2010, la rémunération moyenne des femmes est inférieure de 27 % à celle des hommes et de 16 % si l'on compare le salaire horaire brut total. Par ailleurs, cette injustice a une conséquence inexorable : la retraite ne peut rattraper cet écart de salaire.

Des recours et des sanctions civiles et pénales sont prévus en cas de non-respect de l'égalité hommes-femmes. Dans les domaines de la formation, de la classification, de la promotion, de la mutation, des congés, d'une sanction disciplinaire ou d'un licenciement, aucune décision de l'employeur ou clause de convention ou d'accord collectif ne peut prendre en compte l'appartenance à un sexe déterminé.

Les congés pour garde d'enfant doivent être accessibles tant aux hommes qu'aux femmes. Par contre, ponctuellement, l'employeur peut instituer des mesures provisoires destinées à rééquilibrer la place des femmes dans l'entreprise, avec le soutien financier de l'État, au seul bénéfice des salariés de sexe féminin dans le cadre d'un contrat pour la mixité des emplois, d'un plan pour l'égalité professionnelle ou d'un contrat pour l'égalité professionnelle.

Rapport écrit annuel remis aux représentants du personnel

Chaque année, le chef d'entreprise doit soumettre un rapport écrit au comité d'entreprise, ou à défaut aux délégués du personnel, permettant d'apprécier la situation comparée des hommes et des femmes de l'entreprise en matière d'emploi (embauche, formation, promotion professionnelle, qualification, classification, conditions de travail, rémunération). Le rapport doit comporter une analyse reposant sur des indicateurs pertinents :

- Données chiffrées permettant de mesurer les écarts ;
- Données explicatives sur les évolutions constatées ou à prévoir ;
- Données éventuelles tenant compte de la situation particulière de l'entreprise, affichées dans l'entreprise, afin que les salariés en aient connaissance ;
- Mesures adoptées au cours de l'année écoulée afin d'assurer l'égalité professionnelle, objectifs prévus pour l'année à venir et définition des actions à mener.

Le rapport est éventuellement modifié pour tenir compte de l'avis motivé des représentants du personnel, puis il est communiqué à l'inspecteur du travail. Tout salarié peut consulter ce rapport.

Négociation obligatoire avec les représentants du personnel

Chaque année, l'employeur doit engager une négociation sur les objectifs en matière d'égalité professionnelle entre les femmes et les hommes dans l'entreprise et sur les mesures permettant d'atteindre ces objectifs. Cette négociation a cependant lieu tous les trois ans lorsqu'un accord collectif comportant de tels objectifs et mesures a été signé dans l'entreprise.

L'employeur est tenu d'afficher dans l'entreprise sur les lieux du travail la réglementation sur l'égalité professionnelle entre les hommes et les femmes ainsi que les textes élaborés en application de ces règles.

Recours et sanctions en cas de non-respect de l'égalité hommes-femmes

Les recours et sanctions civils : le conseil de prud'hommes peut être saisi par un(e) salarié(e) victime de discrimination.

Sanctions encourues par l'employeur :

- Annulation de la mesure prise (sanction disciplinaire, licenciement, rémunération) ;
- Versement de dommages-intérêts.

Le tribunal correctionnel, après recours soit de la victime, soit d'une organisation syndicale ou d'une association de lutte contre les discriminations peut, comme sanction pénale :

- Prononcer des peines d'amende ;
- Ordonner le versement de dommages-intérêts.

Les références sont nombreuses mais importantes à connaître, car le gouvernement a décidé de durcir les contrôles et de convaincre les entreprises grâce à des pénalités financières !

Interdiction de fumer dans les lieux de travail

Au départ, la loi se focalisait seulement sur l'interdiction de publicité relative au tabac, et progressivement, sous la pression des lobbies liés à la santé, la loi s'est étendue aux lieux publics et, ensuite, aux entreprises. Il s'agit de la loi nº 91-32, du 10 janvier 1991, relative à la lutte contre le tabagisme et l'alcoolisme (dite loi « Évin »), et du décret nº 2006-1386, du 15 novembre 2006, fixant les conditions d'application de l'interdiction de fumer dans les lieux affectés à un usage collectif, afin de protéger les fumeurs comme les non-fumeurs.

Depuis le 1er février 2007, la mesure s'applique dans les entreprises, les administrations, les établissements scolaires, les établissements de santé. Il est interdit de fumer dans tous les lieux fermés et couverts accueillant du public ou qui constituent des lieux de travail, dans les établissements de santé, dans l'ensemble des transports en commun, et dans toute l'enceinte (y compris les endroits ouverts telles les cours d'écoles) des écoles, collèges et lycées publics et privés, ainsi que des établissements destinés à l'accueil, à la formation ou à l'hébergement des mineurs. Des emplacements réservés aux fumeurs peuvent y être installés, sauf dans les lieux accueillant des mineurs et dans les établissements de santé.

Le pouvoir d'achat, dernière notion économique introduite en entreprise...

Accrochez-vous car, depuis 2007, la question du pouvoir d'achat donne lieu à une avalanche de textes, pas toujours évidents à comprendre et encore moins à appliquer !

Travailler plus pour gagner plus

D'abord, à la fin de l'été 2007, le législateur a retouché de façon très sensible le droit de la durée du travail par la loi n° 2007-1223, du 21 août, en faveur du travail, de l'emploi et du pouvoir d'achat (plus connu sous le nom de loi « Tepa »). Ce texte avait pour objectif de traduire en actes l'une des idées avancées par le président de la République : « Travailler plus pour gagner plus. »

Ensuite, le début de l'année 2008 a été marqué par la promulgation de la loi n° 2008-3, du 3 janvier, pour le développement de la concurrence au service des consommateurs (plus connue sous le nom de loi « Chatel »). Ce texte transpose la directive européenne n° 2005/29/CEE, du 11 mai 2005, relative aux pratiques commerciales déloyales. Toutefois, il est beaucoup plus ambitieux, notamment parce qu'il essaie de régler l'épineuse question des marges arrières. La majorité des entreprises en relation avec les grandes surfaces sont concernées.

Enfin, le mois de février a été marqué par la promulgation de la loi n° 2008-111, du 8 février 2008, pour le pouvoir d'achat. Ce dernier texte traduit une partie des mesures annoncées par le chef de l'État dans sa conférence de presse du 29 novembre 2007. Il s'inscrit dans le prolongement de la loi Tepa et comporte diverses mesures dont la plupart sont exceptionnelles et temporaires.

Le texte de cette dernière loi comporte trois articles :

- **Le premier des trois articles du texte assouplit le régime du compte épargne-temps (CET).** Chaque salarié pourra y accumuler des jours de RTT ou des congés non pris et les utiliser ensuite sous forme de congés différés, de complément de salaire ou d'abondement de dispositifs d'épargne d'entreprise (plan d'épargne entreprise, plan d'épargne retraite). Le plafond annuel, actuellement fixé à 22 jours, est supprimé, de même que l'obligation de les utiliser dans un délai de cinq ans ;

- **Le deuxième article de la loi prévoit la possibilité, pour les salariés qui le souhaitent, de travailler « au-delà du contingent légal d'heures supplémentaires » (220 heures par an), dans la limite de 48 heures hebdomadaires.** L'article stipule que les conditions dans lesquelles seront effectuées ces « heures choisies » devront, elles aussi, être précisées dans un accord d'entreprise. De même que la majoration de salaire – qui ne pourra être inférieure à celle des autres heures supplémentaires – et les contreparties éventuelles. La loi autorise par ailleurs les cadres « volontaires » à renoncer à une partie de leurs jours de repos en contrepartie d'une majoration de salaire ;
- **Enfin, l'article 3 prorogeait jusqu'au 31 décembre 2008 (au lieu de 2005) le régime dérogatoire de majoration des heures supplémentaires dans les entreprises de moins de 20 salariés.** Les heures supplémentaires ne sont comptées qu'à partir de la 37e heure (au lieu de la 36e) et les quatre premières heures supplémentaires ne sont majorées que de 10 % (au lieu de 25 % dans les autres entreprises).

Bref, de quoi maintenir en ébullition constante les neurones de nos chers DRH !

Chapitre 5

Anticiper les contraintes administratives

Dans ce chapitre :

- Le licenciement
- La rupture conventionnelle
- Le chômage en France
- L'affichage obligatoire
- Le règlement intérieur

Cette première partie ne peut se terminer sans prendre en compte les aléas de l'entreprise et donc les difficultés auxquelles peuvent être confrontés les salariés lors de leur vie professionnelle. On abordera successivement le licenciement et la nouvelle possibilité offerte, aujourd'hui, de négocier dans le cadre de la rupture conventionnelle. Après un bref historique de la création du chômage en France, on signalera la possibilité pour l'entreprise en période de crise de mettre en place la procédure de chômage partiel.

Enfin, nous présenterons les données obligatoires concernant l'affichage et la rédaction du règlement intérieur.

Le licenciement

Tout employeur qui licencie un salarié pour un motif autre qu'une faute grave ou lourde doit lui verser les indemnités compensatrices de préavis et de congés payés et une indemnité de licenciement d'un montant minimal fixé par la loi et calculé en fonction d'un salaire de référence.

L'indemnité de licenciement

Cette indemnité est majorée en cas de licenciement pour motif économique et peut être remplacée par une indemnité conventionnelle plus avantageuse.

Tout salarié en contrat de travail à durée indéterminée, ayant au moins un an d'ancienneté dans l'entreprise et licencié pour un motif autre qu'une faute grave ou lourde doit percevoir l'indemnité de licenciement. L'indemnité de licenciement n'est soumise ni à l'impôt sur le revenu ni aux cotisations sociales (patronales et salariales). Le montant minimal de l'indemnité de licenciement correspond à 1/10 du salaire mensuel de référence par année d'ancienneté jusqu'à 10 ans d'ancienneté, auquel s'ajoute 1/15 du salaire mensuel de référence par année de présence au-delà de 10 ans d'ancienneté.

Le salaire de référence à prendre en compte pour le calcul de l'indemnité est 1/12 de la rémunération brute (salaire, primes…) des 12 derniers mois précédant le licenciement, ou, selon la solution la plus avantageuse, 1/3 de la rémunération brute des 3 derniers mois.

Les indemnités compensatrices sont différentes et ne se calculent pas de la même façon selon leur destination :

- **L'indemnité compensatrice de préavis :** en cas d'inexécution du préavis, sauf faute grave ou lourde, le salarié doit percevoir sous forme d'indemnité compensatrice la rémunération et les avantages qu'il aurait perçus s'il avait travaillé jusqu'à la fin de la période de préavis, indemnité de congés payés et prime de vacances comprises ;
- **L'indemnité compensatrice de congés payés :** sauf faute lourde, le salarié licencié qui n'a pas pu bénéficier de la totalité de ses congés doit percevoir une indemnité compensatrice calculée selon la règle du 1/10 de la rémunération totale perçue au cours de la période de référence.

L'employeur est tenu de remettre certains documents. Le salarié doit recevoir le certificat de travail, un solde de tout compte et son attestation Pôle emploi. En cas de litige devant le conseil de prud'hommes, l'employeur peut être condamné à verser au salarié des indemnités, soit pour licenciement sans cause réelle et sérieuse, soit pour procédure irrégulière.

Le licenciement économique

Le licenciement économique doit être fondé sur une cause réelle et sérieuse, il n'est pas lié à la personne du salarié mais à l'entreprise elle-même. Le Code du travail prévoit des procédures spécifiques, avec l'élaboration d'un plan de sauvegarde de l'emploi, précisant les critères de l'ordre des licenciements et l'obligation de reclassement. En cas de licenciement pour motif économique, le taux de l'indemnité minimale légale est de :

- 2/10 de mois de salaire par année d'ancienneté jusqu'à 10 ans d'ancienneté ;
- 2/10 de mois de salaire auxquels s'ajoutent 2/15 de mois de salaire (soit 1/3 au total) par année d'ancienneté, au-delà de 10 ans d'ancienneté.

La convention collective ou le contrat de travail peuvent prévoir des indemnités de licenciement plus avantageuses que celles prévues par la loi : montant plus élevé, conditions d'ancienneté moins restrictives, indemnité due même en cas de faute grave...

Le plan de sauvegarde de l'emploi

TEXTE DE LOI

La loi n° 2002-73 de modernisation sociale, du 17 janvier 2002, renforce le plan de sauvegarde de l'emploi (PSE). Outre les actions de reclassement interne et externe, ce plan de sauvegarde de l'emploi doit comporter des actions de formation, de validation des acquis de l'expérience ou de reconversion. De même, des mesures de réduction du temps de travail doivent être prévues dans les entreprises dont la durée du travail est supérieure à 35 heures par semaine pour éviter ou limiter le nombre de licenciements.

TEXTE DE LOI

Deux difficultés majeures ont été suspendues par la loi du 3 janvier 2003 ! Comme quoi pour une DRH, il faut parfois se conformer à l'ordre mais attendre le contrordre. Il s'agissait de la réduction du temps de travail et de l'institution d'un médiateur. En ce qui concerne la mise en place d'une réduction de la durée du travail : préalablement à l'établissement d'un plan social, il était nécessaire de conclure un accord de réduction du temps de travail dans les entreprises où la durée du travail était supérieure à 35 heures par semaine (art. 108 de la loi du 17 janvier 2002). En ce qui concerne l'institution d'un médiateur : en cas de restructuration ou de compression d'effectifs, le comité d'entreprise disposait désormais d'un droit d'opposition qui se traduisait par la saisine d'un médiateur dont la mission s'étendrait sur une période d'un mois. Durant cette période, le projet de restructuration était suspendu. À noter, donc, que ces deux dispositions ont été interrompues en janvier 2003.

De nouvelles mesures imposées

TEXTE DE LOI

Par contre, des mesures très importantes sont à signaler au niveau de la formation et du reclassement. Pour la formation-adaptation-reclassement : l'article L 321-1 du Code du travail qui définit le motif économique est complété par une disposition prévoyant que le licenciement pour motif économique d'un salarié ne peut intervenir que lorsque tous les efforts de formation et d'adaptation ont été réalisés et que le reclassement de l'intéressé sur un emploi de la même catégorie que celui qu'il occupe ou sur un emploi équivalent ou, à défaut, sur un emploi de catégorie inférieure ne peut être réalisé dans le cadre de l'entreprise ou du groupe.

En ce qui concerne le congé de reclassement dans les entreprises employant au moins 1 000 salariés, l'employeur est tenu de proposer aux salariés dont le licenciement est envisagé un congé de reclassement dont la durée maximale est de neuf mois. Durant ce congé, le contrat de travail sera suspendu.

Dans les autres entreprises, c'est-à-dire celles employant moins de 1 000 salariés, l'employeur devra proposer aux salariés dont le licenciement est envisagé des mesures d'évaluation des compétences professionnelles et d'accompagnement en vue du reclassement. Il s'agit, en fait, du bénéfice anticipé du plan d'aide au retour à l'emploi géré par le Pôle emploi. Ce nouveau dispositif vient remplacer celui de la convention de conversion (art. 120 de la loi du 17 janvier 2002).

La rupture conventionnelle

Quant à la rupture conventionnelle du contrat de travail : vive le divorce par consentement mutuel dans les relations professionnelles ! C'est en effet ce que pourrait être la rupture conventionnelle du contrat de travail, dont les conditions sont issues de la loi n° 2008-596, du 25 juin 2008. La rupture conventionnelle du contrat de travail n'est ni un licenciement ni une démission.

Procédure basée sur la concertation

L'employeur n'a pas à justifier d'un motif de la rupture. Le salarié, sans être licencié, a droit à une indemnité de rupture du contrat de travail qui est équivalente à l'indemnité de licenciement, et il a de plus droit au bénéfice de l'allocation chômage, ce qui est impossible dans le cas d'une démission. La rupture conventionnelle du contrat de travail est basée sur la concertation, le dialogue, et l'homologation de la décision commune de l'employeur et du salarié de se séparer.

À cette fin, il est impératif qu'il y ait eu au moins deux entretiens entre l'employeur et le salarié, chacun pouvant, s'il le désire, se faire assister lors de ces entretiens, à condition d'en informer préalablement l'autre partie. Il n'est aucunement demandé à l'employeur de justifier du motif de la rupture, contrairement au licenciement.

L'indemnisation du salarié

L'objet de la convention est le montant de l'indemnité de rupture du contrat de travail qui ne peut être inférieur à celui de l'indemnité de licenciement. Le salarié, quant à lui, bénéficie d'une indemnité de rupture, comme s'il était licencié, et a droit en outre au versement de l'allocation chômage par la suite, ce qui est impossible dans le cas d'une démission.

Il existe un délai de rétractation de 15 jours calendaires à compter de la signature de la convention, dans le cas où l'une ou l'autre des parties reviendrait sur sa décision. Si le délai se termine un samedi, un dimanche ou un jour férié ou chômé, on proroge le délai jusqu'au premier jour ouvrable suivant. La rupture conventionnelle ne doit donc pas être envoyée à l'autorité administrative chargée de l'homologuer avant l'expiration de ce délai de 15 jours.

Le régime social et fiscal de la rupture

Si l'indemnité n'excède pas le montant prévu par la convention collective de branche, par l'accord professionnel ou interprofessionnel, on aura une exonération totale d'impôt sur le revenu et de cotisations sociales. Dans le cas contraire, l'exonération se situe dans la limite d'un plafond égal à six fois le plafond annuel de la Sécurité sociale en vigueur au moment du versement des indemnités, à hauteur du plus élevé des deux montants suivants, soit la moitié de l'indemnité de licenciement perçue, soit le double du montant de la rémunération annuelle brute perçue par le salarié au cours de l'année civile précédent la rupture de son contrat de travail. La CSG et la CRDS s'appliquent sur le montant excédant l'indemnité légale ou conventionnelle.

L'homologation administrative

La convention signée entre les deux parties est soumise à homologation par l'autorité administrative. La DDTEFP a 15 jours ouvrables à compter de la réception de la demande pour rendre sa décision. Le silence de l'administration équivaut à homologation.

Le directeur des ressources humaines est ainsi satisfait d'éviter les difficultés liées à un licenciement et à la procédure prud'homale qui peut en résulter. Le salarié, quant à lui, est satisfait de quitter l'entreprise par sa volonté en touchant une indemnité et en ayant droit au bénéfice de l'allocation chômage. Tout cela n'étant possible que si les deux parties sont d'accord pour se séparer sans en justifier les motifs. Le divorce professionnel par consentement mutuel est né !

Le chômage en France

Malheureusement notre pays, comme tous ceux du monde entier, est de plus en plus confronté à l'évolution du non-emploi, qui touche aussi bien tous les corps de métier que tous les âges ! De plus en plus de salariés sont confrontés un jour ou l'autre à ce statut particulier et à son indemnisation, qui varie en fonction du salaire et de la période de cotisation.

Rappel historique

D'abord, quelques repères :

- 1793 : « droit au travail » intégré dans la Constitution ;
- 1958 : mise en place d'un régime d'assurance chômage organisé par la négociation entre partenaires sociaux. Le régime d'assurance chômage permet d'octroyer un revenu de remplacement pour les travailleurs privés d'emploi. La cotisation AGS permet, elle, de garantir les salaires en cas de redressement ou de liquidation judiciaires ;
- 2001 : mise en place du Pare ;
- 2002 : durcissement des conditions et de la durée d'indemnisation.

Les ressources sont constituées de cotisations patronales et salariales et recouvrées par le réseau des Urssaf depuis le 1er janvier 2011. Les allocations de chômage sont versées chaque mois, à terme échu, par Pôle emploi.

Le régime d'assurance chômage et d'assurance de garantie des salaires s'applique à tout employeur du secteur privé pour les salariés qu'il emploie. Sont exclus les dirigeants et chefs d'entreprise. Ces derniers peuvent se garantir personnellement contre le risque chômage à la GSC.

Les cotisations Pôle emploi sont calculées sur la même assiette que les cotisations de sécurité sociale. Il est à noter que l'indemnisation ouvre le droit à des trimestres cotisés pour le paiement de la retraite.

La particularité du chômage partiel

Il permet aux entreprises, grâce à une fermeture provisoire ou à une diminution de l'horaire effectif, de faire face à des :

- Difficultés économiques, comme une diminution brusque des commandes ;
- Circonstances exceptionnelles comme un sinistre lié à une inondation ou à un incendie.

Afin d'obtenir le remboursement par l'État de l'allocation de chômage partiel, l'entreprise doit préalablement :

- Consulter les représentants du personnel ;
- Adresser une demande à la direction départementale du travail, de l'emploi et de la formation professionnelle.

Celle-ci notifie sa décision après examen par l'inspecteur du travail du motif et de la réalité du recours au chômage partiel.

Les allocations de chômage partiel sont versées par l'employeur au salarié à l'échéance normale de la paie. L'État rembourse à l'entreprise le montant de l'allocation spécifique dans la limite d'un contingent fixé, par salarié, à 600 heures.

L'affichage obligatoire

Tout employeur est tenu de procéder à l'affichage d'un certain nombre d'informations dans des locaux normalement accessibles aux salariés :

- **L'inspection du travail :** nom, adresse, numéro d'appel de l'inspection du travail et le nom de l'inspecteur compétent ;
- **La médecine du travail :** nom, adresse et numéro d'appel du médecin du travail ;
- **Les services de secours d'urgence :** au minimum, adresses et numéros d'appel des pompiers et du Samu ;
- **Le CHSCT et/ou les DP** : liste nominative des membres ;
- **Les consignes d'incendie,** avec la signalisation des extincteurs et le matériel de premiers secours adapté à la nature des risques et facilement accessible mis en place par chaque service ;
- **L'horaire de travail** est affiché de façon précise à l'entrée des divers ateliers ou bureaux. On retrouve notées les heures auxquelles commence et finit le travail, les heures et durée de repos ou, parfois, les plages horaires d'arrivée et de sortie ;
- **Le départ en congés payés,** en précisant l'ordre et les dates des départs ;
- **Le texte intégral du règlement intérieur**, dans les entreprises d'au moins 20 salariés. On précise, aussi, l'intitulé de la convention collective applicable s'il y a lieu ainsi que les modalités de consultation, lieu et heures, par exemple ;

- **Les textes de loi relatifs à l'égalité de rémunération entre hommes et femmes** doivent être affichés dans les lieux du travail ainsi que dans les locaux où se fait l'embauche ;
- **La signalétique concernant l'interdiction de fumer** ainsi que l'indication des emplacements mis à la disposition des fumeurs (Code de la santé publique, art. R 355-28-1). Par ailleurs, une signalisation particulière est prévue dans les locaux où sont entreposées des substances explosives ou inflammables.

Le règlement intérieur

Le règlement intérieur est un document qui fixe certaines règles de comportement dans l'entreprise, relatives à l'hygiène, la sécurité et la discipline. Il est obligatoire dans les entreprises de plus de 20 salariés, il est facultatif pour les entreprises de moins de 20 salariés.

Le règlement intérieur doit être établi dès lors que l'effectif a atteint ou dépassé 20 salariés pendant 6 mois consécutifs. En revanche, lorsqu'une entreprise embauchant au moins 20 salariés se crée, elle doit établir un règlement intérieur dans les 3 mois de son ouverture.

Il s'impose à tous les salariés de l'entreprise, même s'ils ont été embauchés avant sa mise en application. Le règlement intérieur doit être affiché sur le lieu de travail. C'est un document écrit, obligatoirement écrit en français et traduit si besoin.

Le règlement intérieur ne doit contenir que des éléments relatifs :

- **À l'hygiène et la sécurité :** les consignes de sécurité concernant par exemple la circulation, le transport, la manutention, l'emploi du matériel, le nettoyage des lieux de travail ou les obligations concernant la médecine du travail (visites, examens complémentaires, etc.) ;
- **À la discipline :** l'obligation de respecter un horaire de travail, de prévenir en cas de retard ou d'absence, l'interdiction d'emporter ou d'utiliser à des fins personnelles du matériel de l'entreprise, les sanctions applicables en cas de faute (avertissement, blâme, mise à pied, mutation, rétrogradation, licenciement) ;
- **À la défense des salariés :** préciser les garanties du respect de la procédure concernant le harcèlement moral et sexuel ou en cas de sanction disciplinaire ;
- **Aux mesures relatives à la sécurité du salarié :** l'employeur doit prévoir les consignes générales que les salariés doivent respecter pour assurer

> leur propre sécurité et celle des autres personnes qui pourraient subir les conséquences de leurs actions. En fonction des risques encourus, le règlement intérieur peut prévoir les conditions d'utilisation des équipements de travail, des équipements de protection individuelle, des substances et préparations dangereuses, ces instructions devant être adaptées à la nature de la tâche à accomplir.

Peut figurer dans un règlement intérieur l'obligation de porter une tenue de chantier comprenant des vêtements de travail, des gants de manutention et un casque, ou l'obligation de porter un badge destiné à autoriser ou interdire l'accès de certaines catégories de personnel à des endroits particulièrement dangereux.

À noter que le CHSCT, lorsqu'il en existe un dans l'entreprise, évalue les risques propres à l'entreprise. L'employeur doit alors établir ses consignes de sécurité en se basant notamment sur cette analyse. Enfin, le règlement intérieur doit prévoir aussi les conditions dans lesquelles les salariés peuvent être appelés à participer, à la demande de l'employeur, au rétablissement des conditions de travail protectrices de la sécurité et de la santé des salariés, dès lors qu'elles apparaissent compromises.

Les mesures générales et permanentes relatives à la discipline

L'employeur fixe, dans le règlement intérieur, les règles générales et permanentes relatives à la discipline dans l'entreprise. En pratique, revêt un caractère disciplinaire toute mesure générale consistant en une obligation ou une interdiction (ou une limitation) de faire, dont le non-respect expose à l'application de sanctions.

Peuvent être incluses, dans un règlement intérieur, les obligations suivantes : celle de respecter certains horaires de travail, celle de ne pas emporter à son domicile du matériel appartenant à l'entreprise, ou encore celle de respecter le secret professionnel.

Le règlement intérieur doit ensuite préciser les sanctions encourues par les salariés, ainsi que l'échelle de gravité de ces sanctions (avertissement écrit, mise à pied, rétrogradation, licenciement…). Attention toutefois, certaines sanctions sont prohibées, comme les sanctions pécuniaires ou les sanctions discriminatoires, et l'employeur ne peut infliger à un salarié une sanction qui n'a pas été prévue dans le règlement intérieur. Si le règlement intérieur prévoit la possibilité d'une mise à pied, il doit alors obligatoirement en fixer la durée maximale.

La loi prévoit deux procédures disciplinaires :

- Une procédure simplifiée en cas d'avertissement ou de sanction de même nature n'ayant pas d'incidence sur la situation du salarié dans l'entreprise. L'employeur notifie dans ce cadre la sanction par écrit au salarié en mentionnant les faits qui lui sont reprochés ;
- Une procédure renforcée pour toute sanction ayant une incidence, immédiate ou non, sur la présence du salarié dans l'entreprise (mise à pied, par exemple). Cette procédure se déroule en trois temps : envoi d'une convocation à un entretien préalable, entretien avec l'employeur et notification motivée de la sanction.

Le règlement intérieur s'applique aux salariés liés à l'employeur par un contrat de travail, mais également aux salariés intérimaires ou aux salariés appartenant à des entreprises extérieures. Ils sont tenus de respecter les règles d'hygiène et de sécurité, tout comme les règles relatives à la discipline. En revanche, ils ne peuvent pas faire l'objet d'une sanction disciplinaire de la part de l'entreprise « utilisatrice ».

L'élaboration du règlement intérieur

Elle se déroule en trois étapes :

- L'employeur rédige un projet de règlement intérieur ;
- Il le soumet ensuite pour avis aux représentants du personnel, s'il en existe dans l'entreprise, au comité d'entreprise ou, à défaut, aux délégués du personnel, ainsi que, pour les matières relevant de sa compétence, au CHSCT, qui doivent disposer d'un temps suffisant pour étudier ce projet et faire part de leurs observations par écrit ;
- L'employeur peut alors librement décider d'amender ou non son projet pour tenir compte des éventuelles observations des représentants du personnel.

ATTENTION !

En l'absence de consultation des institutions représentatives du personnel, le règlement intérieur ne s'applique pas aux salariés, et l'employeur est passible des sanctions pour délit d'entrave.

Après la consultation des représentants du personnel, l'employeur transmet deux exemplaires du règlement intérieur à l'inspecteur du travail, qui peut en vérifier le contenu et exiger la modification ou la suppression de dispositions qu'il estime illicites. Un exemplaire est ensuite déposé au secrétariat-greffe du conseil de prud'hommes. L'employeur procède ensuite à l'affichage du règlement intérieur, à un endroit de l'entreprise accessible à l'ensemble des salariés. Le règlement intérieur doit à ce moment indiquer la date à laquelle il entre en vigueur, cette date devant être postérieure d'un mois à la date d'accomplissement des formalités de dépôt et de publicité.

La modification du règlement intérieur

Si des modifications sont apportées au règlement intérieur à la suite d'un contrôle de l'inspecteur du travail, ou parce que des aménagements sont devenus nécessaires (nouvelle activité de l'entreprise, changement législatif ou réglementaire, etc.), la procédure à suivre est identique à celle prévue pour l'élaboration même du règlement intérieur. Mais il n'est pas question de contourner la procédure de modification du règlement intérieur en lui substituant la pratique des notes de service ! En effet, dès lors qu'une note de service contient une prescription générale et permanente dans les matières relevant du règlement intérieur, elle doit suivre la procédure prévue pour la modification du règlement intérieur.

Les sanctions à l'égard des employeurs

Une amende est prévue pour les employeurs qui :

- N'ont pas établi de règlement intérieur alors que le seuil des 20 salariés a été franchi ;
- Ont adopté leur règlement intérieur sans respecter la procédure fixée par la loi ;
- Ont laissé subsister dans le règlement intérieur des clauses qui ont été jugées illégales par l'inspecteur du travail ;
- N'ont pas procédé à l'affichage ou aux mesures de publicité prévues par la loi.

ATTENTION !

En conclusion, il est indispensable de connaître les lois et de s'y conformer pour éviter tous désagréments ! De plus, méfiez-vous car la tendance des nouvelles lois est d'introduire des pénalités financières en cas de non-application. Soyez vigilant, restez bien informé ou soyez assisté par un excellent cabinet de droit social !

Deuxième partie

Les bonnes personnes aux bons endroits : le recrutement

Dans cette partie...

La gestion des ressources humaines concerne essentiellement les hommes et les femmes dans leur environnement de travail et commence donc par leur recrutement. Le recrutement devient un enjeu important de la DRH, car sa mise en application découle directement de la stratégie, clairement définie, de l'entreprise. Le budget du recrutement est un poste non négligeable et, une fois recrutés et intégrés, les salariés doivent occuper une fonction en rapport avec leurs compétences.

Chapitre 6

Construire une stratégie du recrutement

Dans ce chapitre :

- La méthodologie du recrutement
- Le budget d'un recrutement
- Les tests de recrutement

Le recrutement est une activité très délicate de la DRH et il ne s'improvise pas, il s'apprend, car les conséquences d'un mauvais recrutement sont préjudiciables en termes de temps, de coût et d'image de l'entreprise. Une DRH s'appuie non seulement sur une méthodologie avec une recherche de candidats en interne et en externe, mais aussi sur les tests réalisés en cabinet extérieur afin d'avoir une base objective de choix.

Méthodologie du recrutement

Il n'est pas évident de savoir recruter et un grand nombre d'éléments entrent en compte ! Car recruter consiste à amener quelqu'un à intégrer un groupe, avec toutes les spécificités que cela comporte. Il s'agit d'un processus complexe avec des conséquences importantes liées au choix effectué. Ainsi, dans la charte RH de Bouygues, on peut lire : « Choisir, c'est recruter juste. » Mais que faut-il entendre par « juste » ?

Recruter exige de réfléchir sur l'évolution du potentiel humain de l'entreprise. Il existe deux types de motifs pour lesquels une entreprise est amenée à recruter :

- Les motifs accidentels, comme *un remplacement, une démission inattendue, une maladie de longue durée, une mutation…* Il en découle un caractère d'urgence et donc une brièveté dans les délais ;
- Les motifs stratégiques avec la mise en place d'*un plan de recrutement. L'augmentation des effectifs correspond à une volonté. Comme c'est prévisible, les délais sont plus longs.*

Une juste anticipation des besoins permet une bonne planification de la campagne de recrutement. Les méthodes de recrutement se modifient actuellement très rapidement grâce à l'évolution de la technique des outils multimédias. Après l'introduction de l'intranet au sein des multinationales, d'Internet, qui s'est démocratisé au sein de l'ensemble des foyers, de récents recrutements s'effectuent de nos jours par SMS sur téléphone portable. C'est encore rare, il est vrai ! Mais le service recrutement des RH doit donc rester vigilant sur cette évolution rapide dans la recherche de candidatures.

Une fois la définition du profil validée, la prospection correspond à un choix de méthode de recherche qui doit se chiffrer aisément.

L'analyse des besoins

Le responsable hiérarchique directement concerné par un recrutement effectue la demande auprès du service RH. Avant de lancer les opérations de recrutement, il est nécessaire de vérifier l'opportunité de la demande. Il faut donc s'assurer que le recrutement ne puisse pas être résolu par des solutions autres, comme la sous-traitance, l'intérim, les conseils extérieurs, la promotion interne ou, tout simplement, par la réorganisation du travail.

La première étape consiste donc à cibler la demande de recrutement. Si le recrutement fait suite à un départ :

- Pourquoi le prédécesseur part-il ?
- Quel est le taux de turnover dans le poste, est-il normal pour ce genre d'activité ?
- L'ancien salarié du poste va-t-il passer le relais au nouveau ?

Si le recrutement est dû à une création de poste :

- Pourquoi ce nouveau poste ?
- Que veut-on améliorer ? Quelle est la nature du changement ?

La rédaction de l'annonce

Il s'agit d'un document externe à l'entreprise dont le but est non seulement de pourvoir un poste, mais également de savoir s'appuyer sur cette recherche pour diffuser une image dynamique de la société. De grands groupes s'en servent pour montrer leur développement ou leur pérennisation.

L'annonce devient donc un outil de communication interne et externe qui sert à véhiculer une vision positive de l'entreprise. En fonction des besoins, importants ou ponctuels, il faut penser à cibler la rédaction du profil en délimitant un volant restreint ou conséquent de candidatures. Mais, attention ! dans l'article L 121-8 du Code du travail : « Aucune information concernant personnellement un salarié ou un candidat à un emploi ne peut être collectée par un dispositif qui n'a pas été porté préalablement à la connaissance du salarié ou du candidat à un emploi. »

La fiche de profil est définie comme suit :

- Le profil du candidat, sa carte d'identité ;
- Les compétences techniques nécessaires pour le poste ;
- L'ensemble des qualités requises pour occuper correctement le poste en question.

La définition du profil recherché doit s'harmoniser avec la future fiche de fonction de la personne recrutée. La description ou la réactualisation de la fonction concernée permet de rassembler les meilleures données pour définir le poste, sa finalité, les caractéristiques et les compétences qu'il suppose.

Une fiche de description de fonction comprend plusieurs rubriques :

- Identification de l'emploi ;
- Mission de l'emploi et objectifs ;
- Statut, en général cadre ou non-cadre, et positionnement ;
- Description des activités détaillées et marge d'autonomie ;
- Moyens humains et matériels, si besoin.

Une fois l'adéquation réalisée entre le profil recherché et la future fonction occupée, on affiche la demande en interne.

RECHERCHE D'UN CONSULTANT INTERNE SENIOR

Filiale du groupe ......, nous sommes le n° 1 en France et en Europe du courtage d'assurances (1 200 personnes), comptant parmi nos clients les plus grandes sociétés françaises.

Au sein de la RH, vous prendrez en charge les opérations de recrutement, de mobilité et de gestion des carrières au sein d'une direction qui se structure avec une volonté forte de service et de conseil auprès de nos directions opérationnelles.

Notre objectif est le développement d'une politique ressources humaines capable de répondre aux évolutions de nos structures et de nos métiers.

Vous suivrez l'ensemble du processus : descriptif des fonctions et des profils, choix des moyens à mettre en œuvre pour le *sourcing* et l'évaluation des candidatures, suivi de l'intégration et de la mobilité interne.

Vous contribuerez à la qualité de nos relations avec les écoles et les universités.

Nous recherchons un candidat diplômé de l'enseignement supérieur, avec une expérience réussie du recrutement acquise en entreprise ou en cabinet. Notre environnement de plus en plus international exige un anglais opérationnel. Poste très largement évolutif dans un contexte de développement important.

Merci d'adresser rapidement votre candidature sous réf. ... à notre cabinet de recrutement ..., *adresse*.

Figure 6-1 : Exemple d'annonce de recrutement.

Cette annonce a donné de bons résultats, car malgré sa brièveté, elle situe immédiatement l'entreprise. Elle insiste sur le développement de la société et sur celui du poste. Elle attire des candidats experts dans leur domaine parce qu'elle valorise leur expérience, quel que soit le secteur où ils l'ont acquise.

ATTENTION !

L'offre d'emploi ne doit pas comporter d'affirmation fausse ou pouvant induire le candidat en erreur sur l'existence, l'origine, la nature, la description de l'emploi ou du travail à domicile offert, la rémunération et les avantages annexes proposés, le lieu de travail.

L'insertion d'une offre d'emploi comportant de telles affirmations est punie d'une peine d'emprisonnement assortie d'une amende financière. L'annonceur est responsable de l'infraction, sauf si celle-ci a été réalisée sans sa demande expresse.

Recherche des candidats en interne

Il s'agit d'examiner les candidatures au sein de l'entreprise. Cette démarche s'inscrit dans le cadre d'une gestion des compétences et d'une politique de mobilité des salariés de l'entreprise. Il faut toujours obtenir, au préalable, l'aval de la direction pour lancer le processus de recrutement et éviter ainsi toute marche arrière, préjudiciable à l'image de la société. Une procédure de recrutement doit être mise en place sur le plan relationnel en informant, par exemple, les DP et le CE des diverses modalités de recrutement et en les impliquant, si besoin.

Le recrutement interne est une dynamique d'entreprise. Il faut savoir le vendre, car il influe directement sur l'image véhiculée aussi bien en interne qu'en externe. Il est notamment important de s'appuyer sur les départements qui recrutent, au sein de la société.

Le processus interne

On commence par exploiter les fiches d'évaluation des salariés, qui sont le résultat d'une part des entretiens annuels d'évaluation et d'autre part des entretiens de professionnalisation, obligatoires tous les deux ans. Souvent, malheureusement, par manque de temps ou d'informatisation, ces fiches ne sont pas assez analysées et valorisées. Le service RH doit être vigilant sur l'organisation et le traitement de ces fiches.

Il faut également signaler le tri efficace des candidatures spontanées dont se servent massivement les chasseurs de têtes et les cabinets extérieurs, car cela représente un gisement fondamental.

Par ailleurs, beaucoup d'entreprises ont mis en place une politique de cooptation motivante pour le salarié qui recommande une de ses relations comme futur candidat. Il ne faut pas non plus négliger le lien avec les écoles, les universités et la participation à des forums dans un souci d'image dynamique de la société et de recrutements latents.

Enfin, le fait de faire appel à de nombreux stagiaires dans les divers services de l'entreprise devient naturellement une source de candidatures présélectionnées.

Les outils de recrutement interne

Les outils à la disposition d'un service RH sont les suivants :

- L'affichage d'annonces sur les panneaux destinés à la communication au sein de l'entreprise ;
- L'intranet et les bourses de l'emploi ou de mobilité sur les sites internet des grands groupes ;
- Les entretiens annuels d'évaluation et de professionnalisation ;
- Les bilans de compétences ou de carrière ;
- Le fichier de curriculum vitae ou « CVthèque » ;

- Le plan personnalisé de développement et de formation ;
- Le plan de succession, c'est-à-dire l'anticipation sur les mouvements futurs des salariés par rapport à la pyramide des âges.

Doivent figurer sur l'affichage, pour éviter les non-dits :

- L'intitulé de la fonction ;
- Le service concerné ;
- La mention « CDI », ou « CDD », ou « Intérim » ;
- Le motif du recrutement.

En ce qui concerne la sélection proprement dite, on procède à un premier tri au cours duquel on élimine plus que l'on ne choisit. Le second tri sert à identifier les candidatures qui convergent le plus vers le contenu de l'annonce et le poste proposé. Les CV qui présentent trop de divergences avec le poste proposé sont éliminés par rapport à des critères précis :

- La formation de base ;
- Les compétences.

On n'insistera jamais assez sur les avantages d'un recrutement interne ! Ils sont probants quant à :

- La connaissance du candidat « maison » et donc le faible risque d'erreur de recrutement ;
- Le coût réduit du recrutement, qu'il faut savoir mettre en évidence ;
- La rapidité du recrutement et de l'intégration ;
- L'effet d'émulation par rapport à l'application d'une politique de promotion interne.

Il s'agit d'être pragmatique et de se servir du recrutement comme d'un outil pertinent de la communication interne. Attention de bien valider les promotions internes pour éviter de créer un mauvais état d'esprit au sein de l'entreprise, car le recrutement interne se révèle être un des outils de veille sociologique.

Recherche des candidats en externe

Ce recrutement n'est pas à négliger puisque, dans ce cadre, on cherche à apporter un regard neuf, à rajeunir la pyramide des âges face au défi démographique ou à compenser un recrutement interne qui n'a pas abouti. Seulement, ce type de prospection dépend du budget, du temps et des moyens dont dispose l'entreprise.

Comment s'y prendre, sachant que de nombreux outils sont à la disposition des RH ? On peut citer :

- **Le choix des moyens nationaux, comme Pôle emploi** (anciennement ANPE) pour l'ensemble des salariés ; et plus particulièrement pour les cadres : l'Apec ;
- **Les cabinets de recrutement**, dans la mesure où leur notoriété est assise et leurs outils de sélection pertinents ;
- **L'approche directe par l'appel à des chasseurs de têtes pour les postes délicats ou confidentiels ;**
- **Les annonces publiées dans la presse locale ou nationale**, qui restent encore, aujourd'hui, un des moyens les plus utilisés, mais il s'agit d'être vigilant sur l'adaptation du support au poste recherché et à sa situation géographique ;
- **Les agences d'intérim**, qui permettent de mieux connaître les candidats ;
- **Les supports liés au secteur d'activité concerné**, à l'aide des médias tels que radios, télévisions ou magazines ;
- **Internet et le questionnaire en ligne où l'on vous demande de répondre à une quarantaine de questions relatives au poste.** Cette technique est particulièrement nouvelle, elle évite toute discrimination puisqu'elle fait abstraction de l'âge, du sexe et cette offre n'exige ni CV ni lettre de motivation. L'offre d'emploi décrit simplement le poste à pourvoir et l'entreprise. Initiée par l'Apec, de grandes entreprises comme Auchan ou Areva l'ont adoptée. Elle permet de démontrer que le futur salarié possède les compétences requises pour le poste même s'il vient d'un secteur d'activité différent. On s'appuie sur les mêmes supports que ceux utilisés en communication externe afin de donner une image cohérente de l'entreprise.

Organisation liée au recrutement

On commence par prendre en compte le délai, qui varie souvent en fonction de l'importance du poste à pourvoir, le processus pouvant dépasser 60 jours. Mais le démarrage trop précoce d'un recrutement est dangereux et difficile à maîtriser, car le candidat sélectionné a généralement besoin d'une réponse rapide avant de s'engager. Le choix d'un bon timing devient primordial.

Le respect d'une feuille des temps

Dans le cadre d'un recrutement interne, on peut établir un planning par rapport au temps à consacrer, en le divisant en trois parties :

- Tri préalable des CV reçus par la poste et par e-mail ;
- Tri des candidatures spontanées ;
- Temps nécessaire aux divers entretiens.

L'élaboration d'une feuille des temps est un outil de contrôle du recrutement et un suivi analytique des diverses tâches. La feuille des temps permet de se repérer aisément dans l'enchaînement des phases d'un recrutement. Il ne faut pas négliger de chiffrer les temps affectés aux diverses réunions et aux entretiens prévus. Le but est d'évaluer le nombre d'heures passées dans les réunions préparatoires ainsi que le temps consacré directement au candidat.

Dans le cadre d'un recrutement externe, on met en concurrence les divers cabinets de recrutement en :

- Précisant le nombre de candidats à se faire présenter ;
- Négociant le coût du cabinet de recrutement ;
- Notifiant la majoration payée en cas de remplacement de candidat ne correspondant pas au poste ou quittant la fonction ;
- Spécifiant les modalités de paiement.

Les honoraires des cabinets de recrutement se négocient notamment sur le pourcentage de la rémunération du candidat recherché. Il est conseillé d'étudier et de préciser les modalités de règlement ainsi que les délais. Le pourcentage se situe, en général, autour de 10 %.

L'e-recrutement

C'est le recrutement par Internet. Le dépôt de CV sur Internet devient, aujourd'hui, courant.

Comme les entreprises recrutent de plus en plus par le biais d'Internet, il faut savoir explorer les moteurs de recherche et cibler les meilleurs sites, tels que : apec.fr, pole-emploi.fr, monster.fr. Il suffit de s'abonner à leurs alertes e-mails. Tous les sites possèdent un espace sur lequel on peut déposer gratuitement son CV, mais il faut le mettre à jour régulièrement afin de faire remonter le curriculum en tête de liste. Penser, également, à utiliser les bons mots-clés et à soigner le titre du fichier. On peut tester la qualité de son CV sur le site jobetic.net. Parfois, les recrutements s'effectuent, dans certains secteurs d'activité, par SMS et ciblent une clientèle de jeunes.

En conclusion, l'entreprise diversifie les moyens de recherche de candidats, appelés *sourcing* dans les grands groupes. Il s'agit :

- De la publication d'une offre d'emploi. Cette diffusion se fait principalement sur Internet, essentiellement sur un site d'emploi, parfois couplée à une diffusion sur le site de l'entreprise. Les offres diffusées dans la presse conservent une niche en région, sauf en Île-de-France, et concernent également les hebdomadaires nationaux ;
- De l'examen des candidatures spontanées, pratique très répandue (dans 52 % des embauches) ;
- Des cabinets de recrutement, généralistes ou spécialisés ;
- De l'approche directe par les réseaux sociaux des contacts personnels et professionnels des recruteurs ;
- Des CVthèques devenues un moyen de *sourcing* à part entière, utilisées, par exemple, pour un tiers des opérations de recrutement dans le cas des SSII ;
- De la cooptation en interne, la chasse de têtes, les salons, les écoles.

Plusieurs personnes en interne peuvent être chargées des recrutements dans l'entreprise : quelquefois le DRH, souvent le responsable RH ou le chargé RH des recrutements, en fonction de l'importance des postes.

Budget du recrutement

Avec le planning de recrutement, un budget prévisionnel doit être établi, ce que beaucoup d'entreprises ne chiffrent pas. Il faut tenir compte des :

- Honoraires des éventuels consultants extérieurs ;
- Achats d'espace dans la presse ou tout autre support média ;
- Actions et campagnes à mener sur Internet…

Cependant, à la décharge d'un service RH, le budget d'un recrutement n'est pas facile à chiffrer, car les éléments le composant sont très sporadiques. Il peut se décomposer comme suit :

- La rémunération du candidat recruté à laquelle s'ajoutent les bonus individuels liés à la fonction ;
- Les divers avantages sociaux de la société ainsi que les périphériques financiers légaux ;
- Les incidences du recrutement sur la masse salariale élargie dans le cadre des taxes fiscales ;

- Le coût en interne du recrutement, calculé en fonction de la feuille des temps des personnes concernées ;
- Le coût en externe du recrutement, s'il y a lieu.

Pour certains recrutements, le budget peut être allégé en fonction des aides liées à certaines embauches, comme :

- Les divers contrats aidés tels le contrat d'apprentissage ou le contrat de professionnalisation ;
- Les embauches de travailleurs handicapés.

Il faut souligner également les conséquences bénéfiques d'une efficace GPEC au sein de l'entreprise, qui permet en interne de valoriser l'expérience des salariés par de la promotion interne et parfois de s'orienter vers un recrutement de jeunes moins onéreux.

Les tests de recrutement

Il est courant dans les entreprises de faire passer des tests, soit directement, soit dans les cabinets de recrutement. Un test est une épreuve qui cherche à évaluer les aptitudes physiques ou mentales d'une personne. Les deux principaux aspects des tests sont la mise en situation, qui doit être identique pour tous les candidats, et l'étude du comportement personnel. La limite des tests, en général, est que ceux-ci ont rarement une valeur scientifique mais simplement indicative, comme le test des taches d'encre de Rorschach. Ce test analyse les attitudes ainsi que les réponses apportées aux formes, couleurs ou mouvements. Beaucoup de candidats s'entraînent aux divers tests pour ne pas être pris au dépourvu !

En milieu professionnel, on utilise surtout les tests d'aptitude et les tests de personnalité. L'objectif est de sélectionner les candidats à partir de l'observation de leurs forces et faiblesses liées au poste. Les tests permettent de départager les candidats, par contre l'analyse des résultats nécessite une formation spécifique.

EXEMPLE

On peut également mentionner les méthodes plus ou moins discutables qui laissent place à des outils dont la logique scientifique et l'efficacité restent à prouver. La graphologie est de celles-ci : c'est l'étude scientifique de l'écriture manuscrite ; elle a pour but soit d'identifier ou d'authentifier un auteur, soit d'analyser sa personnalité. Cette méthode tend à se marginaliser. L'astrologie et la numérologie, basées sur la date de naissance, sont globalement critiquées.

Les tests psychologiques

Les tests sont, avant tout, des éclairages complémentaires rarement déterminants. Ils portent, par exemple, sur :

- Le raisonnement, l'esprit d'analyse ou de synthèse ;
- Le comportement (personne introvertie, extravertie, travaillant seule ou en équipe, sachant s'adapter).

La plupart de ces tests sont pratiqués en externe sous forme de jeux de rôle, par exemple les tests linguistiques où l'on reçoit le candidat dans la langue de référence pour le poste en question afin de noter sa fluidité.

On peut distinguer quatre typologies de tests psychotechniques.

Les tests d'intelligence ou d'efficience

Ils cherchent à mesurer le niveau intellectuel, parfois le quotient intellectuel et la capacité de s'adapter à des situations nouvelles. Ils sont toujours minutés et mesurent :

- L'aptitude à manier les chiffres ;
- La compréhension verbale ;
- Le sens logique ;
- L'orientation spatiale ;
- L'imagination ;
- La créativité…

Les questionnaires de personnalité

Ils ne sont pas minutés. Ils cherchent à évaluer les traits de personnalité ou de qualité, soit sous forme de tendances psychologiques, soit sous forme de préférences de comportement en situation professionnelle.

Les tests projectifs

Ce sont des tests d'investigation profonde de la personnalité et de la psychologie clinique. Ils font appel à la dynamique profonde de l'inconscient. Ils n'ont rien à faire dans une situation d'examen professionnel et devraient être bannis de la pratique de la psychologie du travail (les candidats sont en droit de refuser ce genre de tests).

La graphologie

Elle est couramment pratiquée en France. La graphologie se traduit par des tests de personnalité basés sur l'écriture (elle a été accusée par la psychologie officielle de n'être pas scientifique et de ne reposer sur rien de véritable). Elle apporte au consultant des éclairages intéressants, elle est cependant très onéreuse. Elle peut révéler des informations sur : le tempérament, les états émotionnels, l'intelligence, les aptitudes…

Les tests d'aptitudes professionnelles

En général, ces tests sont réalisés en interne et consistent par exemple à faire effectuer un travail faisant partie des tâches qui seront demandées (une analyse, un document précis) ; il est souvent corrigé par le responsable du service concerné.

Ces tests de nature technique et professionnelle cherchent à apprécier :

- Un savoir-faire ;
- Une compétence réelle liée à la rapidité (déchiffrement d'écriture pour une secrétaire, test technique sur une machine-outil pour un ouvrier, exercice de programmation ou conception pour un informaticien…).

La méthode Optimhom

Cette méthode, très employée dans le monde industriel, permet de mieux cibler des tests professionnels. Suggérée originellement par Flanagan, en 1954, elle est basée sur les incidents critiques. Elle consiste en un relevé systématique des informations positives ou négatives concernant l'accomplissement du travail du futur salarié.

On demande à la hiérarchie et à tous les interlocuteurs concernés de lister :

- Les comportements efficaces que l'on doit rechercher ;
- Les comportements inefficaces que l'on doit proscrire chez la personne à recruter.

Les comportements décrits doivent s'en tenir à des faits en principe déjà vécus. Par rapport à la fiche de fonction, un certain profil de candidat doit se dégager. On s'intéressera à sa formation, son expérience, aux compétences et qualités indispensables pour cette fonction. On liste, par exemple, les caractéristiques suivantes :

- L'expérience professionnelle (durée moyenne et nature de l'expérience professionnelle nécessaire) ;
- Les aptitudes spécifiques liées à la fonction (orientation dans l'espace pour certaines professions de transport, calcul rapide, fluidité verbale) ;

- Les traits de personnalité : la fonction requiert-elle certaines caractéristiques de personnalité (une forme de « savoir-être » attendue dans l'organisation) ?
- Des conditions spécifiques (permis de conduire, casier judiciaire...) .

Toutes ces étapes vont servir de référentiel (sous forme de tableau synthétique) pour définir ensuite les étapes du processus, comme les filières de recherche, la nature des opérations de sélection, etc.

En résumé, un test est une épreuve pour évaluer les compétences d'une personne sur le plan de ses aptitudes et de sa personnalité. Le candidat doit se faire expliquer l'analyse de ses tests ainsi que leur interprétation. Pour être validé, un test doit faire l'objet d'une étude statistique.

Une nouveauté : l'importance des réseaux sociaux

LE SAVIEZ-VOUS ?

Les statistiques publiées par l'Apec sont éloquentes : selon la dernière enquête consacrée à la mobilité, près de la moitié des cadres ont trouvé leur poste actuel grâce à leurs relations personnelles, ils n'étaient que 36 % dans ce cas en 1999. En s'inscrivant sur des réseaux sociaux comme Linkedln, Viadeo, Facebook... on se fait connaître, mais il faut cibler ses contacts.

Au cours des trois dernières années, le carnet d'adresses est devenu le mode n° 1 d'accès à l'emploi. Mais comment faire lorsque l'on a effectué toute sa carrière au sein de la même entreprise ? quand on sort tout juste de l'école ou de l'université ?

Le premier intérêt du réseau est de fournir de l'information. Les relations, ça s'entretient... Un réseau fonctionne bien s'il repose sur le donnant-donnant, pour devenir du gagnant-gagnant.

Dans un petit ouvrage pratique, *J'ai l'esprit réseau*, l'Apec liste cinq règles d'or indispensables à qui veut jouer la carte du réseau pour doper sa carrière :

- **Anticipez.** C'est lorsque votre vie professionnelle est positive qu'il faut penser à construire votre réseau ;
- **Échangez.** N'hésitez pas à évoquer votre situation, vos envies, vos besoins, vos projets ;
- **Donnez pour recevoir ;**
- **Privilégiez l'ouverture.** Ne limitez pas votre réseau au cercle de relations professionnelles dont vous avez besoin au quotidien ;
- **Accordez la priorité à l'information.**

Dès que le marché de l'emploi devient tendu, les relations fonctionnent. Les entreprises qui se sont penchées sans tabou sur la question le reconnaissent volontiers : les « recommandés » font de bien meilleurs candidats que les anonymes ! Dans les pays scandinaves et anglo-saxons, le rôle des relations dans le processus de recrutement a fait l'objet d'études sérieuses, suivies d'actions concrètes. La cooptation se fait, également, en ligne. Les entreprises qui cherchent à embaucher préfèrent alerter de leurs offres leurs *followers* sur Twitter ou leur page Facebook : à charge pour leurs « amis » de faire circuler l'offre, sachant que ceux qui apportent le bon contact gagnent des week-ends, des voyages d'étude, une prime, etc.

Le spécialiste de l'intérim Manpower encourage ainsi ses salariés à faire connaître autour d'eux les offres d'emploi en cours. En France, ce programme, baptisé « Alter ego », existe depuis dix ans. Soigneusement balisé, il est limité à un certain nombre de fonctions, pour lesquelles la société a le plus de mal à trouver de bons candidats : commerciaux, responsables d'agence, chargés de recrutement. Chez Manpower, les salariés ayant fait entrer une de leurs relations dans l'entreprise reçoivent un chèque cadeau. Selon le directeur du développement des ressources humaines, la procédure est très efficace, car les collaborateurs connaissent bien les exigences des postes à pourvoir. Ils savent mieux que personne effectuer un premier tri des candidats. Les cooptés représentent actuellement 16 % des recrutements, et leur part a tendance à augmenter.

Le système est plus répandu que l'on ne croit. Les grands cabinets de conseil et les sociétés de services informatiques le pratiquent de façon plus ou moins formelle, offrant parfois de belles primes à leurs salariés. Mais attention au manque de diversité au sein des entreprises ! Dans les firmes qui pratiquent ouvertement la cooptation, comme le cabinet de conseil McKinsey (où 30 % des recrutements ont pour origine une recommandation faite par un collaborateur), on est conscient du risque de « consanguinité » !

Chapitre 7

Le processus du recrutement

Dans ce chapitre :

- Les données de l'entretien d'embauche
- Les différentes formes d'entretien, collectif et individuel
- L'entretien de recrutement et son déroulement
- L'intégration du candidat
- Le livret d'accueil, un outil de communication interne

Le recrutement a toujours été considéré comme un acte clé dans le domaine des RH. Il constitue, cependant, un processus complexe qui conduit à se poser les bonnes questions sur l'organisation de l'entreprise et sur son évolution prévisible en termes de capital humain. Il est à l'origine d'une bonne ou mauvaise gestion en ressources humaines, car il faut non seulement adapter les compétences aux besoins réels de la société, mais également anticiper sur les mouvements futurs en personnel.

Les données de l'entretien d'embauche

L'employeur doit connaître, lors d'un recrutement, des informations relatives au futur salarié, qu'il peut être amené à vérifier : son état civil, ses diplômes, ses antécédents professionnels, parfois un extrait de casier judiciaire ou l'existence d'une clause de non-concurrence.

Le comité d'entreprise, dans les établissements de plus de 50 salariés, doit être informé de l'utilisation des méthodes ou des techniques d'aide au recrutement (divers tests psychologiques, graphologie...).

Lors d'un entretien, le salarié, quant à lui, n'est pas tenu de répondre sur :

- Son origine sociale et ethnique ;
- Ses mœurs ;

- Son état de grossesse ;
- Son état de santé ;
- Sa situation de famille ;
- Ses convictions religieuses ;
- Son affiliation syndicale ;
- Ses opinions politiques ;
- Le montant de ses revenus.

Les interlocuteurs du futur salarié

Ils varient selon la taille de l'entreprise et le secteur d'activité. Selon les stades du recrutement, l'intervieweur peut être :

- Le futur supérieur hiérarchique, qui cherche à évaluer plutôt les qualités techniques et à envisager la qualité de la future collaboration ;
- Un membre du service des ressources humaines ;
- Un membre du cabinet de recrutement ;
- Un psychologue qui évalue les motivations et des éléments de la personnalité ;
- Le directeur général.

Plusieurs lieux d'entretien sont possibles, au bureau, sur le lieu de travail, dans une salle de réunion ou dans un cabinet de recrutement.

Les modalités des entretiens

Les consultants des cabinets de recrutement sont systématiquement formés à la technique des divers entretiens et, aujourd'hui, les chargés de recrutement des services RH ont eu cette formation au cours de leurs études.

On distingue trois styles d'entretien :

- **Le style directif :** l'interlocuteur pose des questions très précises qui nécessitent des réponses brèves mais argumentées ;
- **Le style semi-directif :** cet entretien ressemble à une conversation. Le recruteur fait alterner des questions précises et d'autres plus larges. Le candidat a davantage de temps pour s'exprimer sur sa personnalité et ses motivations ;

- **Le style non directif :** cette forme d'entretien permet une écoute plus grande et s'illustre très facilement par la phrase : « Parlez-moi de vous. »

Diverses catégories d'entretiens se chevauchent :

- **L'entretien convivial :** le recruteur est convivial, il cherche à mettre le candidat en confiance. L'accueil est informel, il peut par exemple proposer un café. Cette technique est souvent utilisée, elle a pour but de mettre à l'aise et de faire tomber les masques ;
- **L'entretien agressif :** il se caractérise par une réception froide. Exemple de question : « Pouvez-vous m'expliquer pourquoi vous êtes en face de moi ? » C'est une pratique déconcertante qui tente de mettre le candidat sous pression pour voir ses capacités à gérer les situations difficiles ;
- **L'entretien silencieux :** le recruteur fait appel au silence pour déstabiliser le candidat et remarquer la façon dont il se comporte ;
- **L'entretien à bâtons rompus :** c'est un entretien souvent pratiqué par des cadres opérationnels non spécialistes du recrutement. L'entretien est souvent interrompu par des appels téléphoniques d'un client ou d'un fournisseur. Il s'agit d'un entretien non structuré.

Les différentes formes d'entretien

Suivant la qualité des recrutements et leur importance, les candidats sont confrontés à des entretiens collectifs, en chaîne ou individuels.

L'entretien collectif

Il consiste à débattre sur un thème sous l'œil attentif de plusieurs animateurs. Cette technique est utilisée au stade préliminaire de sélection. Elle permet de tester les réactions du candidat dans un contexte professionnel et de recevoir tous les candidats qui répondent au profil requis sur le plan technique.

L'évaluation du candidat porte, par exemple, sur :

- L'écoute ;
- La conviction ;
- La capacité à conclure ;
- L'enthousiasme de l'argumentation.

L'animateur est, selon les cas, un cadre opérationnel, un chargé de recrutement, un consultant, parfois un psychologue.

Cette forme d'entretien s'utilise pour des postes nécessitant un bon sens relationnel comme ceux de commerciaux, de marketing, de communication, de relations humaines.

L'entretien en chaîne

Le candidat rencontre successivement plusieurs personnes de l'entreprise. Elles notent chacune le candidat selon des critères identiques afin de leur permettre ensuite de comparer leur point de vue et de prendre la décision qui s'impose de le recruter ou non.

L'entretien individuel

C'est l'entretien le plus courant. Dans un premier temps, le recruteur informe le candidat, il se présente lui-même puis situe l'entreprise, il décrit le poste à pourvoir et l'environnement et demande au candidat s'il a des questions. À son tour, le candidat informe le recruteur, lui décrit son expérience et précise des points particuliers de son curriculum vitae.

La mise en situation individuelle est une variante assez courante de l'entretien individuel classique qui consiste à soumettre au candidat un cas professionnel. Le temps de préparation varie entre 10 et 30 minutes. Cette technique permet d'apprécier ses qualités d'écoute, sa capacité à trouver rapidement une solution, ses facultés d'analyse, son esprit de synthèse.

L'entretien avec un jury déterminé permet de prendre une décision commune. Le jury est généralement composé :

- D'un responsable hiérarchique ;
- D'un chargé de recrutement ;
- D'un psychologue.

Le « job dating » et le « tchat emploi »

Il faut signaler deux nouveaux modes d'entretien : le *job dating* et les « tchats emploi ». Nous n'avons pas encore assez de recul pour juger de leur pertinence. Des journées *job dating* sont organisées par de grandes entreprises comme la SNCF, mais aussi par les chambres de commerce ou Pôle emploi. Le principe est de retenir l'attention du recruteur pendant sept à dix minutes. Il faut donc convaincre en sélectionnant deux ou trois expériences importantes du CV et montrer combien on est motivé. Quant au tchat emploi, pendant une heure environ, on peut dialoguer avec les décideurs d'une entreprise. C'est un outil qui donne une meilleure vision des métiers d'une entreprise. Axa, LCL, L'Oréal utilisent cette technique. Il faut se montrer pertinent dans les questions et se méfier de son orthographe !

L'entretien d'embauche

Le but est de communiquer correctement afin de déterminer l'aptitude du candidat à occuper sa future fonction. C'est un contact physique qui permet d'approfondir le contenu du dossier de candidature. L'enjeu est pour le candidat de convaincre son interlocuteur qu'il correspond au profil et aux attentes de l'entreprise. On peut qualifier cette situation d'« inégalitaire », la position de l'entreprise étant, en général, dominante.

Il existe plusieurs types d'entretien qui ont chacun un objectif précis et qui peuvent être combinés :

- L'entretien classique, qui sert à approfondir le CV et éclaircir les zones d'ombre ;
- L'entretien de motivation, qui a pour but de découvrir les moteurs, les goûts, les centres d'intérêt en rapport avec le poste ;
- L'entretien de mise en situation suivi d'un débriefing, qui présente des similitudes avec l'*assessment center* ;
- L'entretien de groupe, qui évalue les qualités liées au travail d'équipe ;
- L'entretien lié aux conditions matérielles, qui consiste en une négociation en vue de déterminer la rémunération et le contenu du contrat de travail (salaire, périphériques, clauses, garanties diverses…).

Canevas d'un entretien

L'environnement, l'accueil du candidat et le déroulement de l'entretien ne s'improvisent pas mais doivent, au contraire, être minutieusement préparés.

L'impact du premier contact est important, aussi le bureau est-il auparavant aéré si besoin, accueillant, rangé. Le recruteur pense à éteindre son téléphone portable et à spécifier de ne pas être dérangé, il peut s'asseoir côte à côte pour un poste d'encadrement ou face à face pour un subordonné.

L'accueil est souvent négligé ! Il est normal de se lever pour accueillir le candidat et de le saluer. On peut le décontracter en lui proposant un café ou un verre d'eau. Afin de le rassurer, le recruteur commence par se présenter, il est important de savoir à qui l'on va s'adresser. Le recruteur a également devant les yeux le dossier complet du candidat, qui lui sert de support à l'entretien (son CV, sa lettre de motivation, ses tests, les rapports de ceux qui l'ont déjà reçu…). En général, il annonce le déroulement de l'entretien ainsi que sa durée, présente l'entreprise, le service, la fonction.

Il est impératif de structurer l'entretien par un plan initial en précisant, notamment, les points à ne pas oublier :

- Permettre au candidat de s'exprimer sur ses connaissances concernant la société ;
- Lui demander ses « points faibles » pour la fonction à laquelle il postule ;
- Lui faire expliciter ses « points forts ».

Cela permet de juger et de percevoir l'assurance du candidat.

Lors de l'entretien, le recruteur peut utiliser, discrètement, une grille d'évaluation sur l'adéquation du candidat avec le profil souhaité en choisissant, seulement, deux ou trois critères importants relatifs à la fonction, par exemple : indispensable, essentiel, souhaité. Il peut également noter les motivations par rapport à la carrière et à la dernière fonction occupée.

Le but pour le recruteur est de faire preuve d'une totale « maîtrise de soi » et d'une écoute particulière.

La gestuelle et la personnalité

Il est toujours très intéressant de s'appesantir sur l'attitude et les gestes du candidat. En effet, la gestuelle est très révélatrice de la personnalité ou du comportement à un instant donné. Certains gestes sont très significatifs, telle la gestuelle des mains, qui vient en appui du langage et indique la force de conviction. L'attitude du corps peut trahir le candidat lorsqu'il discute avec autrui. S'il y a contradiction entre l'attitude et les mots, le système d'interprétation donne la priorité au message gestuel. Certains détails permettent d'identifier la véracité des propos émis, notamment dans le cadre des recoupements de réponses à des questions très similaires.

La façon de marcher révèle, aussi, une attitude de comportement mais ne peut toujours être notée.

L'entretien se termine toujours sur un argument positif concernant le candidat (dans le but de l'encourager). Il est nécessaire, également, de l'informer sur la suite du processus de recrutement.

En conclusion, les entretiens de recrutement se préparent et se doivent d'être professionnels, tant dans le contenu que dans la forme. Lors du déroulement de l'entretien, on peut adapter la méthode connue sous le nom de « STAR » :

- S : Situation (décrire la situation) ;
- T : Travail (décrire le travail à effectuer) ;
- A : Action (décrire les actions à mener) ;
- R : Résultat (décrire les résultats à obtenir).

Cette méthode permet de détailler clairement le poste à pourvoir.

L'essentiel est que chaque recruteur soit formé à la technique d'entretien, car cela ne s'improvise pas même si les différentes phases d'entretien changent ou si certaines étapes ont une durée plus ou moins longue.

Un entretien de feed-back est une obligation lorsqu'il y a eu utilisation de techniques complémentaires autres qu'un simple entretien, par exemple, une série de tests. Le candidat retenu reçoit le compte-rendu de l'appréciation portée sur lui, aussi bien les éléments positifs que les réserves mais sans que lui soit expliqué le poids de chaque élément dans la décision finale.

Le déroulement de l'entretien

La durée moyenne d'un entretien est de 30 minutes environ, au cours desquelles on utilise :

- Les questions générales dites « ouvertes », c'est-à-dire appelant des réponses larges et développées : « Pouvez-vous me parler de votre expérience professionnelle ? » ;
- Les questions ciblées, semi-fermées, qui appellent une réponse brève par rapport à un point précis : « Combien de personnes encadriez-vous ? » ;
- Les questions orientées, qui portent en elles-mêmes une partie de la réponse : « Ne faudrait-il pas faire preuve de sociabilité pour réussir dans ce poste ? » ;
- Les relances, les reformulations ;
- L'écoute, les silences.

L'entretien étant une situation d'interaction, chacun porte en lui ses préjugés et projette, parfois, ses stéréotypes. Si le jugement qui se forme à ce moment-là est tributaire de ses subjectivités, l'intervieweur doit se recentrer sur l'entreprise et le poste à pourvoir.

La décision d'embauche : une fois les tests et les entretiens terminés, il convient de prendre une décision. Une réunion de synthèse entre les différents intervenants permet de confronter les opinions émises.

Pour départager deux ou trois candidats restant en lice, on peut résumer les avantages et les inconvénients de chacun, revenir aux priorités de l'entreprise, ne pas choisir le candidat qui satisfait « à peu près tout le monde » mais prendre un autre rendez-vous, si nécessaire. La décision finale est généralement prise par le responsable hiérarchique.

Les conditions d'embauche

Le salaire mensuel net ou brut n'est pas le seul élément à prendre en compte, la partie des périphériques sociaux et celle des périphériques financiers peuvent faire la différence d'une entreprise à l'autre. Il faut préciser tous les éléments se reportant au salaire tels que primes, avantages en nature, participation, retraite, prévoyance, mutuelle… Avoir un tableau clair et précis des divers périphériques financiers et sociaux. Savoir les présenter en pourcentage par rapport au salaire de base.

Depuis le 1er juillet 1993, l'employeur a obligation de délivrer au salarié un document appelé « contrat de travail » et d'effectuer une déclaration unique d'embauche (DUE) à l'Urssaf.

Quelques notions d'actualité

Les services RH se penchent régulièrement sur les statistiques de l'Apec qui leur permettent de situer leur entreprise par rapport, notamment, au recrutement des cadres ou à l'embauche des jeunes.

Recul du recrutement des cadres

Les recrutements de cadres vont de nouveau reculer en 2010 (enquête Apec). En 2010, les entreprises prévoient de recruter 10 000 cadres de moins qu'en 2009. La reprise de la hausse des recrutements devrait s'opérer à partir de 2011, mais il faudra attendre 2013 pour retrouver le niveau de 2008 et passer le cap des 200 000 recrutements.

Les fonctions d'étude, recherche & développement et les fonctions informatique et commerciale résistent. Les services, qui se renforcent, pourraient stabiliser leur niveau d'embauches (avec une fourchette de prévisions comprise entre – 8 % et + 1 %).

Sur le plan géographique, seules deux régions annoncent des recrutements bien orientés : l'Auvergne et le Limousin. À noter que l'Île-de-France, qui totalise près d'un recrutement sur deux est relativement épargnée (– 2 %), de même que la région Rhône-Alpes (– 5 %).

TÉMOIGNAGE

Diversité et complémentarité

« "Le plus fort survivra, celui qui est le mieux adapté à son milieu."

Et si l'on s'était trompé sur la fameuse formule de Darwin ? L'adaptation au milieu, la capacité à s'intégrer et à interagir dans un environnement instable confèrent une force supérieure et génératrice de survie. Et si au fond la nature répondait à des lois de coopération plutôt qu'à des lois de compétition ?

La diversité de l'écosystème permet dans une relation de coopération entre les êtres la survie des espèces, un enrichissement et un développement mutuels. Grâce à la diversité dont est composé l'écosystème et à ce principe de coopération intuitif, chaque être contribue selon ses caractéristiques à la santé de l'écosystème. Il y aurait donc une véritable relation de coopération qui transcende ces modifications génétiques. Un principe selon lequel le collectif et la différence favorisent l'évolution, l'adaptation et donc la performance.

Alors oui, la diversité est une force, source d'émulation et d'innovation qui permet aux organisations d'ouvrir de nouvelles voies et d'accroître leur développement et leur performance. L'apprentissage collectif, les raisonnements opposés permettent de penser en dehors du cadre, de favoriser les influences et de faire émerger la nouveauté. La performance personnelle est accélérée par l'efficacité collective et le travail collaboratif. S'engager dans la diversité n'a rien de philanthropique ou de charitable, même si cela semble plus louable d'un point de vue éthique, mais c'est juste une nécessité actuelle sans laquelle, demain, l'organisation mourra et cédera la place à une nouvelle entité. Pour survivre à la mondialisation, l'entreprise qui ne s'appuiera pas sur la diversité n'aura pas le discernement suffisant pour s'adapter aux changements, aux besoins de ses clients, dans la mosaïque des cultures et des religions, et s'éteindra comme l'ont fait avant elle d'autres êtres vivants et civilisations.

À l'heure où l'on s'interroge sur le capitalisme, osons admettre que la main invisible d'Adam Smith pourrait trouver encore à s'appliquer dans l'harmonie du collectif et de la différence qui jugulent les intérêts personnels et font naître la prospérité pour tous. Cette complémentarité donnerait, enfin, naissance à un système spontanément ordonné dans lequel chacun serait gagnant. La diversité n'a rien à voir avec une charte. C'est juste une exigence pour qui souhaite perdurer. » (J.-M. Garrigues, directeur B & B associés)

Dégradation de l'emploi des jeunes

L'emploi des jeunes diplômés subit la crise (enquête Apec). En 2008, 68 % des diplômés bac + 4 et plus avaient un emploi, soit 9 points de moins qu'un an auparavant. Depuis lors, il ne fait pas bon être débutant sur le marché de l'emploi. Et la durée de recherche de ces jeunes diplômés a tendance à s'allonger.

L'offre d'emploi est le principal moyen pour accéder au travail. La réponse à une offre – principalement sur Internet – est déterminante pour 1 jeune sur 4. Dans un contexte de crise, la proximité est un atout : le recours au réseau ou aux relations (18 %) et l'obtention d'un poste à la fin d'un stage (14 %) se révèlent des moyens efficaces. Pour autant, l'envoi de candidatures spontanées (13 %) et la réponse aux offres ciblées restent encore la meilleure réponse.

L'intégration du candidat

Il s'agit tout d'abord d'annoncer le recrutement puis de présenter le nouvel arrivant à ses interlocuteurs ; ensuite, après quelques semaines, un point sur la satisfaction réciproque peut être effectué.

Cette intégration se fait de plus en plus sous forme d'une période structurée où des rencontres auront lieu avec les principaux interlocuteurs.

L'intégration s'appuie aussi souvent sur des documents écrits du type : « Manuel du nouvel embauché », « Livret d'accueil »...

Procédure d'accueil du candidat

On s'adapte au nombre de candidats recrutés et on choisit parmi les possibilités suivantes :

- Intégration dans le service et situation de la personne dans l'organigramme ;
- Visite du site et présentation à l'encadrement ;
- Information à l'ensemble du personnel de son arrivée par e-mail ;
- Remise d'un livret d'accueil à l'arrivant ;
- Échos dans le journal de l'entreprise ;
- Désignation d'un responsable de suivi du salarié ;
- Parrainage par un ancien ;
- Informations sociales...

La qualité de l'accueil du candidat est un des éléments de réussite de son intégration au sein de la société. Cette procédure doit être évolutive et s'adapter rapidement aux divers supports multimédias.

Fin de la période d'essai

Il est assez rare qu'une séparation arrive avant la fin de la période d'essai du fait de l'employeur. Dans les autres cas, c'est plus souvent du fait du candidat parce qu'il estime que le poste n'est pas, à court terme, ce qui lui avait été décrit. C'est un échec pour tout le monde et il vaut mieux en analyser les raisons pour ne pas les reproduire, la réussite n'étant pas nécessairement dans la longueur de la carrière chez un employeur, mais chacun attend tout de même une durée minimale.

Des exemples de parcours, la présentation du système de promotion, la possibilité à deux, quatre ou cinq ans de faire un bilan de carrière, la transparence dans les opportunités et les critères de choix donnent au candidat la possibilité de se préparer à son évolution. Les informations sur cette gestion sont un des critères qui, souvent, font pencher la balance, tout autant que le salaire. En conclusion, faire le bon choix en matière de recrutement nécessite une connaissance ciblée de l'autre.

Le niveau de sophistication auquel est arrivé le recrutement peut faire perdre le plus élémentaire bon sens. C'est pourquoi il n'est pas rare de voir des décideurs s'entêter sur des profils qui n'existent pas. Le temps passé à chercher cette perle rare aurait pu être utilisé à laisser se former un autre candidat plus courant sur le marché du travail. Les nouvelles possibilités d'approche, les méthodes de recrutement de plus en plus sophistiquées ne pourront jamais créer le candidat parfait.

Le livret d'accueil

Le service des ressources humaines d'une entreprise, sous l'autorité du DRH, a un devoir d'information et de communication. Le service RH met en place et réalise des publications diverses et variées (selon le budget dont il bénéficie), sur lesquelles il s'appuie pour diffuser une information descendante de la hiérarchie vers les salariés. Parmi la pluralité de médias existant dans l'entreprise, un seul est véritablement conçu pour les seuls salariés exerçant en son sein, il s'agit du livret d'accueil.

Le livret d'accueil a pour objet d'informer le salarié sur tout ce qui a trait à l'entreprise d'une manière générale : l'organisation, les objectifs, la politique sociale d'une part, et sur ce qui le concerne à titre individuel d'autre part à savoir la rémunération, les congés payés, les avantages sociaux, les conditions de travail, la gestion des carrières et la formation.

Il existe des livrets d'accueil accessibles *via* intranet ou Internet ; sous cette forme, la réactualisation des informations qu'il contient est aisée. Généralement, il prend la forme d'un document écrit.

Un outil de communication interne

Comme tout produit, celui-ci a un coût. Si l'entreprise ne possède pas de service communication, le DRH peut faire appel à l'externalisation (appel d'offres).

La mise en place d'un livret d'accueil correspond à un choix et n'est pas une obligation. Cependant le livret d'accueil reflète la volonté de l'entreprise d'apporter au salarié toutes les informations utiles à sa bonne intégration dans l'entreprise. Il est remis à l'entrée du salarié dans l'entreprise pour entraîner son adhésion.

Par sa présentation, sa forme et le soin apporté à son élaboration, on perçoit l'identité, la culture et la personnalité de l'entreprise. Il revêt tous les indices servant à identifier l'entreprise : logo, charte graphique, valeurs...

Le livret d'accueil est à l'usage exclusif des salariés, il doit être fonctionnel et contenir peu de pages. Il doit rester un recueil d'informations pratiques et facilement disponibles, son concept doit être simple.

Des informations résumées forment la fiche d'identité de l'entreprise :

- La présentation de l'équipe dirigeante ;
- L'historique de l'entreprise ;
- Ses activités et ses missions ;
- Ses objectifs, ses résultats et ses ambitions.

Des informations pratiques facilitent la vie au quotidien des salariés :

- Ouverture et fermeture de l'entreprise et des bureaux, temps de pause ;
- Diverses salles : de repos, pour fumeurs, cafétéria, mises à la disposition des salariés avec heures d'ouverture et fermeture ;
- Sécurité (les consignes à respecter) ;
- Convention collective de référence dans l'entreprise et où la consulter.

Des informations précisent sur les modalités du service RH :

- Organisation des différents services comme la paie, le service formation ;

- Périphériques financiers tels que la participation, l'intéressement, le plan d'épargne entreprise, les prêts ;
- Compléments de salaire, si besoin : avantages en nature, primes de transport, tickets-restaurant ;
- Périphériques sociaux : prévoyance, retraite.

Au moment de sa remise, la personne chargée de l'accueil doit pouvoir apporter des commentaires, si besoin, ou des réponses aux questions émanant du salarié après lecture.

Chapitre 8

Choisir les bons contrats

Dans ce chapitre :

- L'origine du contrat de travail
- L'élaboration du contrat de travail
- Les contrats à durée indéterminée et les contrats à durée déterminée
- Quelques contrats spécifiques, dont le contrat de professionnalisation
- Le travail temporaire

On trouve en France de nombreux contrats de travail parmi lesquels le contrat à durée indéterminée (CDI), souvent remis en question, le contrat à durée déterminée (CDD), les contrats aidés par l'État, sans cesse créés, modifiés ou supprimés, les contrats spécifiques concernant les jeunes, les seniors, les chômeurs, les stagiaires… On s'attardera sur les deux plus courants que sont le CDI et le CDD, ainsi que sur le contrat de professionnalisation, car il est un des moyens pour la génération « Y », ou génération du Net, d'obtenir un emploi ciblé par rapport à sa formation et ses propres envies.

L'origine du contrat de travail

Comment situer le travail d'un point de vue juridique ? Appartient-il au droit des « biens », une chose négociable, ou des « personnes », en tant qu'un élément de la personne ? Au cours des ans, on s'est souvent heurté à cette dualité.

Si l'on remonte à l'origine, on trouve d'un côté l'esclavage, où le travailleur est considéré comme une « chose » et donc, de ce fait, négociable et régi par la notion de « commerce », et de l'autre, on rencontre le travail familial ou monastique, par nature indissociable de la personne elle-même et hors commerce. On constate toujours, au cours des évolutions historiques, cette oscillation entre des conceptions patrimoniales, les biens, et

« supra-patrimoniales », émanant de la personne. Citons pour mémoire le Code noir de 1685, texte qui resta en vigueur jusqu'en 1848 avec une courte interruption pendant la Révolution : l'esclave y est défini comme un bien meuble, pouvant être acheté, cédé, transmis par héritage, assuré en capital, saisi en cas de faillite. Appartenant au patrimoine de son maître, il ne peut être lui-même titulaire d'un patrimoine et n'a pas la possibilité d'ester en justice… En revanche, contrairement à une chose, il peut être déclaré responsable, les seuils de sanction, les châtiments corporels sont réglementés, des « minimums » sont octroyés en matière d'hygiène, de repas, des quotas de rations… Donc, à certains égards, on lui confère « presque » la qualité de personne. Le corporatisme avançait l'idée de différenciation entre « gens de métier » et « gens de travail », afin de marquer une différence entre ceux qui réalisent une « œuvre » et les autres, les « journaliers », qui devaient se contenter de vivre à la journée. Aussi la situation des travailleurs exclus des corporations était-elle difficile.

L'ère du contrat

Aux temps modernes, sous Colbert, va s'initier une politique industrielle avec le développement des manufactures. Colbert a le souci de réglementer et discipliner la main-d'œuvre, de même que l'esclavage dans les colonies, en reprenant le droit romain avec quelques aménagements dictés par les exigences chrétiennes, notamment permettre une vie de famille aux travailleurs serviles. Avec la Révolution et l'évolution de la pensée, on assiste au rejet et à la fin du corporatisme, symbole du système féodal, consacrée par la loi Le Chapelier du 14 juin 1791. On quitte le régime de la tutelle des travailleurs pour ériger l'« ère du contrat ». La figure du travailleur s'efface derrière celle du contractant. Ce n'est plus la personne et son savoir-faire qui sont le pivot de la relation de travail, mais le prix qu'elle coûte, c'est-à-dire son salaire. Le travail se range du côté des « biens » dont le travailleur serait le détenteur et pourrait faire librement négoce.

Le contrat d'ouvrage

TEXTE DE LOI

Le décret d'Allarde de 1791 met le travail sur le même plan que le négoce, il trouvera sa traduction technique dans le Code civil de 1804, qui assimilera la relation de travail à l'une des formes du louage : le contrat d'ouvrage. Dans le même Code civil, au sein de l'intimité familiale, les domestiques comme l'épouse et les enfants sont soumis à l'autorité du paterfamilias ! La mise en œuvre d'un régime contractuel particulier passait par la reconnaissance formelle d'un type spécial de contrat. Le décret du 2 mars 1848 a pour effet de rendre un lien de subordination direct entre un employeur et son salarié.

C'est en 1910, avec le premier livre du Code du travail, que l'appellation « contrat de travail » va être utilisée, mais les dispositions restent celles du contrat de louage. Il faudra attendre plus de deux générations pour voir le contrat de travail placé dans un régime différent. Vers 1970, la crise économique liée au pétrole et la montée du chômage influencent le changement de la situation juridique du travailleur, qui évolue vers la notion de statut, fondé sur le CDI à temps plein, grâce à la négociation entre syndicats d'ouvriers et organisations patronales et à la législation.

La loi de mensualisation

L'accord national du 14 décembre 1977 et la loi du 19 janvier 1978, dite loi de « mensualisation », sont décisifs dans le changement de la situation du travailleur. C'est, notamment, la fin de la variabilité des salaires journaliers ou par quinzaine.

Parallèlement, le législateur s'est employé à stabiliser le contrat de travail en distinguant nettement la situation des parties lors de la rupture. La démission reste libre sous réserve de respecter le préavis, tandis que le licenciement est encadré par la loi du 13 juillet 1973.

D'autres formes de contrat existent, dont le travail temporaire et le CDD. La loi viendra réglementer ces nouveaux types de contrat de travail (loi du 3 janvier 1972, pour le travail temporaire, et une ordonnance du 5 février 1982, pour le CDD). Le contrat de travail temporaire et le CDD ne peuvent être utilisés pour « pourvoir durablement un emploi lié à l'activité normale et permanente de l'entreprise ».

Le risque pour les syndicats d'ouvriers est de voir se substituer de nouvelles formes de contrat de travail dérogeant de façon moins favorable, en augmentant la précarité, à ce qui devient la norme : le CDI à temps plein.

En conclusion, peut-on dire aujourd'hui, avec l'augmentation du chômage, des dispositifs de contrats aidés, de substituts au salariat (assurance chômage…), que la norme est le CDI à temps plein ?

La compétitivité des entreprises, la mondialisation, la flexibilité du temps de travail devenue un « curseur » de gestion essentiel de l'entreprise, les gains de productivité nous démontrent qu'à ce jour d'autres contrats perdurent auprès du CDI, tels les contrats à durée déterminée ou les contrats à temps partiel.

L'élaboration d'un contrat de travail

Les fondements du droit en France posent le principe de la « hiérarchie des normes » et viennent s'ajouter à la loi, sachant que le régime le plus favorable s'appliquera au salarié. On peut citer dans un ordre dégressif, les documents suivants :

- Le Code du travail (lois, règlements, décrets) ;
- La convention collective ;
- Les accords de branche ;
- Les accords d'entreprise ;
- Les usages ;
- Le règlement intérieur, quelquefois.

Ces diverses contraintes impliquent de connaître parfaitement le « périmètre juridique » de l'entreprise et l'articulation la plus favorable à travers ces différentes sources de droit pour l'élaboration du contrat.

Aujourd'hui, il ne faut pas non plus omettre toute la réglementation européenne en matière de politique sociale et des conventions relatives au travail. Nombre de décisions des plus hautes juridictions nationales (Cour de cassation et Conseil d'État) font l'objet de recours devant la Cour de justice de la Communauté européenne (CJCE) ou la Cour européenne des droits de l'homme (CEDH).

Les mentions minimales obligatoires

La rédaction du contrat permet de clarifier les droits et les obligations respectifs. Le contrat est une convention par laquelle la personne en tant que salarié s'engage à travailler pour le compte d'une autre personne, en l'occurrence l'employeur, avec un lien de subordination, moyennant une rémunération dénommée « salaire ».

Le contrat recouvre ainsi trois composantes :

- Une prestation de service : le travail effectué par le salarié ;
- Une subordination juridique : le pouvoir de management de l'employeur ;
- Une rémunération : le salaire octroyé au salarié par l'employeur.

Les grandes rubriques habituelles, outre l'identité des deux parties, concernent, au niveau de l'employeur :

- La dénomination sociale et l'adresse de l'entreprise ;

- Le code APE et la dénomination de la convention collective applicable ;
- La date d'embauche.

Au niveau du salarié, outre les nom, prénom, nationalité, date et lieu de naissance :

- La fonction exercée ;
- La qualification professionnelle du salarié et le coefficient hiérarchique conventionnel correspondant ;
- Sa rémunération ;
- Le lieu de travail, la durée ou l'horaire de travail ;
- La durée de la période d'essai ;
- Les congés payés et jours de RTT, si besoin ;
- Le régime complémentaire de protection sociale dont il bénéficie, le cas échéant.

Il est d'usage dans certaines entreprises de remettre au salarié un document lors de son embauche et simultanément au contrat de travail. Ce document sur le statut collectif de l'entreprise mentionne le régime de la participation applicable, celui de la prévoyance… il est, parfois, assimilable au livret d'accueil. Il ne saurait être confondu avec le contrat de travail, même si celui-ci y fait référence. La remise d'un tel document n'a pas pour effet de contractualiser les avantages qui y sont décrits.

Les modifications d'un contrat de travail

L'employeur a la possibilité de proposer une modification de l'un des articles du contrat de travail ou des conditions d'emploi du salarié.

On considère deux cas. Soit la modification porte sur un élément substantiel du contrat de travail et, pour l'apprécier, il faut se référer à la convention collective. La rupture consécutive au refus du salarié est alors considérée comme un licenciement et ouvre droit aux indemnités de rupture. Soit la modification porte sur un élément accessoire du contrat et, en cas de refus du salarié, il s'agit d'un licenciement pour faute, sans indemnités de la part de l'employeur.

La suspension du contrat de travail

De nombreux cas de suspension du contrat de travail existent et les modalités de paiement sont différentes en fonction de la qualité de l'absence. Les cas les plus fréquents sont la maladie, la maternité, le congé parental, l'accident du travail, le congé formation, le congé sabbatique, le congé pour création d'entreprise, la grève ou la mise à pied. Pendant la suspension, le salarié reste lié par les obligations de discrétion et de loyauté. Par contre, l'employeur ne peut rompre unilatéralement le contrat sauf pour un motif économique justifié.

Compétence de la juridiction prud'homale : le salarié peut faire appel aux prud'hommes dans le cas d'un litige concernant son contrat de travail.

- Si le travail s'exécute dans un établissement, le conseil compétent est celui du ressort où se situe cet établissement ;
- Si le travail s'exécute en dehors de tout établissement, ou à domicile, la juridiction compétente est celle du domicile du salarié.

Les clauses interdites d'un contrat de travail

Il est impossible de déroger aux lois et principes fondamentaux dans un sens défavorable au salarié. Le contrat de travail ne doit pas porter atteinte au principe d'égalité entre salariés, notamment en ce qui concerne :

- L'égalité professionnelle entre les hommes et les femmes ;
- L'égalité de traitement entre les salariés à temps complet et ceux à temps partiel ;
- L'égalité de traitement entre CDI et CDD.

De plus, le contrat de travail ne doit pas entraver la liberté du salarié dans sa vie privée et dans ses mœurs.

Toutes les clauses du contrat dérogeant à la loi, à la convention collective, aux accords collectifs (de branche, d'entreprise) ou aux usages dans un sens moins favorable au salarié ne sont pas applicables. Les clauses dites « couperets » sont interdites, le contrat de travail ne peut prévoir la mise à la retraite « automatique » des salariés (art. L 122-14-12). Certaines clauses d'indexation ne peuvent être opposées au salarié. Dans le contrat de travail, il n'est pas possible de prévoir l'indexation du salaire sur :

- Le smic ;
- Le niveau général des prix ;
- Le niveau général des salaires ;
- Le prix des biens et des services sans lien avec l'activité de l'entreprise ;
- Un accessoire de salaire, comme une prime, ne peut pas non plus être ajusté en fonction d'une indexation prohibée, notamment le smic.

Par contre, l'employeur se réserve le droit de modifier à tout moment le taux et les modalités de commissionnement d'un commercial, ou encore la possibilité de transformer un contrat à temps partiel d'un salarié en temps complet, ou inversement, à condition bien entendu de le justifier par des motifs objectifs.

La clause de mobilité

La clause de mobilité est la clause du contrat par laquelle le salarié accepte de voir son lieu d'affectation modifié de manière unilatérale par l'employeur. Elle peut prévoir certains déplacements ponctuels. L'application de la clause de mobilité doit être justifiée par l'intérêt de l'entreprise et exécutée de bonne foi.

À défaut de clause de mobilité, le transfert du lieu de travail en dehors du même secteur géographique constitue une modification du contrat de travail nécessitant l'accord du salarié. Lorsqu'il met en œuvre une clause de mobilité dans l'intérêt de l'entreprise et de manière loyale, l'employeur est dans l'exercice de son pouvoir de direction. Le refus du salarié est donc en principe constitutif d'une faute, laquelle peut justifier un licenciement.

La clause de non-concurrence

Dans l'ancienne jurisprudence, les clauses de non-concurrence devaient être limitées dans le temps et dans l'espace afin de ne pas empêcher le salarié de travailler et, suivant les dispositions de la convention collective, une contrepartie financière était prévue.

Depuis 2002, il y a licéité de la clause de non-concurrence à condition que quatre conditions cumulatives soient réunies. Elle doit :

- Être indispensable à la protection des intérêts légitimes de l'entreprise ;
- Être limitée dans le temps et dans l'espace ;
- Tenir compte des spécificités de l'emploi du salarié ;
- Comporter une contrepartie financière.

Par contre, il n'y a aucune précision sur le montant des contreparties financières !

Il faut désormais contrôler la date de rédaction de la clause de non-concurrence. Les employeurs qui n'ont pas mis à jour cette clause doivent donc savoir que si les salariés respectent quand même l'obligation de non-concurrence, ceux-ci ont droit à une contrepartie, laquelle sera, le cas échéant, fixée par les juges. Du point de vue des ressources humaines, quelle attitude doit-on adopter ? Ce revirement de jurisprudence peut avoir de lourdes conséquences sur les contrats passés antérieurement au 10 juillet 2002. On ne peut manquer de souligner l'insécurité juridique et le bouleversement qu'entraînent de tels revirements affectant la validité de toutes les clauses existantes qui ne comportent pas de contrepartie pécuniaire.

L'employeur a comme choix :

- De renoncer à exiger un engagement de non-concurrence de la part de son salarié ;
- D'envisager son licenciement sans caractère réel et sérieux, dans le cas où il refuserait de souscrire à un tel engagement.

La clause de dédit formation

Les cadres qui se voient offrir des formations très onéreuses du style MBA ont dans leur contrat une clause spécifique, la « clause de dédit formation ». Elle permet d'éviter que le salarié quitte l'entreprise aussitôt après avoir été formé. Le salarié ne peut partir qu'en payant le dédit.

Pour que cette clause s'applique, la jurisprudence l'a encadrée. Elle doit être écrite, généralement on ne la trouve pas dans la convention collective, mais elle se matérialise de deux manières : soit elle est incluse dans le contrat de travail, soit elle est rédigée spécifiquement sous forme d'avenant et remise avant la formation. Par contre, l'action de formation doit se situer au-delà de l'obligation de l'employeur en matière de formation.

La clause d'exclusivité

La clause d'exclusivité est une clause interdisant au salarié de cumuler son emploi avec toute autre activité professionnelle, salariée ou non. Par cette clause, le salarié s'engage à ne pas travailler pour une entreprise dans le même secteur d'activité.

Cette clause concerne les commerciaux et les fonctions dites « sensibles », elle permet de protéger les intérêts de l'entreprise. La violation de cette clause peut entraîner un licenciement pour faute lourde ; non seulement le salarié ne perçoit pas d'indemnités, mais il risque d'être condamné à des dommages-intérêts.

La clause d'invention

TEXTE DE LOI

Elle trouve son principe dans la loi du 13 juillet 1978, qui fut modifiée par la loi du 26 novembre 1990. Il s'agit de la seule clause à support légal. Cette loi a un caractère supplétif, elle n'intervient qu'à défaut, en absence de dispositions conventionnelles ou du contrat de travail. En cas de contentieux, seul le tribunal de grande instance est compétent. L'ensemble de ces dispositions figurent à l'article L 611-7 du Code de la propriété intellectuelle.

Des clauses délicates

Les clauses de rémunération : il est très délicat de s'engager sur le détail de telles clauses, il est préférable de noter seulement le montant du salaire brut et éventuellement des primes et indemnités en précisant la périodicité du versement. La liberté contractuelle est limitée au respect des minima sociaux en matière de salaire : le contrat de travail ne doit pas fixer un montant inférieur à celui déterminé conventionnellement ou des modalités d'octroi et de calcul moins favorables au salarié que celles prévues par la convention collective, notamment en cas de 13e mois, prime d'ancienneté, prime de productivité. Particularité de la prime de vacances : elle n'est pas incluse dans le 13e mois, il faut penser à la verser lors des congés payés annuelDétermination de l'horaire de travail : le contrat de travail ne fera qu'un rappel des normes et procédures applicables dans l'entreprise en évitant de préciser le seuil des heures supplémentaires qui a de plus en plus tendance à se modifier ! Les clauses de forfait en heures et en jours : pour être opposable au salarié, la convention de forfait doit résulter d'un accord entre l'employeur et le salarié, le contrat de travail formalise cet accord. Le forfait ne doit pas être défavorable au salarié : il doit au moins être égal au salaire minimal conventionnel correspondant à la fonction, augmenté du paiement des heures supplémentaires. Des accords collectifs, notamment relatifs aux 35 heures, peuvent prévoir des modalités particulières de forfait (base hebdomadaire, mensuelle, annuelle ou en jours, en heures sur l'année).

Le contrat à durée indéterminée (CDI)

Le contrat de travail à durée indéterminée est la forme normale et générale de la relation de travail. Par définition, il ne prévoit pas la date à laquelle il prend fin.

Les conditions de validité d'un CDI sont les suivantes :

- Existence d'un lien de subordination : c'est l'élément essentiel du contrat de travail. Le salarié doit être réellement placé sous la direction, la surveillance et l'autorité de son employeur ;
- Exécution d'une prestation de travail : il peut s'agir de travaux manuels, intellectuels, artistiques… exécutés dans tous les secteurs d'activité ;
- Versement d'une rémunération : c'est la contrepartie nécessaire de la prestation de travail. Peu importe qu'elle soit versée en argent ou en nature, qu'elle soit calculée au temps, aux pièces, à la commission…

Rédaction du contrat de travail

Il n'est pas obligatoire de rédiger un contrat de travail, ce qui peut parfois poser des problèmes de preuve. Il suffit que le salarié justifie d'une fiche de paie. Cependant, chaque employeur doit remettre au salarié, dans les deux jours qui suivent son embauche, un document comportant un certain nombre de renseignements sur les conditions de travail et notamment sur la période d'essai.

La période d'essai

La période dite « d'essai » est la période au cours de laquelle le contrat peut être rompu par chacune des parties sans avoir à justifier le motif de rupture, sans formalités particulières ni préavis ou indemnités (sauf dispositions conventionnelles contraires). Cependant, généralement, la rupture du contrat en cours de période d'essai est motivée par des circonstances étant en relation avec l'exécution du contrat de travail du salarié.

La période d'essai fait son entrée dans le Code du travail par la loi Bertrand n° 2008-596, du 25 juin 2008. Désormais, la période d'essai doit être stipulée dans la lettre d'engagement ou le contrat de travail.

TEXTE DE LOI

L'article L 1221-23 du Code du travail précise : « La période d'essai et la possibilité de la renouveler ne se présument pas. Elles sont expressément stipulées dans la lettre d'engagement ou le contrat de travail. » L'article L 1221-19 du Code du travail dispose désormais que « le contrat de travail à durée indéterminée peut comporter une période d'essai dont la durée maximale est pour les ouvriers et les employés de deux mois ; les agents de maîtrise et les techniciens, de trois mois ; les cadres, de quatre mois ». Le décompte s'effectue en jours calendaires.

Par ailleurs, dans l'article L 1221-21 : « Elle peut être renouvelée une fois si un accord de branche étendu le prévoit. Cet accord fixe les conditions et les durées de renouvellement. Pour les contrats stipulant une période d'essai d'au moins une semaine, le salarié est prévenu dans un délai qui ne peut être inférieur à vingt-quatre heures en deçà de huit jours de présence ; quarante-huit heures entre huit jours et un mois de présence ; deux semaines après un mois de présence ; un mois après trois mois de présence. »

La rupture d'un CDI

Elle procède de plusieurs possibilités, soit :

- La démission du salarié, il n'est pas nécessaire qu'elle soit acceptée par l'employeur. Elle marque le point de départ du préavis ;

- Le licenciement par l'employeur pour motif personnel ou motif économique. Le motif de licenciement doit être réel et sérieux (faute du salarié, situation économique critique…). Le salarié bénéficie d'un préavis dont la durée varie en fonction de son ancienneté et de son grade ;
- Un cas de force majeure ;
- Le départ à la retraite du salarié…

CONTRAT À DURÉE INDÉTERMINÉE

Entre les soussignés :

Article I : Emploi occupé

Article II : Définition des missions

Article III : Durée du travail

Article IV : Période d'essai

Article V : Lieu de travail

Article VI : Horaires de travail

Article VII : Rémunération

Article VIII : Frais professionnels (facultatif)

Article IX : Véhicule (facultatif)

Article X : Secret professionnel (facultatif)

Article XI : Congés payés

Article XII : Retraite complémentaire

Article XIII : Convention collective (1)

Article XIV : Rupture

Fait en double exemplaire,

À ....

Le ....

Signature de l'employeur et cachet de la société

Signature du salarié précédée de la mention manuscrite « Lu et approuvé » (2)

(1) *On peut se la procurer au Journal officiel, 26 rue Desaix, 75727 Paris Cedex 15.*

(2) *Attention ! les autres pages du contrat doivent être paraphées par l'employeur et le salarié.*

Figure 8-1 : Exemple de contrat de travail à durée indéterminée.

Le CDD et le contrat de projet

La conclusion d'un contrat à durée déterminée n'est possible que pour l'exécution d'une tâche précise et temporaire et seulement dans les cas énumérés par la loi. Il doit obligatoirement faire l'objet d'un écrit quel que soit le motif pour lequel il est conclu, un tel contrat ne peut avoir ni pour objet ni pour effet de pourvoir durablement un emploi lié à l'activité normale et permanente de l'entreprise. Conclu en dehors du cadre légal, il peut être considéré comme un contrat à durée indéterminée.

Les cas de recours à ce type de contrat sont les suivants :

- Remplacement d'un salarié absent (sauf s'il s'agit d'une grève) ou dans l'attente de l'entrée effective d'un salarié recruté en contrat à durée indéterminée ;
- Remplacement d'un salarié passé provisoirement à temps partiel ;
- Accroissement temporaire de l'activité de l'entreprise ;
- Emplois à caractère saisonnier (agriculture, tourisme…) ou pour lesquels il est d'usage constant de ne pas recourir au contrat à durée indéterminée en raison de la nature de l'activité et du caractère temporaire de ces emplois ;
- Attente de la suppression définitive du poste du salarié ayant quitté définitivement l'entreprise ;
- Travaux urgents dont l'exécution immédiate est nécessaire pour prévenir des accidents imminents.

Avant le terme du contrat, l'employeur et le salarié peuvent convenir de le renouveler une fois, soit lorsque survient l'événement, soit lors de l'achèvement des travaux qui ont justifié sa conclusion.

Les conditions du renouvellement : en principe, la durée du contrat, renouvellement compris, ne peut excéder 18 mois.

Sauf exception, il faut respecter un délai de carence avant de recourir à un nouveau contrat à durée déterminée. La période de carence est égale :

- Au tiers de la durée du CDD si sa durée était de 14 jours et plus ;
- À la moitié de la durée du CDD si sa durée était inférieure à 14 jours.

Les cas de rupture possibles avant le terme du CDD

Le contrat à durée déterminée ne peut être rompu avant son terme, sauf si :

- Un accord réciproque est signé entre l'employeur et le salarié ;

- On embauche le salarié, au terme de son CDD, en contrat à durée indéterminée ;
- Une faute grave du salarié est constatée ;
- Un cas de force majeure survient.

Avant de quitter l'entreprise, le salarié doit respecter un délai de préavis dont la durée ne peut excéder deux semaines.

Le CDD est un contrat écrit. À défaut d'écrit, le CDD est considéré comme un contrat à durée indéterminée. Il comporte les mêmes informations que le CDI, auxquelles s'ajoutent la date de fin de contrat ou l'événement qui marquera la fin du contrat (retour du salarié absent…) et, le cas échéant, la clause de renouvellement.

Les droits du salarié en CDD

Le salarié bénéficie des mêmes droits individuels et collectifs que les autres salariés de l'entreprise.

L'indemnité de fin de contrat : au terme du contrat, le salarié perçoit une indemnité de fin de contrat égale au minimum à 10 % de la rémunération totale brute versée durant le contrat. Des conventions peuvent prévoir un taux inférieur (au minimum 6 %), dès lors que des contreparties sont offertes aux salariés en CDD, notamment sous la forme d'un accès privilégié à la formation professionnelle.

L'indemnité n'est pas due dans les cas suivants :

- Embauche définitive du salarié ou refus de celui-ci de signer un contrat à durée indéterminée pour le même emploi ou un emploi similaire assorti d'une rémunération au moins équivalente ;
- Contrat conclu avec des jeunes dans le cadre de jobs d'été ou de contrats aidés ;
- En cas de rupture anticipée du contrat soit à l'initiative du salarié, soit suite à une faute grave ou à un cas de force majeure.

L'indemnité compensatrice de congés payés : si le salarié n'a pas pu prendre ses congés, une indemnité compensatrice de congés payés lui est versée. Elle est égale au minimum à 10 % de la rémunération totale brute due, indemnité de fin de contrat incluse.

Le contrat de projet

Il est, encore, très peu utilisé en entreprise, car novateur. Dans les conditions fixées par la loi n° 2008-596 portant sur la modernisation du marché du travail, un CDD dont l'échéance est la réalisation d'un objet défini, d'une durée minimale de 18 mois et maximale de 36 mois, peut être conclu pour le recrutement d'ingénieurs et de cadres, au sens des conventions collectives. Il s'agit d'un CDD « à objet défini » ou « contrat de projet ». Il précise l'existence de tâches à accomplir. Le cadre n'est plus limité par des motifs précis tels qu'un remplacement dû à une absence ou un surcroît occasionnel de travail. Il faut, désormais, une définition des tâches pour lesquelles le contrat est conclu ainsi que la précision d'un événement déterminant la fin de la relation de travail. On introduit une clause mentionnant la possibilité de rupture à la date anniversaire pour l'une ou l'autre des parties.

CONTRAT DE TRAVAIL À DURÉE DÉTERMINÉE

Entre les soussignés :

Article I : Motif

Article II : Emploi occupé

Article III : Durée

Article IV : Renouvellement

Article V : Période d'essai

Article VI : Lieu de travail

Article VII : Durée du travail

Article VIII : Rémunération

Article IX : Indemnité de fin de contrat

Article X : Retraite complémentaire

Article XI : Convention collective

Article XII : Rupture anticipée pour faute grave ou cas de force majeure

Fait en double exemplaire,

À ....

Le ....

Signature de l'employeur
et cachet de la société

Signature du salarié précédée
de la mention manuscrite « Lu et approuvé » (1)

(1) *Paraphe des deux signataires sur toutes les pages.*

Figure 8-2 : Exemple de contrat de travail à durée déterminée.

Quelques contrats spécifiques

Le service RH doit faire face à la possibilité de négocier des contrats divers en s'adaptant aux conditions particulières de certains secteurs d'activité.

Le contrat des salariés à temps partiel

C'est un contrat écrit. Pour être à temps partiel, la durée d'un contrat de travail doit être inférieure d'au moins un cinquième à la durée légale ou conventionnelle du travail. Le temps partiel se définit par rapport à la journée, la semaine, le mois ou l'année. Il fixe la répartition des horaires de façon précise.

Il mentionne la qualification du salarié, les éléments de la rémunération, la durée hebdomadaire ou, le cas échéant, la durée mensuelle prévue et la répartition de la durée du travail entre les jours de la semaine ou les semaines du mois.

Il définit, en outre, les cas dans lesquels une modification éventuelle de cette répartition peut intervenir ainsi que la nature de cette modification. Toute modification doit être notifiée au salarié sept jours au moins avant la date à laquelle elle doit avoir lieu. Le contrat de travail détermine également les modalités selon lesquelles les horaires de travail pour chaque journée travaillée sont communiqués par écrit au salarié.

Les heures complémentaires

Le contrat de travail précise, par ailleurs, les limites dans lesquelles peuvent être effectuées des heures complémentaires au-delà de la durée de travail fixée par le contrat. Le nombre d'heures complémentaires effectuées par un salarié à temps partiel au cours d'une même semaine ou d'un même mois ne peut être supérieur au dixième de la durée hebdomadaire ou mensuelle de travail prévue dans son contrat.

Les heures complémentaires ne peuvent avoir pour effet de porter la durée du travail effectuée par un salarié au niveau de la durée légale du travail ou à la durée fixée conventionnellement. Le refus d'effectuer les heures complémentaires proposées par l'employeur au-delà des limites fixées par le contrat ne constitue pas une faute ou un motif de licenciement. Il en est de même, à l'intérieur de ces limites, lorsque le salarié est informé moins de trois jours avant la date à laquelle les heures complémentaires sont prévues.

Lorsque l'employeur demande au salarié de changer la répartition de sa durée de travail, alors que le contrat de travail n'a pas prévu les cas et la nature de telles modifications, le refus du salarié d'accepter ce changement ne constitue pas une faute ou un motif de licenciement.

Le statut social du stagiaire en entreprise

Le stage se définit comme une formation pratique ayant pour objet de compléter l'acquisition de connaissances théoriques.

Il doit être distingué du contrat à durée déterminée, dont les cas de recours sont limitativement énumérés par le Code du travail, et dont l'objectif est de faire face au besoin de personnel et non de procurer une formation. Toute confusion entraînera une requalification du stage en contrat de travail.

TEXTE DE LOI

Bien que le stagiaire n'ait pas le statut de salarié de l'entreprise, il bénéficie d'une protection ponctuelle. Il se voit ainsi appliquer l'article L 122-45 du Code du travail, prohibant toute discrimination dans l'accès au stage. En cas de litige, le juge civil de droit commun est compétent.

TEXTE DE LOI

L'obtention de certains diplômes scolaires suppose l'exécution d'un stage obligatoire en entreprise dans le cadre de la scolarité. L'employeur se doit de respecter les articles L 211-1 et L 212-13 du Code du travail imposant une législation spécifique aux travailleurs de 16 à 18 ans. Rappel : aucun jeune ne peut travailler avant d'être libéré de l'obligation scolaire, c'est-à-dire 16 ans. Le Code du travail impose ainsi la signature d'une convention de stage entre l'établissement scolaire et l'employeur. Le stagiaire est alors bénéficiaire de la législation relative aux conditions d'hygiène et de sécurité dans l'entreprise sous le contrôle de l'inspection du travail.

Gratification du stagiaire et cotisations sociales

Le stagiaire n'étant pas un salarié, l'employeur n'est pas tenu de lui verser une rémunération, sauf disposition contraire de la convention collective. Cependant, s'il décide quand même de le rémunérer, en espèces ou en nature (logement, nourriture), deux régimes sont applicables :

- Si la valeur de la gratification est inférieure ou égale à 30 % du smic mensuel applicable au 1er janvier de l'année en cours, elle n'est pas assimilée à un salaire. L'employeur n'est redevable d'aucune cotisation sociale si le stagiaire est pris en charge par son établissement scolaire en cas d'accident du travail ;
- Si la valeur est supérieure à 30 % du smic mensuel, la gratification est assimilée à un salaire et l'employeur est soumis au paiement des cotisations sociales, de la CSG et de la CRDS.

Les frais de déplacement sont exclus de l'assiette du calcul.

Lors d'un stage non obligatoire effectué en entreprise, il est alors effectué soit :

- Volontairement en dehors du cursus scolaire ;
- Pour l'obtention d'un diplôme dans le cadre d'une scolarité particulière (avocat, greffier) ;
- Dans le cadre d'une scolarité mais sans convention de stage obligatoire.

Il ne donne pas lieu à l'octroi d'une rémunération. Cependant, s'il y a une gratification en espèces ou en nature, elle ne doit pas excéder 25 % du smic mensuel applicable au 1er janvier de l'année en cours ; à défaut, les cotisations sociales de droit commun sont dues. Les frais de déplacement sont exclus.

Si l'établissement d'enseignement ne prend pas en charge le stagiaire en cas d'accident du travail, l'employeur est redevable des cotisations sociales patronales à hauteur de 25 % du smic au 1er janvier de l'année civile en cours.

Un contrat aidé prometteur : le contrat de professionnalisation

Le contrat de professionnalisation favorise l'insertion ou la réinsertion professionnelle des jeunes de moins de 26 ans et des demandeurs d'emploi de 26 ans et plus pour leur permettre d'acquérir une qualification professionnelle. Il remplace les contrats de qualification, d'adaptation et d'orientation depuis le 1er octobre 2004.

Il est établi par écrit et comporte une action de professionnalisation, d'une durée minimale comprise entre 6 et 12 mois.

Il doit permettre au salarié formé d'acquérir une qualification :

- Enregistrée dans le répertoire national des certifications professionnelles ;
- Reconnue dans les classifications d'une convention collective nationale de branche ;
- Figurant sur une liste établie par la Commission paritaire nationale de l'emploi d'une branche professionnelle.

Un tuteur peut être désigné par l'employeur pour accueillir et guider le jeune dans l'entreprise. Le titulaire d'un contrat de professionnalisation bénéficie des mêmes conditions de travail que les autres salariés dans la mesure où elles ne sont pas incompatibles avec les exigences de leur formation. Les heures de formation font partie des heures de travail.

Le bénéficiaire perçoit pendant l'action de professionnalisation une rémunération qui dépend de son statut :

- Pour les jeunes de moins de 26 ans, elle est calculée en fonction du smic, variant selon l'âge et le niveau de formation ;
- Pour les demandeurs d'emploi de 26 ans et plus, la rémunération est au moins égale au smic et au moins égale à 85 % de la rémunération conventionnelle.

L'employeur bénéficie, pour les jeunes de moins de 26 ans et pour les demandeurs d'emploi âgés de 45 ans et plus, d'une exonération de charges patronales de sécurité sociale sur la partie du salaire versée n'excédant pas le smic.

Les organismes paritaires collecteurs agréés (OPCA) prennent en charge les actions d'évaluation, d'accompagnement et de formation.

Le travail temporaire

Il n'existe pas de lien contractuel entre le salarié intérimaire et l'entreprise pour laquelle il exerce sa mission. En effet, les liens contractuels sont dissociés, on les trouve d'une part entre le salarié intérimaire et son entreprise d'intérim, et d'autre part entre l'entreprise d'intérim et l'entreprise utilisatrice.

Pour les cas de recours à l'intérim, on retrouve les mêmes cas spécifiques que pour un CDD, auxquels s'ajoute le fait de faciliter l'embauche de personnes sans emploi rencontrant des difficultés sociales et professionnelles particulières ou lorsque l'entreprise de travail temporaire et l'entreprise utilisatrice s'engagent à assurer un complément de formation professionnelle au salarié.

Le contrat de mise à disposition

Il est conclu entre l'entreprise de travail temporaire, l'entreprise utilisatrice et le salarié intérimaire, c'est un contrat écrit qui, outre les informations habituelles, indique notamment :

- Le motif du recours au travail temporaire ;
- Le poste de travail occupé par le salarié intérimaire et la qualification professionnelle exigée ;

- La date de fin de la mission ou l'événement qui marquera la fin de la mission et la clause de renouvellement si elle a été convenue avec le salarié.

Le contrat de mission doit préciser :

- La qualification professionnelle du salarié intérimaire ;La rémunération et ses composantes financières et sociales (primes, accessoires de salaire, retraite…) ;
- La durée de la période d'essai ;
- Le nom et l'adresse de la caisse complémentaire et de l'organisme de prévoyance dont relève l'entreprise de travail temporaire ;
- La possibilité d'une embauche de l'intérimaire par l'entreprise utilisatrice à l'issue de la mission.

Ce contrat a une durée limitée qui respecte les mêmes règles que le CDD.

Les conditions du renouvellement : la durée du contrat, renouvellement compris, ne peut excéder 18 mois, sauf cas particuliers. Les règles du délai de carence sont identiques à celles d'un CDD, c'est pourquoi les entreprises ont tendance à modifier la fonction ou l'objet tout en gardant la même personne !

Les cas de rupture possibles avant le terme

Le contrat de mission ne peut être rompu avant son terme, sauf s'il y a :

- Accord entre l'agence d'intérim et le salarié ;
- Embauche du salarié en contrat à durée indéterminée ;
- Faute grave de l'agence d'intérim, de l'entreprise utilisatrice ou du salarié ;
- Cas de force majeure.

Les droits de l'intérimaire : le salarié intérimaire a les mêmes droits que les salariés de l'entreprise utilisatrice s'agissant notamment de la rémunération, de la durée du travail et du travail de nuit.

Il perçoit des indemnités spécifiques au terme de chaque mission :

- Une indemnité de fin de mission égale au moins à 10 % de la rémunération totale brute durant le contrat ;
- Une indemnité compensatrice de congés payés calculée en fonction de la durée du contrat, elle ne peut être inférieure à 10 % de la rémunération totale brute versée, indemnité de fin de mission comprise.

L'indemnité de fin de mission n'est pas due dans certains cas :

- Embauche par l'entreprise utilisatrice de l'intérimaire en contrat à durée indéterminée ;
- Rupture du contrat à l'initiative du salarié, pour faute grave ou en cas de force majeure ;
- Lorsque le contrat de travail temporaire est conclu en vue d'une action de formation ;
- Dans le cas des contrats conclus pour des emplois saisonniers ou dans des secteurs où il est d'usage constant de ne pas recourir à un contrat à durée indéterminée, si un accord collectif étendu entre les organisations professionnelles d'employeurs et de la branche du travail temporaire le prévoit.

Chapitre 9

Administrer le service RH

Dans ce chapitre :

- Les formalités liées à l'embauche : DUE et médecine du travail
- Les critères du bilan social concernant l'emploi
- La loi sur l'emploi des seniors et celle sur le travail des handicapés

Le service administratif dans une entreprise est un pôle en constante évolution puisqu'il doit sans cesse se référer à la législation, nouvelles lois ou décrets, à la modification des accords de branche. Il s'adresse soit au service juridique en interne, soit à un cabinet extérieur pour s'adapter, en permanence, aux diverses contraintes. Les tâches administratives sont variées et représentent, vu leur ampleur, l'activité majoritaire d'un service RH. Par ailleurs, le service des RH doit fournir des statistiques à divers organismes, dont la DRTEFP, l'Insee, la Dares. L'année est rythmée par diverses obligations mensuelles, trimestrielles et annuelles pour les entreprises dont les seuils sont les suivants : 10 salariés, 20 salariés, 50 salariés, 300 salariés et 1 000 salariés. En France, les obligations administratives doivent être parfaitement maîtrisées, car elles sont génératrices de coûts et donc impactent la rentabilité du service et l'image de l'entreprise.

Les formalités liées à l'embauche

L'administration du personnel est une des premières missions d'une fonction RH. La présence d'un service spécifique varie, bien sûr, en fonction de la taille de l'entreprise. Les obligations administratives relatives à la gestion des salariés doivent être parfaitement maîtrisées et le suivi correctement assuré, sous peine de pénalités financières. C'est, avant tout, une mission de responsabilité.

La déclaration unique d'embauche (DUE)

Cette déclaration doit être réalisée avant la prise de fonction du salarié, elle permet d'effectuer en une seule fois plusieurs formalités obligatoires liées à son embauche :

- Déclaration préalable à l'embauche (DPAE) ;
- Demande d'immatriculation du salarié au régime de protection sociale ;
- Déclaration d'embauche auprès de la médecine du travail pour la visite médicale obligatoire qui confirmera son aptitude à occuper la fonction ;
- Déclaration, si besoin, en vue d'appliquer un abattement des cotisations sociales ou afin de bénéficier d'un taux réduit de cotisations (par exemple, pour un demandeur d'emploi de longue durée).

Souvent, la personne en charge de cette déclaration se rapproche en interne du service de la paie, de la direction financière ou, dans le cas d'une PME, de son service comptable, car les abattements sont parfois complexes à mettre en place. Il est à noter la volonté de l'Urssaf d'expliquer au mieux sur son site les diverses modifications et applications. La tenue d'un registre du personnel se faisait auparavant à la main dans l'ordre d'arrivée, elle tend aujourd'hui à s'informatiser même au sein des PME.

Le dossier du nouvel embauché

À chaque nouvelle embauche, le service RH crée un dossier spécifique pour le salarié qui doit être enrichi tout au long de sa vie professionnelle au sein de l'entreprise.

On retrouve, principalement, dans ce dossier :

- Le curriculum vitae avec adresse et âge des enfants, si nécessaire ;
- Le nom de la personne à joindre en cas d'urgence ;
- La photocopie de ses anciens certificats de travail ;
- La photocopie de sa carte Vitale d'assuré social, de sa carte d'identité et de son permis de conduire ;
- La photocopie de ses diplômes ;
- Le contrat de travail ou lettre d'embauche précisant des avantages spécifiques tels que téléphone, ordinateur ;
- Le certificat d'aptitude délivré par la médecine du travail.

Ce dossier doit être actualisé au cours de l'année et facilement accessible aux diverses personnes concernées, dont la hiérarchie directe du salarié.

La gestion des sorties : les obligations administratives se retrouvent lors du départ du salarié et varient en fonction d'une démission, d'un licenciement ou d'un départ à la retraite. Dans tous les cas, l'entreprise remet un certificat de travail et un document signé par l'employeur et le salarié pour solde de tout compte.

La visite médicale obligatoire

La surveillance médicale des salariés a pour objectif principal d'apprécier, au moment de l'embauche, si le salarié, compte tenu de son état de santé physique et mental et des caractéristiques du poste de travail auquel l'employeur envisage de l'affecter, est apte à exercer les activités prévues par son contrat de travail, sans danger pour sa santé ou la collectivité de travail ; puis, périodiquement, de s'assurer du maintien de l'aptitude du salarié au poste de travail occupé.

Les salariés sont tenus de se soumettre à des examens médicaux avant l'embauche ou, au plus tard, avant l'expiration de la période d'essai. Aux termes de l'article L 4624-2 du Code du travail, créé par la loi du 9 novembre 2010 (*JO* du 10), « un dossier médical en santé au travail, constitué par le médecin du travail, retrace dans le respect du secret médical les informations relatives à l'état de santé du travailleur, aux expositions auxquelles il a été soumis ainsi que les avis et propositions du médecin du travail ».

Les salariés doivent, également, bénéficier d'un examen par le médecin du travail lors de la reprise du travail et, au plus tard, dans un délai de 8 jours après une absence pour cause de maladie professionnelle ; après une absence d'au moins 8 jours pour un accident du travail ou une absence d'au moins 21 jours à la suite d'une maladie ou d'un accident non professionnel ; en cas d'absences répétées pour raisons de santé ; après un congé de maternité.

Le bilan social

Il s'agit d'un document unique (soumis annuellement par l'employeur au comité d'entreprise, dans les entreprises de plus de 300 salariés) qui donne les principales données chiffrées dans sept rubriques bien définies. Aujourd'hui, pratiquement l'ensemble des entreprises se sert de ce canevas de statistiques, car il donne une image réelle en fin d'année de la société et il permet de créer, ainsi, en interne un historique social, de la même façon qu'un bilan crée un historique financier.

Le bilan permet, en effet, d'apprécier la situation de l'entreprise dans le domaine social, d'enregistrer les réalisations effectuées et de mesurer les changements intervenus au cours de l'année écoulée et des deux années précédentes.

Réalisé sur les trois dernières années, il permet une prospective sur les trois prochaines années. Les tableaux de bord de ce document sont régulièrement utilisés dans les PME, car ils permettent une vision globale économique et sociale des données relatives au personnel.

Les tableaux de bord du bilan social :

- Créent l'historique du capital humain de l'entreprise ;
- S'appuient sur des données concrètes et objectives ;
- Développent une culture d'entreprise en identifiant les éventuels écarts entre les valeurs de l'entreprise et la réalité ;
- Orientent la stratégie.

Le document est généralement présenté avec quelques pages sur les créateurs de la société, l'origine économique et financière de l'entreprise (fusions, actionnaires, type d'entreprise, ses racines…).

Il comprend sept rubriques et dans chacune d'elles il y aura des tableaux de bord à mettre en évidence (comme ceux liés aux nouvelles réglementations : DIF, plan de formation…) :

- L'emploi ;
- Les rémunérations ;
- Les conditions d'hygiène et de sécurité ;
- Les conditions de travail ;
- La formation ;
- Les relations professionnelles (avec les IRP) ;
- Les autres conditions de vie (CE, œuvres sociales, crèche, les spécificités de l'entreprise).

L'emploi

Chacun des chapitres se subdivise en rubriques chiffrées. Ces chiffres permettent l'élaboration de graphiques et de tableaux, base d'une politique suivie de recrutement. On y repère les effectifs (ingénieurs et cadres, Etam et ouvriers), les travailleurs extérieurs, les recrutements de l'année, les départs, le chômage partiel, les travailleurs handicapés et l'absentéisme.

L'analyse et le suivi de ces données sont le reflet d'une saine politique de gestion des ressources humaines.

La définition des effectifs

L'effectif habituel ou théorique comprend les salariés permanents sous CDI, y compris les salariés en période d'essai ou de préavis, les salariés dont le contrat est suspendu, les travailleurs intérimaires. Les salariés à temps partiel et les stagiaires sont inscrits au prorata de leur temps de présence.

Sont inscrits deux types d'effectif :

- L'effectif inscrit, qui correspond à l'effectif théorique diminué des contrats suspendus pour absences de longue durée ainsi que des travailleurs à domicile. Toute personne est comptée pour « une » quel que soit son type d'emploi ;
- L'effectif pondéré, où la pondération est effectuée en fonction du temps d'emploi de chaque salarié, rapporté au temps normal dans l'entreprise. On parle d'effectif « ETP ».

L'effectif permanent correspond à l'effectif initial dégrevé des départs, des CDD et des temps partiel. L'effectif présent concerne l'effectif payé diminué des absents rémunérés. Outre ceux qui sont en activité au 31 décembre de l'année, on différencie l'effectif permanent hommes/femmes, les temps partiels ou les mi-temps (choisis ou imposés). On distingue les CDI et les CDD, base d'une politique de flexibilité et de possibilité de remplacement. On note la pyramide des âges, qui sert à la mise en place d'une GPEC. Quant aux contrats de professionnalisation, ils sont une source de recrutements à venir.

Les recrutements de l'année

Il est très important de différencier dès l'embauche le nombre des salariés par rapport à leur qualification, leur catégorie socioprofessionnelle (CSP), le type de contrat, la répartition hommes/femmes, l'âge, le niveau et l'expérience, sans oublier de préciser la façon dont ils ont été recrutés ; par exemple, à la suite d'un intérim, par un cabinet, grâce à une cooptation ou par Pôle emploi. Toutes ces statistiques seront indispensables à la mise en place et au suivi d'une saine politique de gestion de l'emploi.

Les travailleurs extérieurs

Soit on fait appel à des agences d'intérim, soit on sous-traite, dans le cadre de l'*outsourcing*, certaines missions de RH. L'externalisation devient, alors, un outil de flexibilité qui se prépare en amont, dans le cadre d'une stratégie d'entreprise.

L'intérim comme l'*outsourcing* se négocient sous forme de contrat avec un engagement de résultat contractuel et une garantie d'allocation de ressources. Les critères de réussite de l'*outsourcing* tiennent à la qualité des interlocuteurs, à la qualité de la préparation et à celle du partenariat, notamment dans la mise en place du processus externalisé. Les principales missions concernent la paie, le recrutement, l'administration du personnel et la formation. L'*outsourcing* de ces fonctions RH permet dans les petites structures un gain d'expertise, un gain de temps, un gain en qualité de service et des gains économiques par une réduction des coûts internes et une flexibilité des coûts de prestation.

La loi sur l'emploi des seniors

« Avoir à la fois des seniors et des jeunes dans l'entreprise, c'est un atout » (Laurent Wauquiez, secrétaire d'État chargé de l'Emploi, interview du 3 juin 2008 à *La Tribune*).

Malgré tout, la loi reste un casse-tête !

Le taux d'emploi des 55-64 ans est en France de 38 %, alors qu'il est de 46 % dans l'Union européenne, et supérieur à 50 % dans bon nombre de pays européens : 53 % aux Pays-Bas, 58 % au Royaume-Uni, 70 % en Suède.

Face à ce constat, le gouvernement a pris en 2008 un ensemble de mesures en faveur de l'emploi des seniors :

- **Adopter une gestion active des âges dans les entreprises.** Les entreprises doivent mieux intégrer les seniors dans leur gestion des ressources humaines, avec la mise en œuvre d'accords de gestion des âges dans les entreprises et les branches ;
- **Inciter au maintien dans l'activité au-delà de 60 ans**, par la libération du cumul emploi-retraite dès lors que le salarié peut partir avec une pension au taux plein, l'augmentation de la surcote et la suppression de la mise à la retraite d'office à 65 ans ;
- **Favoriser le retour vers l'emploi des seniors**, par l'augmentation progressive de l'âge pour la dispense de recherche d'emploi et le renforcement du suivi des seniors par le service public de l'emploi.

Adopter une gestion active des âges

L'objectif du gouvernement consiste à enclencher une dynamique positive de négociation sur l'emploi des seniors, autour d'engagements concrets et quantifiés, dans les branches et les entreprises, en vue d'inciter les employeurs à adopter une gestion active des âges.

Pour atteindre cet objectif, l'article 87 de la loi du 17 décembre 2008, relative au financement de la sécurité sociale pour 2009, prévoit que les entreprises qui ne seront pas couvertes à partir de 2010 par un accord ou, à défaut, par un plan d'action portant sur l'emploi des seniors devront s'acquitter d'une pénalité de 1 % des rémunérations.

Pour échapper à la pénalité, les entreprises de 300 salariés et plus devront être couvertes par un accord signé par les partenaires sociaux ou, à défaut (si l'accord n'a pas pu être conclu), par un plan d'action présenté par l'employeur.

Les entreprises de 50 à 300 salariés n'acquitteront pas la pénalité dès lors qu'elles sont couvertes par un accord de branche. En cas d'absence d'accord de branche, elles devront conclure leur propre accord ou, à défaut, élaborer un plan d'action.

Les accords, comme les plans d'action, doivent avoir une durée maximale de trois ans, et suivre un cahier des charges précis :

D'abord un objectif chiffré de maintien dans l'emploi des salariés de 55 ans ou plus, ou de recrutement des salariés âgés de 50 ans ou plus. Puis des dispositions favorables au maintien dans l'emploi et au recrutement des salariés âgés portant sur trois domaines d'action au moins, choisis dans la liste suivante :

- Recrutement des salariés âgés dans l'entreprise ;
- Anticipation de l'évolution des carrières professionnelles ;
- Amélioration des conditions de travail et prévention des situations de pénibilité ;
- Développement des compétences et des qualifications et accès à la formation ;
- Aménagement des fins de carrière et de la transition entre activité et retraite ;
- Transmission des savoirs et des compétences et développement du tutorat.

Ces domaines d'action doivent être assortis :

- D'objectifs chiffrés dont la réalisation est mesurée au moyen d'indicateurs ;
- Des modalités de suivi de la mise en œuvre de ces dispositions et de la réalisation de cet objectif librement choisies.

Inciter au maintien dans l'activité au-delà de 60 ans

Le cumul emploi-retraite est autorisé sans restriction depuis le 1er janvier 2009. L'article 88 de la loi de financement de la sécurité sociale pour 2009 modifie les règles de ce cumul. Le plafond de ressources ou le délai de carence, les six mois pendant lesquels un salarié devait attendre avant de pouvoir retravailler chez son employeur sont supprimés pour tous les assurés ayant une carrière complète ou 65 ans.

La suppression de la mise à la retraite d'office à 65 ans est prévue par l'article 90 de la loi de financement de la sécurité sociale pour 2009 à compter du 1er janvier 2010, date à laquelle les accords de branche dérogatoires cesseront de produire leurs effets. La mise à la retraite d'office par l'employeur est reportée de 65 ans à 70 ans, l'âge auquel l'employeur peut d'office rompre le contrat de travail d'un salarié senior en invoquant l'ouverture des droits à la retraite d'office. L'augmentation de la surcote permet aux salariés de percevoir une majoration de leur pension de base de 1,25 % pour chaque trimestre supplémentaire travaillé, soit 5 % par an.

Favoriser le retour vers l'emploi des seniors

L'augmentation progressive de l'âge pour la dispense de recherche d'emploi (DRE) est prévue par la loi du 1er août 2008 relative aux droits et devoirs des demandeurs d'emploi.

Un accompagnement renforcé des seniors par Pôle emploi : le plan d'action du 28 janvier 2009 pour relancer l'emploi des seniors met en place une nouvelle offre de services et des mesures incitatives destinées à favoriser le retour à l'emploi. Parmi ces mesures, on peut citer un CUI ou contrat unique d'insertion (prise en charge par l'État d'une partie de la rémunération du senior) ou encore une Action de formation préalable au recrutement. Les entreprises, quant à elles, sont démarchées et disposent d'une information complète sur les aides à l'emploi dont elles bénéficient lorsqu'elles embauchent des plus de 50 ans.

D'autres dispositifs d'accompagnement – diagnostic personnalisé des besoins, présélection des candidats, évaluation en milieu professionnel préalable au recrutement et suivi de l'intégration du salarié dans l'entreprise – peuvent aussi leur être proposés.

Toutefois, la loi ne fixe aucun chiffre, laissant le soin aux entreprises d'établir leurs propres critères selon leur taille ou leur secteur. En amont, les entreprises peuvent solliciter l'aval de l'administration, via la procédure de « rescrit ». La procédure de rescrit est une possibilité offerte aux entreprises, et en aucun cas une obligation pour elles. Elle leur permet de s'assurer de la conformité de leurs accords et de se prémunir contre les validités. L'entreprise écrit à l'administration (à la DIRECCTE) pour lui demander de se prononcer sur sa situation au regard de la pénalité. La demande est complète si l'administration ne signale pas d'informations manquantes dans un délai de 30 jours. La réponse de l'administration signifie à l'entreprise si sa situation lui permet ou non de s'exonérer de la pénalité de 1 %. Si l'administration n'a pas répondu dans un délai de trois mois, son silence signifie que l'entreprise peut s'exonérer de la pénalité. La réponse de l'administration est opposable aux Urssaf.

TÉMOIGNAGE

Les relations seniors/juniors en entreprise

« Lorsque j'ai rejoint Alfa Laval, la compétitivité de l'entreprise était fortement ébranlée par une concurrence de plus en plus agressive. Il fallait réagir vite. Modifier l'organisation était devenu incontournable. Le constat effectué, restait à définir la méthode, sachant qu'en la matière le renouvellement des équipes a souvent la faveur des décideurs. Même si cela avait été évoqué, j'étais loin d'y être favorable. Aussi, pour appréhender réellement les attentes de nos clients, nous les avons interrogés en lançant une enquête type 360° qui portait sur le comportement de nos vendeurs tout au long du cycle de vente. Le résultat était sans appel : si nous nous séparions de nos seniors, nous pouvions mettre la clé sous la porte. La valeur ajoutée, l'avantage concurrentiel : c'était eux. Les produits ? Peut-être, mais leur connaissance du client, leur capacité à comprendre leurs besoins et à proposer les meilleures solutions : aucun des commerciaux recrutés sur les trois dernières années ne pouvait rivaliser avec nos "tontons flingueurs"… Alors comment parvenir, malgré tout, à orienter ces fortes têtes sur des aptitudes un peu plus "commerciales", plus standards, puisque c'était notre leitmotiv, notre nouveau *business model* : "solutions globales standardisées" ?

En partenariat avec une équipe externe de formateurs-coachs, nous avons décidé de déployer sur trois ans un grand plan de développement des équipes commerciales, en redéfinissant les comportements commerciaux attendus selon les résultats de l'enquête. Sciemment, nous avons mélangé les "jeunes" et les "vieux" au sein des modules : négociations, défense du prix… Lors d'une des premières sessions, ils se sont installés, les vieux face aux jeunes, comme des vétérans s'apprêtent à affronter des débutants. Et puis, d'un seul coup, l'atmosphère s'est détendue. Un "Y" a lancé à son aîné : "Écoute, toi, quand tu vas chez le client, rien que de te regarder, il sait que tu sais… Moi, il faut que je passe 20 minutes voire une heure avant de le convaincre…" Le fameux syndrome cheveux blancs… ! Et les choses ont basculé, le jeu de la reconnaissance a produit son effet : ils se sont ouverts, ils se sont mis à échanger sur leurs méthodes, leurs pratiques, découvrant leurs points forts respectifs, ils se sont mis à aller en clientèle en binôme, ils se sont mis à réfléchir ensemble sur la bonne approche commerciale : le jeune aux dents longues et le vieil expert, d'eux-mêmes, ont vu dans la différence de l'autre une qualité qu'ils n'avaient pas ! Incroyable : en trois ans, le chiffre d'affaires a doublé, sans remplacer les gens, simplement en ajustant les mentalités, en transférant les compétences, sans léser les uns ni les autres, mais en capitalisant sur les savoirs respectifs. Le changement s'est installé, modifiant les comportements, initié, partagé et déployé de l'intérieur par les hommes eux-mêmes acteurs du processus. Un exploit à double titre, en termes de résultat opérationnel pour Alfa Laval, mais également en termes de motivation pour les équipes… Une évidence pour un DRH, une révélation pour certains décideurs, hélas encore au XXIe siècle ! » (Nathalie Gateau, ex-DRH Alfa Laval)

Les travailleurs handicapés

La loi du 10 juillet 1987 concerne l'obligation d'emploi des travailleurs handicapés. Les entreprises peuvent :

- Les recruter directement en CDI et CDD à la suite d'accords comportant au moins deux des quatre plans suivants (art. L 323-8-1) : plan d'embauche, plan d'insertion et de formation, plan d'adaptation aux mutations technologiques, plan de maintien dans l'entreprise en cas de licenciement ;
- Faire appel à des établissements de travail protégé dans le cadre de la sous-traitance de fournitures diverses ou de prestations de service ; dans ce cas, elle ne peut être exonérée de son obligation d'emploi que dans la limite de 50 % ;
- Verser une contribution dite « volontaire » calculée sur l'effectif de l'entreprise et pouvant aller de 300 à 500 fois le smic horaire par unité manquante (art. L 323-8-2).

Les bénéficiaires de cette loi sont :

- Les travailleurs reconnus handicapés par la Cotorep. Le travailleur handicapé « Cotorep » est défini comme une personne dont les possibilités d'obtenir ou de conserver un emploi sont effectivement réduites par suite d'une insuffisance ou d'une diminution de ses capacités physiques ou mentales ;
- Les victimes d'accident du travail ou de maladie professionnelle dont l'incapacité permanente est au moins égale à 10 % et titulaires d'une rente de la Sécurité sociale. La qualité de travailleur handicapé est reconnue, à la demande de l'intéressé, par la Cotorep, qui apprécie son aptitude au travail et l'oriente vers le milieu de travail, ordinaire ou protégé, le mieux adapté à ses besoins ;
- Les titulaires d'une pension d'invalidité dont la capacité de travail est réduite des deux tiers ;
- Les anciens militaires et assimilés titulaires d'une pension militaire d'invalidité, les veuves et orphelins de guerre, sous certaines conditions ;
- Les sapeurs-pompiers volontaires titulaires d'une rente d'invalidité attribuée après un accident survenu ou une maladie contractée en service.

Le calcul des effectifs présents est complexe. Le décompte des bénéficiaires présents dans les effectifs est réalisé selon un calcul particulier : tout bénéficiaire de l'obligation d'emploi titulaire d'un contrat de travail représente une unité (« unité bénéficiaire ») susceptible d'être majorée en fonction de différents éléments (ancienneté de l'embauche du salarié recruté en contrat à durée indéterminée, importance du handicap, âge du salarié, placement antérieur...).

Les bénéficiaires de l'obligation d'emploi accueillis dans le cadre d'un stage de formation professionnelle sont pris en compte au titre de l'année où se termine le stage, selon le calcul : durée du stage/durée annuelle de travail applicable dans l'entreprise. Il faut noter la limite suivante : le nombre des stagiaires comptabilisés au titre de l'obligation d'emploi ne peut excéder 2 % de l'effectif total de l'entreprise.

La déclaration annuelle obligatoire d'emploi des travailleurs handicapés

Les entreprises sont tenues à une déclaration annuelle obligatoire d'emploi des travailleurs handicapés (DOETH). Tous les ans, avant le 15 février, l'entreprise doit rendre compte à l'administration des conditions dans lesquelles elle a accompli son obligation au cours de l'année précédente. Pour cela, elle remplit une déclaration spéciale.

Le non-respect de l'obligation et l'absence de déclaration sont sanctionnés par le versement d'une pénalité au Trésor public.

Par contre, il faut retenir que les travailleurs handicapés :

- Ne sont pas des salariés protégés, ils ont le même statut, au regard du droit du travail, que les autres salariés de l'entreprise, si l'on excepte quelques aménagements ;
- Ne peuvent faire l'objet de mesures discriminatoires. Ainsi, ils ne peuvent pas être écartés d'une procédure de recrutement ou de l'accès à une formation ni être sanctionnés ou licenciés pour un motif lié à leur état de santé ou leur handicap. Toute décision contraire peut être annulée par le conseil de prud'hommes et faire l'objet de sanctions pénales ;
- Bénéficient d'un complément de rémunération destiné à leur assurer un niveau minimal de revenus : c'est le système de la garantie de ressources.

Une surveillance médicale accrue

Le médecin du travail exerce à l'égard des salariés handicapés une surveillance médicale particulière. Lorsque le travailleur handicapé lui fait part de la diminution de ses capacités ou de ses difficultés à se maintenir à son poste de travail, le médecin du travail propose à l'employeur des modifications de poste, d'horaires de travail ou encore une mutation compatible avec l'état de santé de l'intéressé. L'employeur doit prendre en compte ces propositions ou faire connaître les raisons pour lesquelles il ne peut y donner suite. En cas de désaccord, l'inspecteur du travail peut être saisi.

Les aides accordées à l'employeur

La qualité de bénéficiaire de la loi du 10 juillet 1987 permet à l'employeur comme au salarié de bénéficier d'aides versées par l'Agefiph et par l'État.

L'Agefiph collecte les contributions des entreprises qui ne remplissent pas leur obligation d'emploi. L'Agefiph est administrée par des représentants des employeurs, des salariés, des personnes handicapées et par des personnalités qualifiées, et elle a été créée en application de cette même loi. Elle gère le fonds de développement pour l'insertion professionnelle des personnes handicapées, alimenté par les entreprises qui ne s'acquittent pas, partiellement ou totalement, de leur obligation d'employer au moins 6 % de travailleurs handicapés.

Chapitre 10

Gérer l'absentéisme

Dans ce chapitre :

- Les formes d'absentéisme
- Le coût de l'absentéisme avec l'étude des coûts directs et indirects
- Les causes de l'absentéisme
- Les actions préventives et correctives
- La particularité du télétravail

La problématique de l'absentéisme est complexe, aussi sera-t-elle abordée selon plusieurs angles : administratif, de gestion, relationnel et lié à la communication. Il s'agit au préalable de se poser les bonnes questions : faut-il intervenir ou laisser faire ? Doit-on analyser ou comptabiliser, ou les deux ? Peut-on aménager ou laisser en l'état ? jouer la transparence ou garder le silence ? Comme vous le voyez, les questions sont nombreuses et parfois difficiles à résoudre.

Les formes d'absentéisme

On peut, par exemple, traiter l'absentéisme sous forme d'audit social, ce qui donne une vue globale et impartiale, car tous les services sont impliqués. L'audit, en effet, est un ensemble de techniques permettant d'analyser et d'évaluer les méthodes de l'entreprise. L'audit mesure les écarts entre les faits constatés et les référentiels (normes, Code du travail, textes réglementaires), grâce à des indicateurs de conformité, de pertinence, de cohérence, de faisabilité et d'efficacité. L'objectif est d'émettre un diagnostic ayant pour mission d'aider le pouvoir décisionnel de l'entreprise en fournissant des constats, des analyses objectives, des recommandations et des commentaires utiles. L'audit social peut ainsi présenter une inadéquation de la politique sociale avec les attentes du personnel, les besoins des RH, les préoccupations sociales. Il peut être mis en place sur l'absentéisme, à titre préventif, pour apprécier, évaluer une situation à un moment donné, ou à titre curatif, pour remédier à une situation qui se détériore.

Six règles doivent être respectées lors de la réalisation de cet audit interne : celles de la confidentialité des données, de la confiance et d'un respect mutuel entre interlocuteurs, de la non-ingérence au sein des directions, de l'objectivité et de l'impartialité des éléments recueillis.

Dans l'*Encyclopédie Universalis*, l'absentéisme correspond au fait de ne pas se présenter au travail lorsque l'on est censé le faire.

Selon P. Candau, l'absentéisme est un phénomène multiforme défini comme « la non-présence au poste de travail, pour un personnel figurant à l'effectif inscrit, dû, le plus souvent, à un comportement de retrait du salarié ».

Pour M. Thévenet, on a tendance à décrire l'absentéisme par ce qu'il signifie, c'est-à-dire l'incapacité ou la non-volonté de travailler, plutôt que par ce qu'il est réellement.

L'absentéisme compressible

On retiendra l'« absentéisme compressible », qui regroupe les absences sur lesquelles une intervention de la direction peut s'exercer et être suivie d'effets (accidents du travail, maladie...). Le mot « absentéisme » recouvre ici les absences pouvant révéler un comportement de fuite du salarié devant le travail résultant :

- Du rejet du travail (cause liée réellement au travail ou à l'organisation elle-même) ;
- Du désir de quitter le travail pour des questions personnelles (garde d'enfant...) ;
- De la volonté de « prise de parole », expression ultime d'une impossibilité de communiquer sur le plan institutionnel ;
- De l'expression d'une opposition traduisant un conflit caché de type individuel, par opposition aux conflits ouverts que sont les grèves et les actions collectives.

Les différents types d'absence

On a recensé l'ensemble des types d'absence qui sont reconnus par toutes les personnes ayant traité de l'absentéisme (auteurs et chefs d'entreprise) :

- Accident, accident de trajet, accident du travail de courte durée, de longue durée ;
- Absence autorisée et non autorisée, abandon de poste ;
- Congé de maternité, congé de naissance/adoption, congé de paternité ;

- Décès ;
- Formation de courte durée, de longue durée, formation syndicale ;
- Grève interne, grève nationale ;
- Heures d'IRP, de recherche d'emploi ;
- Maladie de courte durée, de longue durée, mi-temps thérapeutique ;
- Retard ;
- Rentrée scolaire ;
- Soins à enfant malade ;
- Visite médicale (médecine du travail).

Ces types d'absence se traitent différemment selon qu'elles sont obligatoires pour l'employeur ou qu'elles proviennent du salarié.

La direction ne peut pas intervenir sur les congés incompressibles puisqu'il s'agit des congés payés, des congés liés à la convention collective, du congé de maternité, du congé de paternité, des congés d'ancienneté, des congés supplémentaires liés à des événements familiaux, des congés formation payés ou non, des congés pour création d'entreprise ou congés sabbatiques.

Les statistiques de ces différents congés peuvent être établies mais uniquement, par exemple, dans un sens comparatif avec d'autres branches d'activité ou d'autres pays européens. Il s'agit simplement d'un constat.

Les absences maladie

Le service RH d'une entreprise doit, par contre, s'appesantir sur les diverses absences non obligatoires que sont, en particulier, les absences maladie. Lors d'une absence pour maladie avec certificat du médecin, le salarié informe l'entreprise de son indisponibilité dans les plus brefs délais ; généralement le délai d'envoi du certificat médical à l'employeur est de 48 heures. L'employeur a la possibilité, légalement reconnue par la loi du 19 janvier 1978 sur la mensualisation, de faire effectuer une contre-visite médicale. Ce contrôle ne doit pas être confondu avec celui qui peut être fait par la CPAM, qui, lui, peut entraîner, en cas de non-respect des heures de sortie autorisées, la perte des indemnités journalières versées par la Sécurité sociale.

TEXTE DE LOI

Le maintien du salaire est prévu par la convention collective ou, à défaut, par l'accord de mensualisation du 10 décembre 1977. Les allocations complémentaires aux indemnités journalières versées par la Sécurité sociale existent dans certaines professions pendant les trois premiers mois d'arrêt de travail. Ce n'est qu'à partir du 91e jour que s'ouvre le droit aux allocations versées par une institution de prévoyance. Pendant la suspension du contrat de travail, le salarié doit restituer à l'employeur qui en fait la demande les éléments matériels qu'il détient et qui sont nécessaires à la poursuite de l'activité de l'entreprise. Selon l'article L 122-32-4 du Code du travail, à l'issue de la période de suspension du contrat, le salarié, jugé apte par le médecin du travail, doit retrouver son emploi ou un emploi similaire assorti d'une rémunération équivalente. L'employeur ne peut, sous peine de nullité de l'acte, licencier un salarié en raison de son état de santé. Dans une décision du 13 mars 2001, la Cour de cassation exige que le licenciement d'un salarié absent soit motivé, c'est-à-dire aille au-delà de la simple désorganisation ou même de la perturbation de l'entreprise ; il faut qu'il y ait une nécessité de remplacement définitif de ce salarié.

Lors de l'absence d'un salarié, des documents sont à mettre en place tels :

- Une fiche d'urgence de remplacement d'un salarié, si besoin ;
- Un formulaire d'absence ;
- Un formulaire de demande de personnel temporaire.

Il est donc important de mettre en place dès la création d'une société des procédures spécifiques permettant de distinguer les diverses absences. En effet, seul un recensement détaillé et comparatif d'une année sur l'autre établira des données objectives sur lesquelles s'appuyer.

Le coût de l'absentéisme

L'absentéisme coûte cher à l'entreprise et à la collectivité, mais il est pratiquement impossible d'établir une norme commune à toutes les activités. En France, il coûterait chaque année près de 25 milliards d'euros. On estime généralement que 1 % de taux d'absentéisme coûte 1 % de masse salariale. Ce coût comprend les heures supplémentaires effectuées pour remplacer le salarié absent, l'embauche, si nécessaire, de personnel supplémentaire, intègre la baisse de production et, parfois, la baisse de qualité.

Il faut distinguer les coûts directs de l'absentéisme et les coûts indirects.

Les coûts directs

Selon D. Peyron, les coûts directs sont répartis en deux catégories, les coûts proportionnels et non proportionnels.

Les coûts proportionnels concernent :

- Les salaires et charges sociales réellement supportés par l'entreprise quand elle rémunère les absents en totalité ou en partie ;
- Les coûts de non-production correspondant aux charges de structure non couvertes du fait de l'absentéisme ;
- Les frais engagés pour pallier l'absentéisme sous forme d'heures supplémentaires, d'embauche de travailleurs intérimaires ou de sous-traitance.

Les coûts non proportionnels sont liés aux coûts d'organisation, c'est-à-dire au temps passé par l'encadrement pour résoudre le problème posé par l'absentéisme. Ces coûts sont, souvent, négligés et non traités !

Les coûts indirects

Ils incluent :

- La diminution de la productivité ou, dans le cas d'un remplacement, l'écart entre le rendement de l'absent et celui du remplaçant ;
- La diminution de la qualité des produits ;
- L'accroissement du taux de rebuts ;
- L'accroissement des retards de livraison pouvant entraîner la perte de commandes et la dégradation de l'image de marque de l'entreprise ;
- L'augmentation de la fréquence de l'entretien.

Les travaux de H. Savall décrivent comme coûts indirects le coût de gestion de l'absentéisme, le temps de l'encadrement consacré à la recherche et à la formation du remplaçant et la perte en quantité et en qualité de travail induite par l'apprentissage du nouveau poste.

Pour mieux faire ressortir l'importance de l'absentéisme, on peut recourir à un ratio comparant le coût total de l'absentéisme à la masse des salaires. À court terme ou à moyen terme, les absences risquent d'affecter l'équilibre financier de l'entreprise.

Il est primordial d'afficher les tableaux analytiques concernant les catégories de personnel absentes ainsi que les services concernés. Aujourd'hui, dans un souci de positiver, il est plus judicieux de présenter, dans chaque service, le taux de « présentéisme » afin de recentrer les données sur le bien-être en entreprise.

Exemple du coût de l'absentéisme dans une entreprise de 1 000 salariés

Le coût des absences est calculé sur une base de 220 jours de travail par an pour 13 mois de salaire dans cette entreprise. On a pris comme salaires moyens :

- 2 100 € pour un employé ;
- 3 100 € pour un agent de maîtrise ;
- 5 700 € pour un cadre ;
- 4 400 € pour un attaché commercial.

Employés : nombre de journées d'absence exprimées en CDI, soit 17 860/220 jours = 81 personnes à temps plein. Coûts liés au remplacement du salarié absent (charges comprises), soit 81 x 2 100 € x 13 = 2 211 300 €.

Agents de maîtrise : nombre de journées d'absence exprimées en CDI, soit 3 830/220 jours = 17 personnes à temps plein. Coûts liés au remplacement du salarié absent (charges comprises), soit 17 x 3 100 € x 13 = 685 100 €.

Cadres : nombre de journées d'absence exprimées en CDI, soit 1 320/220 = 6 personnes à temps plein. Coûts liés au remplacement du salarié absent (charges comprises), soit 6 x 5 700 € x 13 = 444 600 €.

Attachés commerciaux : nombre de journées d'absence exprimées en CDI, soit 890/220 = 4 personnes à temps plein. Coûts liés au remplacement du salarié absent (charges comprises), soit 4 x 4 400 € x 13 = 228 800 €.

L'ensemble représente un total de 3 569 800 €, soit :

- 14 % de la masse salariale annuelle totale (coût lié aux absences/masse salariale annuelle totale) ;
- 11 % de la masse salariale globale (coût lié aux absences/masse salariale globale) : 3 569 € par salarié (coût lié aux absences/nombre de salariés) ;
- 2 % du chiffre d'affaires (coût lié aux absences/chiffre d'affaires).

Les causes de l'absentéisme

Divers éléments de l'organisation du travail constituent un déterminant direct de l'attitude du salarié face au travail.

Causes liées à l'organisation du travail

La taille des services doit être prise en compte, car plus les groupes de travail sont petits, moins il y aura d'absences. Cela s'explique par le fait que dans les petites structures il y a une plus forte cohésion et une meilleure solidarité entre les salariés : chacun se sent davantage responsable, étant donné que personne ne pourra faire le travail à la place de l'absent. Comme le salarié sait très bien qu'il devra rattraper le retard à son retour, il aura tendance à s'absenter moins facilement. Parfois, l'interchangeabilité des salariés implique une polyvalence et leur donne ainsi une impression de changement.

Motivation, implication et responsabilisation sont des facteurs probants d'une diminution des absences. Ils sont directement liés à l'organisation de l'entreprise et du service. On retiendra que, d'après les travaux de Fleischman, la notion de considération fait apparaître une corrélation entre l'absentéisme des salariés et la considération qu'ils estiment recevoir de leur supérieur hiérarchique, notamment quand la communication ascendante est inexistante.

On peut réfléchir sur d'autres causes susceptibles d'être à l'origine d'un « non-présentéisme ». Elles sont liées, par exemple, à la catégorie socioprofessionnelle ou, de plus en plus, aux risques psychosociaux, dont le stress, symptôme d'une pression accrue par la crise économique :

- La catégorie socioprofessionnelle : en règle générale, plus les salariés ont un niveau de qualification élevé, moins ils sont absents. E. Vatteville remarque que l'absentéisme diminue lorsque la qualification augmente. En effet, plus, en moyenne, la qualification est faible, plus, en moyenne, l'absentéisme est élevé. Cela peut se comprendre par le fait que la qualité des conditions de travail s'améliore parallèlement ;
- Le stress : il est lié à un trop grand nombre de responsabilités, à trop de pression et d'objectifs, avec des délais de plus en plus courts, des relations de travail souvent tendues, et le harcèlement moral dans certaines entreprises…

Causes liées aux salariés eux-mêmes

D'autres facteurs liés à l'âge, à la situation familiale, au temps de déplacement logement-travail et aux activités extraprofessionnelles peuvent influer dans une certaine mesure.

- **L'état de santé :** c'est *a priori* la raison la plus officielle de l'absentéisme. Mais c'est aussi l'élément le moins maîtrisable pour le service RH en raison de l'insuffisance des données ;
- **L'âge :** les problèmes de santé augmentant avec l'âge, l'absentéisme pourrait s'accroître chez les salariés dont l'âge est supérieur à 50 ans, mais il faut nuancer cette considération, car souvent on constate l'inverse ! On peut cependant étudier ce facteur sous l'angle de la lassitude ou de la fatigue ;

- **La situation familiale :** les conflits au sein du foyer familial ou les problèmes de santé d'un membre de la famille comme parfois l'appartenance à une ethnie ou à une nationalité peuvent être également associés à l'absentéisme – séparation, divorce, fêtes ou contraintes religieuses… ;
- **Les déplacements logement-travail :** souvent, plus le trajet est long, moins les salariés ont envie de se rendre au travail. Là encore, il est important de prendre en compte les moyens de transport. Le rapport Heilbronner précise que la durée du trajet ne semble pas être une cause particulière d'absence, tout au moins lorsqu'elle reste inférieure à une heure. Si le salarié ne peut bénéficier de transport collectif, il faut rester vigilant sur le risque d'accident de la route ;
- **Les activités extraprofessionnelles :** celles-ci regroupent aussi bien les risques d'accident liés à des sports à risque qui peuvent mobiliser le salarié à son domicile, ou les absences volontaires afin de pratiquer ses loisirs. Un second travail entraîne, souvent, fatigue, stress et diminution de la satisfaction du salarié envers son travail principal. Les activités bénévoles se révèlent à double tranchant, car soit elles sont enrichissantes et source d'épanouissement du salarié, soit elles sont dévorantes si privilégiées par rapport au travail.

Quels sont les signes de démotivation des salariés ?

La démotivation des salariés prouve l'existence de dysfonctionnements internes qui peuvent conduire, au pire, à un conflit. Elle peut avoir également des répercussions désastreuses sur le développement de l'entreprise.

Plusieurs signes sont révélateurs de ce désengagement :

- Taux d'absentéisme élevé ;
- Délais de réaction ou de production trop longs ;
- Baisse de la qualité des prestations ou de la production ;
- Taux d'accidents du travail élevé, mais, attention ! les accidents du travail proviennent souvent du non-respect d'une procédure interne ;
- Service client défaillant ;
- Mauvaise circulation de l'information au sein de l'entreprise.

Les actions préventives

La communication sur l'absentéisme ne doit pas rester un sujet tabou au sein d'un service RH. Au contraire, il faut non seulement apprendre à communiquer sur les chiffres, les présenter objectivement et ne pas en avoir peur, mais aussi, rechercher des solutions communes.

En général, on communique sur les données relatives aux journées de maladie non professionnelle, conséquences d'un arrêt de travail. Il est pertinent de citer ces chiffres sous forme de pourcentage et de les ventiler par service et catégorie socioprofessionnelle. Mais il ne sert à rien de communiquer si cela ne s'intègre pas dans une politique de valorisation et si aucune mesure préventive ou corrective n'a été mise en place.

Valoriser le travail

L'absentéisme joue sur l'équilibre social, il faut penser à relier le nombre des absents avec le service concerné, car un absentéisme trop important décourage les meilleurs éléments, qui risquent d'adopter le même comportement d'absence au travail. Les charges de travail dues à l'absence de salariés s'accroissent et pèsent lourd sur l'efficacité des salariés présents.

Par ailleurs, l'image externe de l'entreprise risque d'être affectée en cas de remplacements trop fréquents. Il peut y avoir un décalage entre une démarche de communication externe basée sur le mieux-vivre en entreprise et un turnover trop important.

Les principales causes de l'absentéisme proviennent de l'inadéquation entre les aspirations des salariés et les exigences de leur environnement de travail. Il s'agit alors pour le service RH de prendre les mesures nécessaires pour prévenir et combattre ce dysfonctionnement majeur en tenant compte des besoins des salariés.

Une politique d'intégration dynamique

Elle évite, dès l'arrivée dans l'entreprise, un sentiment d'injustice quand elle est strictement appliquée à tous les nouveaux entrants. Suivant la taille de l'entreprise, on peut s'appuyer sur de nombreux supports tels que le livret d'accueil, le parrainage, la visite de l'entreprise, la formation par un tuteur…

Un mauvais climat social interne est souvent lié à un problème de communication interne. Il s'agit d'améliorer la communication interne et les relations entre les salariés, au sein d'un même service et entre les différents services. On évite le cloisonnement grâce à des réunions d'information, d'expression, de résolution de problèmes, qui vont développer les sentiments d'appartenance et de solidarité et, donc, diminuer l'absentéisme. Il est important de susciter des lieux de rencontre autour de la machine à café, de la salle de repos, des sports collectifs, des soirées d'entreprise... Les liens amicaux entre salariés créent des soupapes de sécurité. Le journal d'entreprise quant à lui valorise les communications ascendantes et peut servir de moyen d'expression aux salariés.

Favoriser une politique de rémunération

Liées au système d'évaluation des performances, les rémunérations se doivent d'être équitables et de répondre aux attentes des salariés sur le plan du salaire. Lors de l'embauche, certains salariés savent mieux « se vendre » que d'autres, notamment en cas de pénurie de l'offre de marché et, ensuite, être à l'origine d'un profond sentiment d'injustice au sein d'un service. Les primes individuelles, les avantages en nature doivent pouvoir se justifier sur des critères objectifs. La rémunération collective, en rapport avec un travail d'équipe ou une rentabilité d'entreprise, reste un élément moteur dans le ressenti d'un esprit d'entreprise.

Améliorer le contenu du travail

On peut redéfinir et enrichir les tâches dans le but de développer et de former à de nouvelles compétences. Le fait d'encourager le management participatif offre aux salariés plus d'autonomie, de responsabilités, de considération...

Permettre une évolution de carrière

Elle doit s'appuyer sur un système d'évaluation des performances dont les critères sont transparents et la méthode objective. Proposer un développement de carrière grâce à des formations, prévoir des réaménagements horizontaux et promotions verticales.

Former le personnel

La formation permet d'assurer le maintien des compétences des salariés et de favoriser leur adaptation aux nouvelles technologies. Cela va diminuer leur surcharge de travail face à la complexité des tâches et les rendre plus confiants dans leur capacité à exécuter correctement le travail demandé. Valorisés et moins stressés, ils s'impliqueront plus.

Aménager le temps de travail

Se pencher sur l'organisation du temps de travail en adaptant certains horaires peut engendrer un mieux-vivre au travail. Si les horaires de travail des salariés sont compatibles dans la mesure du possible avec leur vie hors travail, la conséquence visible est une diminution du stress, des retards et ainsi des absences. De nombreuses entreprises l'ont compris en aménageant une plage horaire d'arrivée et de départ ou encore en étalant sur l'année les semaines de vacances et en les liant à la situation familiale ou aux vacances du conjoint. Ce sont, parfois, les normes du groupe qui façonnent l'absentéisme.

Prévenir les maladies professionnelles

Les responsables RH ont pour mission d'impliquer le comité d'entreprise, le comité d'hygiène, de sécurité et des conditions de travail, voire les syndicats, pour tout ce qui est relatif à l'amélioration de la santé sur le lieu de travail. Dans l'industrie, et même dans les services dont l'organisation est fortement taylorisée, le travail posté et les gestes répétitifs font émerger de nouveaux risques pour la santé, d'autant que la réduction du temps de travail augmente les cadences. Le stress lui-même aggrave le nombre de TMS. Les caisses d'assurance maladie militent pour davantage d'actions préventives dans des secteurs très touchés, tels que l'agroalimentaire, où les personnes en charge de tâches comme le découpage de la viande sont particulièrement exposées. On peut améliorer l'environnement physique de travail en faisant appel à des ergonomes afin d'atténuer le bruit, la chaleur, la lumière… Il est indispensable de former les salariés à la sécurité en respectant les normes de conformité et de sécurité des machines, des outils… Une étude poussée sur la pénibilité de certains postes équilibre les cadences ou les surcharges prescrites. La plupart des entreprises sont aujourd'hui conscientes des conséquences physiques et financières d'une politique de prévention non efficace et non suivie.

Les actions correctives

Si la prévention ne suffit pas, on peut tenter d'être dissuasif en usant de mesures de surveillance et de contrôle. La contre-visite médicale, suspicieuse et mal perçue, y compris par certains services RH, est un droit légitime reconnu à l'employeur depuis 1978. Le leader du marché, la société Secrétariat d'entreprises, implantée à Lille, réalise plus de 16 000 contrôles par an. Elle constate environ 15 % d'arrêts de travail non médicalement justifiés au moment du contrôle. « Mais la plupart des entreprises qui ont recours à ce genre de prestataires comptent avant tout sur l'effet dissuasif », estime un ergonome. L'utilisation de contrôles entraîne parfois des taux d'absentéisme plus bas, mais de plus longues périodes d'absence. Cela peut suggérer que des résultats plus efficaces peuvent être atteints par des moyens positifs plutôt que des sanctions.

Avant de se lancer dans ces pratiques radicales, on peut déjà mettre en place des entretiens d'absentéisme. Le principe est simple, il s'agit de systématiser une rencontre avec le DRH ou le supérieur hiérarchique pour toute personne revenant d'un arrêt de travail. Une façon de débanaliser l'absence tout en « marquant » le coup. Dès lors que l'absentéisme reste sous contrôle, la sagesse consiste peut-être à se concentrer sur quelques cas individuels. Par le biais de primes « dégressives » au fil des absences, on récompense les présents, on punit les absents !

Si l'on favorisait la présence plutôt que de réprimer l'absence ?

Depuis une dizaine d'années, de grandes entreprises (comme les constructeurs automobiles) mettent en œuvre ce type de politique. En utilisant une arme simple et redoutable : la prime. D'un côté, on récompense l'assiduité en espèces sonnantes et trébuchantes. D'un autre côté, on la rend dégressive. Ainsi, on sanctionne. On exerce une pression sur la motivation à être présent. Par exemple, la prime mensuelle est divisée par deux pour un jour d'absence, par trois pour deux jours et supprimée au-delà. Dans de nombreuses entreprises, la partie de la prime retenue sur le salaire des absents est redistribuée aux présents. L'intéressement versé au titre d'une année donnée est souvent proportionnel à la durée de présence (hors congés de maternité et accidents du travail). Ce mécanisme d'intéressement lié au présentéisme existe depuis 1988. Quand le climat social le permet, on responsabilise les salariés absents en affichant les données sur l'absentéisme par département et par catégorie socioprofessionnelle. Les réunions de groupe permettent à l'encadrement de sensibiliser le personnel au coût de l'absentéisme et surtout à l'impact sur le service.

Le contrôle de gestion sociale

Dans le cas d'un contrôle administratif de l'absentéisme, on procède à un inventaire des données statistiques sur les divers tableaux de bord, les fiches individuelles d'absentéisme par service et CSP, le coût de l'absentéisme pour l'entreprise. Un audit interne ou externe permet de vérifier la fiabilité et la pertinence des indicateurs ainsi que des systèmes de recueil des données. On commence par un contrôle classique de la conformité légale des diverses pratiques sociales de l'entreprise et de son respect (contrats, bulletins de paie, hygiène et sécurité...) ; son non-respect peut être à l'origine de mécontentement et d'insatisfaction. L'appréciation de documents sur la structure de l'entreprise, les conditions mentales et physiques de travail des salariés, du contenu de leur travail, de la qualité des relations transversales, de la communication interne permet d'effectuer une recherche des causes au sein de l'entreprise. On a couramment recours aux techniques d'enquête ciblées et anonymes, qui permettent au salarié de s'exprimer sur ses conditions de travail et sa vie professionnelle. L'analyse de contenu va recueillir des indices pour décoder le sens profond du ressenti du salarié ; par exemple, on pourra faire passer des échelles de stress par des questionnaires d'attitudes, pour détecter d'éventuels sujets à risques.

Les enquêtes de climat social ne doivent pas correspondre à des techniques lourdes et coûteuses mais être utilisées dans des services ciblés. Dans le cas d'émergence d'un ou plusieurs facteurs explicatifs de l'absentéisme, l'audit pourra proposer de traiter les causes présumées en s'aidant d'un tableau analytique des recommandations définissant les lieux d'intervention (recrutement, intégration, service du personnel…) et les champs d'intervention (structures, actions, procédures, hommes).

En conclusion

L'absentéisme est un phénomène complexe. Dès lors que l'on souhaite s'écarter des types d'absence pour en analyser les causes, l'absentéisme perd instantanément le caractère de simplicité que laissait apparaître sa définition. Après avoir listé les conséquences de l'absentéisme et avoir tenté de donner quelques recommandations, on peut terminer sur un ultime conseil au service RH : tenir compte du personnel dont les activités peuvent le rendre particulièrement sensible au surmenage et au stress en étant plus à l'écoute de cette catégorie de salariés par des processus appropriés.

Certains auteurs s'interrogent fortement sur une approche de l'absentéisme comme substitut à la grève en matière de revendications syndicales. Weiss pose clairement la question : « Les formes inorganisées ou cachées, ou déviées : l'absentéisme, turnover, seraient-elles des manifestations alternatives à la grève ? » L'audit de l'absentéisme permet de croiser une appréciation de la gestion sociale de l'entreprise avec une photographie des perceptions des salariés.

La particularité du télétravail

L'accord national interprofessionnel sur le télétravail, signé le 10 juillet 2005 par l'ensemble des partenaires sociaux, et étendu par un arrêté du 30 mai 2006, transpose dans le droit français l'accord-cadre européen du 16 juillet 2002 sur le même sujet. Il donne un véritable statut à cette nouvelle forme d'organisation du travail qui concerne un nombre croissant de salariés. Compte tenu de son extension, le respect des dispositions de cet accord est obligatoire pour tous les employeurs et tous les salariés compris dans son champ d'application.

Le caractère réversible du télétravail

Le télétravail peut faire partie des conditions d'embauche, ou être mis en place par la suite par avenant au contrat de travail initial. Dans tous les cas, le télétravail revêt un caractère volontaire et réversible pour le salarié et pour l'employeur concernés. Lorsque le télétravail fait partie des conditions d'embauche, le salarié peut ultérieurement postuler à tout emploi vacant dans les locaux de l'entreprise qui correspond à sa qualification. Il bénéficie d'une priorité d'accès à ce poste.

Lorsqu'un salarié travaille déjà dans les locaux de l'entreprise, l'employeur ne peut l'obliger à passer au télétravail. Le refus du salarié ne peut être, en soi, un motif de rupture de son contrat de travail. De même, si un salarié exprime le désir d'opter pour le télétravail, l'employeur peut, après examen, accepter ou refuser cette demande.

En cas d'accord pour passer au télétravail, une période d'adaptation est aménagée pendant laquelle chacune des parties peut mettre fin à cette forme d'organisation du travail moyennant un délai de prévenance préalablement défini. Le salarié retrouve alors un poste correspondant à sa qualification dans les locaux de l'entreprise.

Enfin, l'employeur et le salarié, à l'initiative de l'un ou de l'autre, peuvent convenir de mettre fin au télétravail et d'organiser le retour du salarié dans les locaux de l'entreprise. Les modalités de cette réversibilité sont établies par accord individuel et/ou collectif. Dans tous les cas, l'employeur doit fournir par écrit au télétravailleur l'ensemble des informations relatives aux conditions d'exécution du travail, y compris les informations spécifiques à la pratique du télétravail telles que le rattachement hiérarchique, les modalités d'évaluation de la charge de travail, les modalités de compte-rendu et de liaison avec l'entreprise, ainsi que celles relatives aux équipements, à leurs règles d'utilisation, à leurs coûts et aux assurances, etc. Les télétravailleurs bénéficient des mêmes droits et des mêmes avantages légaux et conventionnels que les salariés en situation comparable travaillant dans les locaux de l'entreprise. Des accords spécifiques complémentaires collectifs et/ou individuels peuvent toutefois prévoir des dispositions tenant compte des particularités de ce mode d'organisation du travail.Le salaire des télétravailleurs

Il est fixé librement avec l'employeur. Comme pour les travailleurs sédentaires, il ne peut être inférieur au minimum prévu par les textes conventionnels s'appliquant dans l'entreprise (convention ou accord collectif de branche, professionnel ou d'entreprise). Aucun télétravailleur ne peut également être rémunéré à un niveau inférieur au smic.

Les équipements de travail

L'employeur fournit, installe et entretient les équipements nécessaires au télétravailleur. Il prend en charge les coûts directement engendrés par ce travail (communications téléphoniques, connexion à Internet, réparations) et doit également fournir au télétravailleur un service approprié d'appui technique. Le télétravailleur, quant à lui, doit prendre soin des équipements qui lui sont confiés et aviser immédiatement l'entreprise en cas de panne ou de mauvais fonctionnement de ceux-ci… Il doit se conformer aux règles relatives à la protection des données utilisées et traitées à des fins professionnelles et aux restrictions à l'usage des équipements ou outils informatiques (Internet en particulier) exigées par l'employeur.

Il est également tenu de respecter et d'appliquer les politiques de l'entreprise en matière de santé et de sécurité, en particulier les règles relatives à l'utilisation des écrans de visualisation que l'employeur lui impose. Afin de vérifier la bonne application des dispositions conformes en matière de santé et de sécurité au travail, l'employeur, le CHSCT ou les délégués du personnel ainsi que les autorités administratives compétentes ont accès au lieu de télétravail. En cas de travail à domicile, l'accès est subordonné à une notification à l'intéressé, qui doit préalablement donner son accord.

L'organisation du temps de travail

Le télétravailleur gère l'organisation de son temps de travail dans le cadre de la législation, des conventions collectives et des règles propres à l'entreprise. La charge de travail, les normes de production et les critères de résultats exigés du télétravailleur doivent être équivalents à ceux des salariés en situation comparable travaillant dans les locaux de l'entreprise. Les critères retenus doivent, notamment, permettre au télétravailleur de respecter la législation relative à la durée du travail (durée maximale du travail, temps de repos…). Sur ce point, il appartient à l'employeur de veiller au respect de la réglementation sur le temps de travail, notamment en s'assurant de la fiabilité du système de décompte des heures supplémentaires, même si le salarié gère librement ses horaires de travail. Le télétravailleur doit pouvoir rencontrer régulièrement sa hiérarchie, ses collègues et avoir accès aux informations et aux activités sociales de l'entreprise. L'employeur est tenu de respecter la vie privée du télétravailleur. À cet effet, il fixe, en concertation avec le salarié, les plages horaires durant lesquelles il peut le contacter. Si un moyen de surveillance est mis en place, il doit être pertinent et proportionnel à l'objectif poursuivi et le télétravailleur doit en être informé. La mise en place de tels moyens doit également faire l'objet d'une consultation préalable du comité d'entreprise ou, à défaut, des délégués du personnel. Le télétravailleur bénéficie des mêmes entretiens professionnels et il est soumis aux mêmes politiques d'évaluation que les autres salariés de l'entreprise. Il a le même accès à la formation et aux possibilités de déroulement de carrière que les salariés en situation comparable qui travaillent dans les locaux de l'entreprise. De plus, tous les télétravailleurs reçoivent une formation appropriée sur les équipements techniques à leur disposition et sur les caractéristiques de cette forme d'organisation du travail. Le responsable hiérarchique et les collègues directs des télétravailleurs doivent également pouvoir bénéficier d'une formation au télétravail et à sa gestion.

Les droits collectifs

Ils ont les mêmes droits que les salariés travaillant dans les locaux de l'entreprise en ce qui concerne notamment leurs relations avec les représentants du personnel et l'accès aux informations syndicales. Ils sont électeurs et éligibles aux élections des représentants du personnel.

Ils font partie de l'effectif de l'entreprise. L'établissement auquel le télétravailleur est rattaché afin d'exercer ses droits collectifs doit être précisé dans le document fourni par l'employeur au moment de la mise en place du télétravail.

Bénéfices du télétravail pour l'entreprise

Le télétravail peut inciter la DRH à mettre en place de nouvelles organisations et méthodes de travail propices au renforcement de la réactivité aux nouvelles technologies, à l'augmentation de la compétitivité face aux marchés mondiaux, à la réduction des frais généraux et des dépenses par des économies de surface. En fonction des divers critères d'activité, la DRH réagit avec les divisions concernées : administrative, commerciale, technique, recherche et développement, etc. Car cette flexibilité des ressources humaines permet l'optimisation de la productivité. Ces derniers mois, lors des grèves de transport à répétition relatives à la réforme des retraites, de nombreuses DRH ont proposé à leurs propres équipes le télétravail, en s'appuyant sur un critère d'efficacité : éviter des retards liés aux difficultés de déplacement, surtout en Île-de-France. Par ailleurs, lors des déménagements et des transferts d'activité, la DRH peut limiter les licenciements dus au déménagement d'un établissement dans une autre zone géographique par une mise en place ciblée du télétravail.

Quant aux enjeux environnementaux, l'« écobilan » complet du télétravail n'a pas été calculé, mais il semble fortement diminuer certaines dépenses comme celles du carburant, des frais de parking, des frais d'assurance ainsi que le temps perdu à cause des transports. Le télétravail participe à la diminution globale des émissions de gaz à effet de serre (GES). Grâce au télétravail, les coûts relatifs à l'immobilier de l'entreprise diminuent, mais le salarié doit pouvoir, chez lui, installer un bureau ou, idéalement, avoir une pièce appropriée.

Le télétravail peut apparaître comme la solution idéale pour les jeunes mères souhaitant concilier leur vie de famille et leurs devoirs professionnels. Le problème que pose cette solution restant l'enjeu de séparer le travail et la vie de famille par un lieu et un temps spécifiques, ce qui n'est pas toujours évident. Et si elles gagnent en flexibilité, responsabilisation et baisse du temps de trajet, elles risquent, néanmoins, d'être toujours considérées comme des mères au foyer !

En conclusion, tous les métiers pouvant s'effectuer à 60 %, au minimum, à distance du site de l'employeur ou du client peuvent adopter des méthodes de télétravail. Pour certaines fonctions, le seul fait de savoir échanger des e-mails et de pouvoir téléphoner permet à une DRH d'organiser le télétravail.

Bénéfices du télétravail pour le salarié

Le premier bénéfice à prendre en compte est une augmentation de la « motivation » par la « responsabilisation » des salariés. En effet, ils préfèrent, dans l'ensemble, travailler chez eux, car ils perdent moins de temps, se sentent donc plus efficaces et parviennent à un meilleur équilibre entre vie professionnelle et vie privée. Les salariés en télétravail s'impliquent, *a priori*, davantage dans le travail, ils y voient un enrichissement de leur activité et, surtout, un gain de temps et une diminution du stress et de la fatigue.

Inconvénients du télétravail

Notamment en cas de télétravail subi ou de surcharge de travail, le travailleur peut se sentir isolé et, moins facilement, bénéficier de la dynamique de groupe d'une équipe, de l'aide des instances représentatives des salariés, etc. Cependant, aujourd'hui, avec l'apparition des webcams, des outils de visioconférence et de nouveaux outils collaboratifs, ces inconvénients sont, en partie, limités, sauf, bien sûr, si l'on rencontre des dérives de type « Big Brother » ! L'éloignement du donneur d'ordres ou de l'employeur sur un autre continent avec un fuseau horaire différent peut perturber et doit être pris en compte. Attention, aussi, au débordement du temps de travail sur la vie privée en termes d'horaires ou de durée de travail. Là encore, il s'agit pour le télétravailleur de trouver un juste milieu. Par contre, le télétravail va dans le sens de l'histoire en ce qui concerne l'évolution de l'organisation du travail et doit être pris en compte à ce titre dans les missions de la DRH.

Troisième partie

La fidélisation des salariés : la rémunération

Dans cette partie...

La rémunération des salariés se fonde sur de multiples et complexes modalités que nous allons essayer de classer dans cette partie en dissociant le salaire proprement dit de ses principales composantes collectives que sont les périphériques financiers et sociaux. La rémunération est un sujet primordial pour les entreprises et pour la DRH, en particulier, car c'est la recherche d'une correcte maîtrise des coûts, mais aussi un levier de performance et de motivation des salariés. C'est, donc, une préoccupation majeure de la DRH et le reflet du système de valeurs de l'entreprise. Cette partie a pour mission de s'attarder à la fois sur la performance du travail collectif et sur celle du travail individuel tout en ne négligeant pas les critères de compétitivité de l'entreprise directement liés à la gestion de la masse salariale.

Chapitre 11

Rémunérer selon la loi et la convention collective

Dans ce chapitre :

- La convention collective
- Le salaire et ses diverses composantes
- Le bulletin de salaire proprement dit
- Les heures supplémentaires et les heures complémentaires du temps partiel

Le service de la paie a toujours été fondamental dans un service RH, car il permet à la DRH d'asseoir, d'une part, sa crédibilité par rapport aux salariés et, d'autre part, son efficacité vis-à-vis de la direction. Malheureusement, ce service est souvent traité en externe ou laissé à la direction financière ! Il est, cependant, l'élément vital d'une gestion moderne de la masse salariale, donc on peut le sous-traiter (ou l'« outsourcer ») à condition d'en garder la totale maîtrise. Souvent, deux visions pourtant complémentaires s'opposent, la vision strictement comptable et la vision RH. La vision comptable reste vigilante sur le respect de la législation, la production en temps et en heure des bulletins de salaire et le paiement. La vision RH, quant à elle, maintient l'équilibre entre un système de rémunération prenant en compte l'équité interne, la position de la concurrence externe et l'optimisation de la masse salariale. On restera, dans ce chapitre, plutôt axé sur le traitement comptable.

La convention collective

Elle existe depuis 1919. Il s'agit d'un contrat qui s'applique à une communauté et qui s'adresse à d'autres personnes que celles qui l'ont signé. C'est un acte écrit conclu entre une ou plusieurs organisations syndicales de salariés et une ou plusieurs organisations d'employeurs. La convention collective traite l'ensemble des relations collectives entre employeurs et salariés (négociation collective, ensemble des conditions d'emploi et garanties sociales).

Quand un syndicat se crée, il demande son affiliation à une centrale et, quand il devient représentatif d'un groupe, il peut alors signer des accords, même s'il est minoritaire. Les syndicats suivants : CGT, CFDT, CFTC, FO, CGC, sont représentatifs de plein droit. La convention collective complète et adapte les dispositions du Code du travail aux situations particulières d'un secteur d'activité.

La convention collective de branche est conclue entre organisations syndicales représentatives d'une branche d'activité (métallurgie, commerce de gros…). Elle s'applique aux entreprises entrant dans le champ d'application professionnel (activité) et géographique (national, régional, départemental) et ayant adhéré à une organisation patronale signataire de ladite convention.

On peut citer par exemple deux conventions : la convention collective régionale des industries métallurgiques, mécaniques et connexes de la région parisienne, de 1954, et la convention collective nationale applicable au personnel des bureaux d'études techniques, des cabinets d'ingénieurs-conseils et des sociétés de conseil, de 1987.

Les conventions s'appliquent selon un système pyramidal, de la plus grande entité à la plus petite dans l'ordre suivant (sachant que l'accord d'entreprise prévaut sur tous les autres) :

- Accord national interprofessionnel (toutes les branches sur tout le territoire national) ;
- Accord de branche national (tout le territoire mais une seule branche) ;
- Accord de branche régional ;
- Accord d'entreprise.

La convention collective comprend généralement un texte de base et des avenants, accords ou annexes issus de négociations ultérieures sur des points particuliers. Il faut distinguer la convention collective, qui traite de l'ensemble du contrat de travail, et l'accord collectif, qui ne porte que sur un sujet précis : par exemple, les salaires ou la formation professionnelle.

La convention collective complète en les améliorant les dispositions du Code du travail :

- Elle met en place des avantages non prévus par le Code du travail (salaires minimaux, régime de prévoyance, congés supplémentaires…) dans les domaines où celui-ci ne fixe pas de règles impératives ;
- Elle peut organiser des règles particulières au secteur d'activité ou à l'entreprise (par exemple, l'aménagement ou la réduction du temps de travail).

Un champ d'application déterminé

En principe, une convention collective ne s'applique qu'aux employeurs membres du syndicat patronal qui a signé le texte. Un employeur peut aussi décider volontairement de l'appliquer.

Toutefois, si elle a été « étendue » par un arrêté du ministère du Travail, elle s'applique alors à toutes les entreprises de la branche professionnelle et du secteur géographique au niveau desquels elle a été conclue.

La convention collective applicable à l'entreprise est normalement mentionnée sur le bulletin de paie et un avis, affiché sur les lieux de travail, doit comporter l'intitulé de la convention et l'endroit où un exemplaire à jour peut être consulté. Le salarié peut également s'adresser aux représentants du personnel, qui disposent d'un exemplaire de la convention collective. Quand elle n'est pas publiée en brochure, elle peut être consultée auprès de la direction départementale du travail, de l'emploi et de la formation professionnelle (DDTEFP). Hors de l'entreprise, le texte de la convention collective peut être acheté à la Direction des journaux officiels.

Les coefficients résultent d'une négociation annuelle de branche

Dans un premier temps, une classification des métiers est établie à travers la construction d'une grille. Cette hiérarchisation des métiers, dans une branche d'activité déterminée, permet ensuite de convenir pour chaque métier d'un minimum salarial annuel, hors ancienneté, exprimé par un coefficient.

Le coefficient, ou garantie salariale annuelle, est calculé une fois par an et prend effet à la date fixée par l'entreprise pour l'ensemble des salariés concernés. Ces minimums salariaux annuels sont applicables pour une durée du travail correspondant à la durée légale du travail. Concernant les salariés à temps partiel, le salaire de base et la grille de référence sont calculés au prorata du temps de travail.

Concrètement, l'ensemble du système est basé sur un point hiérarchique. En multipliant cette valeur du point par le coefficient hiérarchique de l'emploi considéré, on obtient le salaire annuel brut minimal. Lors des négociations annuelles de branche portant sur les salaires annuels minimaux conventionnels, il est alors possible de les faire évoluer en modifiant la valeur du point.

La convention collective dans le secteur bancaire prévoit :

- Une grille de classification des niveaux hiérarchiques, les niveaux A à G correspondent aux techniciens des métiers de la banque et les niveaux H à K aux cadres ;
- Une liste des métiers repères de la banque regroupant des exemples d'emplois types, chaque métier étant alors situé sur la grille de classification des niveaux hiérarchiques ;
- Une grille des salaires minimaux de branche hors ancienneté dans laquelle chaque niveau hiérarchique de la grille de classification renvoie à un nombre de points (coefficient).

Sur le bulletin de salaire doit alors apparaître la valeur du point et le coefficient pour le métier considéré.

Cependant, il faut noter quelques limites à un système de classification : ce système de points a tendance à geler l'écart hiérarchique. Les dirigeants estiment que la grille est source de rigidité et correspond à l'expression d'une « conception bureaucratique de l'organisation du travail ». Les syndicats reprochent au système que les rétributions se basent sur l'exigence des emplois et non sur les qualifications des salariés en poste.

Le salaire

Le salarié s'engage à travailler pour le compte d'un employeur moyennant une rémunération. Le salaire est en principe fixé par l'employeur, mais il peut faire l'objet d'une négociation avec le salarié sous réserve du respect de certaines règles.

Les limites de la liberté des salaires

Même si le salaire est fixé librement, il se heurte à des limites législatives :

- L'existence d'un salaire minimal, le smic, dont la majoration est fixée par le gouvernement, une fois par an, le 1er juillet, prochainement au 1er janvier ;
- L'interdiction de l'indexation automatique sur le niveau général des prix pour lutter contre l'inflation ;
- Le principe de l'égalité des salaires hommes-femmes, qui date de 1972 et a été précisé en 1983 ;
- L'interdiction de discrimination.

Il se heurte, aussi, aux conventions collectives. En effet, d'autres limites sont imposées par un minimum conventionnel dans le cadre :

- De la convention collective, qui détermine un salaire minimal professionnel et négocie avec les partenaires sociaux les diverses classifications ;
- Des accords de branche, qui interviennent pour s'adapter aux évolutions juridiques ;
- De la prise en compte de l'ancienneté.

Par ailleurs, depuis 1982, l'employeur est tenu d'engager une négociation collective sur l'évolution des salaires au sein de l'entreprise.

Le Code du travail informe sur les modalités obligatoires concernant le paiement du salaire, les retenues sur salaire, les heures supplémentaires, les avantages en nature, les primes de transport.

De plus, pratiquement chaque année, de nouvelles lois ou de nouveaux textes modifient la réglementation en cours, notamment en ce qui concerne les divers contrats aidés, qui sont soit supprimés, soit remplacés et dont la prise en charge par des organismes d'État varie.

Il faut rester également vigilant sur l'évolution de l'aspect juridique. L'influence de l'État peut se faire ressentir sur la majoration de certains prélèvements sociaux, comme ce fut le cas lors de la mise en place de la CSG et de la CRDS.

Les composantes de la rémunération globale

Le salaire de base n'est qu'une composante de la rémunération globale. Le salarié met son savoir-faire au service de l'entreprise. Il intervient donc personnellement sur l'évolution de son poste. On distingue alors :

- Le salaire de qualification, qui s'appuie sur le salaire de base permanent lié à la qualification et au complément individuel lié à l'ancienneté et à l'évolution de la fonction. Étant un des éléments du contrat de travail, la qualification professionnelle ne peut être modifiée sans accord mutuel entre le salarié et l'employeur ;
- Le salaire de performance, qui repose sur les primes individuelles, comme les commissions ou les bonus liés à la réalisation d'objectifs personnels et, éventuellement, sur les primes d'équipe fondées sur des objectifs communs.

L'augmentation de la part variable, tant à titre individuel qu'au niveau de l'équipe, reste un des éléments importants de la mise en place d'une politique de rémunération efficace.

Les périphériques légaux

Ils permettent la création d'une culture d'entreprise grâce à la possibilité d'exonérations sociales et fiscales. Nous y reviendrons plus longuement dans le chapitre suivant. On peut citer :

- La participation obligatoire dans les entreprises de plus de 50 salariés ;
- L'intéressement légal élaboré avec des objectifs de résultat ou de productivité ;
- Le plan d'épargne entreprise (PEE), avec possibilité d'abondement ;
- Le plan d'épargne retraite collectif (Perco), retraite par capitalisation ;
- Les stock-options pour une sensibilisation à l'actionnariat.

Les avantages statutaires

Ils sont de plus en plus appréciés par les salariés, dans la mesure où ils sont correctement explicités et valorisés par le service RH.

- Mutuelle maladie ;
- Prévoyance ;
- Retraite complémentaire ;
- Transport du personnel ;
- Remises sur les services ou produits de la société…

Tous ces éléments de la rémunération globale se quantifient et s'expriment par ratios comparatifs au salaire de base.

La rémunération et le contrat de travail

La rémunération est liée au type de contrat de travail et se calcule différemment en fonction de la qualité de l'embauche, soit en :

- CDI ;
- CDD : attention à la prime de précarité (10 %) ;
- Contrats aidés (apprentissage, professionnalisation) ;
- Intérim, sous-traitance, télétravail ;
- Temps partiel, au prorata des heures travaillées.

Dans le cadre particulier de certains contrats aidés par l'État ou par les organismes paritaires collecteurs agréés de fonds de formation, dénommés « OPCA », il ne faut pas oublier de prendre en compte la dégressivité des aides.

Le responsable de la paie est à la fois garant de la mise en œuvre du processus de paie et de la fiabilité des bulletins de salaire émis. De nombreux logiciels existent sur le marché, plus ou moins sophistiqués. Les données fixes intégrées dans ces logiciels concernent les éléments imposés par la convention collective, tous les taux de cotisation des charges salariales, patronales... Les données variables sont essentiellement associées à la vie professionnelle du salarié pendant le mois écoulé : les absences, les congés, les primes... Parfois, une clôture provisoire en cours de mois permet de repérer d'éventuelles erreurs.

Fiscalité des entreprises liée aux salaires

Les charges patronales fiscales liées au salaire concernent la formation professionnelle, la taxe d'apprentissage, la taxe sur les salaires, la taxe de transport et celle du 1 % Logement (en participation des employeurs à l'effort de construction). Chaque année, les employeurs doivent établir des déclarations relatives à ces taxes.

La participation à la formation professionnelle continue se calcule en fonction des effectifs dans l'entreprise. Les sociétés de moins de 10 salariés contribuent à hauteur de 0,4 % de leur masse salariale brute. La déclaration annuelle est adressée au centre des impôts, accompagnée du versement des sommes dues. Les entreprises dont l'effectif est supérieur à 10 personnes paient au minimum 1,6 % de leur masse salariale brute.

La taxe d'apprentissage et la contribution au développement de l'apprentissage ont pour but le financement des premières formations technologiques et professionnelles. Elles sont dues par les entreprises employant des salariés et exerçant une activité commerciale, industrielle ou artisanale. Les dépenses effectuées en faveur de l'apprentissage ouvrent droit à une exonération de taxe et de contribution. Ces dépenses libératoires doivent être déclarées tous les ans à l'aide d'un formulaire de demande à joindre à la déclaration annuelle des salaires.

Par ailleurs, la participation des employeurs à l'effort de construction est obligatoire dans les entreprises faisant travailler au moins 10 salariés.

Indicateurs du bilan social

Le détail de cette rubrique donne chaque année une photocopie claire des éléments constitutifs de la rémunération. Grâce à ces tableaux de bord, le département RH peut présenter à la direction l'évolution des rémunérations des trois dernières années et, en se basant sur la stratégie générale, établir des scénarios sur la masse salariale des prochaines années. À l'intérieur du bilan social, le poste 64 correspond aux mêmes rémunérations. Les chiffres suivants permettent de détailler les diverses composantes d'un salaire et sont présentés dans l'ordre du bilan :

- 641 : Rémunérations du personnel
- 6411 : Salaires, appointements ;
- 6412 : Congés payés ;
- 6413 : Primes et gratifications ;
- 6414 : Indemnités et avantages divers ;
- 6415 : Supplément familial ;
- **645 : Charges de sécurité sociale et de prévoyance**
- 6451 : Cotisations à l'Urssaf ;
- 6452 : Cotisations aux mutuelles ;
- 6453 : Cotisations aux caisses de retraite ;
- 6454 : Cotisations aux Assedic ;
- 6458 : Cotisations aux autres organismes sociaux ;
- **646 : Cotisations sociales personnelles de l'exploitant**
- **647 : Autres charges sociales**
- 6471 : Prestations directes ;
- 6472 : Versements aux comités d'entreprise et d'établissement ;
- 6473 : Versements aux comités d'hygiène et de sécurité ;
- 6474 : Versements aux autres œuvres sociales ;
- 6475 : Médecine du travail, pharmacie ;
- **648 : Autres charges de personnel**

Il est important, même pour les entreprises où le bilan social n'est pas obligatoire, de se pencher sur le détail de ce poste 64, qui définit les charges de personnel au plan comptable général. On précise le montant et on peut calculer des ratios sur les salaires : congés payés, primes et gratifications, indemnités et avantages divers, supplément familial s'il existe, ainsi que sur les charges de sécurité sociale et de prévoyance, dont les cotisations à l'Urssaf, aux mutuelles, aux caisses de retraite, à l'Assedic, aux autres organismes sociaux, les cotisations sociales personnelles de l'exploitant et les autres charges sociales. On précise, également, des prestations directes comme les versements aux comités d'entreprise et d'établissement, au comité d'hygiène, de sécurité et des conditions de travail, aux autres œuvres sociales, à la médecine du travail, à la pharmacie et les autres charges de personnel telles que l'intérim ou la sous-traitance.

La collecte de l'ensemble de ces chiffres donne une vision globale du coût des rémunérations et sert de base lors des différentes propositions concernant l'évolution de la masse salariale.

Le smic

Le smic a été créé par la loi du 2 janvier 1970. Le smic est un minimum en dessous duquel aucun salaire ne peut descendre. Son relèvement entraîne la hausse de tous les salaires inférieurs au nouveau montant. Actuellement, il progresse normalement, après avoir connu, au début des années 2000, de nombreuses péripéties dues au passage de 39 heures à 35 heures.

Le montant du smic horaire sert de base de calcul pour 35 heures hebdomadaires et 151,67 heures mensuelles. Au-delà de 35 heures travaillées, le smic fait l'objet d'une majoration pour heures supplémentaires.

Le smic est fixé chaque année, avec effet au 1er juillet, désormais au 1er janvier ; il se calcule en fonction de l'évolution des conditions économiques générales et après avis de la Commission nationale de la négociation collective.

Par ailleurs, chaque fois que les prix à la consommation enregistrent une hausse d'au moins 2 % par rapport à la dernière date d'établissement du smic, celui-ci est automatiquement relevé de la même proportion par arrêté, cela à compter du premier jour du mois qui suit la publication de l'indice entraînant ce relèvement.

En cours d'année, un décret, pour des raisons politiques, peut porter le smic à un niveau supérieur de celui qui résulte de la stricte application de l'indice.

Le bulletin de salaire

Il doit être conservé par le salarié sans limitation de durée. Il lui permettra lors de son départ à la retraite de vérifier les données relatives au calcul du nombre de trimestres travaillés.

Les éléments obligatoires d'un bulletin de salaire

L'employeur a l'obligation d'émettre un bulletin de paie qui doit préciser les éléments suivants, concernant le salarié :

- Identité, numéro de sécurité sociale du salarié ;
- Classification définie par le coefficient hiérarchique, intitulé du poste ;
- Date d'entrée dans l'entreprise, mois auquel se rapporte le salaire, forfait des heures mensuelles ;
- Salaire de base, charges patronales et salariales ;
- Primes diverses, heures supplémentaires ;
- Remboursements professionnels éventuels ;
- Tickets-restaurant, part salariale ;
- Mutuelle…

D'autres informations sont relatives à l'entreprise, dont son statut juridique, son adresse, son n° Siret, son code APE, sa convention collective et la référence de l'organisme collecteur des charges sociales.

Éléments relatifs à la convention collective : la branche de la convention collective à laquelle se réfère l'entreprise doit être clairement mentionnée ainsi que la catégorie socioprofessionnelle, c'est-à-dire ouvriers-Etam ou cadres. Le coefficient, la position ou l'échelon sont précisés. Exemple : un cadre position 1 est un cadre exécutant, un cadre position 3 est un cadre autonome.

Il est nécessaire de mentionner :

- Le net à payer ;
- Le mode de règlement ;
- Le salaire imposable et le cumul ;
- La date du bulletin.

Le salarié perçoit un salaire dénommé « net à payer » qui correspond à la somme dont il dispose librement. Le salaire net imposable, ou cumul imposable, à déclarer chaque année aux impôts correspond au salaire net de l'année précédente auquel s'ajoute la CSG non déductible. La tranche A de la Sécurité sociale majorée en début d'année permet de situer ses revenus par rapport à la qualification de cadre.

La déclaration annuelle de données sociales (DADS) est obligatoire et annuelle. Elle consiste à transmettre aux organismes de protection sociale les informations sur lesquelles les droits de chaque salarié seront calculés. Depuis le 1er janvier 2006, une déclaration unique est à faire, selon la norme DADS-U (déclaration automatisée des données sociales unifiée).

Les charges salariales et patronales

Les principales caisses sont les suivantes :

- L'Urssaf, dont les cotisations sont payées sur la tranche A (plafond de la SS), la tranche B et la tranche C (cadre supérieur) et à qui l'on verse également la CSG et la CRDS ;
- L'Unédic, pour le chômage ;
- Les caisses de retraite des cadres, Agirc, et de tous les salariés, Arrco ;
- L'Apec.

L'Agirc concerne la seule catégorie socioprofessionnelle des cadres ; l'Arrco concerne l'ensemble des salariés.

Il est possible d'obtenir un acompte sur salaire qui s'analyse comme un paiement anticipé, une avance sur salaire comparable à un prêt. Lors d'une saisie sur salaire, une part reste insaisissable afin de protéger le salarié.

Les cotisations de retraite sont obligatoires en répartition, elles sont calculées en pourcentage et basées sur la valeur du point. Les montants collectés par les actifs servent à payer les retraites actuelles. Les cotisations sont facultatives en capitalisation et basées sur le cumul des sommes investies. Les montants collectés appartiennent au salarié et lui seront reversés, lors de la liquidation de ses droits à sa propre retraite, sous forme de capital ou de rente en fonction des contrats.

Le livre de paie, tenu auparavant comme le registre du personnel, par ordre de date, sans blancs, ratures, surcharges ni apostilles, est supprimé et remplacé par l'obligation de l'employeur de conserver pendant cinq ans le double des bulletins de salaire émis, sur le lieu de travail.

La CRDS et la CSG

La CRDS *fut créée dans le but de résorber l'endettement de la Sécurité sociale. Sont redevables de la CRDS, sur leurs revenus d'activité, de remplacement,* du patrimoine, de placement, *toutes les personnes physiques considérées comme domiciliées en France pour l'impôt sur le revenu.* Par revenus d'activité, on entend les :

- Salaires et sommes assimilées ;
- Avantages en nature ;
- Indemnités complémentaires versées à l'occasion de la maladie, de la maternité ou d'un accident, par l'employeur ou par l'organisme agissant à sa place ;
- Sommes allouées au titre de l'intéressement, de la participation ou de l'épargne salariale ;
- Indemnités de congés payés, les indemnités de départ à la retraite et les indemnités de fin de contrat à durée déterminée.

La CSG est, également, instituée sur les revenus d'activité et sur les revenus de remplacement. Y sont assujetties les personnes physiques qui sont à la fois considérées comme domiciliées en France pour l'établissement de l'impôt sur le revenu et à la charge d'un régime obligatoire français d'assurance maladie. La loi du 13 août 2004 relative à l'assurance maladie apporte les modifications suivantes : elle réduit l'abattement de 5 %, actuellement applicable à l'assiette de la CSG et de la CRDS (95 %) pour les revenus d'activité et les allocations chômage, à 3 % (97 %). Elle élève le taux de la CSG sur les pensions de retraite, les pensions d'invalidité et les allocations de préretraite à 6,6 % (au lieu de 6,2 %).

Les taux actuels sont de :

- 8,2 % au titre de la CSG ;
- 0,5 % au titre de la CRDS.

Il est important dans un service RH de connaître le calcul, en pourcentage et en valeur, de l'assiette de ces deux prélèvements spécifiques à la France.

Les primes et avantages en nature

On peut signaler les primes les plus communes, soumises ou non aux cotisations sociales. On mentionnera les avantages en nature les plus fréquemment offerts aux salariés.

Les différentes primes

Les primes soumises aux cotisations sociales sont les plus fréquentes et couramment utilisées, il s'agit des :

- Primes ayant pour objet un rattrapage du coût de la vie, une prime de vie chère, une prime de productivité ;

- Primes accordées pour qualités personnelles, prime liée à la performance, prime d'assiduité ou de ponctualité ;
- Primes accordées en raison de conditions de travail particulières, prime pour travaux dangereux, d'insalubrité, de responsabilité des caisses ;
- Primes et gratifications annuelles, primes de fin d'année, de treizième mois, de vacances, de bilan.

Les primes non soumises aux cotisations sociales sont les primes hors salaire, telles que prime de transport, de déplacement, de salissure, d'outillage, de représentation, de panier. Elles sont perçues uniquement les jours de présence du salarié.

La prime d'ancienneté découle d'une convention, d'un accord d'entreprise, du contrat de travail ou d'un usage, elle s'ajoute au salaire, au prorata du temps de travail et de présence.

Les avantages en nature

Ils permettent de fidéliser les salariés et sont adaptés au secteur d'activité de l'entreprise, ils varient à la fois selon le secteur d'activité et selon le type d'entreprise. Ils sont soit directement liés à l'activité, par exemple un prêt de matériel, soit en rapport avec un certain statut, celui de cadre dirigeant, comme une voiture.

On rencontre le plus souvent :

- Voiture de société, ordinateur portable, téléphone portable ;
- Logement de fonction ;
- Frais de déplacement, frais de représentation ;
- Gratifications en nature ;
- Tickets-repas.

Ces avantages sont souvent considérés comme acquis par les salariés. Les règles fixées par l'administration fiscale sont très strictes et, parfois, remises en question lors d'un contrôle de l'Urssaf.

Les avantages en nature apparaissent deux fois sur le bulletin de salaire, la première fois dans la rubrique du brut puisqu'ils augmentent le montant soumis à cotisations, et une seconde fois, où ils sont retranchés, après le calcul des cotisations sociales.

Les avantages en nature :

- Concernent la partie du salaire non payé en espèces, par chèque ou par virement ;

- Sont partie intégrante du salaire, inclus dans son calcul (notamment pour le smic) ;
- Comptent dans le calcul des indemnités compensatrices de préavis et de licenciement ;
- Comptent dans le calcul des cotisations sociales (CRDS, CSG).

Ces avantages peuvent être évalués de différentes façons, mais la plus employée est l'évaluation forfaitaire tenant compte des barèmes établis par l'Urssaf. Les évaluations des avantages en nature ne tiennent plus compte, à l'exception du logement, du montant de la rémunération, il n'y a plus depuis 2003 de référence à la notion de plafond de la Sécurité sociale.

Ces avantages sont, essentiellement, relatifs à la nourriture, au logement, au véhicule et aux nouveaux outils de communication.

En ce qui concerne la nourriture, les tickets-restaurant doivent être payés en partie par l'employeur, et le salarié doit avoir travaillé un minimum de quatre heures par jour pour y avoir droit.

Pour le logement, lorsqu'un employeur, propriétaire ou locataire d'un logement, le met à disposition d'un salarié gratuitement, il doit évaluer un avantage en nature-logement et le soumettre au paiement des cotisations de sécurité sociale.

Il existe deux types d'évaluation pour l'avantage en nature relatif au véhicule : soit l'évaluation forfaitaire, soit l'évaluation d'après la valeur locative. L'utilisation privée d'un véhicule mis à disposition du salarié de façon permanente constitue un avantage en nature, qu'il s'agisse d'un véhicule dont l'employeur est propriétaire ou locataire. Le véhicule de fonction n'est en revanche pas considéré comme un avantage en nature quand il est laissé à l'entreprise par le salarié le week-end, pendant ses congés ou ses jours d'absence. L'incidence de l'avantage en nature est différente suivant que l'entreprise a acheté le véhicule ou si c'est du leasing (location en crédit-bail). Dans le cas d'un véhicule acheté, l'évaluation est effectuée sur la base des dépenses engagées pour le compte du salarié. Lorsque le salarié l'utilise en permanence et paie ses frais de carburant, l'évaluation de l'avantage se fait sur la base de 9 % du coût d'achat du véhicule TTC. Si le véhicule a plus de cinq ans, la base d'évaluation est de 6 % du coût d'achat TTC. Pour un véhicule loué ou en location avec option d'achat, l'évaluation résultant de l'usage privé est effectuée sur la base de 30 % du coût annuel, comprenant la location, l'entretien et l'assurance.

Pour les outils de communication, tout type de matériel fourni est considéré comme un avantage en nature sauf si c'est uniquement pour une utilisation professionnelle ; cela concerne, aujourd'hui, les ordinateurs portables, les BlackBerry, les iPhone, les téléphones portables.

Les indemnités kilométriques sont un avantage souvent rencontré, car l'exonération au titre des charges sociales des dépenses engagées par le salarié pour l'utilisation de son véhicule personnel à des fins professionnelles peut être admise dans la limite du barème des indemnités kilométriques publié chaque année par l'administration fiscale. Le salarié doit être contraint d'utiliser son véhicule personnel, soit parce que le trajet domicile-lieu de travail n'est pas desservi par les transports en commun, soit parce que les horaires de travail particuliers du salarié ne lui permettent pas d'utiliser les transports en commun. L'exonération est possible sous réserve de pouvoir justifier du moyen de transport utilisé par le salarié, de la distance séparant le domicile du lieu de travail, de la puissance du véhicule et du nombre de trajets effectués chaque mois.

L'avantage en nature peut être évalué soit sur la base des dépenses réellement engagées avec justificatifs, soit sous forme de forfait.

Avantages spécifiques

Certaines entreprises délivrent des stock-options, des actions gratuites ou, encore, des cartes de fidélité.

Pour les stock-options, selon les statuts de l'entreprise (10 % au maximum selon la catégorie socioprofessionnelle), il y a obligation de les bloquer trois, cinq ou sept ans selon ce qui est inscrit dans les statuts. Lors de la revente, la plus-value est fiscalisée suivant les taux en vigueur en fonction des montants.

Lorsqu'un salarié est désigné comme bénéficiaire d'actions gratuites, il en devient propriétaire s'il est encore dans l'entreprise après un délai de deux ans (période d'acquisition) ; la plus-value lors de la revente est fiscalisée suivant les taux en vigueur en fonction des montants.

Les cartes de fidélité sont plus anecdotiques, elles permettent au salarié d'accumuler des points et ensuite d'avoir des réductions ou des voyages personnels gratuits (par exemple, la carte d'Air France).

Les heures supplémentaires

À la demande de l'employeur, le salarié peut travailler au-delà de la durée légale du travail, fixée à 35 heures hebdomadaires.

Le paiement des heures supplémentaires

Les heures supplémentaires ainsi effectuées ouvrent droit à une majoration de salaire ou, sous certaines conditions, à un repos compensateur de remplacement.

Les heures supplémentaires effectuées au-delà du contingent annuel (ou dans la limite de ce contingent si un accord collectif le prévoit) ouvrent également droit à une contrepartie obligatoire en repos.

La loi Tepa

Avec la loi du 21 août 2007 (dite loi « Tepa »), les salaires perçus au titre de temps de travail supplémentaire (heures supplémentaires, heures complémentaires des salariés à temps partiel…) ouvrent droit à des allègements sociaux et fiscaux pour l'entreprise. Les heures supplémentaires se décomptent par semaine civile. La semaine civile débute le lundi à 0 heure et se termine le dimanche à 24 heures.

Cette loi a notamment assoupli les conditions de recours aux heures supplémentaires et regroupé, dans un cadre unique, différents dispositifs d'aménagement du temps de travail existant antérieurement : modulation du temps de travail, réduction du temps de travail sous forme de jours de repos, travail par cycles… sans toutefois remettre en cause les accords existants.

Un accord collectif d'entreprise ou d'établissement ou, à défaut, une convention ou un accord de branche peut définir les modalités d'aménagement du temps de travail et organiser la répartition de la durée du travail sur une période supérieure à la semaine et, au plus, égale à l'année. Cet accord doit alors notamment prévoir les limites pour le décompte des heures supplémentaires.

Constituent des heures supplémentaires les heures effectuées au-delà de :

- 1 607 heures annuelles ou de la limite annuelle inférieure fixée par l'accord ;
- La moyenne de 35 heures calculée sur la période de référence fixée par l'accord ;
- La moyenne de 35 heures calculée sur une période de référence de quatre semaines au plus.

Ne sont pas concernés par le contingent d'heures supplémentaires :

- Les salariés ayant conclu une convention de forfait en heures sur l'année ;

- Les salariés ayant conclu une convention de forfait annuel en jours ;
- Les cadres dirigeants visés à l'article L 3111-2 du Code du travail.

À défaut d'accord collectif, le contingent annuel d'heures supplémentaires est fixé à 220 heures par salarié.

L'accomplissement d'heures supplémentaires ne peut avoir pour effet de porter la durée du travail au-delà des limites fixées par la loi, à savoir :

- 10 heures par jour (dérogation conventionnelle possible, dans la limite de 12 heures) ;
- 8 heures par jour pour les travailleurs de nuit (dérogation conventionnelle possible, dans la limite de 12 heures) ;
- 44 heures hebdomadaires calculées sur une période quelconque de 12 semaines (ou 46 heures hebdomadaires sur une période de 12 semaines consécutives dans le cadre d'un décret pris après conclusion d'un accord de branche) ;
- 48 heures au cours d'une même semaine.

La majoration de salaire au titre des heures supplémentaires est fixée à :

- Un taux qui ne peut être inférieur à 10 %, par voie de convention ou d'accord de branche étendu ou par convention ou accord d'entreprise ou d'établissement ;
- Un taux de 25 % pour les 8 premières heures supplémentaires et 50 % au-delà, en l'absence d'accord d'entreprise.

Le repos compensateur de remplacement

Une convention ou un accord collectif d'entreprise ou d'établissement ou, à défaut, une convention ou un accord de branche peut prévoir de remplacer le paiement des heures supplémentaires par l'attribution d'un repos compensateur équivalent, couramment qualifié de « repos compensateur de remplacement » (RCR).

Ainsi, le paiement d'une heure supplémentaire rémunérée à 150 % peut être remplacé par un repos d'une durée d'une heure et trente minutes. Les heures supplémentaires donnant lieu à un repos compensateur équivalent ne s'imputent pas sur le contingent annuel d'heures supplémentaires.

Dans les entreprises dépourvues de délégué syndical, non assujetties à l'obligation annuelle de négocier prévue à l'article L 2242-1 du Code du travail, ce remplacement peut être mis en place par l'employeur, à condition que le comité d'entreprise ou les délégués du personnel, s'ils existent, ne s'y opposent pas.

La contrepartie obligatoire en repos : en plus des majorations prévues en contrepartie des heures supplémentaires, les salariés ont droit à une contrepartie obligatoire en repos (COR) pour toute heure supplémentaire accomplie au-delà du contingent annuel.

Cette contrepartie est fixée, par la loi, à 50 % pour les entreprises de 20 salariés au plus et à 100 % pour les entreprises de plus de 20 salariés. Un accord collectif ne peut prévoir de durée inférieure. Le droit à contrepartie obligatoire en repos est réputé ouvert dès que la durée de ce repos, calculée selon les modalités prévues par la loi, atteint 7 heures. Le COR doit être pris dans un délai maximal de 2 mois suivant l'ouverture du droit, par journées entières ou par demi-journées, à la convenance du salarié.

La particularité du temps partiel

Il est défini par une durée du travail inférieure à la durée légale, 35 heures par semaine, ou aux durées conventionnelles ou pratiquées dans l'entreprise.

Les heures complémentaires sont les heures de travail accomplies par un salarié à temps partiel au-delà de la durée de travail prévue dans son contrat. Comme les heures supplémentaires, elles font l'objet, depuis la loi du 21 août 2007 en faveur du travail, de l'emploi et du pouvoir d'achat, d'un régime fiscal et social particulier.

Leur recours est strictement encadré :

- Les limites dans lesquelles des heures complémentaires peuvent être demandées au salarié doivent être mentionnées dans le contrat ;
- Le nombre d'heures complémentaires accomplies par un salarié à temps partiel au cours d'une même semaine ou d'un même mois ne peut être supérieur à 1/10 de la durée hebdomadaire ou mensuelle de travail prévue dans son contrat. Ainsi, pour une durée de travail hebdomadaire fixée à 30 heures, le salarié ne peut effectuer plus de 3 heures complémentaires par semaine.

Le salarié peut refuser, sans encourir une sanction ou un licenciement, d'effectuer des heures complémentaires au-delà des limites prévues par son contrat de travail. Il en est de même lorsque la demande de l'employeur est formulée moins de trois jours avant la date prévue pour l'accomplissement des heures complémentaires.

Chapitre 12

Rémunérer avec les périphériques financiers

Dans ce chapitre :

- L'épargne salariale et le droit des salariés
- La participation
- Le plan d'épargne entreprise (PEE)
- L'intéressement
- Le compte épargne-temps (CET)

Le développement des périphériques financiers et collectifs apporte un complément de revenu très important, notamment dans les entreprises bénéficiaires ou dans les grands groupes. Les salariés sont particulièrement motivés par cette épargne que constitue pour eux l'entreprise, même si encore de nombreux services RH ne savent pas communiquer sur cette manne financière qui peut faire la différence lors de l'embauche ou de la fidélisation des hauts potentiels.

L'épargne salariale

La politique salariale de l'entreprise ne peut négliger le volet collectif et fiscal de l'épargne.

Elle peut être définie comme un ensemble de dispositifs pour :

- Associer les salariés aux résultats de l'entreprise ;
- Favoriser l'épargne collective et les investissements de l'entreprise ;
- Être un réel élément de motivation.

Trois dispositifs existent en tant que périphériques financiers : la participation, l'intéressement, le PEE, ainsi qu'un dispositif au titre des périphériques sociaux : le Perco. Le Perco ne peut être proposé aux salariés que s'il existe déjà une solution d'épargne à plus court terme. Il sera étudié dans le chapitre suivant. On met en place l'épargne salariale par voie d'accord collectif, sauf pour le PEE, où il y a une possibilité de décision unilatérale du chef d'entreprise. L'accord est ensuite déposé à la DDTEFP. Les bénéficiaires de l'épargne sont tous les salariés ayant, en général, une ancienneté de trois mois.

Ceux-ci doivent être informés obligatoirement du dispositif d'épargne salariale et de ses modalités (affichage, annexe au contrat...)

Les DP doivent être informés sur la gestion et les montants. Les montants non imposables sur le revenu correspondent aux :

- Sommes issues de l'abondement dans la limite d'un plafond annuel ;
- Sommes reçues par participation ou intéressement, versées sur le plan ;
- Revenus du portefeuille collectif, ou titres, s'ils sont bloqués.

La participation

Introduite par décret, en août 1967, la participation « obligatoire » aux bénéfices impose aux entreprises de plus de 50 salariés la mise en place d'un régime de participation financière des salariés.

Tous les salariés de l'entreprise qui ont trois mois d'ancienneté et un contrat de travail (quelle qu'en soit la nature juridique) avec l'entreprise en sont bénéficiaires.

L'effectif minimal de 50 salariés se détermine sur une période de six mois, consécutifs ou non, au cours de l'exercice.

L'accord doit être conclu dans le cadre d'une convention ou d'un accord collectif de travail, au sein du comité d'entreprise entre l'employeur et les représentants syndicaux par ratification à la majorité des deux tiers du personnel.

Clauses obligatoires de l'accord

Un accord comprend obligatoirement :

- Sa date de conclusion, de prise d'effet, et sa durée ; la qualité des signataires, le constat du respect des procédures préalable à la conclusion ;
- La formule servant de base au calcul de la RSP, ou Réserve spéciale de Participation, est en général de droit commun ; si la RSP est dérogatoire, rappel de la règle de l'équivalence et plafond retenu, modalités prévues pour la répartition des droits et plafond ;
- Les modalités d'information des salariés, les modalités d'information du comité d'entreprise ou des délégués ;
- Les modes de gestion de la RSP, les règles intéressant l'indisponibilité des droits, la mise en fonds commun de placement (organisme dépositaire, gestionnaire), les modalités d'exercice des choix par les salariés quant aux modes de gestion, l'affectation résiduelle en l'absence de manifestation d'un choix par le salarié ;
- Les modalités de règlements des conflits, les cas et modalités de révision.

Le dépôt de l'accord s'effectue à la DDTEFP en cinq exemplaires.

Calcul de la participation

L'accord signé prévoit la constitution d'une réserve de participation R qui est calculée selon la formule suivante : R = 1/2 x [B – (5 C/100)] x (S/VA), où :

- R = Réserve de participation ;
- B = Bénéfice net de l'exercice après déduction de l'impôt ;
- C = Capitaux propres de l'entreprise ;
- S = Salaires de l'entreprise ;
- VA = Valeur ajoutée de l'entreprise.

Lorsque l'entreprise n'a signé aucun accord, ces règles de calcul s'appliquent de plein droit. La répartition de la réserve de participation se fait entre les bénéficiaires proportionnellement à leur salaire sous réserve d'une double limite, il ne peut être attribué à un salarié qu'une somme au plus égale à la moitié du plafond annuel de la Sécurité sociale et, par ailleurs, les sommes sont bloquées cinq ans selon l'accord de l'entreprise.

Déblocage et avantage fiscal

Des exceptions sont prévues à ce blocage, et les droits constitués au profit des salariés deviennent alors exigibles immédiatement. Il existe neuf cas de déblocage anticipé :

- Mariage ou conclusion d'un pacs ;
- Naissance ou adoption du troisième enfant et pour chaque enfant suivant ;
- Divorce, séparation ou dissolution du pacs lorsqu'ils sont assortis d'un jugement prévoyant la résidence habituelle unique d'au moins un enfant au domicile de l'intéressé ;
- Invalidité, au deuxième ou troisième degré, du salarié, de son conjoint ou de ses enfants ;
- Décès du salarié, de son conjoint ou de la personne qui lui est liée par un pacs ;
- Cessation du contrat de travail ;
- Acquisition ou agrandissement de la résidence principale ;
- Surendettement du salarié selon l'article L 331-2 du Code de la consommation ;
- Création ou reprise d'une entreprise artisanale, commerciale, agricole ou industrielle par le salarié, son conjoint ou ses enfants.

À l'issue de la période d'indisponibilité, les sommes sont exonérées d'impôts.

Le plan d'épargne entreprise (PEE)

Il a été institué par l'ordonnance du 17 août 1967. La loi de 2001 définit le plan d'épargne entreprise comme un système d'épargne collectif ouvrant aux salariés « la faculté de participer, avec l'aide de celle-ci, à la constitution d'un portefeuille de valeurs immobilières ».

Toutes les entreprises, à leur initiative, ou à la suite d'un accord avec le personnel sont concernées, mais le plan d'épargne entreprise est entièrement facultatif. Il est créé pour recevoir les sommes issues de l'intéressement ou de la participation, il peut aussi être institué en l'absence d'un autre dispositif d'épargne salariale.

Les bénéficiaires

La loi du 26 juillet 2005 « pour la confiance et la modernisation de l'économie » a élargi les bénéficiaires et assoupli les modalités de transfert des droits :

- Tout salarié de l'entreprise qui souhaite adhérer au plan et y affecter des sommes provenant de son épargne personnelle ou d'autres régimes de répartition est concerné ;
- L'accès au PEE peut être soumis à une condition d'ancienneté ne pouvant excéder trois mois ;
- Les salariés partis à la retraite ou en préretraite mais ayant déjà effectué des versements sur un PEE peuvent continuer à en bénéficier ;
- Les salariés dont le contrat est rompu ou arrive à son terme pour une raison autre que le départ à la retraite peuvent rester adhérents du plan d'épargne mais n'ont plus la possibilité d'effectuer de nouveaux versements ;
- Les chefs d'entreprise, les mandataires sociaux (même s'ils ne sont pas titulaires d'un contrat de travail) des entreprises dont l'effectif comprend entre 1 et 100 salariés y ont accès.

La mise en place

Le PEE est un système d'épargne collectif qui permet aux salariés de se constituer, avec l'aide de l'entreprise, un portefeuille de valeurs mobilières (actions et obligations). Les salariés déterminent volontairement le montant des versements et leur périodicité. Les salariés peuvent aussi verser sur le plan d'épargne les sommes qu'ils reçoivent au titre de l'intéressement et/ou de la participation.

Il existe cinq façons de mettre en place un PEE, par :

- **Décision unilatérale du chef d'entreprise :** après consultation du CE, déposition dans les 15 jours du plan auprès de la DDTE, formalité indispensable à l'obtention des exonérations sociales et fiscales ;
- **Accord collectif signé par les membres du comité d'entreprise :** la majorité des voix des membres salariés du comité d'entreprise est nécessaire ;
- **Accord collectif signé par les organisations syndicales représentatives** (CFTC, CFDT, CGC, CGT, CGT-FO) : signé par les délégués syndicaux, et soumission du projet d'accord pour avis au comité d'entreprise, s'il existe, au moins 15 jours avant la signature ;

- **Accord collectif par ratification à la majorité des deux tiers des salariés :** la consultation du comité d'entreprise et/ou des organisations syndicales représentatives (s'ils existent) est nécessaire ;
- **Convention :** ces accords entrent dans le cadre du droit commun de la négociation collective défini par le livre Ier, titre III, du Code du travail. La convention a lieu entre une ou plusieurs organisations syndicales de salariés reconnues représentatives et une ou plusieurs organisations syndicales d'employeurs ou tout groupe d'employeurs ou même un seul employeur.

L'alimentation du PEE peut être faite par le salarié avec des fonds provenant de la participation, de l'intéressement, des versements volontaires limités à 25 % de sa rémunération annuelle brute (versement d'intéressement compris).

L'employeur peut intervenir en versant un abondement, compris entre 50 et 300 %, et plafonné chaque année, par exemple à 2 769,60 € en 2010. Si un salarié verse un montant de 923 €, si l'entreprise abonde à 300 % (maximum légal) pour la totalité de ce montant, elle lui verse 2 769 € (maximum légal) sur son PEE.

L'entreprise a la possibilité de limiter l'abondement individuel à un montant inférieur au maximum légal. Elle peut également choisir un pourcentage d'abondement variant de 50 à 300 %, sachant que ce pourcentage peut être remis en cause, en novembre de chaque année, auprès de la banque ou de l'assurance gestionnaire du fonds. Le salarié peut faire des versements au-delà de ce montant, mais ceux-ci ne seront pas abondés. L'abondement ne se substitue pas à un élément de salaire.

Les sommes versées sur le PEE permettent de constituer un portefeuille de valeurs mobilières. Les placements doivent être variés afin de garantir une certaine sécurité aux employés. Les sommes peuvent être investies dans l'achat d'actions de l'entreprise ou d'une entreprise du même groupe ou dans l'achat de parts dans des fonds communs de placement d'entreprise (FCPE). Les FCPE sont des copropriétés de valeurs mobilières (actions, obligations…) françaises ou étrangères, gérées par une société d'épargne salariale sous le contrôle du conseil de surveillance, qui comprend des représentants des salariés de l'entreprise (pour moitié au moins). Les FCPE peuvent être multientreprises (communs à plusieurs entreprises) ou dédiés (propres aux salariés d'une seule entreprise et de ses filiales). Les placements peuvent encore être effectués dans l'achat de sicav ou l'achat d'actions émises par une société créée par des salariés afin de racheter leur entreprise.

Indisponibilités des droits et déblocage

Les fonds sont bloqués pendant cinq ans au minimum (à compter de l'acquisition des parts ou titres), mais les accords peuvent prévoir une durée plus longue.

Des exceptions sont prévues à ce blocage. Les droits constitués au profit des salariés deviennent exigibles immédiatement. Il existe neuf cas de déblocage anticipé, identiques à ceux décrits précédemment dans le cadre de la participation.

La demande de déblocage anticipé est présentée, sauf en cas de cessation du contrat de travail, de décès ou d'invalidité et de surendettement, dans les six mois suivants la survenance du fait générateur. Le déblocage anticipé intervient également si un jugement de liquidation judiciaire ou de cession totale de l'entreprise a été prononcé.

Il est possible de transférer le PEE vers un autre plan d'épargne : les sommes détenues par un salarié dans un PEE ou un PEI peuvent être transférées, à la demande du salarié, avec ou sans rupture du contrat de travail, dans un nouveau plan (PEE ou PEI également). En cas de transfert, le délai d'indisponibilité déjà écoulé des sommes transférées s'impute sur la durée de blocage prévue pour le nouveau plan, sauf si ces sommes sont utilisées pour souscrire à une augmentation de capital réservée aux adhérents d'un PEE.

Régime social et fiscal

Le PEE permet à l'employeur et aux salariés de bénéficier d'avantages sociaux et fiscaux.

Pour l'employeur, les sommes versées sur le PEE au titre de l'abondement sont :

- Exonérées des cotisations sociales patronales, sauf la CSG et la CRDS ;
- Déductibles du bénéfice imposable de l'entreprise ;
- Exonérées de la taxe sur les salaires.

Pour les salariés, les sommes versées sur le PEE sont :

- Exonérées des charges sociales salariales et de l'impôt personnel sur le revenu mais restent soumises à la CSG et à la CRDS, s'il s'agit des sommes perçues au titre de l'intéressement, de la participation ou de l'abondement de l'employeur ;
- Exonérées d'impôts s'il s'agit des revenus tirés des placements et qu'ils sont, tout de suite, réinvestis.

L'intéressement

L'intéressement des salariés à l'entreprise peut être assuré dans toute entreprise qui satisfait aux obligations lui incombant en matière de représentation du personnel, quelles que soient la nature de son activité et sa forme juridique, par un accord valable pour une durée de trois ans et passé dans le cadre d'une convention ou d'un accord collectif de travail entre le chef d'entreprise et :

- Les représentants d'organisations syndicales représentatives ;
- Le comité d'entreprise ; La majorité des deux tiers du personnel d'un projet d'accord proposé par le chef d'entreprise, à la suite de la ratification.

Accord facultatif

Cet accord doit être conclu pour trois ans au minimum, il peut être renouvelé par tacite reconduction ou on peut y adjoindre un avenant. Il concerne tous les salariés ayant une ancienneté minimale de trois mois.

Le caractère de l'intéressement est collectif, il présente un aspect aléatoire et résulte d'un calcul lié aux résultats de l'entreprise. Ce calcul peut concerner, par exemple, un pourcentage d'augmentation de la valeur ajoutée de la société, être basé sur le bénéfice, sur des critères liés à la qualité, sur le temps de présence… et, en même temps, être limité à un versement maximal d'un mois ou deux mois de salaire afin de maîtriser la masse salariale.

Bien expliqué, l'intéressement est un outil de communication efficace et un facteur de motivation et de fidélisation des salariés. Il est versé au plus tard dans le mois qui suit l'approbation des comptes.

Modalités de versement

Le salarié peut choisir de le percevoir immédiatement. Dans ce cas, le montant est soumis à toutes les cotisations sociales et est imposable sur le revenu. Si dans les 15 jours après sa perception, la somme est placée sur un PEE pendant cinq ans, l'intéressement est non imposable mais seulement soumis à la CSG et à la CRDS. Il ne peut se substituer à du salaire exonéré de cotisations sociales.

L'employeur fournit une fiche distincte du salaire mentionnant le montant global de l'intéressement, le montant moyen perçu par les bénéficiaires et les droits attribués aux salariés destinataires une fois les retenues CSG et CRDS opérées.

Le montant global de l'intéressement ne peut excéder 20 % de la masse salariale brute. La prime versée individuellement ne peut excéder un certain seuil fixé chaque année par la sécurité sociale. Les sommes sont dues même après la rupture du contrat de travail.

Toute disposition qui retire aux primes d'intéressement leur caractère de rémunération collective entraîne la réintégration de ces primes dans l'assiette des cotisations de sécurité sociale. La répartition de l'intéressement peut être uniforme, proportionnelle au salaire, proportionnelle à la durée de travail ou retenir conjointement ces critères. Toutes les entreprises peuvent instituer un intéressement, quels que soient la nature de leur activité, leur forme juridique et leur effectif.

Nom et adresse de l'entreprise, forme juridique, n° Siret, code d'activité, convention collective applicable à l'entreprise ;

Effectif de l'entreprise à la date de signature ;

Articles 1 à 6 : Objet du contrat, champ d'application, durée du contrat, reconduction, révision, dénonciation, bénéficiaires ;

Articles 7 à 11 : Calcul de l'intéressement (plafond collectif), répartition (plafond individuel), époque de calcul de l'intéressement, versement de la prime, organisme de contrôle ;

Articles 12 et 13 : Information du personnel, affectation facultative au plan d'épargne entreprise ;

Articles 14 : Procédure conciliatoire ;

Articles 15 : Formalités de dépôt.

Date et cosignataires

Figure 12-1 : Exemple de canevas d'un accord d'intéressement.

Le compte épargne-temps (CET)

Le principe du compte épargne-temps est de permettre aux salariés d'accumuler des jours de congés rémunérés ou d'obtenir, en contrepartie, une épargne en argent (Code du travail : art. L 227-1, modifié par la loi n° 2005-296, du 31 mars 2005). Mis en place par convention ou accord collectif, le CET est alimenté par des jours de congé ou des sommes diverses.

Le compte épargne-temps est mis en place par convention ou accord collectif de branche, de groupe, d'entreprise ou d'établissement conclu selon les règles de la négociation collective.

Dans le cadre fixé par la loi, l'accord définit :

- Les conditions et limites dans lesquelles sera alimenté le CET ;
- Les conditions d'utilisation des droits affectés au CET ;
- Les modalités de gestion du CET ;
- La règle de conversion applicable pour transformer du temps en argent et inversement.

L'alimentation du CET

Elle peut s'effectuer en temps. Peuvent être affectés au CET, pour le salarié :

- Tout ou partie du congé payé annuel excédant la durée de 24 jours ouvrables ;
- Les heures de repos acquises au titre du repos compensateur de remplacement et du repos compensateur légal ;
- Les jours de repos et de congé accordés au titre d'un dispositif de réduction du temps de travail sous forme de journées ou de demi-journées de repos sur une période de quatre semaines ou sur l'année, ou les heures effectuées au-delà de la durée prévue par la convention individuelle de forfait, ou, encore, les jours de repos accordés aux salariés cadres bénéficiant d'un forfait annuel en jours.
- L'employeur affecte, quant à lui, les heures effectuées au-delà de la durée collective du travail, lorsque les caractéristiques des variations de l'activité le justifient. Les conditions d'utilisation des droits ainsi affectés sur le CET, à l'initiative de l'employeur, doivent être précisées par la convention ou l'accord collectif.

L'alimentation du CET peut également s'effectuer en argent. Le salarié peut affecter au CET, de sa propre initiative, cette liste n'étant pas limitative :

- Les augmentations ou compléments de sa rémunération de base ;
- Tout ou partie des primes attribuées en vertu d'un accord d'intéressement ;
- À l'issue de leur période d'indisponibilité, tout ou partie des primes issues de la répartition de la réserve de participation et des sommes qu'il a versées dans un PEE ;
- À l'issue de leur période d'indisponibilité, les sommes versées par l'employeur à un PEE ou à un Perco.

La convention ou l'accord collectif peut prévoir un abondement (un complément) monétaire par l'employeur, c'est-à-dire l'affectation, sur le CET, de droits supplémentaires qui ne correspondent pas à des sommes dues au salarié et ne peuvent donc se substituer à un élément de rémunération.

L'utilisation du CET

Le CET permet au salarié d'accumuler des droits à congé rémunéré ou de bénéficier d'une rémunération, immédiate ou différée, en contrepartie des périodes de congé ou de repos non prises. Les dispositions applicables sont fixées, dans le cadre défini par la loi, par l'accord organisant le CET.

La convention ou l'accord collectif définit les conditions dans lesquelles les droits affectés sur le CET sont utilisés, à l'initiative du salarié, pour indemniser, en tout ou partie, un congé ou une des périodes non rémunérées mentionnées ci-dessous (liste non limitative) :

- Le congé parental d'éducation ;
- Le congé pour création d'entreprise ;
- Le congé sabbatique ;
- Le congé de solidarité internationale.

Le CET peut également permettre d'indemniser :

- Une période de formation en dehors du temps de travail, effectuée notamment dans le cadre des actions de développement des compétences visées à l'article L 930-1 du Code du travail (cet article, issu de la loi du 4 mai 2004, prévoit que des actions de formation destinées à développer les compétences des salariés peuvent être menées en dehors du temps de travail, dans la limite de 80 heures par an) ;
- Un passage à temps partiel ;
- Une cessation progressive ou totale d'activité.

Le complément de rémunération immédiate

La convention ou l'accord collectif définit les conditions dans lesquelles les droits affectés sur le CET sont utilisés, à l'initiative du salarié, pour compléter sa rémunération, dans la limite des droits acquis dans l'année, sauf disposition contraire prévue par la convention ou l'accord collectif.

Dans le cadre d'un CET, seuls peuvent être convertis en argent les jours de congés payés accordés aux salariés au-delà des cinq semaines obligatoires prévues par la loi.

Le complément de rémunération différée

La convention ou l'accord collectif instituant le CET définit les conditions dans lesquelles les droits affectés sur le CET sont utilisés, à l'initiative du salarié, pour :

- Alimenter un PEE, un PEI ou un Perco ;
- Contribuer au financement de prestations de retraite supplémentaire à caractère collectif et obligatoire mis en place dans l'entreprise en application de l'une des procédures mentionnées à l'article L 911-1 du Code de la sécurité sociale ;
- Procéder au versement des cotisations d'assurance vieillesse visées à l'article L 351-14-1 du Code de la sécurité sociale : rachat d'années d'études ou d'années ayant donné lieu à un versement insuffisant de cotisations pour valider quatre trimestres d'assurance vieillesse.

La situation en cas de rupture du contrat de travail : en cas de rupture de son contrat de travail, le salarié perçoit une indemnité correspondant à la conversion monétaire de l'ensemble des droits qu'il a acquis, sauf si une convention ou un accord collectif de travail prévoit les conditions de transfert des droits d'un employeur à un autre.

Chapitre 13

Rémunérer avec les périphériques sociaux

Dans ce chapitre :

- Le système de retraite
- La réforme des retraites de 2010
- Le plan d'épargne retraite collectif (Perco)
- La prévoyance
- La mutuelle

Les premières assurances sociales ont été mises en place dans les années 1930 et reposaient sur un système de retraite par capitalisation. Mais, au lendemain de la guerre, l'idée de solidarité s'est imposée. Les ordonnances de 1945 créant la sécurité sociale ont institué un régime par répartition, qui prévaut encore aujourd'hui pour les régimes de base et complémentaires.

Toutefois, plusieurs pays, face notamment aux difficultés de financement des retraites, ont décidé d'introduire une dose de capitalisation privée dans leurs systèmes de protection sociale (par exemple, l'Allemagne, en 2001). La France a pour l'instant privilégié les dispositifs publics, à travers la mise en place en 1999 d'un fonds de réserve des retraites.

Le système de retraite

« La réforme des retraites est de nature à faire tomber cinq ou six gouvernements » (Michel Rocard, 1991). C'est sans doute la raison pour laquelle personne n'a osé jusqu'à 2010 prendre les choses en main malgré une prise de conscience ancienne. Nombreux sont pourtant les gouvernements à avoir travaillé sur ce sujet brûlant.

Quelques dates…

- 1990 : création d'un fonds de réserve des retraites qui aura finalement servi à financer les 35 heures ;
- 1991 : livre blanc sur les retraites ;
- 1995 : tentative de réforme des retraites par Alain Juppé ;
- 1997 : proposition de création des fonds de pension par le député Thomas, soutenu par Laurent Fabius ;
- 1998 : création de la commission de concertation sur l'avenir des retraites ;
- 1999 : le rapport Charpin détaille la problématique et préconise l'allongement de la durée de cotisation et la décote pour le secteur public ;
- 2000 : création du conseil d'orientation sur les retraites ;
- 2003 : loi Fillon ;
- 2010 : nouvelle loi sur les retraites.

La retraite en chiffres

Quelques comparatifs font peur : en 1960, 4 actifs finançaient la pension de 1 retraité ; en 2010, 10 actifs financent 4 retraités et, si rien n'évolue, en 2040, 10 actifs devraient financer 7 retraités ! C'est, simplement, un problème démographique lié, d'une part, au nombre de naissances et, d'autre part, à l'augmentation notable de l'espérance de vie. En 2000, la moyenne pour un homme était de 75 ans et de 83 ans pour une femme. En 2040, elle serait de 81 ans pour un homme et de 89 ans pour une femme.

Aujourd'hui, 90 % du financement de la retraite s'effectue par répartition et seulement 10 % par capitalisation, reversé lors du départ à la retraite sous forme de capital ou de rente viagère.

La difficulté est de trouver la bonne équation qui permettra de :

- Sauvegarder le système par répartition et réduire les inégalités ;
- Tenir compte de l'amélioration des conditions de vie, de l'entrée plus tardive dans la vie active et de l'augmentation de l'espérance de vie.

De nombreux éléments variables ont une incidence sur le niveau des retraites, notamment la conjoncture, le taux de chômage. De l'évolution de ces éléments dépendra la possibilité de financer les retraites.

Notons aussi que ce problème est très ponctuel et lié à l'importante génération du baby-boom, née entre 1945 et 1960 et qui prend sa retraite entre 2000 et 2030.

La France n'est pas le seul pays à connaître des difficultés de financement et plusieurs de ses voisins européens ont déjà procédé à une réforme de leur système de retraite. On observe dans les réformes mises en place trois points de convergence :

- Le relèvement des âges de départ ;
- La création de fonds de réserve ;
- L'introduction de compléments de retraite par capitalisation.

Quelques exemples en Europe

En Suède, une réforme a été mise en place en 1999 : une plage de départ comprise entre 61 et 70 ans a été établie, censée inciter les salariés à prolonger leur activité. Il faut préciser l'originalité de leur système, identique d'ailleurs en Finlande. Dans les deux pays, il s'agit d'un système à points qui se cumulent pendant la vie active. Lors du départ à la retraite, la valeur du point s'indexe sur la richesse du pays et le nombre d'actifs. Ainsi, quand la croissance augmente, actifs et inactifs en bénéficient.

Les Pays-Bas ont créé comme la France un fonds de réserve mais qui est financé chez eux à hauteur de 15 % du PIB, contre moins de 1 % chez nous.

En Italie, depuis la réforme de 1992, l'âge légal est fixé à 60 ans pour les femmes et 65 ans pour les hommes.

En Allemagne, l'âge normal de départ à la retraite de 65 ans est porté progressivement à 67 ans.

Au Royaume-Uni, l'âge de départ des femmes, aujourd'hui 60 ans, rejoindra celui des hommes, 65 ans, porté quant à lui progressivement à 68 ans. Par ailleurs, en Angleterre, aujourd'hui, 11 % des retraités continuent de travailler par nécessité, vu le montant très faible des pensions, un des plus bas d'Europe.

Dans la majorité des 25 pays européens, le déséquilibre entre actifs et retraités s'accentue plus vite que prévu et la retraite reste un problème économique et politique très sensible et délicat à traiter.

La loi Fillon de mai 2003

La loi consiste à maintenir à l'horizon 2020 le rapport entre la durée de cotisation et la durée de la retraite : 2/3 vie active, 1/3 retraite.

Cette stabilisation augmente progressivement la durée de cotisation, soit 41 ans en 2012.

Les points les plus importants de la réforme portent sur :

- Une durée de cotisation égale pour tous en 2008, soit 40 ans ;
- Le choix pour un salarié du secteur privé qui n'a pas cotisé durant 160 trimestres de travailler jusqu'à l'âge de 65 ans, afin de bénéficier automatiquement du taux plein de 50 % ou de partir, dès 60 ans, avec une réduction du montant de sa retraite égal à 1,25 % par trimestre manquant ;
- La possibilité de « racheter » jusqu'à trois années de cotisations manquantes à un taux neutre comprenant uniquement la revalorisation des montants pour les carrières incomplètes.

La loi Fillon prévoit une augmentation des montants affectés à la retraite sans augmentation des cotisations. Aujourd'hui, la France consacre 12,6 % du PIB au financement des cotisations. Un rapport parlementaire destiné à la Commission européenne prévoit d'augmenter ce pourcentage à 14,2 en 2020 et à 16,3 en 2040.

Il est désormais possible de cotiser pendant ses études (en développant la formation en alternance, par exemple), de cumuler revenu d'emploi et pension de retraite, de percevoir un revenu pendant les périodes d'inactivité en cours de carrière (formation, chômage, année sabbatique).

Conçu il y a plus de 50 ans, notre système de retraite ne correspond plus à la réalité démographique actuelle et à venir. Grâce à une harmonisation et un allongement progressif des durées de cotisations, nous préserverons le niveau des pensions tout en obtenant :

- Plus de sécurité, en garantissant l'avenir de nos retraites ;
- Plus de liberté, en permettant à ceux qui font le choix de travailler plus longtemps d'améliorer leur retraite ;
- Plus de solidarité, envers ceux dont les montants de retraite sont les plus faibles.

En France, la pension de retraite est calculée par association de la pension de retraite de base et de la pension de retraite complémentaire. Les cotisations à ces deux régimes sont obligatoires tout au long de la carrière professionnelle. Chacune des pensions a son propre mode de calcul. Par contre, les conditions du départ à la retraite et d'obtention d'une retraite à taux plein diffèrent selon le statut des travailleurs.

Prime de départ à la retraite

Tout salarié quittant volontairement l'entreprise pour faire liquider sa pension de vieillesse perçoit l'indemnité de départ à la retraite. Cette indemnité est égale à la moitié d'un mois de salaire après 10 ans d'ancienneté, à 1 mois de salaire après 15 ans d'ancienneté, à 1,5 mois de salaire après 20 ans d'ancienneté, et à 2 mois de salaire après 30 ans d'ancienneté.

La retraite par répartition et par capitalisation

Dans un système de retraite par répartition, les cotisations, versées par les actifs au titre de l'assurance vieillesse, sont immédiatement utilisées pour payer les pensions des retraités. Ce système repose donc sur une forte solidarité entre générations. Son équilibre financier dépend du rapport entre le nombre de cotisants et celui des retraités (1,7 en 1998 dans le régime général).

Le taux de croissance des revenus et celui de la population active constituent, dès lors, les deux principaux facteurs d'évolution.

Dans un régime de retraite par capitalisation, la logique est différente, les actifs d'aujourd'hui épargnent en vue de leur propre retraite. Les cotisations font l'objet de placements financiers ou immobiliers, dont le rendement dépend essentiellement de l'évolution des taux d'intérêt. Cette capitalisation peut être effectuée dans un cadre individuel ou collectif (par exemple, grâce aux accords d'entreprise), ce qui peut permettre de réintroduire une dose de solidarité.

La retraite de la Sécurité sociale

La retraite de base fonctionne sur le principe de la répartition, les cotisations sont comptabilisées par trimestre. Les cotisations sont versées à la Sécurité sociale et servent à financer les pensions des retraités actuels. Actuellement, l'âge légal du départ à la retraite est de 60 ans, mais il faut attendre 65 ans pour prétendre à une retraite à taux plein, soit actuellement en 2010 160 trimestres de cotisation. Le calcul de la retraite de base dépend du nombre d'années de salaire cotisées.

Gérée par la Caisse nationale d'assurance vieillesse des travailleurs salariés avec le concours des caisses régionales et des caisses primaires d'assurance maladie, l'assurance vieillesse des travailleurs garantit :

- Une pension de retraite aux assurés ;
- Des droits de réversion ou de veuvage aux conjoints des assurés décédés.

Aujourd'hui, un salarié a droit à une retraite à taux plein s'il a cotisé durant 160 trimestres ou atteint l'âge de 65 ans. Dans le projet de réforme, il devra atteindre 67 ans. Des aménagements sont prévus concernant certaines catégories de personnel : celles ayant eu à effectuer des travaux pénibles, les personnes handicapées, les femmes ayant eu plusieurs enfants. Le taux plein correspond à 50 % de la moyenne des rémunérations mensuelles des 25 meilleures années de salaire pour les salariés nés en 1948 (cela varie selon la génération). Le montant de la pension est bonifié de 10 % du montant de la pension pour les trois premiers enfants.

Les retraites complémentaires

Le calcul de la retraite complémentaire est basé sur un système de points calculés sur les cotisations salariales et patronales. Le calcul est effectué en fonction du nombre de points acquis et de la valeur du point, qui est revalorisée chaque année.

Ces cotisations sont versées par l'employeur à différentes caisses de retraite complémentaires : pour les salariés non cadres, les cotisations sont versées à l'Arrco, pour les cadres à l'Agirc. Pour demander sa pension de retraite complémentaire, il suffit d'avoir cessé toute activité professionnelle. Elle est attribuée à taux plein à 65 ans, ensuite 67 ans, mais les salariés bénéficiant des trimestres requis peuvent la prendre dès 60 ans, ensuite 62 ans. À partir du 1er janvier 2009, le nombre de trimestres exigés pour bénéficier d'une retraite de base à taux plein augmente d'un trimestre par an pour atteindre 164 trimestres en 2012.Auparavant, la pension de base à taux plein (représentant 50 % du salaire moyen) était calculée sur la base des 10 meilleures années de salaire. Aujourd'hui, le calcul se fait sur la base des 25 meilleures années, ce qui pénalise les carrières en dents de scie et diminue le montant. Tous les salariés relevant du régime général de sécurité sociale doivent, en vertu d'une loi du 29 décembre 1972, être obligatoirement affiliés à un régime complémentaire de retraite. Destinés à compléter les prestations de régime général, les régimes complémentaires obligatoires de retraite des salariés se regroupent pour l'essentiel, en deux catégories :

- Le régime des cadres, institué par la convention collective du 14 mars 1947 et placé sous le contrôle d'un organisme paritaire dénommé « Agirc » ;
- Le régime des non-cadres, fonctionnant sous l'égide de l'Arrco, fédération d'institutions créée par accord collectif du 8 décembre 1961.

La réforme des retraites 2010

La réforme, selon le gouvernement, poursuit un double objectif de solidarité et d'équilibre financier. Le système de retraite français est basé sur la répartition, système sensible à la démographie et à l'activité économique. Or, l'équilibre des régimes est menacé, d'une part, du fait de l'allongement de la durée de vie (en 50 ans, on a gagné plus de 10 ans d'espérance de vie) et, d'autre part, de la crise économique (moins de croissance, plus de chômage et moins de cotisations sociales). Les besoins augmentant plus vite que les ressources, quelle solution préconiser ? Le gouvernement a choisi d'allonger la durée de cotisation en repoussant l'âge légal de la retraite.

Les objectifs de la réforme des retraites sont de :

- Rétablir l'équilibre des régimes de retraite en 2018 et sauver le système par répartition ;
- Maintenir le niveau des pensions pour les retraités actuels et futurs. La revalorisation annuelle des pensions sur la base de l'inflation garantit aux retraités le maintien de leur pouvoir d'achat.

Recul progressif de l'âge légal de départ

TEXTE DE LOI

Le droit au départ à la retraite est régi par le Code de la sécurité sociale. Pour prétendre à une pension de retraite, trois conditions sont exigées :

- Avoir cotisé de 160 à 166 trimestres suivant son année de naissance ;
- Avoir 60 ans au minimum et progressivement 62 ans, âge légal en 2018, ou avoir 65 ans au minimum et progressivement 67 ans en 2023, si l'on n'a pas cotisé tous ses trimestres et pour bénéficier de sa retraite à taux plein ;
- Cesser son activité.

Toutes ces règles s'appliquent en fonction de l'année de naissance et non de l'année où l'on prend sa retraite. À partir du 1er juillet 2011, l'âge minimal de départ est reculé de quatre mois chaque année. À 60 ans aujourd'hui et 62 ans en 2018, on touche une pension à taux plein si l'on a tous ses trimestres. Ceux qui n'ont pas tous leurs trimestres à cet âge peuvent quand même partir à la retraite mais avec une décote. Si l'on ne veut pas de décote, on peut avoir une retraite à taux plein à 65 ans aujourd'hui et à 67 ans en 2023.

Une meilleure protection pour les plus fragiles

Les personnes qui ont une petite retraite peuvent obtenir le minimum vieillesse. Les personnes veuves obtiennent une partie de la retraite de leur conjoint, la pension de réversion revalorisée pour les plus modestes. Les travailleurs handicapés ont droit sous certaines conditions à une retraite anticipée.

Des mesures pour les femmes

La loi améliore les règles de calcul des retraites des mères. Les indemnités journalières perçues lors du congé de maternité sont désormais prises en compte dans le calcul de la retraite. La loi tient également compte de la spécificité des mères de trois enfants ou plus, qui garderont la retraite à taux plein à 65 ans.

La loi renforce la lutte contre les inégalités de salaires, car elles conduisent à des pensions plus basses pour les femmes. Les entreprises seront obligées, sous peine de sanctions financières, de prendre des mesures pour réduire les écarts de salaire entre hommes et femmes durant leur carrière.

D'autres dispositions sont relatives :

- À l'intégration de la pénibilité en maintenant l'âge minimal à 60 ans pour ceux dont l'état de santé est dégradé ;
- Au maintien du dispositif pour les carrières longues permettant à ceux qui ont commencé tôt à travailler, entre 14 ou 15 ans, de partir à 58 ans ;
- À un renforcement de l'information des salariés par l'envoi d'un récapitulatif de carrière à 45 ans et l'accès électronique au compte de trimestres.

Le départ à la retraite impose la rupture du contrat de travail.

Le plan d'épargne retraite collectif (Perco)

Anciennement PPESV (plan partenarial d'épargne salariale volontaire), il permet au salarié d'épargner et de bénéficier, à sa retraite, d'une rente ou, si l'accord collectif le prévoit, d'un capital. Il est ouvert à tous les salariés, y compris les dirigeants, il est constitué d'un portefeuille de valeurs mobilières.

Le Perco peut être mis en place à l'initiative de l'entreprise ou par accord collectif. Il ne peut être créé que si les salariés ont la possibilité d'opter pour un plan de durée plus courte, que ce soit un PEE ou un PEI. Toute entreprise qui a mis en place un PEE depuis plus de trois ans doit ouvrir une négociation en vue de la mise en place d'un Perco. Ce système d'épargne collectif est ouvert à tous les salariés (également aux chefs d'entreprise ou dirigeants), avec une condition d'ancienneté qui ne peut excéder trois mois. Il offre la possibilité de se constituer un portefeuille de valeurs mobilières. L'entreprise propose un choix entre trois organismes de placements collectifs au minimum, qui doivent présenter des profils d'investissement différents.

En principe, le salarié doit faire connaître son souhait d'adhérer au Perco. Cependant, son adhésion par défaut est possible, sauf avis contraire de sa part, dès lors que le règlement du plan le prévoit.

Le fonctionnement

Le Perco peut recevoir les versements issus :

- De l'épargne personnelle (dans la limite de 25 % de la rémunération annuelle) ;
- De l'intéressement ;
- De la participation aux résultats de l'entreprise ;
- D'un compte épargne-temps.

Les sommes déjà versées dans un PEE ou dans un PEI, avant l'expiration du délai d'indisponibilité de ceux-ci, peuvent être transférées sur un Perco. L'employeur peut effectuer un versement initial dans le plan, si le règlement du plan le prévoit, même en l'absence de contribution du salarié. L'entreprise a la possibilité de prévoir un versement complémentaire, ou abondement, qui est limité à 5 539,20 € par an, montant de 2010. La somme varie chaque année et ne peut excéder le triple de la contribution du salarié au plan.

Exonération des contributions

Toutes les sommes versées sont soumises à CSG et CRDS mais exonérées de charges sociales et d'impôt sur les sociétés sur la contribution de l'employeur au Perco.

Les conditions d'exonération des contributions sont les suivantes :

- Caractère collectif du Perco ;

- Mise en place du Perco par accord collectif, par ratification d'un projet d'accord proposé par le chef d'entreprise, ou par décision unilatérale ;
- Non-substitution d'un élément de rémunération.

Information du salarié

Au moment de la signature de son contrat, le salarié reçoit un livret d'épargne salariale comprenant notamment une présentation de l'ensemble des dispositions prévues en ce qui concerne le Perco. Ce livret est complété, lorsque le salarié quitte l'entreprise, par l'état récapitulatif de l'ensemble des sommes et valeurs mobilières épargnées ou transférées au sein de l'entreprise. Le Perco permet aux salariés de se constituer une épargne en vue de la retraite. L'épargne est donc restituée au moment du départ à la retraite, sauf dans des cas de déblocage anticipé. La sortie du Perco s'effectue sous forme de rente viagère, sauf si l'accord établissant le plan prévoit une sortie en capital.

Les cas de déblocage anticipé ont lieu lors :

- Du décès du bénéficiaire, de son conjoint ou de la personne qui lui est liée par un pacte civil de solidarité ;
- De l'acquisition ou de la remise en état de la résidence principale à la suite d'une catastrophe naturelle ;
- De surendettement du participant au plan, sur demande adressée à l'organisme gestionnaire des fonds ou à l'employeur, soit par le président de la commission de surendettement des particuliers, soit par le juge, en vue d'apurer la dette du détenteur du plan ;
- De l'invalidité reconnue du bénéficiaire, de ses enfants, de son conjoint ou de la personne qui lui est liée par un pacs ;
- De l'expiration des droits à l'assurance chômage du titulaire du plan.

La levée anticipée de l'indisponibilité se fait en un versement unique qui porte sur tout ou partie des sommes pouvant être débloquées.

La prévoyance

La prévoyance regroupe l'ensemble des garanties des risques sociaux. Elle désigne la protection des risques liés à la vie humaine, c'est-à-dire la maladie, l'invalidité, la dépendance, le décès.

La Sécurité sociale et les organismes de prévoyance complémentaire couvrent deux types de risques. Les premiers sont les risques liés à la baisse du revenu, en cas d'arrêt temporaire ou définitif dû à la maladie, à l'invalidité ou au décès. Dans ces cas, des prestations en espèces sont versées sous forme d'indemnités journalières, de pension, de rentes ou de capital qui compensent en partie cette baisse du revenu.

La mutuelle ou le remboursement des frais médicaux constituent le deuxième type de risque. Des prestations en nature remboursent ces frais. Elles sont généralement plus élevées pour un accident du travail ou une maladie professionnelle que pour un accident ou une maladie de la vie courante. Pour couvrir les baisses de revenu et les frais médicaux, cinq catégories de prestataires interviennent sur trois niveaux :

- Le niveau de base est géré par les organismes de sécurité sociale ;
- Le niveau complémentaire obligatoire concerne uniquement l'arrêt de travail temporaire. C'est l'entreprise qui en assure le financement dans le cadre de la loi de mensualisation ;
- Le niveau facultatif collectif est réparti entre les institutions de prévoyance, les mutuelles et les compagnies d'assurances.

Certaines conventions collectives rendent néanmoins obligatoire l'adhésion à une institution de prévoyance. Les mutuelles et les compagnies d'assurances proposent également des contrats individuels de prévoyance. Les contrats sont souscrits par l'entreprise, tous les cadres en bénéficient. Certaines entreprises doivent souscrire, suivant leur convention collective, à cette protection sociale complémentaire pour les non-cadres, ou en application d'un avantage social salarial interne.

La mutuelle

La participation de l'employeur à un régime de complémentaire santé s'analyse comme une contribution patronale lorsque le contrat est souscrit auprès d'un organisme régi par le Code de la mutualité. À ce titre, elle est totalement exonérée de charges sociales et soumise à une taxe unique de 8 %.

Les services RH proposent de plus en plus souvent une mutuelle à leurs salariés dans le cadre d'un package attractif. La négociation des taux peut se faire chaque année auprès des divers organismes de mutuelle et d'assurances. Ce taux varie en fonction du nombre de salariés et du nombre de prestations utilisées au cours de l'année précédente.

Tableau 13-1 : Exemple de prestations perçues en cas de maladie

Frais remboursés	*Sécurité sociale*	*Mutuelle*
Médecins, dentistes	70 %	30 %
Infirmières, kinés	60 %	40 %
Pharmacie	65 % ou 35 %	35 % ou 65 %
Prothèses dentaires	70 %	30 %
Analyses	60 %	40 %
Radios	70 %	30 %
Optique, orthopédie	65 %	35 %
Hospitalisation	80 %	20 %
Cures thermales	65 %	35 %

Le Cesu est le chèque emploi service universel, il est préfinancé par les entreprises. Ce chèque correspond à une aide accordée par l'employeur aux salariés pour leur permettre de concilier vie professionnelle et vie privée. Cette aide sous forme de chèque permet de régler des services à la personne tels un soutien scolaire ou une garde d'enfant. L'entreprise y voit un moyen de lutter contre le stress et un outil de dialogue social.

Créé dans le cadre de la politique conduite pour favoriser les services à la personne (plan de développement des services à la personne – loi n° 2005-841, du 26 juillet 2005), le chèque emploi service universel est en vigueur depuis le 1er janvier 2006. Le Cesu préfinancé est un titre de paiement à montant prédéfini. Il sert à rémunérer un salarié à domicile, une assistante maternelle agréée, un prestataire de service ou une structure d'accueil, dans le cas d'un enfant, une crèche ou une halte-garderie.

Les avantages du Cesu représentent une simplification administrative et une prise en charge de tout ou partie du coût du service. Lorsque l'on a recours à une aide à domicile, que ce soit pour le ménage, le repassage, les petits travaux de jardinage ou le baby-sitting, c'est bien souvent pour se simplifier la vie. Il est alors légitime de ne pas souhaiter la compliquer avec des formalités contraignantes. Alors comment faut-il s'y prendre ?

Avec l'accord de la personne employée, le chèque emploi service universel permet de rémunérer et de déclarer les personnes employées pour aider le salarié dans le cadre de ses activités familiales.

Le volet social du chèque est à adresser au Centre national du Cesu et cela tient lieu de déclaration d'embauche ; le centre effectue le calcul et le prélèvement des cotisations et adresse une attestation d'emploi directement à l'employé, ce document lui tenant lieu de bulletin de salaire. Les démarches déclaratives sont simplifiées et l'utilisateur bénéficie des avantages fiscaux liés à l'emploi d'une aide à domicile (avantage fiscal de 50 % des dépenses engagées, dans la limite d'un plafond annuel).

Si vous bénéficiez de titres Cesu préfinancés par votre entreprise ou votre CE, par exemple, vous pouvez régler le salaire de votre employé ou la facture de l'entreprise de services à la personne qui intervient à votre domicile avec vos titres et compléter, si nécessaire, avec tout moyen de paiement à votre convenance. Les titres Cesu préfinancés vous aident ainsi à supporter tout ou partie du coût généré par le recours à une aide à domicile.

Chapitre 14

Gérer la masse salariale

Dans ce chapitre :

- Les données de la masse salariale
- Le contrôle de la masse salariale
- La gestion de la rémunération
- La négociation annuelle obligatoire des salaires (NAO)

Dans de nombreuses PME, la politique de rémunération suit la convention collective et ce qui se fait en général dans la profession. C'est dommage car c'est souvent l'un des postes les plus coûteux d'un bilan et la méconnaissance des enjeux d'une bonne gestion de la masse salariale conduit inévitablement à des dysfonctionnements au sein de l'entreprise. Le capital humain repose sur un sain équilibre entre sa rétribution et sa contribution. Des données objectives relatives à la masse salariale restent les principaux arguments de motivation et d'implication. Le système de rémunération repose non seulement sur des contraintes légales comme vu dans les chapitres précédents, mais aussi sur la réalité économique de l'entreprise.

Les données de la masse salariale

Le contrôle initial consiste à vérifier le positionnement des salaires de base par rapport à la convention collective.

La DRH élabore le budget de la masse salariale par rapport à :

- L'évolution du smic et de la tranche A, plafond de la Sécurité sociale ;
- L'étude budgétaire des rémunérations et des périphériques financiers liés aux salaires, comme les primes, les heures supplémentaires, la participation… ;

- L'évolution des coûts incompressibles et potentialités par rapport à l'indice du coût de la vie et à la situation du secteur d'activité.

L'évolution de la masse salariale

L'évolution de la masse salariale se constate soit en niveau quand seule une catégorie professionnelle est augmentée, soit en masse lorsque l'ensemble des salariés est concerné.

La masse salariale évolue par :

- Un effet de report dû au rythme des augmentations de salaire et à la période à laquelle elles interviennent ;
- Un effet de noria dû à un allègement de la masse salariale avec le remplacement des anciens salariés par de plus jeunes ;
- Un effet d'effectif dû à la répartition des effectifs dans les différentes catégories de salariés ;
- Un glissement dû à des augmentations individuelles ;
- Un vieillissement dû à l'ancienneté automatique prévue dans la convention collective ;
- Une technicité liée à la promotion ;
- Un effet de structure lié à l'évolution de la structure même des effectifs.

On peut préciser la signification de ces divers effets, car ils sont systématiquement pris en compte dans le calcul de la masse salariale.

Effet de report

Le rythme des augmentations et la période où elles interviennent ont une grande influence sur l'évolution de la masse salariale annuelle. Retenons l'hypothèse d'une entreprise qui aurait procédé à une augmentation de 10 % des salaires en une seule fois au 1er décembre de l'année : l'effet de cette augmentation sur la masse des salaires versés au cours de cette même année n'aurait été que de 10 % x (1/12) = 0,83 %.

Effet de noria

Le phénomène désigné par l'appellation traditionnelle « noria » correspond à un allègement de la masse salariale, à effectif constant, allègement qui s'explique par le remplacement d'un collaborateur ancien par un jeune, dont la rémunération est sensiblement inférieure à celle du premier.

Effet GVT (glissement, vieillissement, technicité)

Le GVT est la part d'accroissement de la masse salariale indépendante de l'augmentation des mesures salariales globales. Le GVT est composé d'éléments appelés « G1 », « T », « V », « G2 » :

- G1 recouvre l'indice des promotions et des avancements (étalement sur l'année au fur et à mesure de l'acquis obtenu) ;
- T décrit les augmentations salariales automatiquement obtenues par l'acquisition d'une qualification nouvelle, comme un changement de statut, celui d'employé à cadre ;
- V correspond à la composante du vieillissement. Elle retrace le coût des avancements automatiques dus à l'ancienneté.

G1, V et T constituent ce que l'on appelle le « GVT positif », car ces composantes alourdissent la dépense salariale. Il prend en compte les effets des hausses individuelles sur la masse salariale.

Le G2 ou « effet d'entrées-sorties » recouvre deux notions : l'effet de noria et l'effet de structure. L'effet de noria se traduit par une économie, là où G1, T et V se traduisent par des dépenses supplémentaires. L'effet de structure correspond aux salariés qui partent à la retraite et sont remplacés par des salariés plus diplômés et recrutés à un niveau supérieur.

Le GVT solde est la résultante de G1VT – G2.

Effet de structure

La masse salariale se modifie par le changement de répartition de la population entre les différentes catégories de salariés au cours de la période analysée. Dans les entreprises où le niveau moyen de qualification s'élève, l'effet de structure peut conduire à une progression significative de la masse salariale.

La DRH, de façon rationnelle et organisée, décide, après une analyse objective de la situation, des actions présentes. Elle ne s'appuie que sur des éléments objectifs, chiffrés et statistiques, dans le double intérêt des salariés et de l'entreprise.

Étude de l'évolution liée aux coûts du salaire

La gestion de la rémunération est un *mix* social, elle est fondée sur :

- La base de motivation de l'emploi. Le descriptif de la fonction doit détailler correctement les missions pour éviter tout malentendu ;

- La valorisation du salarié, car le principe affirmant « plus on gagne, plus on est valorisé » perdure. Liée à l'individu, la rémunération fait évoluer sa valeur intrinsèque ;

La participation de l'individu à la collectivité par son implication dans la performance de l'entreprise, qui se traduit par l'obtention de primes collectiveL'analyse de l'existant doit permettre de dissocier les trois catégories professionnelles : ouvrier/employé, assimilé cadre/agent de maîtrise, et cadre/cadre dirigeant.

On se base en général sur les trois dernières années concernant l'évolution :

- Du salaire brut et des charges sociales salariales et patronales ;
- Des primes individuelles et primes collectives ;
- Des taxes sur les salaires ;
- Des indemnités non soumises à cotisation.

On effectue l'analyse en pourcentage sur deux bases de comparaison, celle du smic pour les Etam et celle de la tranche A pour les cadres.

On peut négocier en février, c'est-à-dire lorsque les bilans comptables sont définitifs, avec effet rétroactif en janvier. Les éléments à fournir au CE correspondent à l'augmentation de la moyenne générale ainsi qu'au pourcentage de la plus forte et de la plus faible augmentation de salaire.

L'évolution des coûts est liée à la structure de l'effectif. Elle s'étudie en fonction :

- De l'ancienneté et la modification de qualification ;
- Des coûts liés aux congés maladie et à la rotation du personnel ;
- Des coûts liés aux préretraites, aux départs à la retraite (indemnités de fin de carrière) et aux licenciements ;
- Des coûts liés à la formation, à l'apprentissage ou à la professionnalisation ;
- Des charges concernant l'action sociale.

Chaque fois, des tableaux précis et notés sous forme de pourcentages permettent de comparer avant de prendre des décisions.

Les facteurs d'évolution de la masse salariale

Les facteurs d'évolution sont multiples et ne sont pas comparables d'une entreprise à l'autre. On peut citer :

- Les mouvements de personnel (turnover) ;
- L'accroissement ou la diminution de l'effectif ;
- Les augmentations individuelles ;
- Les augmentations générales ;
- La modification des horaires de travail (temps partiel et retour à temps plein) ;
- L'absentéisme (qui vient en déduction de la masse salariale) ;
- Les suspensions de contrat (congé parental, sabbatique…) ;
- Les primes (exceptionnelles, des commerciaux, liées à la mobilité…) ;
- Les gratifications de 13e mois ;
- Le recours au personnel de suppléance (CDD, stagiaires, apprentis…) ;
- Les coûts liés aux départs (indemnités de licenciement, clauses, transactions…) ;
- Diverses sommes (réintégration d'avantages en nature, heures sup…).

L'analyse des coûts liés aux heures supplémentaires varie en fonction de l'activité de l'entreprise et ce poste est plus ou moins important. Les coûts varient selon le taux applicable aux heures supplémentaires, 10 %, 25 % ou 50 %. On doit relativiser cette analyse par rapport, si besoin, aux jours de RTT, à ceux des repos compensateurs ainsi qu'aux jours affectés au compte épargne-temps.

Ces coûts sont comparés avec ceux des années précédentes afin de connaître précisément les augmentations et repérer, éventuellement, les possibilités de recrutement quand l'impact des heures supplémentaires se révèle trop fréquent dans un service.

La DRH est également une force de proposition concernant la masse salariale, elle a pour mission d'intervenir sur :

- Les avantages sociaux, comme la mutuelle, la prévoyance des employés, les tickets-restaurant… ;
- Les avantages fiscaux, grâce aux montants versés et bloqués cinq ans au sein d'un plan d'épargne entreprise, d'un plan d'épargne retraite collectif ;

- La mise en place d'un abondement (versement complémentaire de l'entreprise) négociable, chaque année, sur la base de 50 à 300 % à affecter sur le versement du salarié ;
- Les avantages en nature comme l'ordinateur portable, le véhicule de fonction, le logement… ;
- La création de primes d'encouragement pouvant être liées à la qualité, à l'assiduité… ;
- La négociation salariale dans le cadre d'une plus grande flexibilité en appliquant la règle des 80-20, tant sur le plan collectif qu'individuel.

La DRH suit également les modifications apportées par les décisions gouvernementales dans le cadre des avantages sociaux et fiscaux (périphériques financiers).

Le contrôle de la masse salariale

On se base sur la masse salariale stricte et celle dite « au sens large ». La masse salariale stricte se calcule, uniquement, sur l'ensemble des salaires, c'est-à-dire le salaire de base augmenté des heures supplémentaires, des avantages en nature et des primes diverses auxquels s'ajoutent les charges salariales, patronales ainsi que la CSG/CRDS.

La masse salariale au sens large concerne l'ensemble des coûts en rapport avec les salaires, c'est-à-dire les frais de déplacement, le PEE (participation, intéressement, abondement), les coûts des recrutements prévus ou ponctuels, les périphériques individuels (tickets-restaurant, mutuelle, prévoyance), les contrats de sous-traitance, de l'intérim, le coût éventuel d'un PSE (indirectement, les licenciements), ainsi que le coût des départs à la retraite.

La fiscalité liée à la masse salariale

Il s'agit de diverses taxes basées sur l'ensemble des salaires. La taxe relative à la formation professionnelle continue, créée en 1971, s'impose, depuis 1992, à tous les employeurs. Pour la taxe d'apprentissage, les sociétés imposables peuvent être exonérées, totalement ou partiellement, de son versement, à raison des dépenses qu'elles ont engagées en faveur de l'apprentissage. La taxe relative au 1 % logement concerne une obligation d'investissement dans la construction. Lorsque cette obligation n'est pas remplie, l'entreprise verse à l'État une taxe égale à la différence entre le montant obligatoire et les sommes réellement investies. La taxe sur les transports est connue par tous les salariés en région parisienne puisqu'il s'agit du Passe Navigo. La participation des employeurs au financement des transports en commun a été instituée en 1971.

Il faut également signaler les régimes complémentaires de retraite et prévoyance. Ils ont été créés, généralement, pour l'ensemble du personnel d'une branche professionnelle. Ils se sont adressés aux cadres et à la maîtrise, puis ils ont été étendus, selon les branches d'activité, aux employés et aux ouvriers. Les régimes de prévoyance sont d'origine conventionnelle, par contre, la loi a généralisé la retraite complémentaire pour tous les salariés.

La flexibilité des rémunérations

Diverses flexibilités peuvent s'appliquer à une politique globale en termes de rémunération. D'une part, celle liée aux emplois et à la nature des contrats, d'autre part, celle relative aux périphériques financiers et sociaux.

Il est parfois judicieux dans une entreprise de proposer une meilleure souplesse à la politique de l'emploi liée à la nature des contrats, en appliquant la règle des 80-20. Il s'agit de recruter 80 % de CDI en ayant une flexibilité de 20 %, représentant des CDD, des contrats de professionnalisation, du télétravail ou de l'intérim, sans oublier de proposer la mise en place de mi-temps ou temps partiel s'ils correspondent à un temps choisi par le salarié. Cette flexibilité réfléchie permet d'éviter le traumatisme dû à des plans successifs de licenciement lors d'une baisse sensible de l'activité.

Une autre flexibilité liée aux périphériques financiers et sociaux peut également se construire sur la règle des 80-20. Par exemple, on peut répartir le montant des primes affectées à la performance sous la forme de :

- 20 % de rétribution collective sur l'ensemble de l'équipe afin de créer un réel esprit d'équipe ;
- 80 % d'augmentation individuelle grâce au bonus obtenu sur l'objectif personnel réalisé.

Il en est de même lors de l'augmentation généralisée annuelle. Les valeurs de l'entreprise peuvent très bien se refléter dans la politique de rémunération en prévoyant une répartition de 80-20 sur une augmentation personnelle de 80 % du taux prévu et une augmentation de 20 % de ce taux se reportant à l'abondement, par exemple. En gardant à l'esprit une juste combinaison entre montant individuel et montant collectif, la DRH s'affirme dans son rôle de force de proposition et de conviction sur le mieux-vivre ensemble.

La gestion de la rémunération

Il est indispensable dans une DRH de maintenir un lien avec les différents directeurs de département. La rémunération représente un budget très important, il faut donc expliquer et analyser les différents coûts avec les services concernés.

Certains coûts sont incompressibles, il s'agit :

- De l'évolution des charges sociales et patronales ;
- De l'augmentation des salaires de base, de qualification ;
- De l'évolution du smic, l'augmentation due à l'ancienneté ;
- De la masse salariale stricte et ses périphériques financiers ;
- De la masse salariale élargie avec l'évolution des diverses taxes ;
- Des coûts liés à la GPEC (promotion, formation) ;
- De l'évolution des heures supplémentaires (proposer parfois une autre solution : embauche à temps partiel, intérim…) ;
- De l'étude de la rotation du personnel et de l'absentéisme.

L'analyse de ces divers ratios doit être objective, synthétique et comparative d'une année sur l'autre. Les chiffres donnés en pourcentages sont ventilés par service et vérifiés scrupuleusement, car ils servent de support aux décisions prises et aux diverses solutions à proposer. L'objectif est de toujours impliquer les autres directions à une connaissance minimale d'un service RH, en travaillant ensemble et en leur remettant les documents avant de les diffuser avec leur aval.

EXEMPLE

Établir des études comparatives entre les cadres et les non-cadres d'une année sur l'autre pour justifier un tassement des salaires.

EXEMPLE

Quand le taux d'absentéisme d'un service est très élevé, le responsable peut l'accepter difficilement par rapport à ses autres collègues et se sentir personnellement blessé. Tous les dirigeants de service doivent devenir partie prenante de cette démarche d'information sur l'absentéisme (ou mieux utiliser le terme « présentéisme »). Pour éviter problèmes et conflits, il suffit de rechercher ensemble les causes et de proposer des solutions appropriées tout en respectant le caractère confidentiel des données transmises.

Détermination des choix stratégiques de rémunération

On se base sur la variation des cinq composantes du salaire. C'est un travail que le service RH doit réaliser en amont. L'objectif est de sensibiliser chaque service à l'évolution des données au cours de l'année. On prépare les tableaux de bord en dissociant les divers éléments d'un système global de rémunération :

- Salaire de base ;
- Salaire de compétence ;
- Périphériques légaux ;
- Avantages en nature ;
- Avantages liés au statut.

En fonction de ces cinq éléments, on dégage une moyenne de l'augmentation ou de la diminution par rapport à l'année précédente et on suggère une augmentation au moyen de ces tableaux. On propose ensuite des primes individuelles et collectives en appliquant la règle des 80-20 ou 50-50, en s'adaptant à la culture de l'entreprise.

Enfin, selon les entreprises et les situations, on peut suggérer une augmentation d'un fixe identique pour tous, majoré d'un pourcentage lié au salaire de base. Ce principe s'utilise lorsque l'écart est trop grand entre certaines catégories de salariés ou quand un coup de pouce est nécessaire pour maintenir un bon climat social.

Augmenter de 100 € + 1 % au lieu de 1 % pour tous.

Présentation d'une synthèse à la direction

S'appuyant sur les données du bilan social, la DRH présente des graphiques d'évolution sur les caractéristiques de l'entreprise par rapport à l'année précédente. L'analyse simplifiée et synthétique est donnée par département, chaque direction sollicitant des augmentations spécifiques pour sa propre équipe.

Si une moyenne globale de 2,5 % est jugée relativement correcte, un département pourrait être tout à fait satisfait avec 2 % d'augmentation alors qu'un autre demanderait 5 %. Il est toujours important de relativiser et de lisser dans un souci d'égalité et d'harmonie.

L'essentiel est que l'analyse soit justifiée et cohérente. Le directeur général doit être réceptif aux chiffres présentés. C'est pourquoi il faut discuter, au préalable, les augmentations avec tous les directeurs de service pour équilibrer les divergences.

L'accord écrit de la décision de la direction porte sur l'augmentation générale décidée par la direction et la fourchette prévue entre les divers services. La négociation des salaires dépendra de ces tableaux, elle devra être abordée avec tact et finesse.

Le BSI

Le BSI (bilan social individuel) permet d'une part au salarié d'avoir une vision plus lisible de sa rémunération globale et d'autre part à l'entreprise de valoriser ses engagements sociaux auprès de ses collaborateurs. Le BSI est établi à l'initiative de l'entreprise au profit de l'ensemble de ses salariés, mais l'entreprise sélectionne, bien sûr, les informations à communiquer à ses collaborateurs.

L'objectif du BSI, pour l'entreprise, est de :

- Dynamiser sa politique sociale en fonction de ses objectifs de communication ;
- Piloter individuellement et collectivement les tableaux de bord de la rémunération globale ;
- Diffuser et clarifier sa politique de rémunération, critère de développement de motivation des salariés.

L'objectif du BSI, à l'égard du salarié, est de :

- Le sensibiliser à une approche globale de la rémunération, DIF compris ;
- L'informer de façon synthétique, objective, personnelle et confidentielle ;
- Mettre à sa disposition un document lisible, compréhensible et actualisé sur les modalités complexes de la rémunération globale.

Il est important également de souligner les avantages d'un BSI pour tous les managers de proximité, qui ont ainsi accès à la rémunération personnalisée des membres de leur équipe et qui peuvent s'appuyer sur l'évolution de cette rémunération globale afin de décider objectivement des augmentations à attribuer au sein de leur service. Ils ont en effet accès aux tableaux de bord concernant les effectifs, la répartition hommes-femmes, les catégories socioprofessionnelles, l'ancienneté, l'historique des salaires, les bonus, l'évolution de la masse salariale, les périphériques financiers, les périphériques sociaux, la rédaction individualisée et commentée sur l'ensemble des éléments de rétribution, les salaires, les primes, les avantages en nature, la participation, l'intéressement, le PEE, l'abondement, la retraite par répartition, capitalisation, Perco, la prévoyance, la mutuelle, les actions, les stock-options, les formations, le DIF, les informations modulables sur les cotisations sociales liées aux divers éléments de rétribution, les cotisations sociales salariales et patronales, la CSG et la CRDS.

La négociation annuelle obligatoire (NAO)

TEXTE DE LOI

Les lois Auroux de novembre 1982 mettent en place la négociation annuelle obligatoire dans l'entreprise (art. L 132-27/28/29). La délégation représentant les salariés est composée des syndicats représentatifs à travers ses délégués syndicaux et de certains membres du personnel.

Il y a obligation de négocier mais pas obligation de signer un accord. La loi prévoit un déroulement de la négociation très encadré. La négociation peut être à l'initiative de l'employeur ou, à défaut, d'une organisation syndicale représentative (la demande de négociation formulée par l'organisation syndicale est transmise dans les 8 jours par l'employeur aux autres organisations représentatives). L'employeur doit convoquer dans les 15 jours suivant la demande formulée par une organisation syndicale ou à sa propre initiative les parties à la négociation annuelle.

La négociation se fait en plusieurs réunions :

- La première réunion est fixée à date et heure du choix de l'employeur, l'objectif est de définir les modalités de la négociation. Les informations doivent permettre une analyse comparée de la situation des hommes et des femmes en ce qui concerne les salaires payés, elles précisent le lieu et le calendrier de réunion ;
- La deuxième réunion doit permettre à la délégation de présenter une liste de revendications qu'elle remet à l'employeur ;
- La troisième réunion concerne les réponses de l'employeur aux revendications. On peut trouver un accord ou non.

Proposer des solutions

Mettre en place la NAO avec les instances représentatives du personnel oblige à une parfaite connaissance des possibilités de l'entreprise en matière de rémunération. On remet, au préalable, les documents relatant l'état des lieux de l'année précédente, notamment ceux obligatoires constatant :

- La plus basse augmentation ;

- La moyenne des augmentations ;
- La plus haute augmentation.

On indique ces chiffres en pourcentages. On peut dissocier les données individuelles et collectives pour atténuer l'écart, si besoin.

La DRH a pour mission de présenter les avancées salariales de l'année tout en ne niant pas les coûts liés à l'absentéisme et à la rotation du personnel. Désormais, on a tendance à présenter ces dernières données de façon positive, c'est-à-dire en insistant sur le taux de « présentéisme » et sur celui de fidélisation du personnel.

Une fois les chiffres donnés, on écoute les propositions des IRP en notant ce qui peut être accepté et ce qui sera refusé. Plutôt que de répondre immédiatement par la négative, il est préférable de prendre note et de reporter la décision après réflexion. Une fois la tension estompée, la discussion peut se poursuivre.

Normalement, la DRH doit penser à laisser le libre choix entre plusieurs propositions et à se garder des marges de manœuvre pour négocier sur une base équitable pour tous.

En conclusion, on :

- Précise les propositions retenues d'un commun accord ;
- Finalise le compromis de la négociation.

Les organisations qui sont liées par une convention de branche ou, à défaut, par des accords professionnels se réunissent au moins une fois par an pour négocier sur les salaires, et au moins une fois tous les cinq ans pour examiner la nécessité de réviser les classifications (art. L 132.12 du Code du travail).

Dans les entreprises où sont constituées une ou plusieurs sections syndicales d'organisations représentatives au sens de l'article L 132-27, l'employeur est tenu d'engager chaque année une négociation sur les salaires effectifs.

Si aucun accord n'est trouvé, on rédige un PV de désaccord sur les points de revendication des syndicats et les refus de l'employeur. Il doit être signé et adressé comme tout accord collectif à la direction départementale du travail, ainsi qu'au greffe du conseil de prud'hommes.

ATTENTION !

Durant la négociation, l'employeur ne peut pas prendre de décisions unilatérales sur les points en cours de négociation. Le temps passé par les membres de la délégation est payé par l'employeur. Les heures de négociation ne s'imputent en aucun cas sur les heures de délégation.

Les salariés et les rémunérations

Il est important d'expliquer au responsable de service, qui intervient auprès de son équipe, les diverses modalités d'augmentation de salaire. Une fois qu'il a été informé par son supérieur hiérarchique, le service RH peut remettre à chaque salarié une lettre explicative jointe à son bulletin de salaire.

Souvent, on notifie par e-mail ou courrier la possibilité d'une rencontre avec le service RH, s'il existe des questions liées à l'augmentation de salaire, en précisant les jours et le créneau horaire. Ce contact personnel permet de récupérer les attentes et les besoins du salarié.

L'enquête de satisfaction est à éviter pendant les périodes de négociation, mais il est possible de suggérer d'émettre de nouvelles idées et de les collecter dans une boîte à idées. L'objectif est de toujours donner de l'espoir aux salariés en les impliquant individuellement, afin de désamorcer un conflit latent.

Pour mieux saisir les évolutions salariales de son secteur d'activité, la DRH s'informe auprès de son réseau professionnel ou des entreprises de travail temporaire, afin de s'appuyer sur des statistiques récentes. Il est nécessaire de rester vigilant et réactif, car le poste des rémunérations est un des plus sensibles au sein de l'entreprise.

Quatrième partie

Le dialogue avec les salariés

Dans cette partie…

La France n'est pas un pays basé naturellement sur le consensus, la négociation et le dialogue. Le Code du travail impose des réunions régulières avec les divers partenaires sociaux dans un cadre très strict et totalement encadré. Le législateur a mis en place un cadre très précis concernant le dialogue social en fonction de la taille des entreprises. Les instances représentatives du personnel comprennent le ou les DP, le CE, le CCE, la DUP, si besoin les DS et le CHSCT. La DRH se doit de parfaitement connaître les instances représentatives du personnel et de veiller à une bonne entente entre les diverses entités. Nous commencerons par les CHSCT, car, aujourd'hui, ils sont en première ligne, à cause notamment des risques en entreprise et, plus précisément, des risques psychosociaux. Nous nous attarderons sur les délégués du personnel et ceux du comité d'entreprise avant de terminer sur l'évolution du droit syndical et des délégués syndicaux.

Chapitre 15

Prévenir avec le CHSCT

Dans ce chapitre :

- Les missions du CHSCT
- Le pouvoir décisionnel du CHSCT
- Le document unique

Bien que de création récente, réellement depuis les lois Auroux, le comité d'hygiène, de sécurité et des conditions de travail (CHSCT) prend de plus en plus d'ampleur, car ses actions sont de plus en plus préventives. Les salariés ont rapidement compris l'importance de son fonctionnement et des conséquences immédiates sur leur propre santé et leur bien-être au travail. Les répercussions des conditions de travail sont aujourd'hui mises en valeur dans le cadre d'un mieux-vivre en entreprise par une meilleure connaissance de la prévention des risques encourus.

Les missions du CHSCT

Quelques dates pour comprendre, de 1892 à 1991, un siècle d'évolution du CHSCT :

- Loi du 2 novembre 1892 : organisation de l'inspection du travail ;
- Loi du 9 avril 1892 : reconnaissance de la responsabilité de l'employeur en matière d'accident du travail ;
- Loi du 12 juin 1893 (codifiée en 1912) : apparition des premières mesures de prévention obligatoires du Code du travail ;
- Loi du 9 avril 1898 : elle rend l'employeur automatiquement responsable des accidents du travail survenus dans son entreprise. Les entreprises doivent souscrire des contrats d'assurance auprès de compagnies privées ;

- Décret du 10 juillet 1913 : fixe les mesures d'hygiène, de sécurité et de prévention des incendies dans les locaux de travail ;
- 1946 : les services de santé au travail deviennent obligatoires ;
- Loi du 30 octobre 1946 : transfère aux caisses de sécurité sociale la gestion du risque accident du travail ;
- Décret du 1er août 1947 : institue les comités d'hygiène et de sécurité (CHS) ;
- 1973 : création de l'Agence nationale pour l'amélioration des conditions de travail (Anact) ;
- Loi du 23 décembre 1982 : transforme le CHS et la commission d'amélioration des conditions de travail des CE en un comité d'hygiène, de sécurité et des conditions de travail. Met en place des droits individuels pour les salariés, notamment le droit d'alerte, le droit de retrait et le droit d'expression ;
- Loi du 31 décembre 1991 : introduit l'obligation, pour l'employeur, de mettre en place une politique globale de prévention.

Le CHSCT contribue à la protection de la santé et de la sécurité des salariés travaillant dans l'établissement, travailleurs temporaires et salariés d'entreprises extérieures compris. Il contribue à l'amélioration des conditions de travail, par exemple pour faciliter l'accès des femmes à tous les emplois et répondre aux problèmes liés à la maternité. Le CHSCT :

- Veille à l'observation des prescriptions législatives et réglementaires prises en matière d'hygiène, de sécurité et de conditions de travail ;
- Procède à l'analyse des risques professionnels auxquels peuvent être exposés les salariés, ainsi qu'à l'analyse des conditions de travail ;
- Effectue des enquêtes en matière d'accidents du travail ou maladies professionnelles.

En matière de conditions de travail, les études conduites concernent, principalement, les questions touchant à l'environnement physique du travail telles que température, éclairage, bruit et aération, mais également celles ayant un lien avec l'organisation du travail dès lors qu'elles seront de nature à influer sur la santé, l'hygiène et la sécurité des personnels. Le CHSCT a un droit de regard que lui confie le Code du travail sur tout projet d'aménagement de poste et sur les conditions de réinsertion des victimes d'un accident du travail, invalides et travailleurs handicapés, notamment sur l'aménagement des postes de travail.

Le CHSCT contribue à la promotion de la prévention des risques professionnels et suscite toute initiative qu'il estime utile. Si l'employeur se refuse à une décision du CHSCT, il doit motiver sa décision. Il doit être associé à la recherche de solutions concernant la durée et les horaires de travail, ainsi qu'à l'aménagement du temps de travail (travail de nuit, travail posté).

Les obligations envers le CHSCT

Les membres du CHSCT ont accès aux registres où sont portées les observations et les mises en demeure de l'inspecteur du travail relatives à des questions d'hygiène, de sécurité, de médecine du travail et de prévention des risques.

Le chef d'établissement tient à leur disposition une documentation concernant la réglementation applicable aux équipements de travail et consulte le CHSCT sur les conditions d'utilisation des équipements de protection individuelle. La Cram peut autoriser les employeurs à ne pas déclarer les accidents bénins, sous réserve de les mentionner sur un registre spécial (journal d'infirmerie) tenu à la disposition des membres du CHSCT.

Un registre spécial, le registre d'observations, est mis à leur disposition pour y consigner leurs observations en ce qui concerne l'état du matériel, des installations, et l'existence de causes susceptibles d'en compromettre la solidité.

L'avis du CHSCT

L'avis du CHSCT est sollicité lors :

- De la mise en place du règlement intérieur, pour les matières relevant de sa compétence ;
- Des mesures à prendre pour l'entretien et le nettoyage des locaux ;
- De l'aménagement des vestiaires et des douches quand l'activité l'impose.

L'employeur est tenu d'organiser une formation à la sécurité, après avis du CHSCT, lors :

- De la modification des conditions d'exploitation présentant des risques d'intoxication ou d'explosion ;
- De la création ou la modification d'un poste de travail exposant à des risques nouveaux ;
- D'un accident du travail grave ou d'une maladie professionnelle à caractère professionnel grave.

Dans les entreprises où le nombre de salariés prenant leurs repas sur les lieux de travail est au moins égal à 25, l'employeur est tenu, après avis du CHSCT, de mettre à leur disposition un local de restauration.

L'avis motivé du CHSCT est réclamé, par la juridiction saisie, en cas d'accident du travail survenu dans une entreprise où ont été relevés des manquements graves ou répétés aux règles d'hygiène et de sécurité du travail.

La liste des postes de travail présentant des risques particuliers pour les salariés en CDD et sous contrat de travail temporaire est établie après avis du médecin du travail et du CHSCT.

Les employeurs salariant des handicapés en milieu ordinaire de travail peuvent bénéficier d'aides spécifiques de l'Agefiph, en particulier :

- Une prime à l'embauche pour l'employeur et pour le salarié ;
- Le financement de l'adaptation des machines ou des outillages ;
- L'aménagement des postes de travail et des accès au lieu de travail ;
- La compensation des charges supplémentaires d'encadrement que nécessite l'emploi de travailleurs handicapés.

La demande de cette aide financière, soumise à certaines conditions, doit être accompagnée de l'avis du CHSCT.

Les consultations du CHSCT

Le chef d'entreprise consulte le CHSCT avant de prendre une décision modifiant les conditions d'hygiène et de sécurité ou les conditions de travail, par exemple :

- La durée du port des équipements de protection individuelle mis à disposition et utilisés par une certaine catégorie de salariés ;
- Les décisions d'aménagement important modifiant les conditions d'hygiène, de sécurité ou de travail ;
- Les mesures prises en vue de faciliter la mise, la remise ou le maintien au travail des accidentés du travail et des travailleurs handicapés ;
- Le plan d'adaptation afin de mettre en œuvre des mutations technologiques importantes et rapides.

La consultation doit être réelle, c'est-à-dire qu'il doit y avoir discussion et réponse motivée du chef d'établissement aux observations du CHSCT.

Le CHSCT est, obligatoirement, consulté sur les programmes de formation en matière de sécurité au bénéfice des :

- Salariés nouvellement embauchés ;
- Salariés qui changent de poste de travail ;
- Salariés liés par un contrat de travail temporaire.

En application de la loi du 10 janvier 1991 et du décret du 29 mai 1992, il est consulté sur la décision de mettre des emplacements à la disposition des fumeurs dans les locaux affectés à l'ensemble du personnel, et sur le plan d'organisation ou d'aménagement destiné à assurer la protection des non-fumeurs dans les locaux de travail proprement dits. Ces consultations sont renouvelées tous les deux ans.

Les informations dues au CHSCT

Le registre unique où sont réunis les attestations, consignes, résultats et rapports relatifs aux vérifications et contrôles mis à la charge des employeurs au titre de l'hygiène et de la sécurité du travail doit être communiqué obligatoirement aux membres du CHSCT.

Le défaut d'information ou une information tardive peut constituer un délit d'entrave au fonctionnement du CHSCT. Lors de chaque visite effectuée par l'inspecteur du travail, les représentants du personnel au CHSCT doivent être informés de sa présence par le chef d'établissement et doivent pouvoir présenter leurs observations.

Les règles d'entretien du matériel d'éclairage sont consignées dans un document qui est communiqué aux membres du CHSCT. Lors de l'intervention d'entreprises extérieures ou à l'occasion d'interventions à l'extérieur de l'entreprise, le CHSCT doit recevoir une information préalable, être associé aux inspections, avoir le plan de prévention à sa disposition.

Le pouvoir décisionnel du CHSCT

Le CHSCT peut confier à ses membres des missions particulières en relation avec l'hygiène, la sécurité et les conditions de travail dans l'entreprise.

En ce qui concerne ses modalités de fonctionnement et l'organisation de ses travaux, les décisions du CHSCT (lorsqu'un vote se révèle nécessaire) sont adoptées à la majorité des membres présents. Il en est de même des résolutions que le CHSCT peut être amené à adopter.

Les membres du CHSCT possèdent un droit à la libre circulation dans l'établissement pour leur permettre de rencontrer les personnels sur le lieu de leur travail, dans le respect du bon fonctionnement du service. À l'occasion de chaque accident grave ou d'incidents répétés ayant révélé un risque grave, le CHSCT procède ou fait procéder à une enquête.

Relations du CHSCT avec le CE

Le comité d'entreprise bénéficie du concours du CHSCT dans les matières relevant de la compétence de ce comité, dont les avis lui sont transmis. Il peut confier au CHSCT le soin de procéder à des études portant sur des matières de la compétence de ce dernier.

Les délégués du personnel peuvent communiquer au CHSCT des suggestions et observations de sa compétence.

Le comité d'entreprise est consulté, en liaison avec le CHSCT, sur les mesures prises en vue de faciliter la mise ou la remise au travail des accidentés du travail :

- Les conditions de leur accueil ;
- La période d'essai ;
- L'aménagement des postes de travail.

Le médecin du travail

Le rôle exclusivement préventif du médecin du travail consiste à éviter toute altération de la santé des travailleurs du fait de leur travail, notamment en surveillant les conditions d'hygiène du travail, les risques de contagion et l'état de santé des travailleurs. Le médecin du travail participe avec une voix consultative aux réunions du CHSCT.

Le médecin du travail établit chaque année un plan d'activité en milieu de travail qui porte sur les risques, les postes et conditions de travail. Ce plan prévoit notamment les études à entreprendre ainsi que le nombre et la fréquence des visites des lieux de travail, dans la ou les entreprises dont le médecin a la charge. Le plan est transmis à l'employeur qui le soumet, pour avis, au CHSCT.

Le médecin du travail établit et met à jour une fiche d'entreprise, sur laquelle sont consignés notamment les risques professionnels et les effectifs de salariés exposés à ces risques. Cette fiche est transmise à l'employeur. Elle est tenue à la disposition de l'inspecteur du travail. Elle est présentée au CHSCT en même temps que le bilan annuel. La liste des postes de travail présentant des risques particuliers pour les salariés en CDD et sous contrat de travail temporaire est établie après avis du médecin du travail et du CHSCT. Le médecin du travail, qui a libre accès aux lieux de travail, peut à la demande du CHSCT effectuer une visite dans l'entreprise.

Dans les entreprises employant plus de 300 salariés, le médecin du travail établit un rapport annuel propre à l'entreprise, transmis exclusivement au comité d'entreprise ainsi qu'au CHSCT. Il en est de même dans les autres entreprises lorsque le comité concerné en fait la demande.

L'inspecteur du travail

L'inspecteur du travail est chargé de veiller dans les entreprises à l'application des dispositions du Code du travail. L'inspecteur du travail peut imposer la création d'un comité dans les établissements employant un effectif inférieur lorsque cette mesure est nécessaire, notamment en raison de la nature des travaux, de l'agencement ou de l'équipement des locaux.

Il doit être prévenu de toutes les réunions du CHSCT et peut y assister. L'ordre du jour de chaque réunion du CHSCT est transmis à l'inspecteur du travail. L'inspecteur du travail a un droit total d'entrée dans les établissements où il exerce son pouvoir de contrôle et son pouvoir de police, pour y effectuer des opérations de surveillance et des enquêtes. Les inspecteurs du travail peuvent se faire présenter, au cours de leurs visites, l'ensemble des livres, registres et documents rendus obligatoires par le Code du travail ou par une disposition de loi ou de règlement relative au régime de travail.

La caisse régionale d'assurance maladie

Les employeurs sont tenus de recevoir les agents de contrôle de la Cram. Les oppositions ou obstacles à ces visites ou inspections sont passibles des mêmes peines que celles prévues par le Code du travail en ce qui concerne l'inspection du travail. Les résultats des études de la Cram sur les problèmes de prévention sont communiqués, sur leur demande, aux CHSCT.

Les procès-verbaux des réunions du CHSCT, le rapport annuel faisant le bilan de la situation de l'hygiène, de la sécurité et des conditions de travail, ainsi que le programme annuel de prévention doivent être conservés dans l'établissement et tenus à la disposition de l'inspecteur du travail et des agents de la Cram.

Expert du CHSCT

Le CHSCT peut recourir à un expert agréé et les frais d'expertise sont à la charge de l'employeur. L'employeur ne peut s'opposer à l'entrée de l'expert dans l'établissement. Il lui fournit les informations nécessaires à l'exercice de sa mission. Si l'employeur entend contester la nécessité de l'expertise, la désignation de l'expert, le coût, l'étendue ou le délai de l'expertise, cette contestation est portée devant le président du tribunal de grande instance, qui statue en urgence, c'est-à-dire en référé. L'expert est tenu aux obligations de discrétion. L'expert doit être obligatoirement agréé par le ministère du Travail.

Les salariés

Les salariés bénéficient d'un droit à l'expression directe et collective sur le contenu, les conditions d'exercice et l'organisation de leur travail. Les opinions que les salariés, quelle que soit leur place dans la hiérarchie professionnelle, émettent dans l'exercice du droit d'expression ne peuvent motiver une sanction ou un licenciement.

Le salarié signale immédiatement à l'employeur toute situation de travail dont il a un « motif raisonnable » de penser qu'elle présente un danger grave et imminent pour sa vie ou sa santé ainsi que toute défectuosité qu'il constate dans les systèmes de protection. Si le danger est non seulement grave et imminent, mais aussi inévitable, l'employeur doit prendre les mesures et donner les instructions nécessaires pour permettre aux travailleurs d'arrêter leur activité et de se mettre en sécurité en quittant immédiatement leur travail.

Rapport et programme annuel

Au moins une fois par an, le chef d'établissement présente au CHSCT un rapport écrit qui :

- Fait le bilan de la situation générale de l'hygiène, de la sécurité et des conditions de travail, et expose les actions menées au cours de l'année écoulée ;
- Donne les principaux indicateurs et chiffres en matière d'accidents du travail et maladies professionnelles dans l'établissement ;
- Précise les faits survenus dans l'établissement et leurs conséquences sur la santé et les conditions de travail ;
- Indique les moyens mis en œuvre et les actions menées par l'employeur et le CHSCT.

Le programme annuel a pour rôle la prévention des risques professionnels et l'amélioration des conditions de travail. Le CHSCT émet un avis sur le rapport et le programme. Il peut proposer un ordre de priorité et l'adoption de mesures supplémentaires. Cet avis est transmis pour information à l'inspecteur du travail.

La formation à la sécurité concourt à la prévention des risques professionnels. Elle constitue l'un des éléments du programme annuel de prévention des risques professionnels.

Les réunions du CHSCT

Le CHSCT se réunit au moins une fois par trimestre à l'initiative du chef d'établissement, plus fréquemment en cas de besoin. Il lui appartient d'adresser, nominativement et par écrit à chacun des membres de droit du CHSCT – qu'ils aient voix délibérative ou simplement consultative –, y compris aux personnes invitées, les convocations, qui comportent nécessairement l'ordre du jour de la réunion, auxquelles sont joints obligatoirement les documents écrits éventuels dont l'examen est prévu au cours de ladite réunion.

Le CHSCT est, également, réuni à la suite de tout accident ayant entraîné ou ayant pu entraîner des conséquences graves ou à la demande motivée de deux de ses membres représentants du personnel. Le chef d'établissement doit organiser cette réunion sans pouvoir se faire juge du bien-fondé de cette demande. Le chef d'établissement, sauf extrême urgence, ne peut prendre seul les initiatives qui s'imposent à la suite de l'accident ou des incidents répétés. L'employeur doit agir de concert avec son CHSCT sous peine de délit d'entrave. Le CHSCT reçoit les moyens nécessaires à la préparation et à l'organisation des réunions et aux déplacements imposés par les enquêtes ou inspections.

Les réunions ont lieu dans l'établissement, dans un local approprié et, sauf exception justifiée par l'urgence, pendant les heures de travail. Le CHSCT est informé par son président des observations de l'inspecteur du travail et des agents de la Cram au cours de la réunion qui suit leur intervention.

L'absence de réunion du CHSCT est, comme le refus opposé par l'employeur de réunir le comité en dépit de la demande formulée par deux de ses membres, constitutive du délit d'entrave.

L'ordre du jour de chaque réunion est conjointement établi par le président de droit et le secrétaire du CHSCT, et transmis aux membres du comité et à l'inspecteur du travail. L'établissement d'un procès-verbal des réunions du CHSCT est obligatoire.

En ce qui concerne ses modalités de fonctionnement et l'organisation de ses travaux, les décisions du CHSCT sont adoptées selon les règles fixées pour le comité d'entreprise. Seuls les membres du CHSCT qui ont voix délibérative peuvent voter. Il s'agit exclusivement :

- Du président (sauf dans les cas où le vote du président est exclu) ;
- Des représentants du personnel.

Ne peuvent participer aux votes, bien que membres de droit du CHSCT : le médecin du travail, l'inspecteur du travail, le salarié de sécurité de la Cram, le représentant syndical ou les personnes invitées au titre de leur compétence particulière. Les résolutions sont prises à la majorité absolue des membres présents ayant voix délibérative (les voix des abstentionnistes sont assimilées à des votes contre). Au contraire des résolutions, les élections, désignations internes et décisions sont suivies d'effet et s'imposent à l'employeur-président. Comme pour le comité d'entreprise, les décisions sont prises, et les élections et désignations ont lieu, selon le droit commun des assemblées délibératives, c'est-à-dire à la majorité relative des voix au sein du CHSCT.

Crédit d'heures mensuel

Pour l'accomplissement de ses missions, chaque membre du CHSCT bénéficie d'un crédit d'heures mensuel, en fonction de l'effectif de l'entreprise :

- 0 à 99 : 2 heures ;
- 100 à 299 : 5 heures ;
- 300 à 499 : 10 heures ;
- 500 à 1 499 : 15 heures ;
- 1 500 et plus : 20 heures.

Le comité fixe les missions qu'il confie à ses membres.

Le temps passé aux réunions, aux enquêtes menées après un accident du travail grave ou des incidents répétés ayant révélé un risque grave ou une maladie professionnelle ou à la recherche de mesures préventives dans toute situation d'urgence et de gravité, est également payé comme temps de travail effectif et n'est pas déduit des heures prévues dans le crédit mensuel. Le temps de trajet qui dépasse, en durée, le temps normal de déplacement entre le domicile du salarié et le lieu de son travail est dû par l'employeur, pour la participation aux réunions organisées à son initiative.

Contrairement au comité d'entreprise, le CHSCT ne dispose d'aucun budget de fonctionnement. Le CHSCT reçoit du chef d'établissement les moyens nécessaires à la préparation et à l'organisation des réunions et aux déplacements imposés par les enquêtes ou les inspections.

La jurisprudence, dans le silence de la loi, a reconnu la personnalité morale au CHSCT.

Le fonctionnement du CHSCT

Le CHSCT est présidé par le chef d'établissement ou son représentant. Il comprend, outre le chef d'établissement, une délégation du personnel dont les membres sont désignés par un collège constitué par les membres élus du comité d'entreprise ; le vote a lieu au scrutin secret sous enveloppe.

La maîtrise et l'encadrement sont obligatoirement représentés au sein du CHSCT.

Le mandat de membre du CHSCT est cumulable avec un ou plusieurs autres mandats de représentant du personnel. Les membres du CHSCT sont élus pour une durée de deux ans renouvelable. Les représentants du personnel au CHSCT bénéficient de la formation nécessaire à l'exercice de leurs missions. La charge financière de cette formation incombe à l'employeur.

Le CHSCT désigne un secrétaire pris parmi les représentants du personnel.

Les membres du CHSCT sont des salariés dits « protégés », car ils ne peuvent être licenciés qu'avec un avis favorable du comité d'entreprise et l'autorisation de l'inspection du travail. La liste nominative des membres du comité est affichée obligatoirement sur le lieu de travail. Les membres du comité sont tenus à une obligation de discrétion à l'égard des données dites « confidentielles » par le chef d'entreprise et ils sont tenus au secret professionnel pour toutes les questions relatives aux procédés de fabrication.

Membres avec voix consultative

Sont membres de droit du CHSCT, avec voix consultative :

- Le médecin du travail ;
- Le chef du service de sécurité ;
- Le salarié représentant syndical ;
- L'inspecteur du travail ;
- L'agent du service de prévention de la Cram.

L'importance du document unique

Le document unique a été institué afin de permettre aux employeurs de consigner, sous la forme d'un inventaire, les résultats de l'évaluation des risques professionnels identifiés dans leur entreprise. En effet, l'employeur a l'obligation d'assurer la protection de la santé et la sécurité des travailleurs depuis la loi du 31 décembre 1991. Il est utile de rappeler que l'employeur peut se voir imposer une obligation de résultat (Arrêts de la Cour de cassation, 28 février 2002, relatifs à l'amiante). L'obligation de procéder à l'évaluation des risques professionnels et l'exigence de la mise en œuvre des principes généraux de la prévention des risques professionnels sont inscrites dans le Code du travail. Le décret du 5 novembre 2001 établit la nécessité pour l'employeur de transcrire ces risques professionnels et les moyens de prévention dans un « document unique ».

Ce document unique doit être réalisé quel que soit le nombre de salariés dans l'entreprise. Il est mis à jour chaque année, ainsi que lors de toute modification importante des conditions de travail ou de l'évaluation des risques. Il est tenu à la disposition du CHSCT, des délégués du personnel, ou, à défaut, des personnes soumises à un risque pour leur sécurité ou leur santé. Il est également à disposition du médecin du travail, de l'inspection du travail, des agents de prévention des organismes de sécurité sociale…

La démarche du document unique

Le document unique dresse l'inventaire des risques identifiés dans chaque unité de travail. Il doit faire l'objet d'une mise à jour régulière (au moins une fois par an) et lorsqu'une modification survient (transformation de l'outillage, mise en avant de risques non identifiés jusqu'alors, survenance d'un accident du travail…).

Pour rédiger le document, l'employeur peut s'appuyer sur les différentes informations disponibles dans l'entreprise : analyse des risques réalisée par le CHSCT, liste des postes de travail à risques particuliers, fiche d'entreprise établie par le médecin du travail. Aucune forme ou rubrique n'est imposée.

Néanmoins, le document unique doit répondre à trois exigences :

- La cohérence (regroupement des données issues de l'analyse des risques professionnels) ;
- La lisibilité (le document doit faciliter le suivi de la démarche de prévention dans l'entreprise) ;
- La traçabilité (par un report systématique des résultats de l'évaluation).

Le support du document unique est écrit ou numérique, au choix de l'employeur. Dans tous les cas, il doit être suffisamment transparent et fiable pour traduire l'authenticité de l'évaluation.

Le défaut d'élaboration du document unique et l'absence de mise à jour sont pénalement sanctionnés.

Mettre en œuvre des actions de prévention

Outre l'obligation de faire respecter les consignes de sécurité, l'employeur doit, notamment dans les entreprises de 50 salariés et plus, établir le programme annuel de prévention des risques professionnels. Le but de ce document est de renforcer la lutte contre les risques professionnels.

Il faut donc recueillir les données sur ces risques, les analyser, définir les actions à entreprendre, puis réactualiser ces données… Il s'agit d'une démarche de prévention globale et dynamique :

- Identifier tous les dangers existant dans l'entreprise : il peut s'agir de dangers liés aux équipements de travail (machines et outils dangereux), aux substances utilisées ou présentes (produits chimiques…), aux méthodes de travail (travail en hauteur, gestes répétitifs…) ou à l'organisation du travail (travail de nuit…) ;
- Analyser les risques réels pour la santé et la sécurité, en appréciant les conditions d'exposition des travailleurs aux dangers (travail « réel », facteurs aggravants…).

Ces risques réels seront hiérarchisés selon leur importance, en utilisant un terme (risque « faible », « moyen », « important »), ou une notation (1, 2, 3) ou un code couleur (jaune, orange, rouge). Les critères de classement des risques seront quantitatifs (probabilité de survenue, nombre de salariés exposés…) et qualitatifs (gravité des conséquences possibles…). Il est indispensable de faire une analyse des accidents et incidents du travail et des déclarations de maladies professionnelles dans l'entreprise pour mieux apprécier ces risques.

Définir les actions à mener pour la suppression des risques retenus. On s'inspirera pour cela des principes généraux de prévention, pour toutes les catégories de risques :

- Supprimer le risque, si possible ;
- Remplacer ce qui est dangereux par ce qui ne l'est pas ou l'est moins ;
- Prendre des mesures de protection contre les risques, en privilégiant la prévention collective par rapport aux protections individuelles ;

- Adapter le travail au travailleur, notamment pour la conception des postes de travail, le choix des équipements et des méthodes de travail ;
- Donner les informations et les instructions appropriées aux travailleurs (formation).

Le suivi de ce document unique permet de réévaluer les risques à la suite des actions réalisées. Cette traçabilité (« les écrits restent », comme le dit la formule) permet d'améliorer la stratégie de prévention dans l'entreprise. Cette étude inventorie tous les risques identifiés pour chaque unité de travail dans l'entreprise, cette notion d'unité de travail pouvant être prise au sens large : un seul poste de travail, ou un local précis, ou plusieurs postes de travail de localisation géographique différente, mais où les situations de travail présentent les mêmes caractéristiques. L'étude consiste à :

- Définir les unités de travail et le nombre de salariés de ces unités ;
- Pour chaque unité de travail définie, passer systématiquement en revue la liste des risques potentiels ;
- Leur attribuer une notation ;
- Établir la liste des actions à mettre en œuvre pour les supprimer ou les diminuer ;
- Établir les risques par équipements de travail (machines et outils), risques physiques, risques chimiques, risques biologiques, risques liés aux gestes et postures, risques d'accident, risques d'incendie, risques d'explosion, risques divers liés à l'organisation du travail.

La stratégie de prévention dans l'entreprise

La réflexion s'effectue sur l'entreprise en général et non plus sur une unité de travail. Elle permet de faire le point sur l'organisation de l'amélioration des conditions de travail et de sécurité, la répartition des zones de travail, et l'adaptation des locaux aux tâches réalisées. Elle prend en compte l'hygiène générale dans l'entreprise, l'existence de vestiaires, douches si besoin, toilettes hommes/femmes, salles de repos, infirmerie, le nettoyage habituel des locaux. L'affichage doit être actualisé (numéros d'urgence, adresses réglementaires, consignes de travail et de sécurité…).

Le document unique assure un double rôle. Il constitue à la fois une source d'information sur l'évaluation des risques et il est un moyen d'action pour la mise en place de solutions pour remédier à ces risques.

ATTENTION !

L'article 121-3 du Code pénal dit qu'il n'y a point de crime ou de délit sans intention de le commettre. Toutefois, lorsque la loi le prévoit, il y a délit en cas de mise en danger délibérée de la personne d'autrui.

Il y a également délit, lorsque la loi le prévoit, en cas de faute d'imprudence, de négligence ou de manquement à une obligation de prudence ou de sécurité prévue par la loi ou le règlement, s'il est établi que l'auteur des faits (l'employeur) n'a pas accompli les diligences normales compte tenu, le cas échéant, de la nature de ses missions ou de ses fonctions, de ses compétences ainsi que du pouvoir et des moyens dont il disposait.

Dans le cas prévu par l'alinéa qui précède, les personnes physiques qui n'ont pas causé directement le dommage mais qui ont créé ou contribué à créer la situation qui a permis la réalisation du dommage ou qui n'ont pas pris les mesures permettant de l'éviter sont responsables pénalement s'il est établi qu'elles ont soit violé de façon manifestement délibérée une obligation particulière de prudence ou de sécurité prévue par la loi ou le règlement, soit commis une faute caractérisée et qui exposait autrui à un risque d'une particulière gravité qu'elles ne pouvaient ignorer.

La formation de sauveteur-secouriste du travail (SST)

Dans chaque atelier où sont effectués des travaux dangereux, dans chaque chantier occupant 20 personnes au moins pendant plus de 15 jours où sont effectués des travaux dangereux, un membre du personnel doit avoir reçu obligatoirement l'instruction nécessaire pour donner les premiers secours en cas d'urgence.

La boîte de secours

Sur tous les chantiers et dans les ateliers, il est nécessaire d'avoir une trousse ou une boîte de secours dont le contenu, à adapter par le médecin du travail en fonction des risques et du niveau de formation des secouristes, peut s'inspirer de la liste suivante : antiseptique cutané, compresses stériles, pansements, bandes extensibles, ciseaux à bouts ronds, pince à échardes, gants à usage unique…

La consigne de déclenchement des secours doit être claire et les numéros d'appel affichés (18, 15, 112…).

Les obligations de l'employeur

Tout chef d'établissement est tenu d'organiser une formation pratique et appropriée en matière de sécurité, au bénéfice des travailleurs nouvellement embauchés, de ceux qui changent de poste de travail ou de technique, des travailleurs liés par un contrat de travail temporaire, et de ceux qui reprennent leur activité après un arrêt de travail d'au moins 21 jours.

La formation à la sécurité a pour objet d'instruire le salarié des précautions à prendre pour assurer sa propre sécurité et, le cas échéant, celle des autres personnes occupées dans l'établissement.

Rôle du sauveteur-secouriste du travail

Avant l'accident, le sauveteur-secouriste du travail doit :

- Connaître les risques propres à son entreprise ;
- Être en relation avec les agents de sécurité et l'infirmerie ;
- Connaître l'emplacement du matériel de secours (civière, trousse de secours, extincteurs) ;
- Faire en sorte que le matériel de secours soit en état et à portée de main ;
- Connaître l'emplacement et le contenu des registres d'hygiène et sécurité ;
- Connaître les services de secours et savoir les alerter.

Leur présence en nombre suffisant dans un atelier (10 à 15 % de l'effectif) modifie sensiblement le comportement général face au risque. Leur capacité à repérer les risques permet aussi de faire remonter des observations à l'encadrement et aux instances chargées de la prévention.

Eu égard à son coût, la formation de sauveteur-secouriste du travail est certainement l'une des actions de prévention les plus efficaces d'autant que son effet porte à la fois sur les accidents du travail et de trajet mais aussi sur tous les autres types d'accidents.

Pendant l'accident, le SST doit avoir les connaissances et les réflexes suffisants pour se protéger soi-même et autrui, alerter et porter secours à la victime avec des gestes simples. Il doit prévenir les complications immédiates des lésions corporelles résultant de l'accident mais non en réparer les conséquences. Le plan d'intervention est une aide pédagogique facilitant la mémorisation, par le SST, de l'enchaînement des actions à mener en fonction de la nature de l'accident et de l'état de la victime.

L'intervention du sauveteur-secouriste du travail est limitée :

- **Dans le temps :** son délai d'intervention se limite aux quelques minutes qui suivent l'accident jusqu'à l'arrivée des secours auprès de la victime ;

- **Dans l'espace :** son domaine d'intervention est principalement l'entreprise. Mais comme tout autre citoyen, le Code pénal l'invite à porter secours à toute personne en danger, sans mettre sa propre vie en danger ;
- **Dans les moyens :** le délai d'intervention très court compense le peu de moyens dont il dispose. Le SST ne doit en aucun cas perdre un temps précieux à aller chercher du matériel pour secourir la victime, car les trois premières minutes sont cruciales.

Après l'accident, le sauveteur-secouriste du travail doit prévenir les risques de « suivi d'accident », en particulier en cas d'électrisation, d'incendie, d'atmosphère toxique…

Chapitre 16

Les délégués du personnel : un rôle de réclamations

Dans ce chapitre :

- Le rôle du délégué du personnel et les réunions mensuelles
- Les élections des DP et le protocole d'accord préélectoral
- L'organisation matérielle des élections

Le délégué du personnel est la première personne rencontrée dans la plupart des PME, car dès 11 salariés une élection doit être mise en place. Les DP sont la première courroie de transmission entre les salariés et la DRH. Leur fonction liée principalement à la remontée des réclamations des salariés peut s'enrichir de certaines des missions des membres du CE ou du CHSCT en cas d'absence.

Le rôle du délégué du personnel

Le statut du DP est réglementé par le Code du travail, il est le représentant des salariés et il est désigné dans toute entreprise ou établissement distinct de droit privé dont l'effectif atteint 11 personnes, en équivalent temps plein, pendant 12 mois, consécutifs ou non, au cours des 3 années précédentes.

Les missions du DP

La fonction des DP est précise, elle consiste à :

- Présenter à l'employeur toutes les réclamations individuelles ou collectives du personnel concernant les salaires, la protection sociale, l'hygiène et la sécurité ;
- Saisir l'inspecteur du travail de toutes les plaintes et observations du personnel ;

- Accompagner l'inspecteur du travail quand il visite l'entreprise ;
- Communiquer au comité d'entreprise, quand il existe, les suggestions et observations du personnel sur toutes les questions concernant l'organisation de l'entreprise, les conditions d'emploi, de travail ;
- Communiquer au CHSCT toutes suggestions et observations relevant de sa compétence. S'il n'y a pas de CHSCT, les missions attribuées à ce comité sont effectuées par les DP ;
- Assister, si besoin, les salariés de l'établissement à l'entretien préalable lors d'une sanction disciplinaire ou d'un licenciement ;
- Être consulté sur les conditions de travail dans l'entreprise. Il est, par ailleurs, informé et consulté avant tout licenciement pour motif économique.

Les fonctions supplétives des délégués

En l'absence de comité d'entreprise, ils sont susceptibles d'assumer tout ou partie de ses fonctions économiques et d'intervenir dans la gestion des activités sociales et culturelles de l'entreprise.

Dans une entreprise de moins de 50 salariés où il n'y a pas de comité d'entreprise, ils sont, de plus, consultés sur :

- La fixation de la période de congés payés ;
- Le règlement intérieur, l'aménagement du temps de travail, les congés formation et l'ensemble du plan de formation de l'entreprise ;
- Le reclassement des travailleurs accidentés et l'emploi des handicapés.

Le DP saisit immédiatement l'employeur s'il constate une atteinte aux droits des personnes, à leur santé physique ou morale, ou à leurs libertés individuelles.

Il en est de même pour toute mesure discriminatoire lors d'une embauche, d'une formation, d'une mutation, d'un renouvellement de contrat, d'une sanction, d'un licenciement, ou concernant la classification ou la rémunération.

À défaut de comité d'hygiène, de sécurité et des conditions de travail dans les établissements de plus de 50 salariés, les délégués du personnel ont les mêmes missions et moyens que les membres des CHSCT. Ils sont soumis aux mêmes obligations.

Le mandat de DP leur confère le statut particulier de salarié protégé, c'est-à-dire que l'employeur ne peut licencier un représentant du personnel sans l'autorisation expresse de l'inspecteur du travail.

Les délégués ne disposent pas d'un droit à une formation spécifique. Ils peuvent dans les mêmes conditions que les autres salariés bénéficier d'un congé de formation économique, sociale et syndicale. Par contre, lorsqu'ils exercent les attributions du CE ou du CHSCT, ils peuvent bénéficier des formations spécifiques prévues pour les membres de ces institutions.

Les réunions mensuelles

L'employeur doit obligatoirement recevoir collectivement les délégués du personnel au moins une fois par mois. Participent aux réunions l'employeur ou son représentant assisté de ses collaborateurs, les délégués titulaires et les délégués suppléants, des représentants syndicaux en cas de demande d'assistance.Les délégués du personnel disposent de 15 heures de délégation par mois ou de 10 heures dans les entreprises de moins de 50 salariés. Ces heures sont payées comme des heures de travail et utilisées au gré des délégués. Toutefois, l'employeur doit être informé à l'avance des absences.

Les délégués du personnel remettent au chef d'établissement, deux jours ouvrables avant la date où ils doivent être reçus, une note écrite exposant l'objet des demandes présentées. L'employeur répond par écrit à ces demandes au plus tard dans les six jours ouvrables suivant la réunion. Les demandes des délégués et les réponses motivées de l'employeur sont soit transcrites sur un registre spécial, soit annexées à ce registre. Ce registre ainsi que les documents qui y sont annexés doivent être tenus à la disposition des salariés de l'établissement qui désirent en prendre connaissance.

Les moyens des DP : les délégués du personnel peuvent se déplacer librement à l'intérieur et à l'extérieur de l'entreprise. Ils disposent d'un local et d'un panneau d'affichage pour informer le personnel. Dans les entreprises de 50 salariés et plus, les délégués exerçant les missions du CHSCT ou du CE disposent des moyens du CE ou du CHSCT.

Dans les entreprises de moins de 50 salariés, les délégués exerçant les missions du CHSCT ne disposent pas des moyens du CHSCT.

Les élections des DP

Les DP sont élus par les salariés de l'entreprise tous les quatre ans (contre deux ans avant l'intervention de la loi n° 2005-882 du 2 août 2005). Ils sont rééligibles.

Pour être électeur, il suffit de travailler dans l'entreprise depuis au moins trois mois, être âgé de 16 ans au minimum, et ne pas avoir encouru de condamnation privative du droit de vote.

Pour être éligible, il faut travailler dans l'entreprise depuis au moins un an sans interruption, être âgé de 18 ans au moins, ne pas avoir encouru de condamnation privative du droit de vote ou avoir été déchu de fonctions syndicales, ne pas être conjoint, descendant, ascendant, frère, sœur ou alliés de même degré du chef d'entreprise.

Le mode de scrutin

Les délégués du personnel sont élus au scrutin de liste à deux tours (avec possibilité d'élection dès le premier tour) avec représentation proportionnelle à la plus forte moyenne.

Au premier tour, seuls sont éligibles les candidats présentés par les syndicats représentatifs.

Un deuxième tour est nécessaire si les syndicats n'ont pas présenté de candidat, ou ont présenté des listes incomplètes, ou que le quorum n'est pas atteint (le nombre de votants n'est pas égal à la moitié des électeurs inscrits). Au deuxième tour, les candidats ne sont pas nécessairement présentés par un syndicat.

Le nombre de délégués varie selon la taille de l'entreprise ou de l'établissement.

Tableau 16-1 : Nombre de DP par entreprise

Taille de l'entreprise	*Titulaires*	*Suppléants*
11 à 25 salariés	1	1
26 à 74 salariés	2	2
75 à 99 salariés	3	3
100 à 124 salariés	4	4
125 à 174 salariés	5	5
175 à 249 salariés	6	6

Ce nombre est modifié dans les entreprises de 50 à 199 salariés, en cas d'absence de comité d'entreprise, de CHSCT ou quand une délégation unique du personnel a été mise en place.

Tableau 16-2 : Nombre de DP par entreprise en cas de représentation unique

Taille de l'entreprise	*Titulaires*	*Suppléants*
50 à 74 salariés	2	2
75 à 99 salariés	4	4
100 à 124 salariés	5	5
125 à 149 salariés	6	6
150 à 174 salariés	7	7
175 à 199 salariés	8	8

Le calendrier des élections : l'employeur doit prendre l'initiative d'organiser les élections et informer le personnel par voie d'affichage 45 jours avant le premier tour. S'il s'agit d'un renouvellement des DP, le personnel doit être informé un mois avant l'expiration des mandats en cours. Un salarié ou une organisation syndicale peut demander l'organisation des élections du personnel. L'employeur est tenu d'engager la procédure dans le délai d'un mois, sous peine de délit d'entrave. Le salarié qui a demandé la tenue des élections bénéficie de la protection contre le licenciement pendant six mois.

Le protocole d'accord préélectoral

L'employeur doit inviter toutes les organisations syndicales représentatives à négocier le protocole d'accord préélectoral. Si aucun syndicat n'a répondu à la convocation, il appartient au chef d'entreprise de fixer les modalités d'organisation des élections.

La négociation doit porter sur les modalités d'organisation, de déroulement des opérations électorales, en respectant les principes de droit électoral, c'est-à-dire la date des élections, le vote par correspondance, le lieu et le temps du vote, les modalités de présentation des candidatures, les règles de publicité et d'affichage.

Elle précise, également, la répartition du personnel dans les collèges électoraux et la répartition des sièges entre les différentes catégories. C'est à l'employeur qu'il appartient d'établir les listes électorales par collège en respectant l'accord préélectoral. La liste électorale doit être datée et publiée, au plus tard quatre jours avant les élections.

La liste électorale doit mentionner pour le salarié :

- Les nom et prénom ;
- La date de naissance, le lieu de naissance ;
- L'emploi ;
- La date d'entrée dans l'entreprise ou l'ancienneté.

Les délégués du personnel sont élus d'une part par un collège d'ouvriers et d'employés, d'autre part par un collège d'ingénieurs, chefs de service, techniciens, agents de maîtrise et assimilés.

- Dans les entreprises de moins de 25 salariés, n'élisant qu'un délégué titulaire et un suppléant, les DP sont élus par un collège électoral unique regroupant l'ensemble des catégories professionnelles.
- Dans les entreprises de 50 à 200 salariés, l'employeur a la faculté de constituer une délégation unique du personnel. Il s'agit d'un droit propre à l'employeur, qui doit toutefois consulter les délégués du personnel avant de prendre sa décision. Le recours à la délégation unique n'a donc pas à être négocié dans le protocole d'accord préélectoral.

Le chef d'entreprise ne participe pas aux élections, de même que les salariés investis de pouvoirs pouvant les assimiler au chef d'entreprise, comme le comptable s'il bénéficie d'une délégation du conseil d'administration en matière d'embauche et de licenciement, ou le directeur des ressources humaines s'il a le pouvoir de représenter le directeur d'établissement et de négocier habituellement les protocoles électoraux. Il en est de même pour le salarié qui exerce les fonctions de président du CHSCT.

Les salariés candidats aux élections des délégués du personnel ou de la délégation unique du personnel sont protégés durant six mois à compter de l'envoi de la lettre recommandée des listes de candidature.

L'organisation matérielle des élections

La date du vote est définie dans l'accord préélectoral. Pour une première élection, le premier tour se fera, au plus tard, le 45e jour suivant l'affichage de l'organisation des élections. Pour un renouvellement, le premier tour se fera dans la quinzaine qui précède l'expiration des mandats. Les élections ont lieu pendant les heures de travail. Le vote se déroule sur le lieu du travail. L'employeur doit rester neutre, un manquement de sa part entraîne l'annulation des élections.

L'employeur doit fournir :

- Les bulletins de vote en nombre égal pour chaque liste et en nombre suffisant, ils doivent être de couleur blanche ;
- Les enveloppes. Les DP sont élus au scrutin secret sous enveloppe, le vote ne peut s'effectuer à main levée ;
- Les isoloirs. L'élection ayant lieu au scrutin secret, il est nécessaire que les électeurs aient un dispositif d'isolement ;
- Les urnes. Pour chaque bureau de vote, on propose deux urnes distinctes, l'une pour la désignation des titulaires, l'autre pour celle des suppléants.

La méconnaissance des règles de scrutin secret (vote sous enveloppe, isoloir) entraîne automatiquement la nullité des élections.

Le déroulement du scrutin

Au premier tour, le quorum doit être atteint, c'est-à-dire que les votants moins les blancs et les nuls, correspondent au moins à la moitié des électeurs inscrits.

Le second tour a lieu dans les 15 jours suivant le premier si l'on note la carence, au premier tour, des organisations syndicales ou si le quorum n'avait pas été atteint. Pour le second tour, il n'y a pas obligation d'atteindre le quorum. Si aucune candidature ne se manifeste au second tour, l'employeur établit un procès-verbal de carence et le transmet dans les 15 jours à l'inspecteur du travail.

Il est attribué à chaque liste autant de sièges que le nombre de voix recueillies par elle contient de fois le quotient électoral.

EXEMPLE

Calcul du quotient électoral : il est égal au nombre total des suffrages valablement exprimés par les électeurs du collège, divisé par le nombre de sièges à pourvoir. S'il y a 5 sièges à pourvoir, 205 inscrits, 195 votants, 9 bulletins blancs et nuls, et 186 suffrages valablement exprimés, et si l'on considère que la liste A : 100 inscrits, la liste B : 70 inscrits, la liste C : 35 inscrits, alors le quotient électoral est : 186/5 = 37,2.

Le quotient étant de 37,2, le nombre de sièges au quotient sera donc :

- Liste A : 2 sièges (100 contient deux fois le quotient) ;
- Liste B : 1 siège (70 contient une fois le quotient) ;
- Liste C : 0 siège (35 ne contient pas le quotient).

Il reste 2 sièges à pourvoir, qui seront attribués sur la base de la plus forte moyenne. Le résultat complet de ce scrutin est donc que la liste A a 2 sièges (au quotient), la liste B 2 sièges (1 au quotient + 1 à la plus forte moyenne), et la liste C 1 siège (à la plus forte moyenne).

Le président du bureau de vote proclame les résultats en indiquant nominativement les élus, avec le nombre de voix obtenues par chacun. Le procès-verbal des élections est rédigé et signé par le bureau de vote et établi en plusieurs exemplaires, un pour l'employeur avec avis de réception, un pour chaque liste de candidats, un pour l'affichage, deux pour l'inspecteur du travail.

En résumé, élus dans les entreprises de 11 salariés et plus, les délégués du personnel exercent les attributions que le Code du travail leur confie spécifiquement et, dans certains cas, assument les missions normalement dévolues au comité d'entreprise, au comité d'hygiène, de sécurité et des conditions de travail et au délégué syndical.

Chapitre 17

Communiquer avec le comité d'entreprise

Dans ce chapitre :

- La composition du CE
- Les moyens du CE
- Les missions économiques et sociales

La communication ne se faisant pas naturellement dans les entreprises françaises, un contexte juridique impose celle-ci au sein des sociétés et elle s'effectue avec plus ou moins de bonheur, car il n'est jamais évident de jouer la transparence sur les chiffres ! Le comité d'entreprise, surtout connu des salariés pour sa participation à des activités sociales ou culturelles, joue un rôle économique non négligeable dont doit tenir compte et que doit parfaitement connaître une DRH.

La composition du comité d'entreprise

Le CE a été créé à l'issue de la Seconde Guerre mondiale, en 1945, par le général de Gaulle, au moment où le contexte économique était propice à la participation des salariés dans la vie d'entreprise.

Le CE est créé dans toute entreprise, de tout secteur, employant au moins 50 salariés. Il est une personne morale, donc avec une personnalité juridique à part entière, c'est-à-dire avec des statuts, un siège social et une dénomination. Il peut se pourvoir devant les tribunaux. Il possède un budget propre de fonctionnement correspondant à un versement de l'employeur et basé sur 0,2 % de la masse salariale brute. Il est, souvent, majoré d'un montant affecté strictement aux œuvres sociales ainsi que par des recettes acquises, en propre, lors de la création d'événements sociaux.

Dans toute entreprise, le CE est composé :

- Du président, qui est le chef d'entreprise (très souvent remplacé par le DRH) ;
- D'un secrétaire et d'un trésorier, tous deux avec possibilité d'adjoint ;
- D'élus titulaires et d'élus suppléants, en fonction de l'effectif ;
- D'un représentant syndical ou plusieurs, là encore en fonction du nombre de salariés.

La présence du président est obligatoire. Il a pour mission de fixer la première réunion ainsi que le futur calendrier, d'animer les débats et de veiller à la libre expression de chacun. Mais le président ne dirige pas et ne gère pas le CE.

Le secrétaire est toujours un élu titulaire. Il arrête l'ordre du jour des réunions, établit les procès-verbaux, s'assure de leur bon affichage et vérifie l'exécution des décisions. L'ordre du jour comporte les questions à débattre. Il doit être communiqué au moins trois jours avant la réunion et il est joint aux convocations.

Le trésorier est responsable et garant de la régularité des fonds du CE. Il précise les modalités des budgets et rappelle les missions qui peuvent être effectuées.

Le comité d'entreprise est une expression collective et prend donc en compte les intérêts de tous les salariés.

Les membres du CE :

- Peuvent circuler librement pendant les heures de délégation à condition de se munir d'un bon de délégation. Les heures de délégation sont annexées à leur bulletin de salaire ;
- Sont tenus au secret professionnel, dès lors que le chef d'entreprise précise qu'il s'agit de données confidentielles, notamment sur la marge générale de l'entreprise, son organisation, sa gestion commerciale et, si besoin, sa gestion du personnel ;
- Bénéficient d'une protection identique à celle des DP, c'est-à-dire pendant toute la durée de leur mandat électif et ensuite pendant six mois.

Tableau 17-1 : Nombre de délégués du CE par entreprise

Effectif de l'entreprise	*Nombre de délégués*
50 à 74 salariés	3 titulaires/3 suppléants
75 à 99 salariés	4 titulaires/4 suppléants
100 à 399 salariés	5 titulaires/5 suppléants
400 à 749 salariés	6 titulaires/6 suppléants
750 à 999 salariés	7 titulaires/7 suppléants
1 000 à 1 999 salariés	8 titulaires/8 suppléants
2 000 à 2 999 salariés	9 titulaires/9 suppléants
3 000 à 3 999 salariés	10 titulaires/10 suppléants

Les moyens du CE

Le CE dispose de moyens matériels. Un local gratuit et équipé est mis à sa disposition en fonction de l'importance de l'entreprise.

Il bénéficie de deux budgets distincts, une subvention de fonctionnement et une subvention relative aux activités sociales et culturelles. Il peut également compter sur ses propres recettes, conséquences de la réalisation d'une kermesse, une tombola, une vente d'objets…

La subvention de fonctionnement est obligatoire et versée par l'entreprise. Son montant annuel est prévu par la loi et représente 0,2 % de la masse salariale brute. Le versement qui s'effectue en début d'année couvre les frais de déplacement des membres du CE, le fonctionnement administratif et le paiement des experts sollicités.

La contribution aux activités sociales et culturelles n'est pas fixée dans les textes, mais elle est au moins égale à la dépense sociale la plus élevée au cours des trois années précédant la création du CE ; par contre, elle n'est pas obligatoire quand rien n'avait été effectué socialement auparavant. Lorsqu'elle est mise en place, le trésorier en est le responsable. Chaque année, le CE établit un bilan comptable, porté à la connaissance des salariés et mentionnant, pour chacune des subventions, les dépenses et les recettes avec les justificatifs correspondants.

La formation

Élu pour la première fois, le membre du CE peut bénéficier d'un stage de formation économique. La durée de la formation est de cinq jours au maximum, elle ne se répercute pas sur les heures de délégation, elle est payée par le CE sur son budget de fonctionnement et l'entreprise maintient le salaire.

Les réunions

Les réunions sont programmées tous les mois dans les entreprises dont l'effectif est supérieur à 150 salariés et tous les deux mois dans celles de moins de 150 salariés.

Le CE peut se réunir à la demande de la majorité de ses membres, et l'employeur ne peut s'en exonérer, sinon il s'agit d'un délit d'entrave. Il faut dissocier obligatoirement les réunions DP et CE puisqu'elles n'ont pas les mêmes fonctions. Elles se déroulent pendant les heures de travail.

Avant de prendre une décision dans le domaine de compétence du CE, l'employeur a obligation de l'informer et ensuite de le consulter. Les informations remises doivent être écrites et précises avec un délai suffisant afin que le CE puisse les étudier.

Les invités aux réunions ont une voix consultative et ne prennent pas part au vote. En fonction des thèmes abordés, on peut faire appel à un expert-comptable, un inspecteur du travail ou encore à un médecin du travail.

Les voix délibératives sont constituées par ceux qui votent (employeur + membres élus). Les discussions ne sont pas secrètes, l'enregistrement est possible. Par contre, le vote est une décision prise à bulletin secret.

Le crédit d'heures de délégation

Les membres élus titulaires disposent d'un crédit d'heures d'une durée de 20 heures par mois, considérées comme du temps de travail. Le temps passé en réunions du comité d'entreprise et des commissions obligatoires ne s'impute pas sur le crédit d'heures.

Les élections

Elles ont lieu tous les quatre ans depuis la loi du 2 août 2005 et se déroulent par collèges :

- Cadres ;
- Employés-ouvriers (c'est-à-dire les Etam) ;
- Éventuellement, agents de maîtrise, s'ils sont très nombreux.

Le principe de l'organisation est similaire à celui des délégués du personnel, c'est pourquoi nous n'y reviendrons pas.

Les missions économiques du CE

Les attributions économiques du CE concernent l'information et la consultation sur les questions d'organisation et de gestion de l'entreprise relatives aux effectifs, à la durée du travail, ou encore les conditions d'emploi, de travail et de formation des salariés. En particulier :

- L'étude de l'évolution de l'emploi et des qualifications dans l'entreprise au cours de l'année passée, les prévisions d'emploi pour l'année à venir, ainsi que les actions de prévention et de formation. Les membres du CE donnent leur avis sur les compressions éventuelles d'effectifs ;
- Les modifications de l'organisation économique et juridique de l'entreprise, comme la modification des structures de production, l'acquisition ou la cession de filiales ou la connaissance d'une prise de participation dont l'entreprise est l'objet, avant toute déclaration de cessation de paiement de l'entreprise, et, lorsque l'entreprise fait l'objet d'une procédure de redressement judiciaire, du projet de redressement de celle-ci ;
- La politique de recherche et de développement technologique, tout projet important d'introduction de nouvelles technologies ;
- L'aménagement du temps de travail. Le CE doit être consulté avant toute modification d'horaire ;
- Les conditions de remise au travail des accidentés du travail et des handicapés ;
- Les problèmes généraux relatifs à la formation et aux perfectionnements avec un avis sur le plan de formation ainsi que l'affectation de la taxe d'apprentissage ;

- La mise en place d'une couverture des salariés contre le risque décès, les risques portant atteinte à l'intégrité physique de la personne ou liés à la maternité, ou les risques d'incapacité de travail ou d'invalidité, ou une modification de la couverture existante ;
- Le chômage partiel ;
- L'égalité professionnelle entre les femmes et les hommes. Le chef d'entreprise doit en effet présenter un rapport chiffré concernant l'embauche, les rémunérations et les qualifications, ainsi que des solutions pour réduire les écarts.

Par ailleurs, le CE est en relation avec le CHSCT notamment sur les programmes de formation relatifs à la sécurité.

Le droit d'alerte

En cas de situation économique préoccupante, le CE a droit à une explication précise de la part du chef d'entreprise et du commissaire aux comptes de la société, ou même à demander une expertise auprès des tribunaux. Il peut également, en cas, par exemple, de recours abusif aux CDD, s'adresser à l'inspecteur du travail.

Les activités sociales et culturelles

Il s'agit d'actions en faveur des salariés et de leur famille, notamment dans le cadre d'une amélioration des conditions de vie, comme une participation à la prise en charge d'une mutuelle, d'une cantine ou d'une partie du coût du titre Cesu. Les activités touchent également aux loisirs, aux vacances, au sport, à la culture, grâce à des offres de réduction préalablement négociées auprès des organismes concernés.

En résumé, le comité d'entreprise est doté de moyens et d'attributions pour intervenir dans les domaines économique, social et culturel.

Chapitre 18

Négocier avec les délégués syndicaux

Dans ce chapitre :

- Le droit syndical
- Les moyens d'action d'un syndicat en entreprise
- Le rôle des délégués syndicaux
- Le droit de grève

La France est connue à l'étranger pour ses innombrables manifestations et nombreux jours de grève préconisés par ses syndicats. Or, le taux des syndicats est peu élevé au sein de ses entreprises !

Le droit syndical

L'exercice du droit syndical est reconnu dans toutes les entreprises dans le respect des droits et des libertés garantis par la Constitution, mais il donne du fil à retordre à de nombreux DRH !

Un bref rappel historique

Au XVIIIe siècle, à la veille de la Révolution, la France connaît le début de l'industrialisation. Dans les grandes manufactures de textile, on réunit les salariés dans une même unité, et c'est ainsi que commencent les problèmes de relation collective. On s'inspire des artisans, qui sont regroupés professionnellement par branches d'activité puisque la corporation a une existence juridique. Pour exercer un métier, le futur travailleur demande son affiliation à la corporation. Pour faire face aux corporations représentées par les maîtres, le compagnonnage est créé pour représenter les apprentis et les compagnons. Les réunions sont interbranches et regroupent plusieurs régions.

Au XIXe siècle, le libéralisme, poussé à l'extrême, augmente les inégalités. « Entre les forts et les faibles, c'est la liberté qui opprime et les droits qui libèrent. »

Pour faire face, les sociétés d'entraide se développent. Les salariés cotisent dans des caisses qui permettent de verser des indemnités en cas de maladie ou d'accident. Voici les principales dates :

- En 1864 : la loi affirme la possibilité pour les salariés de contester une décision du patron. Ce sont les prémices du droit de grève, mais à condition que cela ne gêne pas le déroulement du travail ;
- En 1876 : le premier Congrès ouvrier se déroule. L'idée de représentation mûrit ;
- En 1884 : la loi Waldeck-Rousseau précise que les syndicats ou associations professionnelles exerçant une même profession ou métier pourront se constituer librement sans l'autorisation du gouvernement. Par ailleurs, elle définit l'objet social du syndicat. Le syndicat a pour objet l'étude et la définition des intérêts économiques, industriels, commerciaux et agricoles. Toute personne a la liberté de se syndiquer ou de se retirer du syndicat. Chaque syndicat peut se regrouper avec un autre pour créer des unions syndicales ;
- En 1886 : au congrès de Lyon, c'est la première Fédération nationale des syndicats (FNS) qui se crée sur trois niveaux – local, régional et national. Les salariés auront un contre-pouvoir et une parole face aux patronats ;
- En 1895 : création de la CGT au congrès de Limoges.

Au début du XXe siècle, c'est la deuxième révolution industrielle. C'est la première fois que l'on rassemble dans un même endroit des ouvriers avec des spécialisations différentes et donc des revendications différentes. Le regroupement sur un même site entraîne une meilleure communication. Les conditions de travail sont de plus en plus pénibles, le nombre de syndicats augmente ainsi que le nombre de grèves et de grévistes.

- En 1919 : création de la CFTC, avec comme mot d'ordre : la paix sociale ;
- En 1936 : au congrès de Toulouse, les statuts du mouvement syndical de la CGT précisent qu'aucun membre d'un syndicat ne peut appartenir à un parti politique. Léon Blum impose la présence des syndicats pendant les négociations sociales ;
- En 1945 : une ordonnance fixe les critères de représentativité portant sur l'importance des effectifs, l'indépendance politique, une cotisation

donc une indépendance financière et une position patriotique pendant la guerre. Les syndicats de salariés négocient avec le CNPF. C'est, également, la naissance de la CGC ;

- En 1946 : le droit de grève est reconnu comme un droit constitutionnel ;
- De 1948 à 1968 : les syndicats sont les interlocuteurs privilégiés de l'État.

La CGT, FO, la CGC, la CFTC et la CFDT deviennent les cinq centrales représentatives de plein droit.

En 1968, aux accords de Grenelle, le gouvernement réunit les centrales syndicales et le patronat afin de signer un protocole d'accord mettant fin aux grèves générales de mai 1968.

La crise du syndicalisme

Après les années 1970, le syndicalisme connaît une crise dont les principales causes sont dues au chômage, et les salariés ont peur de se syndiquer de crainte de perdre leur emploi ; le travail précaire apparaît (CDD, intérim). Apparaît, également, une nouvelle gestion de l'entreprise avec la mise en place des CE, où les salariés se sentent concernés par l'entreprise. Il faut aussi signaler la naissance du département des RH et donc la création d'une gestion sociale. Par contre, on note une perte de repères, une cassure entre le syndicat et le salarié de base, ce dernier ne sait plus à qui se fier pour défendre ses intérêts.

De nouveaux syndicats se créent, comme le syndicat autonome SUD, né de mouvements sociaux à la Poste, qui prend du poids dans les élections professionnelles et prud'homales, ou encore l'Unsa, regroupement des syndicats autonomes.

En 1998, le Medef remplace le CNPF : 165 antennes régionales sont des partenaires sociaux importants pour le gouvernement, ainsi que la CGPME.

La liberté syndicale

La liberté syndicale se définit par :

- La liberté de créer et constituer un syndicat ;
- La liberté d'adhérer ou de ne pas adhérer. Pas de discrimination possible ;
- La liberté d'agir collectivement par l'intermédiaire d'un syndicat.

Lorsqu'un salarié fait face à une discrimination de la part de l'employeur, c'est à ce dernier d'apporter la preuve. Il s'agit du renversement de la charge de preuve. Tout frein à cette liberté est sanctionné régulièrement par la Cour de cassation.

Sont prévues des sanctions pénales à l'encontre de l'employeur qui commet le délit d'entrave, car c'est un obstacle à un droit syndical, avec en plus des sanctions civiles. Il est interdit de mettre un salarié à l'index pour adhésion ou non-adhésion à un syndicat.

Un syndicat a des pouvoirs au sein de l'entreprise comme ceux de désigner un délégué syndical et de négocier.

Le syndicat a une personnalité juridique. Il peut donc ester en justice et sa responsabilité peut être engagée. Il peut défendre les biens et les droits qui lui sont propres, s'il considère qu'il a été diffamé. Il peut agir pour la défense d'intérêts professionnels individuels ; quand, par exemple, un salarié a été bafoué dans l'exercice de ses droits, le syndicat peut faire l'action à sa place. Il peut agir pour la défense d'intérêts professionnels collectifs pour demander réparation d'un préjudice subi par un groupe, lors de la violation du règlement intérieur, par exemple.

La responsabilité des syndicats

Responsabilité pénale : depuis 1994 et la date d'entrée en vigueur du nouveau Code pénal, une personne morale est responsable pénalement, et les peines sont spécifiques – amendes, interdiction d'exercer temporairement… Par contre, un syndicat est protégé, il ne peut être dissous. Une personne morale peut être poursuivie pour toutes les infractions.

Responsabilité civile : le cas le plus classique de responsabilité civile a trait à la grève. Celui qui se sent victime de cette grève, comme un non-gréviste, peut assigner les syndicats en justice pour préjudice. Il faut apporter la preuve que le syndicat a participé directement ou indirectement à la grève et concouru aux agissements dommageables.

Qui peut engager la responsabilité d'un syndicat ? L'entreprise victime de la grève, les non-grévistes, les tiers (c'est-à-dire tous ceux qui ne sont pas concernés par l'entreprise, comme les fournisseurs, les clients).

On peut entamer une action à la fois contre le délégué syndical et le syndicat.

Les moyens d'action d'un syndicat dans l'entreprise

Depuis 1982, les syndicats sont présents dans chaque entreprise. Ils ont deux moyens d'action : la section syndicale et le délégué syndical.

Loi du 20 août 2008

Chaque organisation syndicale représentative dans l'entreprise ou l'établissement de 50 salariés ou plus, qui constitue une section syndicale, peut désigner un ou plusieurs délégués syndicaux, parmi les candidats aux élections professionnelles qui ont recueilli sur leur nom et dans leur collège au moins 10 % des suffrages exprimés au premier tour des dernières élections, au comité d'entreprise, ou à la délégation unique du personnel, ou aux délégués du personnel, quel que soit le nombre de votants.

Dans les établissements de moins de 50 salariés, les syndicats représentatifs dans l'établissement peuvent désigner un délégué du personnel, pour la durée de son mandat, comme délégué syndical.

Fonctionnement d'un syndicat : dans le texte de loi, les syndicats ont exclusivement pour objet l'étude et la défense des droits ainsi que des intérêts matériels et moraux, tant collectifs qu'individuels, des salariés.

Tout adhérent à un syndicat peut participer à l'administration et à la direction du syndicat s'il jouit de ses droits civiques. Lors de l'assemblée générale annuelle, il y a élection d'un bureau qui gère les affaires courantes. Les syndicats ont la même organisation : un syndicat se crée, il s'affilie à une union régionale ou locale et à une fédération nationale par branche d'activité. Tous les syndicats désignent un de leurs membres pour participer à une assemblée générale nationale.

Les syndicats sont seuls habilités à négocier lors de conventions collectives, à condition qu'ils soient légaux et valables. Ils sont présents pour dire dans quel cas soit aller en justice pour un salarié individuellement, soit négocier pour sortir d'un conflit dans le cas du collectif. Il y a un certain monopole de la part des syndicats, que ce soit dans la désignation d'un représentant ou lors d'élections, puisque à la base, sur une liste d'IRP, il doit y avoir obligatoirement des syndiqués.

La section syndicale

Dans les articles L 412-1 et suivants du Code du travail, l'exercice du droit syndical est reconnu dans toutes les entreprises, dans le respect des droits et libertés garanties par la Constitution. Chaque syndicat représentatif peut décider de constituer au sein d'une entreprise une section syndicale qui assure la représentation des intérêts matériels et moraux de ses membres. Il n'y a pas de seuil d'effectifs pour une section, possible donc dans toute entreprise. Aucune modalité n'est nécessaire si ce n'est l'envoi d'un courrier à l'employeur, en recommandé avec AR, pour l'informer. Il est aussi conseillé d'envoyer un courrier à l'inspection du travail.

Une section syndicale a des prérogatives et des moyens dans toutes les entreprises et en fonction de la taille de l'entreprise :

- Affichage de communication syndicale effectué sur des panneaux réservés à cet effet (hors CE et DP), l'employeur a obligation de fournir le panneau ;
- La diffusion de tracts sur les lieux et aux heures d'entrée et de sortie des salariés.

Le rôle du délégué syndical

Cette notion est née en 1968 et a été remodelée en 1982 lors des lois Auroux.

Le délégué syndical (DS) n'est pas un délégué du personnel. Le DP applique les droits existants, alors que le DS négocie plus de droits et d'avantages.

Pour être désigné, un DS doit être majeur, bénéficier de ses droits civiques, ne pas avoir eu de sanction pénale et avoir, au moins, un an d'ancienneté dans l'entreprise.

Il n'y a pas de formalité particulière, il suffit de remettre simplement au chef d'entreprise et à l'inspection du travail les nom et prénom du DS, par courrier envoyé en recommandé avec AR ou remis en mains propres contre avis de réception. La date de désignation est importante, car elle entraîne la protection du salarié. Son licenciement ne devient possible qu'avec l'accord de l'inspecteur du travail.

Le DS est nommé pour une durée indéterminée et représente son syndicat en cas de négociation collective. Le cumul des mandats est possible avec ceux de DP, membre du CE, du CHSCT, ou encore conseiller prud'homal.

Les missions des DS

Ils peuvent intervenir dans de multiples domaines. Les syndicats sont les seuls habilités à donner un accord à l'employeur pour :

- Le travail de nuit des femmes ;
- Les horaires individualisés ;
- Les horaires souples ;
- Les périodes des congés payés ;
- Les congés formation ;
- Les plans sociaux.

Le CE est consulté pour les licenciements et les plans sociaux.

Les syndicats peuvent être consultés sur tous les domaines qui peuvent les concerner :

- La durée du travail dans le cadre d'une négociation obligatoire ; la seule exception a été lors du passage aux 35 heures des entreprises de moins de 20 salariés, où un salarié mandaté par un syndicat pouvait négocier ;
- L'hygiène et la sécurité : outre le CHSCT, les syndicats sont présents sur ce plan dans l'entreprise, mais aussi au niveau national par le biais de commissions ;
- Le salaire, lors de la négociation salariale annuelle obligatoire, mais également lors de la mise en place ou du renouvellement de l'accord d'intéressement.

L'employeur a une obligation d'information à l'égard des délégués syndicaux. Il doit tenir à leur disposition le bilan social dans les entreprises de plus de 300 salariés et, dans les autres, le rapport annuel sur l'égalité hommes-femmes, le bilan du travail à temps partiel, les documents remis au CE en ce qui concerne le plan de formation et l'accueil des stagiaires. Le DS représente le syndicat auprès de l'employeur :

- Il est l'interface entre les salariés et l'organisation syndicale ;
- Il a une fonction de négociation annuelle mais sans obligation de résultat sur les salaires, la durée et l'organisation du travail ;
- Il se penche aussi sur les objectifs d'égalité professionnelle, les mesures relatives à l'insertion professionnelle et au maintien dans l'emploi des travailleurs handicapés ;
- Il assiste le DP.

Si un accord collectif est signé sur les objectifs et les moyens en faveur de l'égalité professionnelle, la périodicité de la négociation obligatoire est portée à trois ans.

S'agissant de la négociation sur les mesures relatives à l'insertion professionnelle et au maintien dans l'emploi des travailleurs handicapés, sa périodicité est également portée à trois ans lorsqu'un accord collectif comportant de telles mesures a été signé dans l'entreprise.

Crédit d'heures

Accordé tous les mois, assimilé à du temps de travail et payé comme tel, le crédit d'heures est égal à :

- 10 heures pour les entreprises de 50 à 150 salariés ;
- 15 heures pour les entreprises de 151 à 500 salariés ;
- 20 heures pour les entreprises de plus de 500 salariés.

La section syndicale dispose, en outre, d'un crédit global de 10 heures par an dans les entreprises de 500 salariés et plus (15 heures dans celles de 1 000 salariés et plus) pour préparer les négociations de conventions ou accords d'entreprise.

Les réunions organisées à l'initiative de l'employeur ne sont pas décomptées sur le crédit d'heures.

Le délit d'entrave

Il concerne toutes les infractions d'un employeur face à toutes les représentations collectives dans l'entreprise, c'est-à-dire tout ce qui freine l'exercice des actions collectives des salariés, DP, DS, CE, CHSCT, conseillers prud'homaux.

Tout est dans l'interprétation des faits, car il n'y a pas de définition exacte de l'action d'entrave. Ce sont les jurisprudences qui définissent le délit d'entrave :

- Entrave à l'exercice du mandat. En matière d'heures de délégation, l'employeur n'a pas de contrôle *a priori*, mais il peut demander des justificatifs *a posteriori*. Il existe souvent dans les entreprises des bons de délégation ;
- Entrave en matière de sanction disciplinaire. Un DS est un salarié protégé et la procédure de licenciement est plus complexe que pour un autre salarié. Il n'y a licenciement que si l'inspecteur du travail donne son accord. Un salarié protégé peut réintégrer son poste même au bout de cinq ans de procédure, car son contrat n'a jamais été cassé !

Le délit d'entrave doit avoir un élément :

- Légal (un texte) ;
- Matériel (la faute) ;
- Intentionnel.

Le droit de grève

La grève est un arrêt de travail collectif et concerté du personnel en vue de satisfaire des revendications d'ordre professionnel. Le caractère professionnel est apprécié au sens large et peut concerner les salaires, les conditions de travail, la défense des droits collectifs tels que, dernièrement, la retraite, la protection de l'emploi, etc.

« Le droit de grève s'exerce dans le cadre des lois qui la réglementent ». Il est inscrit dans le préambule de la Constitution du 27 octobre 1946, mais, contrairement à ce que semblait annoncer ce texte, le législateur n'est pas intervenu pour encadrer le droit de grève ! Faute de lois particulières, ce sont les tribunaux qui ont progressivement fixé le contenu et les limites. Notamment, les limites fixées par la jurisprudence tentent de concilier la défense des intérêts professionnels et de sauvegarder l'intérêt général. Une grève normalement licite peut devenir abusive lors des cas, par exemple, d'arrêts de travail répétés et courts qui désorganisent l'entreprise ou mettent en péril sa sécurité.

L'employeur est dispensé de verser le salaire du gréviste, qui ne perd pas sa qualité d'assuré social. Il ne peut sanctionner ou licencier un salarié en raison de l'exercice normal du droit de grève. Les heures de travail perdues pour fait de grève ne peuvent pas être récupérées. La France se distingue par un nombre élevé de jours de grève !

La négociation sociale

La négociation sociale est caractérisée par un assez grand nombre de variables originales. Celles-ci peuvent être regroupées sous trois rubriques principales : les variables idéologiques, contextuelles et institutionnelles.

Les variables idéologiques se fondent sur l'opposition de base entre les partenaires, qui reproduisent leurs oppositions sociales et sociétales au sein du microcosme de l'entreprise. C'est alors que l'accord permet l'interdépendance entre les acteurs, et donc l'émergence d'un intérêt commun.

Les variables contextuelles résument l'influence de certaines données extérieures sur l'enclenchement et le déroulement du conflit. Ces données peuvent être des caractéristiques technologiques, des contraintes économiques ou des structures politiques géographiques du pouvoir (décentralisation).

Les variables institutionnelles correspondent à l'encadrement juridique et réglementaire de la négociation sociale qui régule procédures et pratiques. La multiplication des partenaires peut renforcer le rôle contestataire des syndicats. L'omniprésence des pouvoirs publics, par exemple, par le contrôle des procédures, la mouvance juridique due à la jurisprudence peuvent entraver la négociation.

Ces variables conduisent le négociateur à considérer trois aspects : la multiplicité des situations, l'ambiguïté de la négociation et les répercussions sur la conduite de la négociation. En ce qui concerne la multiplicité des situations, il faut se rappeler que chaque négociation est unique, elle peut-être « ponctuelle » ou « continue », et possède un champ social (entreprise ou société dans sa globalité) et une intensité de tensions propres (conflit ouvert, conflit potentiel). L'ambiguïté de la négociation sociale amène à se poser la question suivante : quel est l'objectif de cette négociation ? Elle peut permettre de parvenir à un « compromis » ou de confronter deux conceptions de l'ordre social avec une lutte de pouvoir à la clé. Quant aux répercussions sur la conduite de la négociation, l'interdépendance entre les partenaires en matière de négociation est vécue comme une contrainte plutôt que comme une opportunité ; le négociateur devra s'attacher à conserver son sang-froid et sa lucidité face à une forte ritualisation de la négociation, étudier les variables sociales, économiques et aborder des interrogations corollaires telles que la frontière entre le négociable et le non-négociable, les enlisements et les escalades. Ces remarques sont, majoritairement, valables dans les négociations où le conflictuel domine. Cependant, de nombreuses entreprises (PME notamment) gèrent leurs négociations en quasi-concertation tant les sentiments d'appartenance et d'interdépendance sont correctement vécus.

Les acteurs de la négociation

Nous venons d'étudier, dans les chapitres précédents, les instances représentatives du personnel. On fera simplement ici un résumé de leur mission en tant que négociateur. Le DP (à partir de 11 salariés) présente à l'employeur toutes les réclamations individuelles ou collectives relatives aux salaires, à l'application du Code du travail, aux nouvelles lois et aux règlements concernant la protection sociale, l'hygiène et la sécurité ainsi que les accords collectifs de travail applicables dans l'entreprise. Lors d'une DUP, qui concerne les entreprises de moins de 200 salariés, le chef d'entreprise peut décider que les délégués du personnel constituent la délégation du personnel au comité d'entreprise.

Le DS (dans les entreprises d'au moins 50 salariés) assure la fonction de négociation avec la direction et celle d'information auprès des salariés. Il est chargé d'animer la section syndicale, section qui assure la représentation des intérêts matériels et moraux de ses membres. La jurisprudence dit que la simple adhésion d'un salarié à un syndicat représentatif engendre obligatoirement la création d'une section syndicale quel que soit l'effectif de l'entreprise. Tout syndicat représentatif bénéficie en France du monopole de négociation (art. L 411-17).

Le CE (dans les entreprises d'au moins 50 salariés) est une instance de concertation et de prévention dont les deux grands champs de compétence sont les domaines économique, professionnel et les activités sociales, culturelles.

Le CHSCT (dans les entreprises d'au moins 50 salariés) a pour mission de contribuer à la protection de la santé et à la sécurité des salariés de la société.

Le principe pyramidal des accords

En vertu de ce principe, l'accord inférieur ne peut être que plus favorable aux salariés. L'ordre public social relatif à chaque négociation doit respecter ce que prévoit la négociation supérieure : ainsi, la convention collective prévaut sur un accord collectif national interprofessionnel, un accord collectif de branche, de même qu'un accord d'entreprise prévaut sur la convention collective.

Les modalités de l'accord collectif

Un accord collectif est un accord écrit qui doit être publié. Les parties concernent les syndicats représentatifs des salariés et les syndicats d'employeurs. La négociation précise la durée de la convention : soit à durée déterminée (cinq ans au maximum, renouvelables), qui, si elle n'est pas dénoncée par les parties, se transforme en durée indéterminée, sachant que six mois avant l'expiration de l'accord, les parties doivent renégocier, soit dès le départ à durée indéterminée.

L'accord précise les personnes concernées par l'application. Il doit mentionner les modalités de révision ou de renouvellement et les modalités de dénonciation. Tout peut être négocié sous réserve que cela soit plus favorable aux salariés. Par exemple, on peut négocier sur la classification, de nouvelles primes, une période d'essai plus courte, un droit à davantage de congés payés, etc.

Les accords collectifs peuvent être dénoncés à tout moment par l'ensemble des parties ou une des parties auprès de la DDT. Un délai de trois mois est prévu par la loi pour négocier un nouvel accord. L'accord collectif ne s'applique plus à l'issue du préavis de dénonciation, mais il reste en vigueur durant un an, avec maintien des avantages individuels acquis.

Au lieu d'être dénoncé, l'accord peut être révisé. L'accord doit prévoir les périodes de révision et les modalités de négociation. Pour être valable, l'avenant doit être signé par tous les signataires d'origine et toutes les parties qui ont adhéré à l'accord postérieurement. Le droit d'opposition correspond au droit d'un syndicat à s'opposer dans les huit jours de l'entrée en vigueur de l'avenant. Ce syndicat doit avoir obtenu plus de la moitié des voix aux précédentes élections.

Les principaux accords

L'accord d'entreprise est le plus couramment utilisé. Pour négocier un accord d'entreprise, il faut prévoir un accord préalable entre les parties qui fixe l'objet, les parties présentes et la date. Cet accord doit déterminer les éléments que l'employeur doit fournir à la représentation syndicale pour négocier. En cas de présence d'un comité d'entreprise, ce dernier doit en être informé préalablement. On aboutit à un accord qui doit être signé en cinq exemplaires et remis ainsi : un au conseil de prud'hommes, un à l'inspection du travail, un à la direction départementale du travail, un gardé dans l'entreprise et un gardé par les syndicats.

L'accord atypique existe encore dans certaines entreprises ; il n'a pas la portée juridique de l'accord d'entreprise, car il n'est pas signé par un syndicat représentatif. On discute comme s'il y avait usage, mais s'il existe la possibilité de négocier un accord et que l'on signe néanmoins un accord atypique, attention ! on entre dans le champ d'application du délit d'entrave.

L'accord dérogatoire prévoit des points plus défavorables aux salariés. Il se signe en cas de crise. Par la loi du 4 mai 2004, loi n° 2004-391, il est possible de conclure des accords collectifs dérogeant à une ou plusieurs prescriptions réglementaires, dont :

- La réduction du taux de majoration des heures supplémentaires, avec un minimum de 10 % ;
- La dérogation à la durée de travail quotidienne ;
- Le travail temporaire comme la fixation de la période d'essai.

En conclusion

Dans les réunions avec les IRP, les rôles ainsi que les points abordés sont définis d'emblée. On est dans le registre du « gagnant-gagnant » ; chacun doit écouter, échanger, négocier. Néanmoins, tous les acteurs n'ont pas le même niveau d'information ni de compréhension. Le DRH est normalement en position de force grâce à ses compétences, à la maîtrise des données économiques et au recul qu'il peut prendre. La gestion des priorités se fait en partant du sujet le plus simple pour aborder successivement les sujets les plus complexes ou sensibles. Il faut savoir prendre le temps d'impliquer les IRP tout en respectant un horaire. On applique souvent la série des R comme moyen mnémotechnique :

- R comme représentant pour les réponses ;
- R comme reformulation pour la réflexion ;
- R comme recul ;
- R comme résultat et réel.

Le DRH doit dominer le débat et rester maître des propositions, qui doivent correspondre aux réalités. Il se base sur des données concrètes : chiffres, tableaux, lois, règlements. Quand les IRP restent dans une vision étroite, il faut à partir de ces éléments les conduire à réfléchir sur leur position et les amener à accepter d'autres points de vue. On conduit une réunion comme on conduit une voiture : on respecte les stops, les feux rouges et les lignes blanches. On peut utiliser les références du planning de Gantt, qui vise à moduler la gestion du temps par rapport à l'importance du sujet. Une réunion peut déraper à cause :

- Des bavards, par manque de concision. On reformule à leur place en utilisant certains de leurs termes et en mettant en exergue l'analyse qui en découle ;
- Des agressifs. On isole les propos de l'intervenant en s'appuyant sur les arguments de ceux qui permettront de contourner l'obstacle.

On peut, également, s'inscrire dans le suivi : « Je prends note et reviendrai vers vous quand j'aurai plus d'éléments. » L'importance de savoir mener une réunion notamment avec les IRP sera étudiée plus à fond au chapitre 22.

Cinquième partie

La motivation des salariés

Dans cette partie…

Nous traiterons de la motivation des salariés à travers les outils RH mis en place dans les entreprises. En effet, la motivation est un processus qui met en jeu des salariés en interaction avec des contextes. C'est à la fois un processus individuel qui renvoie à des intérêts personnels et un processus relationnel entre le salarié et son environnement de travail. Les critères de l'évaluation, de la formation ou de la gestion des compétences tendent vers un seul objectif, celui de trouver les ressorts de la motivation des salariés.

Chapitre 19

Évaluer la fonction et la performance

Dans ce chapitre :

- La fiche de poste ou de fonction
- L'évaluation des postes
- L'évaluation de la performance
- L'entretien d'évaluation

Les entreprises sont aujourd'hui tenues de concilier d'une part une logique d'organisation traduite par un choix stratégique déclinant sa structure en postes, emplois ou fonctions pour atteindre ses objectifs, et d'autre part une logique d'épanouissement personnel se déterminant à partir du degré d'autonomie et de compétence de chacun. Un des prochains défis d'une DRH sera de prendre en compte à la fois l'approfondissement des fonctions et celui des compétences, tout en améliorant la communication et les processus d'évaluation en partenariat avec les managers de proximité.

Fiche de poste ou de fonction

Cette fiche présente tous les aspects importants du poste. Il s'agit d'une photographie du poste tel qu'il est au moment où il est analysé et non tel qu'il pourrait ou devrait être. Les données de l'analyse doivent être rassemblées afin de définir le poste, sa finalité, les caractéristiques, les compétences et qualités qu'il suppose. La dénomination du poste concerne le service, les liaisons hiérarchiques et la place du poste dans l'organigramme : à quel poste est-il rattaché, quels sont les autres postes du même rattachement hiérarchique ?

La « mission principale » renseigne sur :

- La diversité des activités et des fonctions que le poste doit superviser avec chaque fois notés les objectifs sous forme de données quantitatives ;
- Les responsabilités, c'est-à-dire les actions et les conséquences sur les résultats réalisés de façon autonome et l'influence éventuelle d'autres postes sur les mêmes résultats ;
- Les contraintes, si besoin, qui limitent la liberté d'action.

Parler RH

Le rôle du salarié est spécifié par des verbes d'action : il s'agit d'une synthèse de ses différentes activités qui conduiront à un résultat. Par exemple, dans un service RH, on se sert des verbes suivants : accomplir, administrer, améliorer, analyser, approuver, assurer, assigner, autoriser, aviser, appliquer, anticiper ; changer, choisir, compléter, conduire, conserver, consulter, contrôler, coordonner ; définir, développer, diriger, distribuer, donner, décider ; émettre, estimer, entraîner, établir, étudier, évaluer, examiner, exécuter, élaborer, être responsable de ; fournir, former, gérer les conséquences et les répercussions, informer, inspecter, limiter ; maintenir, motiver, mettre en œuvre, planifier, préparer, présenter, prévoir, produire, pourvoir, proposer, participer ; rapporter, rassembler, recevoir, recommander, représenter, réviser, soumettre, spécifier, structurer, surveiller, superviser, vérifier.

Ainsi, lorsque le salarié peut être tenu pour seul responsable de l'obtention du résultat en cause, on note les termes : assurer, maintenir, veiller, garantir. Lorsque le salarié partage avec d'autres la responsabilité de l'obtention du résultat en cause, on précise avec les verbes : contribuer, participer, concourir.

EXEMPLE

Une fiche de fonction doit indiquer les mentions suivantes :

- L'identification ;
- La responsabilité générale du poste et la structure organisationnelle du poste ;
- La nature et l'étendue des fonctions ;
- La nature du travail avec une liste des missions et des tâches par ordre décroissant d'importance et en précisant le contexte ;
- L'autonomie donnée ;
- Les connaissances et qualités requises, parfois les moyens à développer ou à acquérir en termes de formation, et les savoir-faire et « savoir-être » pour accomplir cette mission ;

- Les nom et visa du salarié, les nom et visa de l'employeur.

Les finalités d'une fiche de fonction :

- Un outil au service de la gestion collective, outil de dialogue et de recrutement interne ;
- Un outil de gestion du salarié et de ses compétences.

Une fiche de poste est susceptible d'évoluer dans le temps avec les modifications des missions, activités, objectifs et résultats attendus.

L'évaluation des postes

En raison du caractère sensible, quelquefois conflictuel, des conséquences de l'application de la démarche d'évaluation, il est important que le DRH dispose d'arguments objectifs. La mise en œuvre, même si elle est calquée sur la convention collective, suppose au préalable une parfaite maîtrise du système de classification. L'évaluation du travail se distingue de l'analyse des postes, car elle se fonde sur une hiérarchie de niveaux. Il s'agit donc de construire une classification par une hiérarchie des postes établie en référence à une grille.

Quelques méthodes d'évaluation

Il existe un nombre relativement important de méthodes. Elles reposent toutes sur une classification par catégories faisant ressortir les caractéristiques de chaque poste : ce sont les catégories socioprofessionnelles, souvent regroupées en Etam et cadres, elles-mêmes subdivisées en plusieurs classes. Les méthodes par points permettent d'affiner les postes par rapport à des critères clairement définis tels que le niveau de formation, l'expérience, les efforts exigés par le poste, les responsabilités exercées ou les conditions de travail.

Aujourd'hui, on tient compte des nouvelles technologies liées notamment à l'information et mettant en lumière le travail intellectuel de tout emploi démontrant que la qualification s'applique au poste et non à la personne. En 1975, la convention signée par l'UIMM consacrait un système de classification basé sur trois critères : la connaissance, l'autonomie et la responsabilité.

On peut citer deux méthodes totalement différentes : la méthode Hay et la méthode Corbin.

La méthode Hay

Elle a l'avantage d'être mondialement connue et utilisée. La problématique était de mettre au point une méthode aussi objective que possible qui pourrait servir de base à l'objectif « à travail égal, salaire égal ». D'origine américaine, cette méthode tend à utiliser la classification non seulement pour comparer des postes d'une même entreprise, mais aussi des postes de même type dans des entreprises différentes. Les trois critères utilisés (compétence, initiative créatrice et finalité) sont subdivisés en sous-critères et exprimés en points Hay, à partir de tables à entrées multiples. Les critères doivent faire ressortir ce que l'on attend du poste (mission) et non pas la façon dont le titulaire s'y prend (tâches).

Concernant les compétences, la méthode repose sur la somme de toutes les qualités ou connaissances nécessaires pour occuper le poste de façon satisfaisante :

- Les connaissances nécessaires (méthodes et techniques) sont hiérarchisées en huit niveaux, d'« Élémentaire » à « Éminent » ;
- Les capacités de management le sont en cinq niveaux, d'« Exigences non significatives » à « Direction » ;
- Les capacités en relations humaines le sont en trois niveaux : « Normales » (politesse, efficacité), « Importantes » (pouvoir comprendre, influencer, choisir) et « Indispensables » (former, motiver).

Concernant l'initiative créatrice, on trouve la classification suivante :

- Le degré d'initiative et de réflexion qui se subdivise en huit niveaux, de « Routine stricte » à « Principes, concepts, très larges orientations » ;
- L'exigence des problèmes à résoudre se subdivise en cinq niveaux, de « Mémoire sélective » à « Pensée créatrice ».

Enfin, pour la finalité, on note :

- La responsabilité d'une action et ses conséquences, c'est-à-dire l'effet mesurable du poste sur les résultats de l'entreprise, en neuf niveaux, allant des « Postes assujettis à des consignes directes et détaillées » aux « Postes subordonnés à des politiques et buts fonctionnels et à des objectifs généraux de direction » ;
- L'ampleur du champ d'action, qui traduit l'envergure en euros par an du domaine d'activité, est exprimée en termes financiers ;
- L'impact de l'action menée par le poste sur son champ d'action, en quatre niveaux (« Direct », « Primordial ou Partagé », « Indirect », « Contributif ou Lointain »).

À partir de chaque sous-critère, le poids total s'obtient par addition. L'échelle de cotation varie généralement de 60 à 500 points. Enfin, les points sont convertis en valeur monétaire. Cette pratique est lourde et plus adaptée aux postes de dirigeant. La comparaison internationale est possible mais difficile en raison des disparités.

La méthode Corbin

Elle a été inventée en 1953 chez Renault, elle est basée sur les échanges de l'information aux divers stades : « Quelle est l'information que vous recevez et que vous transmettez aux autres niveaux ? » Plus l'accès aux échanges est grand, plus le poste a de responsabilités. On peut résumer : 1 niveau = 1 échelon = 1 emploi. Cette méthode se base sur quatre critères (en forme simplifiée) :

- Les informations initiales émises par des sources internes ou externes à l'entreprise qui déclenchent et conditionnent les missions ;
- L'élaboration du plan de travail avec la mise en œuvre de modes opératoires et de méthodes de traitement de l'information qui déterminent la complexité et la variété des savoir-faire ;
- La transmission d'informations nouvelles pour corriger l'action en cours ou la poursuivre ;
- Le contrôle de réalisation. Cela définit la marge d'autonomie du titulaire de l'emploi ainsi que son degré de responsabilité par rapport aux résultats à atteindre et aux moyens à mettre en œuvre.

Ces méthodes dites « managériales » sont pour la plupart de type hybride, dans la mesure où elles procèdent à des analyses quantitatives permettant de déterminer des postes avec des niveaux de salaire et de les comparer à ceux du marché du travail.

La valeur de l'homme au cœur de l'évaluation

L'évolution ces dernières années de l'organisation du travail, la complexité des besoins de l'entreprise, la compétitivité internationale, la mondialisation de l'information demandent souvent aux salariés plus de polyvalence et de flexibilité.

Par ailleurs, l'augmentation de l'instruction et de la formation les oriente vers des emplois à plus grande autonomie, vers des structures de projets et de travail en équipe. Les entreprises disposent aujourd'hui de deux types d'approche en matière d'évaluation, celles qui prennent en compte :

- Le salarié avec ses qualifications et ses compétences ;
- La fonction presque indépendamment des caractéristiques du salarié.

La multiplication des critères, si elle reste raisonnable et compréhensive, rend l'évaluation socialement plus acceptable, les salariés appréciant de constater qu'aucun aspect de leur travail au quotidien n'est négligé.

Mise en place d'une fiche d'évaluation au sein de l'entreprise

On commence donc par construire un référentiel. L'objectif est de déterminer, à partir des différentes fiches de fonction, une procédure de mise en place de fiches d'évaluation basées sur des critères de compétence le plus objectifs possible.

Il faut garder en tête les deux articles suivants : « Le candidat à un emploi est expressément informé, préalablement à leur mise en œuvre, des méthodes et techniques d'aide au recrutement utilisées à son égard. Le salarié est informé de la même manière des méthodes et techniques d'évaluation professionnelles mises en œuvre à son égard. Les résultats obtenus doivent rester confidentiels. Les méthodes et techniques d'aide au recrutement ou d'évaluation des salariés et des candidats à un emploi doivent être pertinentes au regard de la finalité poursuivie. » (Articles L2221-6 et L6321-1 du Code du travail). Le service RH peut s'appuyer sur une méthodologie de gestion de projet. Chaque année, avec l'aide du management intermédiaire, il met à jour la description précise des diverses fonctions, établit l'adéquation du poste avec l'évaluation future, met en évidence les compétences adéquates, les capacités techniques et les qualités relationnelles. Le référentiel est bâti sur des données statistiques propres à l'entreprise.

La fiche d'évaluation :

- Se réfère aux grilles d'évaluation passées ou à celles proposées par le secteur d'activité ;
- Repose sur un support objectif, compréhensible par tous et adapté à la stratégie présente de l'entreprise ;
- S'appuie sur l'intégration du salarié dans une optique de GPEC.

L'évaluation est un formidable relais d'optimisation de l'utilisation des ressources humaines.

L'évaluation de la performance

Le calendrier de l'entretien individuel doit avoir lieu avant la négociation salariale. Il s'adresse à l'ensemble des chefs de service réalisant l'entretien. Il précise les modalités de l'entretien et l'organisation du processus. L'objectif doit être clairement explicité, car l'évaluation reste un sujet sensible.

Collecte des informations nécessaires à l'entretien d'évaluation

Il est indispensable de classer les données suivantes afin d'établir un comparatif efficace d'une année sur l'autre.

Les documents liés au salarié sont les suivants :

- Fiche d'évaluation des années précédentes ;
- Historique de formation du salarié ;
- Attestations d'acquisition de savoirs et savoir-faire.

Les données liées au service considéré prennent en compte :

- Les objectifs du département ;
- La disponibilité des responsables en charge de l'évaluation ;
- Les performances réalisées dans le service au cours de l'année.

Les informations relatives à la société concernent :

- Le plan de formation sur trois ans ;
- L'actualisation de l'analyse d'emploi notamment au niveau des embauches, départs, de l'absentéisme et du turnover ;
- Le catalogue des formations ;
- Les mobilités possibles.

Il faut toujours garder à l'esprit les finalités d'une évaluation :

- Motiver le titulaire du poste en lui proposant des formations, une évolution professionnelle ;
- Fixer des objectifs et mesurer la performance du salarié ;
- Permettre au titulaire du poste ainsi qu'à son supérieur hiérarchique de mieux organiser leurs efforts.

Réalisation de la fiche d'évaluation

Parmi les modalités pratiques d'une fiche d'évaluation, il est nécessaire de prévoir au moins deux sortes de fiches, l'une concernant les cadres, l'autre les non-cadres. On définit les critères qui permettent d'évaluer chez un salarié ses compétences, à la fois techniques et humaines.

Ses connaissances techniques et opérationnelles, ou savoir-faire, se traduisent par :

- La maîtrise et le développement des connaissances techniques ;
- La conduite de projets opérationnels ;
- La réalisation d'objectifs précis ;
- L'acquisition des outils bureautiques…

Ses qualités individuelles et relationnelles, ou savoir-être, sont relatives, par exemple, à :

- La méthodologie, le dynamisme, le sens des priorités ;
- La communication écrite et orale, l'anticipation et la gestion des difficultés ;
- L'amélioration du climat et des conditions de travail ;
- L'animation d'une équipe, l'encouragement de l'expression…

Sa présence dans l'entreprise est également mentionnée au niveau :

- Des absences ;
- Des heures supplémentaires…

La fiche d'évaluation doit comporter deux à quatre pages selon la structure de l'entreprise. On peut tenir compte des conseils suivants :

- Les termes « aspect technique » sont remplacés par « activité », notion plus pratique ;
- La partie « théorique » doit s'appuyer sur des procédures validées par les responsables concernés, la partie « pratique » va s'enrichir du vécu du salarié, expérience positive ou négative ;
- Le terme « comportement » peut se transformer en « qualités » en précisant « individuelles » et « collectives » ;
- Les « qualités personnelles » sont analysées par rapport à la fonction : esprit d'analyse, de synthèse, de gestion ;
- Les « qualités collectives » sont intégrées par rapport à ses attitudes envers la hiérarchie et ses collègues.

Une validation de la fiche d'évaluation doit absolument se fonder sur des critères objectifs, réalistes, concrets, mesurables ou observables. Nous précisons plus loin dans ce chapitre la méthode Smart.

Organisation du processus d'évaluation

La mise en place d'un planning concernant la date des premiers entretiens ainsi que la date des derniers est indispensable. Il faut être vigilant sur l'organisation et le temps imparti à chaque salarié, sachant qu'un entretien ne doit pas être bâclé en quelques minutes pour satisfaire à l'obligation de l'évaluation ni se prolonger au-delà d'une heure si l'on veut qu'il soit constructif et maîtrisé. Au préalable, il est nécessaire de former les personnes qui dirigeront les entretiens.

Une méthodologie de technique d'entretien s'appliquant à tout l'encadrement permet d'uniformiser la nature de l'entretien et évite tout dérapage subjectif. On insistera sur le canevas du contenu de l'évaluation, par rapport à l'aspect quantitatif, c'est-à-dire le nombre de personnes à évaluer, et par rapport à l'aspect qualitatif, c'est-à-dire le temps consacré à la personne, en insistant sur le temps d'écoute du salarié pour éviter toute frustration. On peut chiffrer le coût d'une évaluation afin d'en valoriser l'impact et mettre en évidence le coût de l'encadrement menant les entretiens, en calculant le coût ramené à la journée, le coût des salariés évalués et le coût du suivi, c'est-à-dire de l'exploitation des fiches d'évaluation. Le but est de comparer ce coût effectif à celui du coût qualitatif, soit la rentabilité obtenue à la suite des évaluations, en se rapprochant des objectifs réalisés en cours d'année.

Le suivi des fiches d'évaluation

Les fiches d'évaluation ne sont valables que si elles sont correctement exploitées. Le suivi s'effectue de façon rationnelle mais simple. On note les actions suivantes :

- Modifications à apporter à la fiche de fonction ;
- Objectifs obtenus pendant l'année en cours et ceux prévus pour l'année suivante ;
- Formations indispensables ou optionnelles ;
- Promotion éventuelle ou évolution prévue dans le cadre d'une GPEC ;
- Données relatives au salaire individuel et collectif.

Les critères d'exploitation et de suivi sont aussi importants pour la société que l'élaboration de la fiche d'évaluation. Les attentes de l'exploitation des fiches d'évaluation s'intègrent dans la stratégie du recrutement et de la mobilité.

Exemple de grille d'évaluation dans une TPE

Une grille d'évaluation se compose des éléments suivants :

- Nom, prénom, qualification, coefficient, période, année, mois ;
- L'appréciation est donnée par rapport à la fonction du salarié, à son ancienneté, aux formations suivies ;
- Rappel des objectifs fixés, points forts et actions pour les utiliser, points faibles et actions pour y remédier ;
- Adaptation à la fonction, promotion envisageable ;
- Formation souhaitable, commentaire du collaborateur.

On se sert, généralement, des lettres suivantes : A = exceptionnel, B = satisfaisant, C = moyen, D = doit progresser, E = insuffisant.

Dans les entreprises, la DRH donne un canevas de fiche d'évaluation aux divers responsables de département, qui avalisent les critères par rapport aux catégories socioprofessionnelles et aux divers emplois de leur service.

La prise en compte des compétences s'oriente donc vers le métier, c'est-à-dire les connaissances techniques théoriques et pratiques, et vers les résultats, tels que l'initiative, l'autonomie, l'engagement, le sens des priorités, la contribution aux axes de progrès, sans oublier les compétences relationnelles liées au métier.

Les compétences liées au savoir peuvent être les suivantes : le fonctionnement des machines, la fabrication, le conditionnement, la gestion du stock, la qualité.

Les compétences liées au savoir-faire sont relatives à : la recherche de productivité, la planification, l'organisation de son temps, le respect du secret professionnel, l'expression écrite et orale, l'aptitude à rendre compte et à déceler les risques et anomalies sur la production, la pertinence des remarques.

Les compétences liées au savoir-être concernent, par exemple : la présentation, la relation avec les clients, les collègues de travail et les responsables hiérarchiques, la capacité de travail en équipe, la disponibilité (aptitude à assumer une surcharge de travail, réaction positive face à des perturbations), le sens de l'initiative et des responsabilités, un effort de perfectionnement et de documentation.

Les compétences liées au « savoir faire faire » sont : le compte-rendu au supérieur hiérarchique, l'aptitude à former et à conseiller les opérateurs, à fixer les objectifs, à organiser le travail des autres, la participation à la gestion du personnel (recrutement).

Les entreprises ayant les meilleures pratiques améliorent sensiblement leurs résultats. Ces pratiques sont, généralement, basées pour les managers sur des rémunérations en rapport avec la performance individuelle et l'accompagnement de leur équipe.

L'entretien d'évaluation

Chaque poste occupe une position au sein de l'organisation afin de contribuer au résultat final de l'entreprise. Les objectifs liés à chaque fonction découlent de la stratégie de l'entreprise, c'est pourquoi il est indispensable pour une DRH de maîtriser et de faire maîtriser, notamment, auprès du management intermédiaire, l'entretien d'évaluation. La démarche présente un intérêt si elle est fondée sur des objectifs de progrès. L'entretien d'évaluation est aussi utile pour le salarié que pour la DRH et le manager.

Utilité de l'entretien pour le salarié

L'entretien permet au salarié d'exprimer ce qu'il pense de son travail, de faire le point sur les procédures, le rythme de travail, les horaires, la production et les dysfonctionnements qui peuvent être fréquemment rencontrés pendant l'année. Il présente ses remarques et donne les raisons qui motivent une inscription à une formation, des modifications de sa fonction. Il apprend ce que sa hiérarchie pense de son travail, or, il a besoin d'un retour sur ce qu'il fait, l'absence d'appréciation est vécue comme un manque de reconnaissance concernant l'utilité tant de son travail que de sa présence dans l'équipe. Il a besoin d'être différencié de son outil de production, machine ou ordinateur. Il a, aussi, la possibilité de définir avec son supérieur hiérarchique les points concrets nécessaires au développement de sa carrière. Il va connaître ce que l'entreprise attend de lui et aura, ainsi, l'occasion de s'informer sur les orientations de l'entreprise qui influent directement sur sa fonction. La clarification des objectifs de son activité est la condition essentielle de son positionnement. L'entretien d'appréciation sert aussi à l'intégrer au sein de l'équipe.

Utilité de l'entretien d'évaluation pour la DRH

Il est très important pour une DRH de prendre en compte tous les avantages d'un entretien d'évaluation. Cela lui permet :

- De mettre en place un circuit d'informations, à la fois ascendantes et descendantes, car l'entretien annuel assure à l'entreprise un moyen de communication et d'information individualisé et personnalisé. Pour être active, cette communication doit fonctionner de la direction vers les salariés (information descendante) et des salariés vers la direction, *via* la hiérarchie (information ascendante) ;

- De recenser les besoins de formation. L'entretien annuel est l'occasion de faire le point sur les progrès à effectuer dans une équipe ou un département. Le responsable hiérarchique, recueillant les besoins de formation de ses salariés, veille à la cohérence de cette demande. Celle-ci devra coïncider avec l'axe de développement de l'entreprise. L'entretien constitue donc un avantage réel pour l'entreprise concernant l'adéquation formation/fonction ;
- D'optimiser l'adéquation emploi/performance. Le supérieur hiérarchique peut proposer au salarié une formation assurant le développement de ses compétences, il sera alors question d'objectifs de progrès. L'entretien est un moyen concret d'ajuster les formations aux besoins réels du terrain ;
- D'améliorer le management par objectifs. L'entretien annuel est le départ d'un nouveau parcours balisé par différents objectifs. Le manager peut le suivre et faire des rectifications, si besoin est. Le suivi d'un plan d'action est à prévoir.

Utilité de l'entretien d'évaluation pour le manager

L'entretien est tout aussi utile pour le manager, même s'il n'en est pas toujours convaincu, notamment dans les PME. Il établit et maintient le dialogue avec ses subordonnés. Certes, le manager n'attend pas l'entretien annuel pour communiquer avec son équipe, le dialogue informel existe au quotidien, néanmoins l'entretien annuel formel de l'appréciation offre une dimension supplémentaire. Il dispose de moyens validés par l'évaluation pour transformer un souhait en recours ou un projet en démarche. Il développe les compétences de son unité de travail, il est en effet dans l'intérêt de tous de faire fonctionner les potentiels existants. L'entretien matérialise ce point de rencontre entre ce que peut et ce que veut devenir le salarié et ce que veut et ce que peut accorder l'entreprise. Le manager en est le trait d'union et l'entretien son moyen formel. L'entretien permet, également, d'actualiser le contenu des fiches de fonction, car les métiers changent et s'enrichissent de nouvelles tâches. L'entretien est l'occasion de lister les tâches qui évoluent pour finalement transformer, petit à petit, une fonction. Les compétences exigées et les objectifs associés pour une fonction donnée devront être ajustés à cette mouvance. L'entretien reste un organe d'observation opérationnelle. Enfin, le manager va pouvoir identifier et prévenir les problèmes potentiels liés à son style de management et prendre conscience de la façon dont il est perçu par ses collaborateurs.

Facteurs communs d'utilité

Généralement, trois facteurs sont importants, l'information, la communication et la motivation :

- Ascendant ou descendant, l'entretien est un facteur d'information et de communication. Les rumeurs ou les bruits de couloir y sont éliminés pour faire place à des informations exactes ou des renseignements formels. Ces renseignements circulent du manager au salarié et inversement ;
- L'entretien est un critère de motivation. Il est vrai qu'un manager qui ne croit pas en son entretien sera très peu crédible. La confiance est une pièce maîtresse de la motivation, le plaisir d'accomplir un travail bien fait est motivant pour la plupart des salariés. Si le manager accorde son attention à cet état de fait, il pourra aider son subordonné à devenir un expert. Tous les ingrédients de la motivation sont réunis et peuvent devenir concrets lors de l'entretien.

Analyse préalable du manager à l'entretien d'évaluation

On mène une analyse de la performance du salarié fondée sur des faits. Le salarié a produit des efforts pour atteindre les objectifs fixés. Ce résultat doit être mesuré, formalisé, mis en adéquation avec les compétences exigées par la fonction. Les résultats de chaque salarié feront l'objet d'une analyse et le temps consacré à faire ce point évite les dérives lors du déroulement de cet entretien.

Il faut rechercher l'écart entre les résultats attendus et les résultats effectifs, puis dégager :

- Les causes connues du dysfonctionnement ;
- Les motifs connus des réussites.

La mise en évidence des raisons qui ont conditionné la réussite d'un objectif est souvent omise. On dit souvent que les résultats sont bons, donc tout va bien. La curiosité doit guider la préparation de l'entretien.

Diagnostiquer l'enchaînement des causes est fondamental, chaque fois que l'on veut remédier à un dysfonctionnement. Pour visualiser cette réaction de cause à effet, on se sert du diagramme d'Ichikawa.

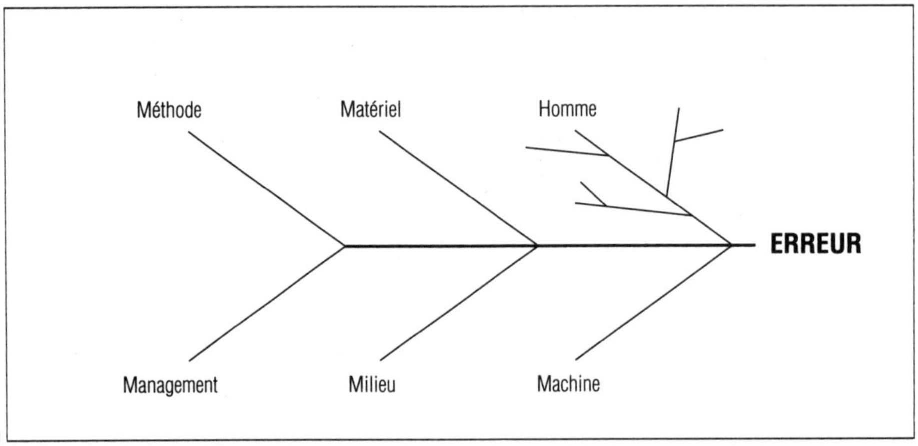

Figure 19-1 : Diagramme d'Ichikawa.

C'est un document mnémotechnique, couramment utilisé en conduite de projet. Nous y reviendrons à la fin du livre. Dans le cas présent, par « homme », on entend tout ce qui est relatif à l'individu lui-même, au niveau de ses compétences. Ce diagramme permet de situer l'environnement du travail avec le terme « milieu », de s'appesantir, si besoin, sur les risques liés au matériel ou à la machine. Il autorise, également, de façon neutre, à réfléchir à la méthode de travail ou à remettre en cause le management lui-même.

Le manager dispose d'environ 80 % des informations, mais il faut ensuite les formuler, disposer de chiffres d'observation, de constats, d'événements qui seront le témoin des exactitudes de ces informations. Ainsi, cette phase de diagnostic permettra de :

- Localiser les 20 % d'informations manquantes, à recueillir lors de l'entretien ;
- Maîtriser l'entretien, fondé sur des faits.

L'analyse des résultats conditionne un nouveau contrat d'objectifs que le manager et le salarié négocieront lors de l'entretien.

ATTENTION !

Il faut apprendre à distinguer les capacités, les compétences et les performances. La capacité professionnelle correspond aux connaissances : le savoir-faire. La compétence fait appel, à la fois, à un comportement professionnel – le savoir-être – et à la capacité professionnelle – le savoir-faire. Parfois intervient le « savoir faire faire » lorsqu'il s'agit d'un tuteur ou d'un manager. La performance est fonction d'un objectif qui fixe un niveau à atteindre.

Les types d'objectifs et la méthode Smart

Il faut savoir, d'abord, faire la différence entre but, objectif et consigne.

Le but correspond à la projection d'un état futur souhaité ou souhaitable qui donne un sens à l'entreprise ; cet état est celui d'un changement, d'une amélioration par rapport au passé. La consigne est, seulement, un mode opératoire, un mode d'emploi qui n'exprime aucune amélioration. La consigne peut être un moyen ou une ressource pour atteindre un objectif.

L'objectif est ce qui doit être produit pour atteindre le but. Il exprime, en termes observables ou mesurables, l'état de changement, l'amélioration pour atteindre le but. Il présente une échéance.

Un objectif exprime donc un résultat attendu en vue d'une amélioration. Il prévoit les contraintes de calendrier, de ressources tant matérielles qu'humaines, et les coûts.

Les objectifs sont mesurables grâce à la réponse aux questions :

- Quoi ? pour le contrôle, en qualité de produit, par exemple ;
- Quand ? pour la limite dans le temps, en jours ou en mois ;
- Combien ? pour la valeur de référence, en nombre ou ratio.

L'amélioration doit être réalisable, c'est-à-dire adaptée à l'environnement et au salarié. Les objectifs individuels sont logiques et reliés aux objectifs du service et de l'entreprise. Individualisés, ils correspondent à la progression de la performance du salarié, ils sont négociés et stimulants.

L'élaboration des objectifs futurs est, dans la majorité des entreprises, basée sur la méthode Smart :

- S : Simples. Éviter les « usines à gaz » et l'incompréhension ;
- M : Mesurables/Moyens. À la fois, objectifs quantitatifs et qualitatifs (tous les moyens ne sont pas bons pour atteindre ses objectifs). Tenir compte du respect des valeurs de l'entreprise, du comportement au sein de l'équipe ;
- A : Ambitieux/Accessibles (avoir de l'ambition ne signifie pas tendre des pièges au collaborateur) ;
- R : Réalistes/Révisables. Objectifs revus au cours de l'année si nécessaire ;
- T : Temporel/Délai. Atteinte des objectifs définie et mesurée dans le temps.

On distingue plusieurs types d'objectifs. L'objectif fonctionnel ou opérationnel est directement lié à la définition de la fonction, il décrit ce que le salarié est tenu de faire. L'objectif de progrès améliore la production et la rentabilité du service de l'entreprise, il se décline jusqu'à l'individu qui améliore ce qu'il produit. L'objectif lié à la conjoncture permet à l'entreprise d'évoluer en fonction du marché économique, il exprime les actions prioritaires définies par la stratégie de l'entreprise.

Le salarié est invité à se préparer à son entretien

Un document de préparation à l'entretien d'appréciation est remis au salarié pour lui permettre de réfléchir, par exemple, sur ses motivations professionnelles, l'importance des diverses tâches de sa fonction, ses objectifs opérationnels datés et quantifiés, ses réussites de l'année, le pourquoi de ses erreurs, les solutions proposées, l'ambiance de son équipe, ce qui devrait être amélioré.

Ce document doit insister sur les questions relatives à ses objectifs individuels :

- Mon emploi actuel est-il en adéquation avec mes compétences ?
- Quelles sont les priorités de mon emploi actuel ?
- Que peut faire mon manager pour m'aider à atteindre mes objectifs ?
- Puis-je envisager une promotion, occuper un autre emploi, m'intégrer dans une autre équipe ?
- Quelles formations spécifiques me manquent pour améliorer mes résultats ?
- Quelles sont les formations qui me plaisent ?

En préparant son entretien, le salarié permet à l'entreprise d'enrichir cet échange.

Le déroulement de l'entretien d'évaluation

L'entretien annuel d'évaluation permet de faire le point sur :

- Les compétences mises en œuvre ;
- Les objectifs de l'année à venir ;
- Les mesures d'accompagnement nécessaires ;
- Les perspectives d'évolution ;
- Les demandes de changement de fonction ou de mobilité d'emploi.

Le manager accueille le salarié, il instaure entre eux une relation de confiance. Il a à sa disposition l'analyse de l'année écoulée. Le salarié dresse lui-même son bilan en se positionnant face aux objectifs réalisés ou non atteints. Il relate son quotidien, les problèmes rencontrés ou les dysfonctionnements de son poste. Le manager prend des notes et montre ainsi à son collaborateur l'intérêt qu'il porte à ses explications. Il utilise la reformulation, qui consiste à résumer les faits afin de les valider. Il encourage ainsi le collaborateur à poursuivre. Le but est d'éviter la confrontation stérile et de se baser uniquement sur des faits précis tout en justifiant les principales objections.

Après analyse, le manager restitue l'ensemble des résultats en précisant d'une part les réussites et leurs conséquences, d'autre part les insuccès, afin que le salarié ait une position claire de ses compétences et des écarts à combler. Lorsque le salarié a identifié les causes de son échec, il est souvent à même de proposer des solutions et d'autant plus enclin à les appliquer qu'elles viennent de lui, et que, de toute façon, il se sent impliqué.

Le salarié exprime ses besoins professionnels, l'objectif est de les traduire en actions réalisables, de formaliser son projet et de garder confiance en lui. Cette dernière phase de l'entretien d'appréciation repose entièrement sur l'analyse des résultats liés aux nouvelles priorités de l'entreprise et sur les enjeux communs au salarié et à l'entreprise. Le manager essaie de faire accepter les objectifs définis par la hiérarchie et de les aménager par rapport aux attentes du salarié. Si le salarié donne des idées, suggère des améliorations, le manager traduit ces axes de développement en objectifs. Si le salarié ne propose rien, le manager propose un plan d'action, qui amorcera une collaboration. Il est nécessaire de s'assurer qu'aucune incompréhension ne subsiste, et la reformulation des objectifs est essentielle. Manager et salarié n'argumentent plus. Si le manager et le salarié formalisent ensemble le support, le salarié ne revient plus sur ce qui a été établi. Confiance et gain de temps sont les effets positifs de cet accord écrit. Le salarié a accepté ses nouveaux objectifs. L'entretien est un outil de motivation et le manager attache de l'importance à la réalisation des futurs progrès du salarié.

Un plan d'action permet, si nécessaire, de programmer un suivi lors d'étapes sensibles. Certaines raisons justifient ce suivi : les difficultés probables que rencontrera le salarié pour réaliser les objectifs fixés, les craintes exprimées par le salarié lors de l'entretien, la mise au point de nouvelles solutions, le souhait du salarié lui-même.

En conclusion, l'entretien d'évaluation fait évoluer, en entreprise :

- Les comportements ;
- Les relations d'autorité ;
- Les pratiques managériales ;
- Les mentalités.

La formation du manager à l'entretien d'évaluation

Lors de sa formation à l'entretien d'évaluation, le manager prend conscience des diverses possibilités d'écouter. Il tiendra compte, lors de l'écoute, de l'impact de l'interprétation, l'investigation et la reformulation.

L'interprétation est une réponse orientée et les effets sur le salarié peuvent être négatifs, car il ne reconnaît pas la teneur de son message et il en est irrité.

Lors de l'investigation, la réponse se fait par un questionnement sur un point de détail choisi par rapport à un système de valeurs personnelles et c'est, souvent, un déclencheur d'agressivité. Le salarié pense qu'il s'est mal exprimé, qu'il est manipulé ou encore qu'il est l'objet de curiosité.

La reformulation, par contre, oblige à une bonne écoute. Elle entraîne une reconnaissance de l'identité d'autrui. Elle encourage la parole et la met en valeur, elle permet de vérifier l'information reçue. La reformulation, reflet, reprend la totalité du message avec d'autres mots que ceux de l'interlocuteur sans en altérer le sens. Les introductions de la reformulation sont les suivantes : « En résumé... », « Selon vous... », « Si j'ai bien compris... », « Vous disiez... ».

Techniques de communication

Faire expliquer la cause d'un écart entre un objectif et un résultat permet une amélioration et la précision de nouveaux objectifs. Le manager part du constat du salarié pour retrouver une cause initiale. Le salarié explique pendant l'entretien professionnel la cause du problème. Il en découlera ainsi l'éclaircissement de l'écart entre le résultat attendu et l'objectif fixé. Le manager identifie les écarts et doit comprendre la réaction des salariés.

Quand le manager recueille les informations des salariés, ceux-ci réagissent chacun à sa façon. Le manager se doit de gérer ces différences. Le salarié est soit dans la réaction ou la passivité, soit sur la défensive ou l'adaptabilité :

- La réaction est une action dirigée vers le monde extérieur. Le salarié veut un changement et agit pour essayer de changer une situation, il prend le risque de se confronter aux autres (je veux changer mes horaires, je l'exprime directement à mon manager). Il prend le risque d'échouer ;
- La passivité est, au contraire, une action rentrée. Le salarié veut aussi changer la situation mais sans prendre de risque. Toutes les sécurités sont préservées (je veux changer mes horaires, je prétexte que l'équipe entière est concernée), ou il fait en sorte qu'un collègue exprime sa requête ;

- La défensive correspond à une énergie axée sur une résistance. La défense est une anti-adaptation. Tout changement est identifié à un danger potentiel (on propose un nouveau système de contrôle qui change mes habitudes, je défends l'ancien système) ;
- L'adaptation est la situation idéale. L'énergie est dirigée vers une harmonie entre soi et le monde extérieur (je veux changer mes horaires et je cherche un compromis entre le reste de l'équipe et mon projet).

Le manager tient compte, également, des diverses personnalités des salariés. Quelques exemples concrets d'attitude de personnes rencontrées lors des entretiens vont l'éclairer de façon concrète :

- **Le bavard et le bluffeur détournent à leur profit les détails ou s'étendent hors sujet.** Il faut apprendre à couper avec des questions fermées et neutres pour casser le flux incessant ;
- **L'opposant systématique et le susceptible recherchent le conflit, s'expriment avec des opinions tranchées, dénoncent leur contrat d'objectifs.** Il s'agit de poser des questions basées sur des faits pour neutraliser leur agressivité, de reformuler leurs propos négatifs et d'attendre la fin de leur argumentation ;
- **L'ambitieux et le volontaire sont motivés et expriment leurs idées sans ambiguïté.** Ils sont parfois très directs. On montre de l'intérêt en notant leurs idées ;
- **Le manipulateur et la victime sont les champions du « on » et de la généralisation**. Ce n'est jamais de leur faute. Il suffit de faire préciser leurs insinuations avec des questions uniquement basées sur des faits ;
- **Le pragmatique et le négociateur sont parfois timides mais apportent néanmoins les preuves de leurs réalisations.** Ils préparent leur entretien. Il faut reformuler leur message. Ils ont besoin de repères pour progresser dans leur exposé ;
- **Le « je sais tout » et le méfiant refusent toute remise en cause par le silence ou en étant hors sujet volontairement.** Vouloir les faire progresser est une injure à leur talent, il s'agit de s'appuyer sur des chiffres et de leur demander ce qu'ils en déduisent. Leur orgueil peut devenir leur point faible et le dialogue devient alors possible ;
- **Le spécialiste et le logique s'expriment en recherchant les termes exacts, en exposant leurs réalisations.** Il faut écouter leur raisonnement, phase par phase, et faire savoir qu'ils sont compris pour éviter qu'ils ne recommencent leur explication ;
- **Les personnes de type relationnel et collaboratif ont, souvent, peu d'éléments à signaler, mais il faut, néanmoins, leur laisser le temps de s'exprimer et les faire parler de leur réussite.**

Styles de négociation

Quatre styles de négociation se distinguent lors des entretiens :

- **Le style participatif :** le salarié a préparé ses objectifs et les présente. Le manager vérifie que ces objectifs correspondent aux orientations du service ;
- **Le style dirigiste :** le salarié n'a pas préparé et ne veut pas participer. Le manager présente le contrat d'objectifs, les moyens d'y parvenir et passe à la phase de formalisation ;
- **Le style facilitateur :** le salarié a des idées mais ne veut pas en discuter. Le manager l'incite à s'exprimer et complète le contrat avec une partie des idées du salarié, correspondant aux objectifs ;
- **Le style explicatif :** le salarié est passif, il est prêt à recevoir son contrat. Le manager explique pourquoi il a choisi ces objectifs et il lui demande comment il pense les mettre en œuvre.

La formation met généralement en évidence les verbes sur lesquels s'appuyer en termes de motivation : progresser, élargir ses compétences, devenir expert dans son domaine ou mesurer ses efforts, prendre des initiatives, créer, s'affirmer, avoir plus de responsabilités, apporter des idées, émettre des suggestions sur son emploi ; ou encore contribuer à une réflexion globale, être reconnu, voir ses efforts pris en compte, appartenir au groupe, être informé, recevoir et échanger les informations utiles, maintenir ses acquis, avoir des garanties, être dans des conditions de travail adéquates avec les objectifs.

Le manager prend, ainsi, toute la mesure de la valeur d'un entretien d'évaluation et se préoccupe des conséquences immédiates d'un tel impact sur les salariés de son équipe.

Enfin, le manque de hauts potentiels met au défi les DRH de maintenir un vivier suffisant pour le développement de l'entreprise, sa compétitivité sur le marché et pour retenir les talents. Le but de la DRH est de rapprocher les plans de carrière, les demandes d'évolution des différents salariés et de fournir une visibilité en fonction des priorités des salariés et des objectifs de la société.

En conclusion, selon le témoignage de la DRH d'IFF, le management de la performance ne peut pas se limiter à un entretien annuel de mesure des résultats. C'est un processus continu d'amélioration professionnelle et un dialogue proactif entre les trois acteurs que sont le manager, le collaborateur et le généraliste de la fonction RH. Le processus de management de la performance est, certes, une étape privilégiée du calendrier de la gestion des ressources humaines. Mais pour être efficace, il doit être appréhendé comme un prolongement de la relation construite et nourri tout au long de l'année entre les trois protagonistes cités au-dessus.

Au cours de mes diverses expériences dans l'industrie ou les services internet, les équipes RH et moi-même n'avons eu de cesse de tendre vers une meilleure pertinence des contenus des entretiens annuels de performance et des objectifs Smart fixés. Les formations à la conduite d'entretiens doivent être renouvelées chaque année et proposées aux managers afin de les sensibiliser encore et encore à ce qu'ils doivent faire et aux questions qu'ils doivent se poser : pourquoi ? quoi ? comment vérifier ? quels moyens ? quand ? Il faut également marteler ce qu'ils ne doivent pas faire, c'est-à-dire : le manager ne doit pas imposer des objectifs sans en discuter avec le collaborateur, ne pas fixer une liste interminable d'objectifs, ne pas oublier de se référer aux valeurs et aux pratiques de l'entreprise. Il faut « donner du sens » à l'entretien d'évaluation de la performance en communiquant sur ce qui va et ce qui ne va pas de manière factuelle, sur les points forts et les points à améliorer, sur le développement dans le poste, sur les réussites et réalisations significatives pour discuter des perspectives de carrière et savoir rétribuer en fonction du niveau de performance atteint.

TÉMOIGNAGE

Le programme PAPI

« L'originalité de ce plan vient compléter l'entretien d'évaluation. L'encadrement participe au programme PAPI : plan d'amélioration des performances individuelles. Les actions sont définies, chaque mois, pour contribuer à l'atteinte d'un objectif défini en début d'année. Les cadres bénéficient à ce titre de primes perçues en toute objectivité tant sur le plan quantitatif que qualitatif. L'ambition de la société est d'élargir progressivement le cercle des salariés concernés. Le plan démarre après une sensibilisation à l'entretien d'évaluation. L'entretien d'évaluation s'effectue, chaque année, dans un climat de sérénité, car il est bien explicité et compris de tous. Le document permettant l'élaboration du plan de formation est remis à chaque salarié avec un taux de retour de l'ordre de 90 %. Le budget formation représente 4,5 % de la masse salariale. Les formations obligatoires relatives à la sécurité, au secourisme, à la conduite d'engins sont totalement maîtrisées. Certains salariés choisissent d'être eux-mêmes formateurs en intra-entreprise. Le programme PAPI est complété par le plan "Cari jeunes", qui a pour objectif de recruter chaque année 40 jeunes sans qualification qui sont directement "tutorés" sur les chantiers. Les salariés tuteurs qui se déterminent, souvent, lors de leur entretien d'évaluation participent à leur recrutement dans un esprit de totale adhésion. » (Nathalie Malan-Manigne, ex-DRH de Cari)

Chapitre 20

Former les salariés

Dans ce chapitre :

- Les lois relatives à la formation
- Le plan de formation
- L'entretien de professionnalisation
- Le DIF, le CIF, la VAE, le bilan de compétences
- Le bilan social de la formation
- Les divers modes de formation

La formation est un formidable levier de développement au sein des entreprises. Il s'agit d'articuler au mieux les besoins des entreprises et les parcours professionnels des salariés face à la transformation du marché du travail et à la mondialisation.

Les lois relatives à la formation

L'obligation de la formation professionnelle est un axe récent de la politique RH en entreprise.

Un rappel historique

La loi du 3 décembre 1966 pose un nouveau principe de droit social : le droit des travailleurs à bénéficier d'un congé formation. Ce droit doit être organisé conventionnellement.

La loi du 16 juillet 1971 généralise le congé individuel de formation (CIF), oblige à la consultation du CE, fait financer la formation continue par les entreprises dans celles de plus de 10 salariés. L'apprentissage en entreprise est préconisé, avec pour but de donner à des jeunes travailleurs une formation générale pratique en vue de l'obtention d'une qualification professionnelle sanctionnée par un des diplômes de l'enseignement technologique. Cette formation fait l'objet d'un contrat d'apprentissage signé entre l'entreprise et l'école. La loi du 24 février 1989 oblige de négocier avec les organisations syndicales.

La loi du 12 juillet 1990 étend le crédit formation à tous les salariés et renforce le contrôle de l'offre de formation. L'investissement formation s'inscrit au premier plan des investissements rentables.

La loi du 31 décembre 1991 enrichit le système par :

- La création d'un congé bilan de compétences pour les salariés ;
- L'ouverture du droit à la formation dans les entreprises de moins de 10 salariés ;
- L'accroissement des moyens financiers consacrés par les entreprises à la formation continue ;
- L'obligation quinquennale de négocier, au niveau de la branche, les objectifs et les moyens de la formation professionnelle ;
- La simplification des règles relatives aux CIF pour les salariés en CDD.

La loi du 17 janvier 2002 touche plus particulièrement la DRH, car elle insiste sur l'obligation d'adaptation permanente de l'emploi et des qualifications qui, jointe aux acquis de l'expérience, offre à chacun de plus grandes chances de conserver son emploi, d'en changer ou d'évoluer sur le plan professionnel.

Dans l'accord paritaire du 20 septembre 2003, signé par les principaux syndicats, la formation professionnelle continue a pour objet de favoriser l'insertion ou la réinsertion professionnelle des travailleurs, de permettre leur maintien dans l'emploi, de favoriser le développement de leurs compétences et l'accès aux différents niveaux de la qualification professionnelle et de contribuer au développement économique et culturel et à leur promotion sociale.

La loi du 4 mai 2004, actuellement en vigueur :

- Structure le plan de formation en fonction des priorités, soit d'adaptation, soit d'évolution ou de développement personnel ;
- Crée les nouveaux outils de la formation en entreprise que sont l'entretien professionnel, le passeport formation, le bilan de compétences, la VAE, la période de professionnalisation, le contrat de professionnalisation ;
- Crée le DIF, formation hors temps de travail ;
- Alloue des moyens supplémentaires au CIF ;
- Augmente la contribution minimale des entreprises.

La participation des employeurs est obligatoire et varie en fonction de la taille, moins de 10 salariés, de 10 à 20 salariés, et plus de 20 salariés. Les contributions sont versées à un OPCA.

Quelques fondamentaux

La formation devient un droit fondamental depuis la loi Astier, de 1971, renforcée par la loi sur la formation du 4 mai 2004. La formation professionnelle tout au long de la vie constitue une obligation nationale. « La formation professionnelle continue a pour objet de favoriser l'insertion ou la réinsertion professionnelle des travailleurs, de permettre leur maintien dans l'emploi, de favoriser le développement de leurs compétences et l'accès aux différents niveaux de la qualification professionnelle, de contribuer au développement économique et culturel et à leur promotion sociale. »

Les types d'actions de formation qui entrent dans le champ d'application des dispositions relatives à la formation professionnelle continue sont les actions de préformation et de préparation à la vie professionnelle, actions d'adaptation, actions de promotion, actions de prévention, actions de conversion, actions d'acquisition, d'entretien ou de perfectionnement des connaissances, actions de formation continue relative à la radioprotection des personnes prévues par le Code de la santé publique, actions permettant de réaliser un bilan de compétences, actions permettant de faire valider les acquis de l'expérience en vue de l'acquisition d'un diplôme.

L'employeur a l'obligation d'assurer l'adaptation des salariés à leur poste de travail. Il veille au maintien de leur capacité à occuper un emploi, au regard notamment de l'évolution des emplois, des technologies et des organisations. Il peut proposer des formations qui participent au développement des compétences.

L'accès des salariés à des actions de formation professionnelle continue est assuré à l'initiative :

- De l'employeur dans le cadre du plan de formation ;
- Du salarié dans le cadre du congé individuel de formation ;
- Du salarié avec l'accord de son employeur dans le cadre du droit individuel à la formation.

Le financement de la formation

Chaque année, les entreprises doivent consacrer un pourcentage de leur masse salariale au financement d'actions de formation continue permettant aux salariés :

- D'acquérir de nouveaux savoir-faire ou de mettre à jour leurs connaissances ;
- De développer des compétences pour s'adapter à un nouvel emploi ;
- De garantir leur employabilité.

Ces actions doivent se dérouler conformément à un programme établi en fonction d'objectifs prédéterminés. Ce programme précise obligatoirement les moyens pédagogiques employés, définit un dispositif de contrôle, de déroulement et d'évaluation des résultats de la formation.

Les organismes collecteurs

Depuis une ordonnance du 2 août 2005, les entreprises dont l'effectif est inférieur à 10 salariés versent, au titre de la formation professionnelle, 0,55 % de la masse salariale brute, celles employant entre 10 et 19 salariés versent **1,05** % et celles de plus de 20 salariés versent 1,60 %.

Cette contribution sert à financer les actions de formation des salariés réalisées au titre du plan de formation et, en fonction des priorités définies par la branche ou l'interprofessionnel, les contrats et périodes de professionnalisation. L'employeur s'en acquitte avant le 1er mars de l'année (suivant celle au titre de laquelle la participation est due), auprès d'un OPCA interprofessionnel (Agefos-PME ou Opcalia) ou de branche. Les OPCA sont chargés de collecter et de gérer les différentes contributions dues par les entreprises au titre de la formation professionnelle continue. Leur principe de fonctionnement est paritaire, c'est-à-dire qu'ils sont représentés, de part égale, par les organisations syndicales des employeurs et par celles des salariés. Une quarantaine d'OPCA sont chargés de collecter et de gérer le plan de formation et la professionnalisation. Certains sont professionnels (par exemple, l'Aref pour le BTP), d'autres sont interprofessionnels (comme l'Agefos). Les OPCA assurent, également, depuis la mise en œuvre de la réforme de la formation, le financement du DIF correspondant aux priorités définies par les branches professionnelles.

Pour les entreprises dont l'effectif est supérieur à 20 salariés, une contribution supplémentaire de 0,2 % des salaires a pour objet le financement du congé individuel de formation. Toutes les entreprises employant des CDD versent cette cotisation, quel que soit leur effectif. Les OPACIF sont chargés de collecter et de gérer le congé individuel de formation. Le plus connu est le Fongecif, organisme interprofessionnel, qui dispose d'implantations dans chaque région. Il reçoit, instruit et finance les demandes individuelles des salariés, dans le cadre du CIF, du bilan de compétences ou des actions de VAE.

Le budget de la formation est lié à la masse salariale brute (celle de la DADS-U). Les dépenses de formation doivent être justifiées dans un « suivi de procédure », document spécifique à la taxe sur la formation.

Le suivi de l'évolution du pourcentage de la masse salariale est un des critères les plus significatifs dans l'élaboration d'un tableau RH puisqu'il contribue au positionnement de la société par rapport au développement de son capital humain.

Application du cadre légal en entreprise

Le temps de formation est assimilé au temps de travail. Le contrat de travail n'est pas interrompu, il s'agit d'un temps effectif de travail, ce qui donne droit aux congés payés ou aux RTT, par exemple. La formation s'adapte à la stratégie de l'entreprise, notamment dans le cadre d'un rachat, d'une fusion ou d'une acquisition.

Le plan de formation

Le plan de formation correspond à l'ensemble des actions de formation établi chaque année à l'initiative du chef d'entreprise. C'est donc à lui qu'il revient de classer, suivant les besoins de l'entreprise et des salariés, les actions de formation à mettre en œuvre.

L'employeur est légalement tenu d'une obligation de former les salariés dans le cadre de :

- L'adaptation à leur emploi ;
- L'évolution de leur emploi ;
- Leur développement personnel.

Chaque employeur participe au financement de la formation professionnelle continue et la mise en place d'un plan de formation est l'une des modalités permettant de s'acquitter de cette obligation légale. Les instances représentatives du personnel sont obligatoirement consultées sur ce plan.

Chaque année, 4 millions de salariés participent à des actions de formation dans le cadre d'un plan de formation. Cela représente 300 millions d'heures, qui concernent 34 % des salariés, et 25 000 personnes bénéficient d'un congé individuel de formation.

La mise en œuvre du plan de formation

C'est un plan d'action ayant pour objectif l'acquisition ou le renforcement des compétences des salariés. Il permet de guider les stratégies de l'entreprise en termes d'emplois et de compétences. Tous les salariés sont concernés, quel que soit le contrat de travail ou la structure juridique de l'entreprise.

Généralement, la construction du plan se déroule vers les mois d'octobre et novembre de chaque année, mais les jalons sont posés tout au long de l'année pour l'alimenter. Par exemple, les entretiens annuels, les phases d'évaluation, la gestion des compétences au quotidien, les axes stratégiques ou le développement de nouveaux projets contribuent à la préparation de ce plan.

Les points clés du plan de formation sont les suivants : on réalise un plan pluriannuel articulé avec le plan stratégique de l'entreprise qui nécessite, donc, une prise en compte de la compétence des hommes. Il est établi pour trois ans et il est glissant. La première année est détaillée. Le plan peut être orienté par un schéma directeur indiquant les grandes priorités. Selon la taille de l'entreprise et son mode de management, on le prépare avec la consolidation de la remontée des besoins du terrain, la fixation d'orientations directives centrales ou un panachage des deux approches. La règle générale est d'articuler les types d'objectifs avec le niveau des décideurs réellement concernés, le plan n'étant pas une fin en soi et son processus d'élaboration étant au moins aussi important que son contenu.

Il est souhaitable qu'il comporte également l'indication des actions qui vont être entreprises par la DRH pour améliorer la qualité des actions et des processus qui sont de sa responsabilité. Le plan, aussi bien dans sa phase de préparation que dans sa phase d'application, est conçu comme un support de communication entre les différents acteurs concernés. Il est souhaitable que le tableau de bord qui va permettre de suivre son application comporte, au-delà des indicateurs administratifs obligatoires dans le bilan social, des indicateurs permettant de suivre qualitativement l'atteinte des objectifs.

Le document formalisant le plan comporte, généralement, quatre parties :

- Un exposé du contexte de l'entreprise justifiant les choix opérés ;
- Un descriptif des actions déclinant les objectifs ;
- Une prévision d'étalement des actions dans le temps ;
- Une budgétisation prévisionnelle.

Il précise les actions du service formation pour améliorer la qualité des actions et des processus qui sont de sa responsabilité.

Le plan de formation présente :

- Les formations proposées par les représentants du personnel et retenues par l'employeur ;
- Les demandes individuelles intégrées au plan par l'employeur ;
- Les bilans de compétences réalisés à l'initiative de l'employeur ;
- Les DIF ou les formations demandés par le salarié.

Pour élaborer un plan de formation, il faut recueillir et identifier les besoins individuels, mais aussi les axes de formation transversaux et collectifs.

Ces actions de formation doivent bénéficier aux salariés de l'entreprise et relever d'une des catégories suivantes :

- Adaptation ou développement des compétences ;
- Promotion favorisant une qualification plus élevée ;
- Prévention pour des salariés dont l'emploi est menacé ;
- Acquisition ou perfectionnement des connaissances ;
- Bilan de compétences ou VAE.

Dans le travail de préparation, on aura listé les organismes de formation agréés et les formations proposées. Une fois les intervenants choisis, il faudra penser à effectuer le suivi qualitatif de l'intervenant.

La consultation du CE

Le CE est consulté sur les orientations professionnelles et notamment sur les critères retenus au niveau des choix relatifs soit à l'adaptation, à l'évolution de l'emploi ou son maintien, soit au développement des compétences.

Dans les entreprises dont le nombre de salariés est supérieur ou égal à 200, la commission formation est obligatoire, car elle a un rôle d'étude et un rôle préparatoire. Entre 50 et 100 salariés, on consulte le CE, entre 10 et 50 salariés, on consulte les DP. Les orientations visent à analyser l'égalité de la parité hommes-femmes. Le CE (ou les DP en cas d'absence de CE) doit également être consulté sur :

- L'exécution du plan de formation de l'année précédente et sur le projet de plan pour l'année à venir ;
- Les conditions de mise en œuvre des contrats et des périodes de professionnalisation ;
- La mise en œuvre du DIF.

La préparation des éléments du plan de formation correspond à la réactualisation des souhaits issus des entretiens annuels et aux besoins complémentaires des axes stratégiques définis. Les différentes actions de formation sont classées par priorité au regard du budget imparti. Lorsque le plan est prêt et validé, il ne reste qu'à mettre en place les actions de formation décidées.

Le budget du plan

Chaque action de formation décidée au plan est budgétée. Les dépenses de formation sont composées des frais pédagogiques et des salaires induits, c'est-à-dire la rémunération du salarié durant la formation.

La formation est remboursée par les OPCA. Au sens du Code du travail, une action de formation professionnelle imputable sur l'obligation légale :

- Doit se dérouler conformément à un programme établi en fonction d'objectifs de formation préalablement définis ;
- Doit préciser dans le programme les moyens pédagogiques, l'encadrement mis en œuvre et définir un dispositif de suivi et d'évaluation ;
- Doit donner lieu à la délivrance d'une attestation de présence signée par le stagiaire ;
- Doit, par ailleurs, être dispensée, sauf cas particuliers, dans des locaux distincts des « lieux de production », soit à l'intérieur, soit à l'extérieur de l'entreprise.

Ces éléments sont nécessaires pour bénéficier de la prise en charge financière par l'OPCA et peuvent être vérifiés en cas de contrôle par les pouvoirs publics.

Un bilan pédagogique est rempli chaque année au mois d'avril et envoyé à la DRTEFP par les organismes formateurs.

Lorsque l'entreprise organise la formation avec ses propres moyens, elle peut retenir comme dépenses de formation :

- La rémunération du personnel enseignant et non enseignant qui est affecté à temps plein à des activités de formation ;
- Le coût des fournitures, des équipements et des matériels pédagogiques ;
- Les dépenses liées directement au déroulement des actions de formation (entretien des locaux de formation et du mobilier, dépenses liées à l'organisation administrative des actions de formation) ;
- La rémunération des « stagiaires » (nom donné aux salariés en formation) ainsi que leurs frais d'hébergement et de transport.

Le suivi du plan de formation répond à deux nécessités, celle de l'évaluation des actions de formation et celle de l'analyse des formations par rapport au salarié. L'évaluation systématique des actions de formation s'effectue à trois niveaux :

- Les objectifs pédagogiques (réalité de l'apprentissage) ;

- Les objectifs de formation (appréciation des résultats de la formation) ;
- Les objectifs d'évolution de l'entreprise (mesure des effets sur le terrain).

L'analyse de la formation par rapport au salarié lui-même permet de prendre en compte sa formation initiale, les acquis professionnels, les formations suivies au cours de sa carrière avec, éventuellement, les diplômes obtenus.

Le contrat de professionnalisation

La loi du 4 mai 2004 relative à la formation professionnelle tout au long de la vie et au dialogue social crée le contrat de professionnalisation.

Les contrats de professionnalisation et les périodes de professionnalisation associent des enseignements généraux, professionnels et technologiques (dispensés dans des organismes publics ou privés de formation ou, lorsqu'elle dispose d'un service de formation, par l'entreprise) et l'acquisition d'un savoir-faire par l'exercice en entreprise d'une activité professionnelle en relation avec la qualification recherchée.

Ce contrat a pour objet de compléter une formation initiale ou d'obtenir une qualification afin de favoriser l'insertion ou la réinsertion professionnelles. Tous les employeurs du secteur privé sont concernés par le contrat de professionnalisation. Les entreprises de travail temporaire peuvent embaucher dans le cadre de ce contrat.

Le contrat de professionnalisation s'adresse aux personnes de 16 à 25 ans révolus, qui peuvent par ce biais compléter leur formation initiale. Il est également ouvert aux demandeurs d'emploi âgés de 26 ans et plus.

Une convention obligatoire

Elle est signée entre l'entreprise et l'établissement d'enseignement. Le contrat de professionnalisation est obligatoirement établi par écrit et doit être déposé à la DDTEFP. Ce contrat peut être réalisé dans le cadre d'un contrat à durée indéterminée ou dans le cadre d'un contrat à durée déterminée de 6 à 12 mois. Il ne peut prévoir de clause de dédit formation. Le titulaire du contrat de professionnalisation bénéficie des mêmes conditions de travail que les autres salariés, dans la mesure où elles ne sont pas contraires aux exigences de leur formation. Le bénéficiaire perçoit pendant l'action de professionnalisation une rémunération qui dépend de son statut (pourcentage du smic ou du salaire de qualification de la convention collective).

Le contrat de professionnalisation doit permettre au salarié formé d'acquérir une qualification, soit enregistrée dans le répertoire national des certifications professionnelles, soit reconnue dans les classifications d'une convention collective nationale de branche. Des conventions ou accords collectifs de branche définissent les bénéficiaires et la nature des qualifications auxquelles amènent ces contrats.

L'action de professionnalisation comprend :

- Des actions d'évaluation et d'accompagnement ;
- Des enseignements généraux, professionnels et technologiques.

Le tutorat

Un tuteur peut être désigné par l'employeur pour accueillir et guider le jeune dans l'entreprise. La personne choisie doit être volontaire et justifier d'une expérience professionnelle d'au moins deux ans dans une qualification en rapport avec l'objectif de professionnalisation visé. Le tuteur ne peut exercer simultanément ses fonctions à l'égard de plus de trois bénéficiaires d'un contrat de professionnalisation, d'apprentissage ou de périodes de professionnalisation. L'employeur peut remplir la fonction de tuteur s'il remplit les conditions de qualification et d'expérience.

Avantages pour l'employeur

L'employeur bénéficie pour les jeunes de moins de 26 ans et pour les demandeurs d'emploi âgés de 45 ans et plus d'une exonération de charges patronales de sécurité sociale sur la partie du salaire versée n'excédant pas le smic pour le nombre d'heures rémunérées. Cette exonération porte sur la durée du CDD ou sur la durée de l'action de professionnalisation si le contrat est à durée indéterminée.

L'employeur peut imputer sur la participation à la formation professionnelle les dépenses liées aux actions de formation qui vont au-delà des montants forfaitaires pris en charge par les OPCA.

Prise en charge des frais par les OPCA

Les organismes paritaires collecteurs agréés prennent en charge les actions d'évaluation, d'accompagnement et de formation sur la base de forfaits horaires. L'employeur adresse le contrat à l'OPCA au titre de l'alternance, au plus tard dans les cinq jours qui suivent le début du contrat. Après avoir émis un avis sur le contrat de professionnalisation et décidé de la prise en charge des dépenses de formation, l'OPCA dispose d'un mois pour le déposer, ainsi que l'avis et la décision relative à son financement, à la DDTEFP du lieu d'exécution du contrat. Le contrat est enregistré par celle-ci s'il est conforme aux dispositions qui le réglementent. La non-réponse de la DDTEFP, passé le délai d'un mois, vaut décision d'enregistrement. En cas de rupture avant son terme du contrat de professionnalisation s'il s'agit d'un contrat à durée indéterminée, l'employeur signale la rupture dans les 30 jours qui suivent à la DDTEFP, à l'OPCA et à l'organisme qui recouvre les cotisations sociales.

La mise en place de contrats de professionnalisation se révèle particulièrement pertinente au sein du service formation et une DRH est, souvent, la première à montrer l'exemple en recrutant des jeunes sous ce type de contrat.

L'entretien de professionnalisation

L'entretien professionnel a pour objectif d'évaluer les compétences de chaque collaborateur, d'examiner les différents moyens de les développer, notamment, grâce à la formation et d'envisager l'évolution professionnelle du collaborateur à court et moyen terme. Tous les salariés, sans condition d'ancienneté, sont concernés par l'entretien professionnel. Chaque salarié doit bénéficier d'un tel entretien au moins tous les deux ans. Les modalités de mise en œuvre sont définies par chaque entreprise.

EXEMPLE

Cependant, l'entretien pourra porter sur :

- Les réalisations du salarié ;
- Ses objectifs professionnels ;
- Ses compétences ;
- Les différentes formations qu'il a reçues et celles dont il pourrait bénéficier.

Par ailleurs, rien n'empêche de concilier l'entretien professionnel et l'entretien annuel avec le salarié. Il est conseillé d'examiner avec le salarié les possibilités d'utilisation de son DIF. La préparation et la tenue de l'entretien ont lieu pendant le temps de travail et au sein de l'entreprise. Les collaborateurs chargés de conduire ces entretiens doivent être formés à leur mission managériale et être informés de la stratégie de formation de l'entreprise. En outre, une maîtrise des référentiels emplois/compétences liés aux métiers de l'entreprise est requise. Enfin, l'entretien professionnel doit donner lieu à une conclusion écrite, approuvée par le salarié et son responsable d'entretien, c'est-à-dire que chacune des deux parties doit pouvoir exprimer sa position.

Une rubrique relative à ces entretiens pourra être introduite dans le bilan social de l'entreprise assortie d'une information au comité d'entreprise sur les modalités de réalisation des entretiens. En tout état de cause, les institutions représentatives du personnel, lorsqu'elles existent, sont informées des éléments quantitatifs et statistiques relatifs à la tenue des entretiens et notamment des formations définies à l'issue de l'entretien et approuvées par les deux parties.

Le passeport formation

Aux termes de l'accord national interprofessionnel du 5 décembre 2003, chaque salarié doit être en mesure d'identifier et de faire certifier ses connaissances, ses compétences et ses aptitudes professionnelles, acquises soit par la formation initiale ou continue, soit du fait de ses expériences professionnelles. Le « passeport formation » a pour objectif de recenser ces divers éléments. Le passeport est réalisé à l'initiative du salarié. Il en est propriétaire et est responsable de sa constitution et de son utilisation.

Dans le respect des évolutions législatives et réglementaires, ce passeport formation recense :

- Diplômes et titres obtenus au cours du cursus de formation initiale ;
- Expériences professionnelles acquises lors des périodes de stage ou de formation en entreprise ;
- Certifications à finalité professionnelle délivrées sous forme de diplôme, obtenues dans le cadre de la formation continue ou de la validation des acquis de l'expérience ;
- Actions de formation suivies au titre de la formation professionnelle continue ;
- Connaissances, compétences et aptitudes professionnelles acquises par l'emploi occupé.
- Avec l'accord du salarié, les décisions en matière de formation, prises lors d'un entretien professionnel ou d'un bilan de compétences dont il a bénéficié, peuvent être mentionnées dans une annexe. Depuis le 1er janvier 2005, les entreprises doivent conserver les informations susceptibles d'être recensées dans le passeport formation et doivent les fournir au salarié, à sa demande.

La communication de la formation

Il s'agit de mettre en avant la politique de formation de l'entreprise, qui représente un budget non négligeable et qui s'inscrit dans un axe stratégique de développement.

La DRH s'engage pour la formation, car c'est réellement un enjeu, créateur de valeur pour l'entreprise. Auprès du chef d'entreprise ou de celui qui va avaliser le plan de formation, l'objectif de la DRH est d'obtenir l'investissement le plus large possible, au titre de la formation, en s'appuyant sur des éléments justificatifs comme l'adaptation aux nouvelles technologies, l'évolution des métiers, la GPEC (départs à la retraite, turnover). La DRH rencontre, également, les différents chefs de service ou communique avec eux, pour mieux connaître les arguments liés à leur demande de formation, afin de justifier et d'affecter les priorités. Elle leur fait, par exemple, préciser les conséquences d'une formation prescrite par eux mais non retenue ou elle envisage avec eux les futurs CIF et DIF de leur équipe. Le but est, donc, de les impliquer dans l'élaboration du plan de formation, d'en montrer l'importance et de prévoir, si besoin, le remplacement des salariés en formation et le coût s'y référant.

Quant à la communication avec les IRP, même si elle est obligatoire, elle peut être menée sous un jour constructif et valorisant pour l'image de l'entreprise. Il peut y avoir une réunion formelle, conformément aux textes législatifs, et informelle, relative aux défis humains de l'entreprise sur l'employabilité, c'est-à-dire l'adéquation entre l'emploi et les compétences. La communication RH repose sur une transparence totale des enjeux économiques de l'entreprise et sur la flexibilité nécessaire face aux évolutions des marchés et des technologies, en mettant en valeur les formations effectuées dans cet objectif.

La DRH informe sur les droits de chaque salarié en matière de formation. Dans le cadre du DIF, il est nécessaire d'être à l'écoute des salariés et de noter les formations qui les intéressent, l'information relative au nombre d'heures est écrite et jointe au bulletin de salaire du mois de décembre L'entretien professionnel obligatoire tous les deux ans pour les salariés ayant deux ans d'ancienneté est un réel moyen de communication avec chacun d'entre eux.

Communication avec le salarié en formation

Le service de formation est en prise directe avec le salarié qui part en formation, il communique sur :

- Le contenu de la formation ;
- Le calendrier, la date, les horaires et le lieu ;

- Le transport et les conditions d'hébergement ;
- Le remboursement des notes de frais, si besoin ;
- Le document relatif à l'attestation de formation.

Information des managers sur la composition du plan

Les managers sont informés des modalités de réalisation d'un plan de formation conformément à la loi. Les actions de formation doivent en effet se déterminer en priorité par rapport à l'adaptation, ensuite par rapport à l'évolution ou au maintien des emplois, et enfin par rapport au développement des compétences.

L'action d'adaptation au poste de travail correspond à la catégorie 1. Pour déterminer si une action de formation entre dans la catégorie 1, il faut :

- Analyser le poste de travail (quelles sont les tâches qui le caractérisent, les moyens qu'il requiert, sa place dans le service, le département, l'entreprise…) ;
- S'interroger sur la capacité du salarié à occuper ce poste.

Si les formations envisagées visent l'adéquation salariés/postes, ces actions relèvent de la catégorie 1. Par exemple, dans une PME, une secrétaire comptable est chargée de l'établissement de la paie. Elle travaille sur un ordinateur, ce poste exige l'utilisation du logiciel de paie. Si l'intéressée ne sait pas l'utiliser, elle suit une formation à l'utilisation du logiciel.

Les actions liées à l'évolution des emplois ou au maintien dans l'emploi appartiennent à la catégorie 2. Pour déterminer si une action de formation entre dans la catégorie 2, il faut :

- S'interroger sur l'évolution prévisible des emplois ;
- Examiner la capacité des salariés à occuper ces emplois compte tenu des évolutions en cours prévisibles.

Si les formations envisagées visent à maintenir les salariés dans leur emploi ou à favoriser leur évolution vers un autre emploi, tout en restant dans la même qualification, il s'agit d'actions relevant de la catégorie 2. Par exemple, dans le cadre d'une réorganisation de l'entreprise, la secrétaire comptable doit prendre en charge le suivi de l'activité commerciale, cette évolution exige des connaissances en matière de conception, de mise en œuvre et de suivi de tableaux de bord. Si l'intéressée ne les possède pas, elle suit une formation sur les tableaux de bord commerciaux.

Les actions liées au développement des compétences sont affectées à la catégorie 3.

Pour déterminer si une action de formation entre dans la catégorie 3, il faut :

- Faire l'état des compétences nécessaires ;
- Repérer les salariés susceptibles de les exercer.

Si la ou les formations envisagées visent à développer les compétences recherchées, il s'agit d'actions relevant de la catégorie 3. Par exemple, afin de permettre à une secrétaire comptable d'évoluer tout en palliant un départ à la retraite, vous envisagez de la promouvoir en tant qu'assistante commerciale. Cette évolution exige des connaissances au-delà de la qualification de l'intéressée. Vous prévoyez une formation à la technique de vente. Une partie de l'action se déroule hors temps de travail. Avant le départ en formation, vous signez donc avec la salariée un accord précisant les modalités de la formation hors temps de travail, les engagements de l'entreprise envers la salariée pour sa future promotion et ceux de la salariée concernant son assiduité à la formation et le résultat de son évaluation.

En conclusion

La formation est un facteur indispensable à l'évolution et au développement des compétences du personnel et de l'entreprise dans un environnement de travail sans cesse confronté à la concurrence. La réforme de la formation professionnelle qualifiée d'« historique » et les nouvelles dispositions permettent au salarié de mieux maîtriser globalement son parcours professionnel. Cependant, il y aura certainement des jurisprudences qui détermineront, petit à petit, le cadre d'application de ces divers types de formations.

Les tableaux de bord relatifs à la formation vérifient l'impact des actions sur le déploiement stratégique de l'entreprise. Ils contrôlent l'efficacité et la rentabilité des actions de formation engagées. Ils mobilisent les équipes RH autour d'objectifs communs d'une meilleure anticipation de l'employabilité, apportant ainsi un minimum de sécurité aux salariés conscients de la mondialisation mais rassurés par les moyens mis en œuvre par l'entreprise pour s'y adapter.

Le DIF (droit individuel à la formation)

Tout salarié titulaire d'un contrat de travail à durée indéterminée et disposant d'une ancienneté d'au moins un an dans l'entreprise qui l'emploie bénéficie chaque année d'un droit individuel à la formation d'une durée de 20 heures, sauf dispositions d'une convention ou d'un accord collectif interprofessionnel, de branche ou d'entreprise prévoyant une durée supérieure.

Le DIF s'adresse à l'ensemble des salariés

Après un an d'ancienneté, chaque salarié capitalise donc 20 heures de formation par an. Ces heures sont cumulables sur 6 ans, et ne peuvent excéder un plafond de 120 heures. Pour les salariés à temps partiel, ce quota est calculé au prorata de leur temps de travail. Les salariés en CDD ont également accès au DIF, à condition de justifier de 4 mois consécutifs ou non en CDD au cours des 12 derniers mois.

Le salarié prend l'initiative de suivre une formation dans le cadre de son DIF, mais il doit néanmoins recueillir l'accord de l'employeur sur le choix de l'action de formation. Si les formations se déroulent en dehors du temps de travail, une allocation de formation est, alors, versée au salarié. Si un accord de branche ou d'entreprise le prévoit, le DIF peut se dérouler en partie pendant le temps de travail, les heures ainsi effectuées sont rémunérées normalement.

Le législateur a opéré un renvoi à la négociation de branche ou d'entreprise afin de définir des priorités pour les actions de formation mises en œuvre dans le cadre du DIF. En l'absence d'un tel accord, les actions de formation qui peuvent être mises en œuvre sont les actions de promotion ou d'acquisition, d'entretien ou de perfectionnement des connaissances.

Quand une formation est reconnue comme prioritaire par la branche professionnelle pour l'exercice du DIF, l'employeur peut s'adresser à l'organisme auquel il verse la cotisation de 0,5 % afin qu'il finance les frais de formation et, éventuellement, les frais de transport et d'hébergement. La demande du salarié d'utiliser le DIF n'est soumise à aucun formalisme. Qu'il accepte ou refuse la formation envisagée, l'employeur dispose d'un délai d'un mois pour notifier sa réponse. L'absence de réponse de l'employeur vaut acceptation du choix de l'action de formation.

Obligation d'information de l'employeur

Une fois par an, l'employeur doit informer chaque salarié par écrit du total d'heures acquises au titre du DIF. Il doit, également, informer le salarié des droits dont il dispose au titre du DIF dans la lettre de notification du licenciement. Ce document doit renseigner sur le nombre d'heures acquises et les conditions dans lesquelles le salarié peut bénéficier de son DIF. Dans la mesure où le salarié effectue sa demande dans le délai imparti, les heures acquises au titre du DIF sont converties en allocation de formation, la somme ainsi déterminée doit permettre de financer une action de formation, de bilan de compétences ou de VAE. Dans le cas d'une démission, le DIF peut, à la demande du salarié, être utilisé si une action de formation, de bilan de compétences ou de VAE est engagée avant la fin du préavis. Enfin, lors d'un départ à la retraite ou d'un licenciement pour faute grave ou lourde, le DIF est perdu. À ce jour, la question n'est pas traitée dans la loi du 25 juin 2008, relative à la rupture conventionnelle.

Le DIF est un outil remarquable quand les relations dans l'entreprise sont bonnes et qu'existe la motivation pour améliorer les conditions professionnelles des uns et des autres, ce qui nécessite l'implication du management de proximité. Les organisations qui sont liées par une convention de branche ou, à défaut, par un accord professionnel se réunissent au moins tous les cinq ans pour négocier sur les priorités, les objectifs et les moyens de la formation professionnelle des salariés.

Nom, prénom, adresse

Objet : Ma demande de formation dans le cadre du DIF

M. ...,

Je souhaite utiliser mon capital d'heures, disponible au titre du DIF, pour suivre la formation « Savoir s'exprimer en public » du mardi ... au ... pour une durée totale de ... heures, auprès de l'organisme ....

Le coût pédagogique est de ... € HT. L'organisme, déjà contacté par mes soins, se tient à votre disposition pour vous faire parvenir la convention de stage. Je joins à la présente le programme détaillé de cette formation.

Dans l'attente de votre réponse, je vous prie de croire, M. ..., à l'expression de mes salutations les meilleures.

(1) *Lettre recommandée avec AR ou remise en mains propres*

Figure 20-1 : Modèle de lettre de demande de DIF (1).

Le CIF (congé individuel de formation)

Le CIF est également à la demande du salarié. Il a pour objet de permettre à tout salarié de suivre, à son initiative, des actions de formation, afin d'accéder à un niveau de qualification supérieur, de changer d'activité ou de profession. Ce congé est ouvert aux salariés des entreprises du secteur privé, quelle que soit la taille de l'entreprise qui les emploie, avec des dispositions particulières pour les intérimaires. Son financement doit cependant correspondre aux priorités de l'organisme financeur (le Fongecif dans la plupart des cas). La formation peut se dérouler à temps partiel ou à temps plein et sa durée est, sauf exception, limitée à un an à temps complet ou 1 200 heures à temps partiel.

La formation doit correspondre à un stage d'acquisition, d'entretien et de perfectionnement des connaissances ou à un stage de promotion permettant d'acquérir une qualification plus élevée.

Le salarié en CDI peut déposer une demande de congé dans la mesure où il justifie d'une ancienneté professionnelle de 24 mois consécutifs ou non, dont 12 mois dans l'entreprise actuelle. Un délai de franchise doit être respecté entre deux CIF demandés par un salarié dans la même entreprise. La démarche est double, une demande d'autorisation d'absence doit être adressée à l'employeur et une demande de prise en charge du salaire et des frais de formation doit être faite au Fongecif.

La demande d'autorisation auprès de l'employeur doit respecter un délai de prévenance de 120 jours si le stage dure au moins 6 mois, et de 60 jours dans les autres cas. À défaut, l'employeur peut légitimement refuser le CIF.

La demande d'autorisation d'absence à l'employeur doit être écrite et indiquer précisément :

- La date de début de stage ;
- L'intitulé du stage et sa durée ;
- Le nom de l'organisme responsable.

L'employeur doit faire connaître sa réponse dans les 30 jours suivant la réception de la demande. Si l'absence du salarié est préjudiciable à la bonne marche de l'entreprise, l'employeur peut, en motivant sa décision, et, après consultation du CE ou des DP, reporter la demande de 9 mois au maximum. Il peut reporter la demande lorsque 2 % des effectifs sont déjà en congé formation quand l'entreprise compte 200 salariés ou plus, lorsque 2 % des heures de travail effectuées dans l'année ont déjà été prises au titre du CIF quand l'entreprise a moins de 200 salariés, et lorsqu'un salarié est déjà en CIF pour les entreprises de moins de 10 salariés.

De son côté, le Fongecif étudie la demande de prise en charge financière selon ses propres critères de priorité, définis par son conseil d'administration. Sa participation peut être totale ou partielle et couvrir tout ou partie des salaires ou des frais de formation. Une partie de la formation peut être réalisée en dehors du temps de travail. Le Fongecif ou l'OPCA sont susceptibles de prendre en charge, dans l'ordre de priorité :

- La rémunération ;
- Le coût de la formation ;
- Les frais de transport ;
- Les frais d'hébergement.

Le temps passé en congé formation est assimilé à un temps de travail ; ainsi, les congés payés et les primes sont dus en totalité. Le salarié continue à bénéficier de toutes les prestations de la Sécurité sociale.

La VAE (validation des acquis de l'expérience)

Désormais, le DIF permet aussi de faire une VAE. La VAE est un droit inscrit dans le Code du travail, qui permet de faire valider les acquis de son expérience en vue d'obtenir un diplôme, un titre à finalité professionnelle ou un certificat de qualification figurant dans le RNCP. Toutes les activités, y compris bénévoles, sont prises en compte.

La VAE permet d'acquérir tout ou partie d'un diplôme ou d'un titre. Elle permet, également, d'accéder à un cursus de formation sans justifier du niveau d'études normalement requis. Tous les salariés ont accès à la VAE dans la mesure où ils peuvent justifier d'une expérience d'au moins trois années, consécutives ou non, en rapport avec la qualification demandée. La formation initiale ou continue et les stages en milieu professionnel ne sont pas comptabilisés.

Le rôle du jury

C'est un jury de validation qui apprécie le caractère professionnel des compétences acquises et le lien avec celles exigées par le référentiel. Le règlement de la certification définit les modalités et les critères d'évaluation des compétences du candidat : examen sur dossier, mise en situation, entretien. Le jury est souverain et peut prononcer une validation totale ou partielle de la certification visée. Dans ce dernier cas, il définit la nature des compétences devant faire l'objet d'un contrôle complémentaire pour que le candidat acquière le complément de validation nécessaire à l'obtention du titre.

La démarche de VAE

Si le candidat a identifié la certification visée, il s'adresse à l'organisme compétent. Dans le cas contraire, il peut obtenir des informations auprès des différents organismes en charge de l'information et de l'orientation. Il peut être accompagné dans la constitution de son dossier et obtenir, selon les cas, un financement, total ou partiel, du coût de la certification.

Certains organismes de formation, cabinets de conseil ou centres de bilans de compétences se sont dotés de tels services d'accompagnement. Les salariés du secteur privé peuvent également obtenir de leur employeur, sous certaines conditions, un congé de validation des acquis de l'expérience d'une durée maximale de 24 heures. Les titres validés correspondent notamment à un BTS, soit bac + 2, à une licence, soit bac + 3, ou à un master, soit bac + 5, ou encore permettent l'accès à un titre d'ingénieur.

Le bilan de compétences

Il permet de faire un point sur la vie professionnelle du salarié, d'analyser ses compétences, ses aptitudes et ses motivations. Il peut aider à définir un projet professionnel cohérent ou valider un projet de formation. Réalisé pendant ou en dehors du temps de travail, sa prise en charge est assurée par le Fongecif. Le bilan se déroule dans un organisme agréé qui garantit la totale confidentialité de la démarche.

Le bilan de compétences s'effectue en trois étapes. D'abord un entretien individuel pour définir les besoins du salarié et présenter les conditions de déroulement du bilan, puis une phase d'investigation qui permet d'analyser les aptitudes et les centres d'intérêt et enfin une conclusion avec remise d'un document de synthèse, qui reprend le projet et définit les étapes envisagées de sa mise en œuvre. Les actions sont conduites, sauf exception, de manière individuelle, et le salarié est le seul destinataire des conclusions du bilan.

Le salarié peut prendre l'initiative de suivre un bilan de compétences s'il dispose d'une ancienneté de plus de cinq ans, dont un an dans l'entreprise actuelle, et tout en respectant un délai de franchise de cinq ans entre deux bilans. Il fait une demande de prise en charge de sa rémunération et des frais de bilan auprès du Fongecif. Deux mois avant le début du bilan, il présente une demande d'autorisation d'absence à son employeur, qui dispose de 30 jours pour répondre. Le salarié peut aussi effectuer son bilan en dehors du temps de travail. Dans ce cas il n'est pas tenu d'informer son employeur de sa démarche et les frais de bilan restent pris en charge.

L'employeur peut également demander au salarié de suivre, avec son accord, un bilan de compétences dans le cadre du plan de formation, mais il ne peut, en aucun cas, lui imposer. Les résultats ne peuvent être communiqués à l'employeur sans l'accord exprès du salarié.

Les organismes habilités à réaliser des bilans de compétences doivent être inscrits sur une liste arrêtée par le Fongecif (ou un autre Opcacif de branche). En aucun cas les entreprises ne peuvent réaliser elles-mêmes des bilans de compétences pour leurs salariés.

Bilan social lié à la formation

La formation professionnelle continue correspond au poste 51 du bilan social. Les données obligatoires dans les entreprises de plus de 300 salariés sont, néanmoins, indispensables dans tout service RH, car elles permettent de mettre en place un historique de la formation afin de suivre :

- Les « stagiaires » (appellation des salariés en formation) ;
- Les répartitions entre les hommes et les femmes (droit à l'égalité) ;
- Les catégories socioprofessionnelles (équilibre à maintenir entre les Etam et les cadres) ;
- Les contrats qui se transforment de CDD en CDI grâce aux contrats de professionnalisation.

Tableaux de bord

Ces tableaux de bord doivent être en adéquation avec les statistiques contenues dans le bilan social. Ce dernier permet le pilotage de la formation dans l'entreprise. L'informatisation, dans le respect de la réglementation relative à la protection des libertés individuelles, facilite la tenue des tableaux de bord. Quelques ratios mesurent l'effort de formation :

- Le nombre d'heures de stage ;
- La moyenne d'heures de stage par salarié ;
- Le budget formation par salarié.

Il est important de noter d'autres indicateurs fonctionnels et, notamment, les pourcentages des :

- Formations effectuées conformément au plan ;
- Seniors formés ;
- Nouveaux recrutés ayant suivi une formation d'intégration ;
- Hauts potentiels ayant suivi une formation au management ;
- Collaborateurs formés à la sécurité.

Chaque entreprise adapte les ratios qui lui semblent indispensables pour un suivi qualitatif de la formation. La pertinence des indicateurs dépend des objectifs fixés. Ils se doivent d'être représentatifs du niveau de service attendu. Dans de nombreuses entreprises, les indicateurs visent à mesurer de façon précise la rentabilité des formations mises en place.

Par exemple :

- La diminution du nombre de rebuts pour les salariés spécifiquement formés ;
- La diminution des accidents du travail à la suite d'une formation à la sécurité ;
- L'amélioration des délais de production après la formation à la conduite de projet ;
- L'augmentation de prises de commandes après une formation consacrée à la vente.

Il est également important de prendre en compte les indicateurs révélateurs de la création de valeur liée à la formation, notamment dans l'acquisition et le développement des compétences, tels que les pourcentages :

- De masse salariale consacrée à la formation au-delà du seuil réglementaire ;
- De salariés ayant suivi une formation qualifiante sur le total des salariés ;
- D'entretiens professionnels réalisés ;
- De managers formés au management sur le total des managers ;
- De budget formation consacré au développement durable ;
- De RSI des programmes de formation stratégique ;
- De salariés formés aux métiers clés.

Le tableau de bord RH de formation relaie la stratégie et les valeurs de l'entreprise. Ce dernier est décliné à partir des objectifs stratégiques, les divers graphiques présentent une vision globale des enjeux RH de l'entreprise liés à la formation.

Quelques exemples

Dans l'exemple ci-dessous, les cadres, les agents techniques et les employés-ouvriers représentent les trois catégories professionnelles de l'entreprise choisie. On s'aperçoit que les cadres ont plus d'heures de formation et que l'ensemble tend à diminuer. Ce graphique va permettre d'analyser, de justifier et de rectifier l'évolution.

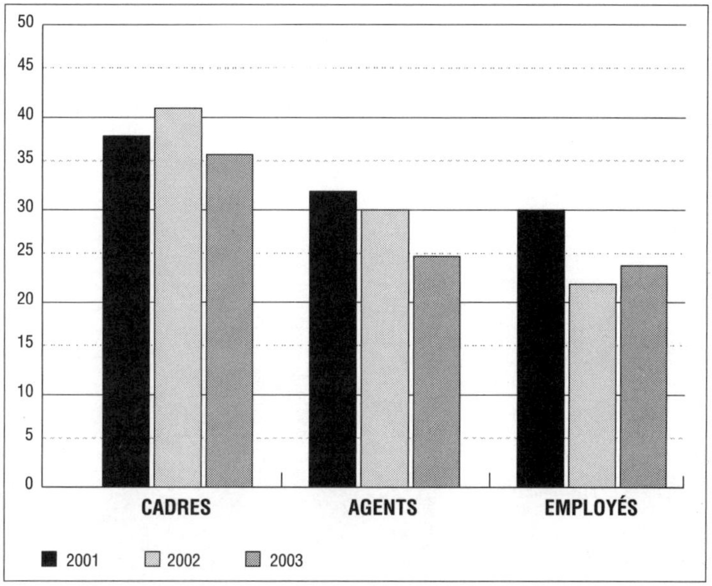

Figure 20-2 : Moyenne d'heures de stage par salarié.

Dans le graphique ci-dessous concernant la ventilation des catégories socioprofessionnelles, le pourcentage de formation affecté aux cadres est pratiquement le double de celui des ouvriers. Là encore, il faudra justifier ce décalage et prendre les mesures nécessaires pour un meilleur équilibre.

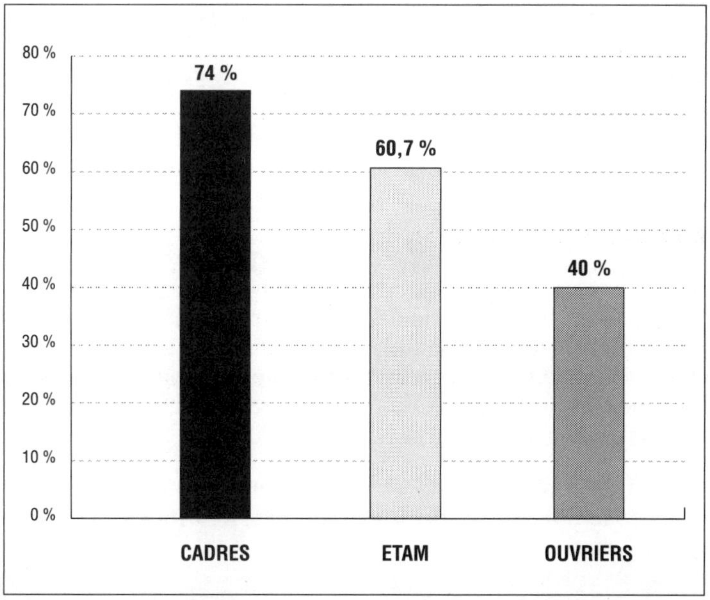

Figure 20-3 : Pourcentage de formations effectué par les CSP.

Ce troisième graphique fait apparaître que les salariés ont suivi les formations suivantes :

- 21 % sur le management ;
- 12 % sur l'informatique ;
- 11 % sur la sécurité.

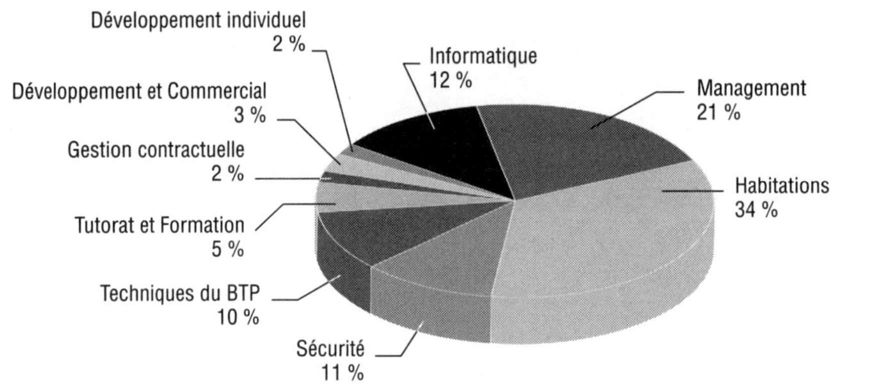

Figure 20-4 : Nature de la formation.

Les divers modes de formation

Les formations ont lieu généralement au sein de l'entreprise. Cette formation collective classique, dénommée « formation en salle », correspond à la formation en mode « présentiel », c'est-à-dire que le salarié est physiquement présent. Un salarié en formation est appelé « stagiaire ».

La particularité de l'e-learning

L'e-learning est un des moyens disponibles pour les formations à distance. Il repose sur l'utilisation des supports numériques (Internet, intranet, cédérom…) dans le but de rendre accessibles des parcours d'autoformation individualisés, mais également dans celui de permettre des échanges entre les acteurs des formations (travail collaboratif).

Un véritable dispositif s'appuie sur une plate-forme baptisée « LMS ». Un LMS regroupe l'ensemble des outils informatiques destinés à la formation en ligne. Cette plate-forme permet :

- De planifier les formations en ligne ;
- D'organiser des groupes de travail ;
- D'affecter des ressources ;
- De suivre les formations grâce à des statistiques portant sur les résultats des tests ou les temps de formation ;
- D'évaluer les apprenants ;
- D'intégrer de nouveaux contenus.

Les fonctionnalités d'un dispositif d'e-learning permettent :

- La gestion du contenu, de la production et du stockage de ressources pédagogiques ;
- La gestion de la formation, de la partie administrative (inscription des stagiaires, gestion des accès) ;
- La gestion de l'interactivité, accompagnement de l'apprenant (messagerie, forum, outils collaboratifs) et les classes virtuelles (vidéoconférences) ;
- La gestion des compétences, des mises en adéquation des compétences individuelles avec les besoins de formation pour réaliser des programmes adaptés.

La mise en place d'une formation en ligne permet dans un premier temps de réduire des coûts relatifs au transport, à l'encadrement, à la location de locaux. Les frais de départ se limiteront à l'installation informatique, à condition qu'elle soit en adéquation avec les besoins et non démesurée, car les vendeurs d'informatique ont tendance à exagérer l'outil devant l'incompétence des acheteurs ! Un dispositif e-learning permet d'alléger la logistique et de faire de véritables économies, à condition de choisir un outil en complément du présentiel et non s'y substituant, car rien ne vaut le contact en formation.

Si la formation en ligne est perçue comme un complément ou même un renforcement d'une formation présentielle, les avantages sont les suivants :

- Accès permanent à la formation, n'importe où, au bureau ou à domicile ;
- Formation courte de populations larges et dispersées en un minimum de temps ;
- De nombreux et variés domaines d'apprentissage sur des sujets peu courants ;
- Possibilité d'apprendre 24 heures sur 24, 7 jours sur 7 et au rythme de chacun ;

- Formation sur l'ordinateur personnel ou professionnel, par Internet ou intranet ;
- Possibilité de créer des communautés d'apprenants, de favoriser l'interaction humaine et le partage des connaissances.

Le salarié : acteur de sa formation

L'apprenant ne peut être passif : il est l'acteur de sa formation. Il bénéficie d'une formation individualisée répondant à ses besoins. Ses connaissances peuvent être évaluées à tout moment, mais, attention ! les formations sont lassantes et le manque de contact peut décourager facilement.

L'e-learning doit être intégré comme une nouvelle modalité pédagogique au service d'une cause unique, celle de la formation. C'est un outil parmi d'autres et surtout un outil complémentaire.

Le recours aux diverses pratiques de formation n'est pas aléatoire : le contenu des enseignements, les motifs de départ en formation influencent un usage spécifique des modes de formation. Ainsi, les formations en situation de travail s'opposent aux autres pratiques ; moins sélectives, elles n'en demeurent pas moins adaptées à des besoins et des publics particuliers.

Le ministère du Travail définit ainsi la FOAD : « Une formation ouverte et/ou à distance, est un dispositif souple de formation organisé en fonction de besoins individuels ou collectifs (individus, entreprises, territoires). Elle comporte des apprentissages individualisés et l'accès à des ressources et compétences locales ou à distance. Elle n'est pas exécutée nécessairement sous le contrôle permanent d'un formateur. » Les premières formations à distance dans les universités ont été mises en œuvre par les centres de téléenseignement universitaires qui envoyaient des supports de cours papier ou sonores aux étudiants inscrits. Le développement des nouvelles technologies permet maintenant la mise en ligne de formations par l'intermédiaire d'Internet. Ces formations peuvent comprendre un tutorat partiel ou permanent, des regroupements temporaires. Mais la validation de la formation implique généralement de se rendre dans un centre d'examen.

Chapitre 21

Gérer les compétences

Dans ce chapitre :

- Les étapes d'une GPEC
- La mise en place des référentiels métiers
- Les référentiels des compétences
- Le positionnement de la GPEC au sein de l'entreprise

Depuis janvier 2008, les entreprises françaises de plus de 300 salariés ont obligation de négocier avec les IRP la mise en place d'une GPEC. La GPEC a pour objet de déterminer les effectifs et les compétences dans les années à venir. Il faut, donc, connaître les emplois actuels et les futurs besoins et, ensuite, gérer l'écart entre eux. C'est également la gestion de l'adéquation des ressources humaines potentielles aux évolutions présumées du marché ; ainsi, l'entreprise identifie et adapte les compétences de ses ressources à ses propres besoins et aux attentes des salariés. La GPEC est une technique de gestion des ressources humaines (GRH). La GPEC n'est pas efficace sans stratégie claire et précise permettant de déterminer l'effectif et les compétences futures nécessaires.

Les étapes d'une GPEC

Afin de réussir une GPEC, on commence par identifier clairement le problème, on reste cohérent avec les objectifs poursuivis, la méthode appliquée et les outils à mettre en place. La démarche GPEC est conduite comme un véritable projet, pilotée par la DRH en parfait accord avec la direction générale sur des objectifs clairement définis, un plan d'action, de suivi et de contrôle, une évaluation des résultats, une implication de l'encadrement avec une concertation de l'ensemble des collaborateurs et un dispositif de veille afin de s'adapter à l'évolution des marchés ou de la technologie.

Pourquoi mettre en place une GPEC ?

Elle permet à l'entreprise d'anticiper les évolutions de carrières et d'emplois pour les adapter à ses nouveaux besoins en tenant compte des progrès technologiques et des contraintes économiques. Elle assure la cohérence entre la stratégie de l'entreprise et la gestion des ressources humaines. Le *staffing*, terme anglo-saxon souvent utilisé dans les grands groupes, consiste à savoir fournir les compétences en quantité et qualité suffisantes pour que l'activité puisse être réalisée, aujourd'hui et demain, et cela implique donc l'anticipation des besoins futurs.

Quels sont les intérêts d'une telle démarche ? On peut en trouver un certain nombre :

- Clarifier la stratégie de l'entreprise ;
- Identifier et anticiper les mutations de l'environnement ;
- Mieux gérer la formation, faciliter la mobilité interne ;
- Créer des référentiels utiles au recrutement ;
- Détecter et analyser les emplois sensibles ;
- Permettre la mise en place d'une véritable politique de rémunération.

Ainsi, la GPEC a pour objet de déterminer les mouvements d'effectifs et de compétences à organiser dans les trois à cinq ans à venir pour répondre aux besoins de l'entreprise. Et, comme pour toute gestion, il va falloir analyser, décider et contrôler. L'analyse consiste à prendre en compte la réalité avec ses caractéristiques et son potentiel d'évolution. Mais la gestion, ce n'est pas seulement comprendre une situation, il faut aussi décider et agir ; c'est ce qui en fait la difficulté, car la GPEC concerne l'ensemble de l'entreprise, le management et tous les salariés.

Le processus d'une GPEC

Le processus d'une GPEC inclut, donc, le comité de direction, l'encadrement, les représentants du personnel et les salariés eux-mêmes. Et, gérer, c'est aussi mesurer et suivre les résultats des choix effectués.

Quant au processus de GPEC lui-même, il consiste à :

- Connaître ses emplois, aujourd'hui ;
- Anticiper ses besoins futurs en emplois ;
- Anticiper l'évolution de ses emplois actuels ;
- Gérer les écarts entre ses besoins futurs et l'évolution de ses emplois actuels.

La GPEC se présente donc comme la conception, la mise en œuvre et le suivi d'actions visant à :

- Réduire de façon anticipée les écarts entre les besoins et les ressources de l'entreprise en fonction d'objectifs clairement identifiés ;
- Impliquer le salarié dans le cadre d'un projet d'évolution professionnelle.

Elle suppose que soit acquise, au préalable, une identification des emplois actuels ainsi que des emplois clés futurs.

Mise en place des référentiels métiers

Les référentiels métiers sont des éléments de gestion RH. Le métier confère une identité au salarié, qui détient un savoir et un savoir-faire reconnus dans l'entreprise grâce à une position dans une grille de classification et de salaires. Le métier est identifié par les activités qu'il recouvre et les compétences nécessaires pour l'exercer. Chaque métier fait référence à des activités essentielles liées soit à l'environnement, comme un travail de chantier, soit à des conditions spécifiques d'exercice, telles que les déplacements.

L'emploi type est un découpage du métier donnant des informations plus précises. Par exemple, dans le cas du métier « cadre ressources humaines », l'emploi type peut-être celui d'un chargé de recrutement ou d'un responsable formation.

À chaque emploi type peuvent correspondre plusieurs niveaux de qualification. En effet, le poste ou la fonction correspond à une position donnée dans une structure donnée de l'entreprise. Ainsi, l'emploi type « chargé de recrutement » peut être soit occupé par un junior ou par un senior, soit attribué à un débutant ou à un confirmé.

Un responsable GPEC commence, donc, par identifier les métiers et les emplois types. Cette identification revêt un caractère structurant dont les implications dans l'entreprise sont primordiales à la condition que le système soit souple et non pas mis en pratique telle une usine à gaz ! L'emploi se caractérise par une identité professionnelle, vérifiée sur le marché de l'emploi, et par une identité sociale, c'est-à-dire un sentiment d'appartenance à un métier.

La description d'un emploi nécessite :

- De décrire les tâches ;
- De décrire les activités ;
- D'identifier les fonctions.

L'évaluation des postes du groupe de la direction est fondée sur la méthode des barèmes d'évaluation Hay. Cette méthode s'appuie sur les principes suivants :

- Toute organisation existe en vue de produire des résultats identifiables ;
- Une organisation est créée lorsqu'il faut plus d'une personne pour effectuer les tâches requises pour obtenir ces résultats ;
- Tout poste viable dans une organisation a été conçu en vue d'accomplir une partie des tâches permettant d'atteindre ces résultats.

Cette contribution peut être mesurée de façon systématique.

Le besoin de clarification a entraîné la création de deux formes de nomenclatures : Celle du Rome correspond à la description de fiches métiers, un outil de travail lisible et cohérent. Celle du Cereq identifie des emplois types et présente un ensemble de situations concrètes permettant la gestion des compétences.

Le référentiel des compétences

L'emploi consiste à regrouper des postes homogènes en termes d'activités, de compétences. Les compétences correspondent à une aptitude à faire. Pour tenir un emploi, il faut souvent avoir plusieurs aptitudes. Il ne faut pas confondre :

- Les compétences = Que dois-je savoir, savoir faire et savoir être pour faire ?
- Les activités/tâches = Que dois-je faire ?

Dans le cadre d'une GPEC, il s'agit d'adapter les compétences internes à la stratégie de l'entreprise et d'accompagner le changement avec une évolution des compétences liées au « savoir faire faire », au savoir, au savoir-faire et au « savoir-être ». Des outils permettent d'analyser les écarts entre compétences requises et réelles. Sur le plan pratique, on liste d'abord les savoir-faire pour en déduire les savoirs requis ainsi que les savoir-être adéquats.

Le savoir-faire, le savoir et le savoir-être

Un savoir-faire correspond à « être capable de gérer la masse salariale ». En face, on rédige les trois niveaux requis : soit pratique, soit maîtrisé, soit d'expertise.

Le savoir, lui, exprime le niveau de connaissances requis pour gérer la masse salariale : soit de base, soit détaillé, soit approfondi.

Le savoir-être, dans ce cas, ne doit pas correspondre à une généralité telle qu'être consciencieux mais, au contraire, à une caractéristique indispensable comme la discrétion.

L'évaluation de poste fournit aux cadres supérieurs une base solide à partir de laquelle ils peuvent :

- Classer les postes de façon appropriée ;
- Déterminer l'écart relatif entre les postes ;
- Obtenir une mesure systématique de l'importance du poste, par rapport aux autres postes, de façon à pouvoir comparer les salaires ;
- Bénéficier d'une source de données décrivant le travail effectué par chaque unité de travail en vue d'une restructuration.

La compétence est l'ensemble des aptitudes et des connaissances qui, indépendamment de leur mode d'acquisition, permettent au titulaire de donner un rendement satisfaisant.

L'évaluation de la compétence comporte trois aspects :

- La profondeur et la diversité des connaissances pratiques, techniques, ou spécialisées ;
- L'étendue des connaissances liées à la gestion et aux activités pour planifier, organiser, coordonner, diriger, élaborer, contrôler, évaluer et vérifier ;
- L'importance des relations interpersonnelles pour l'atteinte des objectifs.

Évolution actuelle des effectifs et des compétences

La DRH se base sur les chiffres actuels et sur leur projection à moyen terme en analysant :

- Le flux sortant, dont les mutations et les départs à la retraite ;
- Le flux entrant, dont les recrutements et les promotions ;
- Le bilan des effectifs, à la fois, sortant et entrant ;
- Le tableau des compétences identifiées ;
- L'évolution des compétences avec les formations planifiées.

Elle décide des variables sur lesquelles agir, afin de réduire les écarts. Au niveau des entrants : le recrutement, les promotions, les mutations ; au niveau des sortants : les départs anticipés et les mutations. La DRH localise et identifie les écarts éventuels par rapport aux besoins futurs, en analysant les catégories de personnel, les services et les types de compétences chaque fois concernés.

Ensuite, en fonction des actions prises, elle tient compte, par exemple, des départs à la retraite entre N + 1 et N + 2, des salariés recrutés en N + 3, des collaborateurs mutés d'un service A à un service B en N + 4, et, lorsque l'équilibre est atteint, elle élabore les plans d'action RH.

Analyse des départs et des absences

L'analyse des départs tels que retraites, démissions, licenciements permet l'ajustement entre les postes pourvus et les postes à pourvoir, dans le but d'assurer les formations, les passations ou, si besoin, le tutorat. L'analyse des absences, de leur durée, des catégories socioprofessionnelles concernées, des types d'absence permet de prendre en compte la perte de la motivation ou le déficit de management, par exemple. Une analyse des horaires, notamment au niveau d'une augmentation sensible des heures supplémentaires obligera à affiner le nombre d'effectifs.

La gestion de cette analyse est axée sur le qualitatif, c'est-à-dire le savoir-être et le « savoir-apprendre » pour permettre aux salariés de s'adapter. Elle prend en compte la flexibilité du personnel, les temps partiels, les contrats de professionnalisation ou le télétravail. Elle oriente la planification des besoins en formation, non seulement en fonction des attentes des salariés, mais également des changements prévus à trois ans ou cinq ans. Elle anticipe l'évolution des postes en adaptant les fiches de poste.

Les besoins de formation

Construire une démarche de gestion prévisionnelle des emplois consiste également à analyser les besoins de formation et prévenir les conséquences des changements à venir affectant les emplois.

Cette opération est centrale. C'est en référence à celle-ci que les analyses de potentiel des ressources humaines pourront être effectuées. On aboutira à la description, par rapport aux formations futures :

- De la carte et du contenu des emplois types ;
- De la carte et du contenu des emplois cibles ;
- Des profils souhaitables actuels et prévisibles qui leur correspondent ;
- Des estimations d'effectifs qui y sont associés.

D'autres conditions peuvent développer l'efficience de la formation, outre l'utilisation des nouveaux moyens pédagogiques que sont le multimédia et l'e-learning :

- Formation du collaborateur dans et par l'évolution du travail ;
- Plus grande lisibilité de l'évolution des métiers ;
- Plus grande personnalisation des actions de formation ;
- Plus grande implication des salariés dans leur formation ;
- Plus grande implication de la hiérarchie directe dans la formation grâce à du tutorat.

Les objectifs visés par une mise en place d'un plan de formation efficace seront principalement : l'accompagnement de reconversions lourdes (par exemple, lors d'un handicap révélé par une maladie ou un accident), l'accroissement de la mobilité interne par proximité de compétences, l'aide à la reconversion des populations très peu qualifiées. Le plan de formation peut donc devenir une partie intégrante de la GPEC. Il fait partie de l'éventail d'actions que l'entreprise peut mener en réponse à la détection de décalages entre ressources actuelles et besoins futurs.

La pratique de la mobilité

Le terme « mobilité » est ambigu et comporte plusieurs sens. Il est assez péjoratif pour les collaborateurs, car il évoque, souvent, pour eux, le licenciement ou la précarité. Pourtant, la mobilité est partie intégrante de la GPEC, à condition qu'elle soit mise en pratique avec précaution.

Les formes de mobilité le plus fréquemment envisagées sont :

- **La mobilité professionnelle ou horizontale :** elle correspond à un changement de métier ; ce changement demande au salarié de faire appel à des compétences qu'il n'exerçait pas auparavant ou du moins pas de la même manière ;
- **La mobilité d'environnement ou géographique :** elle correspond à ce qui est le plus couramment appelé « mutation » ; le même type d'activité, dans la même qualification, avec le même grade hiérarchique, est exercé dans un autre lieu de travail, dans une autre équipe, avec un autre responsable ;
- **La mobilité catégorielle ou verticale :** il s'agit de la promotion. C'est une mobilité qui conduit un salarié à quitter un emploi pour un autre, impliquant un accroissement de responsabilités ; elle entraîne le plus souvent un changement de même catégorie socioprofessionnelle, de grade, de classification et une augmentation de la rémunération.

La mobilité a pour objectif de répondre à des souhaits ou impératifs personnels (la mobilité volontaire), à des objectifs de développement individuel et collectif, correspondant à la gestion de carrière. Une mobilité bien expliquée et bien comprise tend à améliorer le système de communication et la cohésion interne de l'entreprise, elle permet un redéploiement anticipé des ressources, bien sûr le plus anticipé possible, en fonction de l'analyse des besoins liée à la gestion des emplois.

Ainsi, par ses objectifs, la mobilité fait partie, avec la formation, des actions pouvant être mises en place en tant que réponse aux décalages détectés entre emplois actuels et emplois futurs.

Quand la formation agit qualitativement sur les compétences des collaborateurs, la mobilité agit sur la répartition quantitative de la ressource humaine, selon la stratégie de l'entreprise et les souhaits des collaborateurs quant à leur carrière.

Mobilité et formation sont donc les réponses possibles des entreprises pour s'adapter aux changements environnants futurs. Mais l'entreprise possède aussi d'autres types de réponses au développement des compétences. Le recrutement permet d'apporter des compétences inexistantes dans l'entreprise, et difficilement transférables. La réorganisation du travail permet aussi de répartir la compétence sur un mode donné. L'entreprise peut donc adopter des solutions composées d'une ou plusieurs de ces actions.

La GPEC se révèle donc une vision prospective des RH. Elle est un accompagnement aux changements à venir, ainsi qu'une stratégie d'adaptation de l'entreprise à son environnement et à la concurrence.

C'est dans ce cadre d'accompagnement au changement que le psychologue du travail peut intervenir.

En effet, la mise en place d'une GPEC permet d'impliquer les différents collaborateurs concernés par celle-ci, en leur permettant de maîtriser leurs incertitudes face à l'avenir, de construire des projets à long terme, et de donner du sens à leur travail.

Par la GPEC, le psychologue du travail peut agir sur l'organisation, en vue d'adapter les besoins de l'entreprise à ses ressources actuelles ; il permet aussi aux salariés de développer leur carrière et leur investissement dans l'entreprise, en tenant compte de leurs besoins et de leurs souhaits.

Le positionnement de la GPEC au sein de l'entreprise

La GPEC se travaille en équipe de façon descendante par une rencontre avec les responsables de service afin de les informer des objectifs futurs liés à la stratégie générale. La DRH analyse avec les managers de proximité les futurs postes vacants, leurs besoins de remplacement urgents, ou encore les promotions à envisager.

La DRH prend en compte les revendications des IRP et les adapte aux besoins de l'entreprise. Lors de la mise en place de la GPEC, elle effectue avec eux un bilan régulier de l'action engagée et un suivi des actions correctives.

La DRH est source de créativité et rejoint la stratégie de l'entreprise en étant une force de proposition. Dans les entreprises où l'activité est fluctuante, on peut agir en recrutant des CDD et des intérimaires. Si le secteur d'activité est, par contre, régulier, il vaut mieux privilégier le temps partiel, le travail à mi-temps, le télétravail. Dans les petites structures, la polyvalence peut, aussi, devenir un élément de motivation. C'est un élément de formation. Elle apporte un sang neuf et valorise la personne.

Lors du recrutement des salariés, on commence par s'appuyer sur le recrutement interne en exploitant les fiches d'évaluation, de demande de mobilité interne, en anticipant l'évolution des postes ou, encore, en se servant du tutorat.

Le budget de la GPEC

Il est indispensable à une bonne gestion : il s'agit de chiffrer les départs à la retraite, l'ancienneté, les promotions, la parfaite égalité des salaires hommes-femmes ainsi que les éléments liés aux départs, aux démissions, aux licenciements et aux absences.

On communique, enfin, sur l'évolution de la législation liée à la GPEC et des prévisionnels à trois et cinq ans :

- Tableau sur l'évolution générale quantitative et qualitative (affichage) ;
- Accent sur les objectifs réussis de l'année en cours ;

On met l'accent sur les choix positifs de l'année en cours, notamment au niveau de la formation, des promotions, de la diversité en fonction des âges, des sexes. On positionne la stratégie de la société par rapport à son environnement et on optimise l'impact de la GPEC dans les prévisionnels à trois ans ou cinq ans, car la GPEC est un des outils de communication dans l'entreprise, elle est la preuve d'un dynamisme et d'une bonne évolution. Une GPEC au sein de l'entreprise permet de :

- Noter l'évolution générale, chaque année, sur le plan quantitatif et qualitatif, d'où l'importance d'avoir un bilan social attractif ;
- Positionner le pourcentage des promotions employés vers Etam, ou Etam vers cadres et dissocier les pourcentages hommes/femmes dans un souci d'égalité ;
- Mettre l'accent sur les avancées effectuées au cours de l'année.

Les entreprises les plus performantes correspondent à celles qui attirent, retiennent et développent les talents indispensables pour innover et générer des produits ou des services à forte valeur ajoutée sans oublier de maintenir un niveau d'excellence pour l'ensemble des salariés, quelles que soient leur spécialité ou leur responsabilité. C'est dans cette prospective que s'inscrivent la mise en place et le suivi de la GPEC.

La qualité de l'information du salarié

Enfin, la DRH implique, au maximum, l'ensemble des salariés en les informant de l'analyse quantitative et qualitative des départs et des embauches. Il s'agit d'intégrer les salariés au processus, de donner une reconnaissance et un sens à leurs actions. Le salarié, chaque année, doit constater ses propres compétences acquises. L'évaluation de ses compétences doit correspondre à sa propre évolution. Le plan de formation s'adapte à chaque salarié en fonction de l'évolution de sa carrière, sachant qu'il peut être formé pour devenir polyvalent.

La qualité de l'information devient ainsi primordiale, car elle permet au plus grand nombre de se mobiliser autour du projet GPEC.

La GPEC est un formidable atout d'informations ascendantes, des salariés vers le management. La qualité de l'information individuelle pour le salarié sert :

- Au rappel annuel du positionnement du salarié au sein de son service (il est important qu'il y ait une notion d'appartenance). C'est un acteur au sein de l'entreprise (qui agit, qui participe, impliqué à part entière) ;
- À lui fournir le plan de formation et adapter le suivi de son DIF ;
- À répertorier l'évolution de sa carrière au sein de la société grâce au document relatif à son parcours professionnel.

Voyons les enjeux de la pyramide des âges dans le secteur bancaire. Dans ce secteur, des départs massifs à la retraite ont lieu actuellement, ce que les banques ont anticipé en recrutant et en formant. Ces départs correspondent aux embauches massives dues à la bancarisation dans les années 1970. De ce fait, ce retournement démographique est davantage marqué dans les banques que dans les autres secteurs, bien que l'accélération des départs à la retraite concerne toutes les entreprises.

Le bouleversement de la pyramide des âges implique une nouvelle organisation du travail et une forte anticipation de la part des directions ressources humaines, qui devront gérer de nouvelles populations, aux deux extrémités de la pyramide, qui n'étaient pas, auparavant, dans le cœur de leur modèle ; jusqu'à présent, la population des 30-50 ans représentait ce cœur. C'est un bouleversement qui touche inégalement les métiers de la banque. Les services administratifs (back-office) et les fonctions supports sont les plus touchés par les mutations en vue.

La mise en place d'une GPEC et de son suivi devient, ainsi, un élément stratégique déterminant, et seule une DRH est capable de mener à bien un tel projet.

Gérer le quotidien avec un œil sur la perspective

« Notre métier est de gérer le quotidien mais avec un œil sur la perspective. C'est ce qui nous permet en regardant plus loin que le bout du nez de l'entreprise de mettre en place les plans de recrutement, de départ, de formation, de gestion des profils et des compétences. Le DRH a ainsi une mission d'architecte, c'est-à-dire celui qui voit avant les autres ce que sera la maison une fois construite. Le P de "prévisionnel" dans la GPEC peut avoir une autre définition, celle de "prospective". On ne peut gérer le présent si nous ne savons pas ce que nous ferons dans l'avenir proche. Si la prévision est nécessaire à l'action, la prospective est, beaucoup plus, fondamentale. Savoir ce que l'avenir de l'entreprise et de ses métiers sera dans le futur, mais aussi la physionomie des métiers et des pratiques de la société entière, tel est le rôle de la prospective. Le DRH a un rôle de guetteur, un rôle de veille pour voir et pour anticiper les changements, à côté de sa responsabilité très prenante du quotidien. Être à la manœuvre même quand la mer est démontée en sachant ce qu'il faut faire et avec qui il faut le faire. Être dans la tempête en pensant déjà à ce que sera l'endroit où nous accosterons, voilà notre métier. Après la tempête, il y aura une mer calme. Le tout, c'est de ne pas sombrer entre-temps et d'aider le capitaine à prendre les bonnes options de pilotage du navire. » (Izy Behar, DRH Eutelsat).

Chapitre 22

Gérer les équipes

Dans ce chapitre :

- La DRH pilote la conduite du changement
- La gestion de projet, outil de la fonction RH
- La maîtrise de la conduite de réunion
- La gestion des conflits et la veille sociologique
- La motivation

La DRH est au centre du capital humain. À ce titre, elle est à l'origine de projets à mener en commun avec les équipes de son service, par exemple la gestion de la formation, ou avec les divers managers de proximité, comme l'entretien d'évaluation. Ainsi, les outils de la conduite de projet sont un atout complémentaire dans sa fonction. Ces outils permettent à la fois d'impliquer l'ensemble des partenaires et de régler les conflits. La DRH se doit de maîtriser également les modalités de la conduite de réunion puisqu'elle y est systématiquement confrontée. Elle ne peut, par ailleurs, gérer le travail d'équipe sans savoir gérer les conflits ou les prévenir par une veille sociologique.

La DRH pilote la conduite du changement

Pratiquement toutes les entreprises sont confrontées un jour ou l'autre à la conduite du changement, que ce soit dû à la création de nouvelles unités de production, à une commercialisation mondiale des produits, à une évolution des métiers clés ou à une suppression à terme de certains métiers.

La DRH est en première ligne pour sa contribution aux résultats puisqu'il s'agit de mettre en place les nouveaux processus, l'anticipation et la transformation en parfaite cohésion avec la stratégie définie. La DRH participe dès le départ à l'élaboration de la politique des changements. Rien ne peut se faire sans prendre en compte l'impact de ces mutations sur le capital humain de l'entreprise. Tous ceux qui ont imposé des méthodes brutales de changement dans les domaines aussi divers que la production, la commercialisation ou l'administratif se sont heurtés à une résistance sensible au changement dont les conséquences s'analysent en termes d'absences, de turnover, de maladies chroniques et parfois même de suicides. Le challenge est donc difficile, car il s'adresse à des humains et non à des robots !

Dans le cadre de changements, la DRH :

- Participe à l'élaboration de la stratégie en ce qui concerne l'impact sur les salariés ;
- Accompagne le déploiement de la stratégie sur le terrain par une politique d'organisation des processus ;
- Valide progressivement les plans d'action mis en place par rapport à l'adaptation et à l'acceptation des salariés.

La dimension stratégique de la DRH l'oblige à s'impliquer tant au niveau des évolutions technologiques qui font naître de nouveaux métiers qu'au niveau des changements sociologiques nécessitant de nouvelles méthodes de motivation. Elle prend aussi bien en compte les évolutions démographiques modifiant la pyramide des âges qu'une politique de recrutement diversifiée, à l'origine d'un management interculturel.

Il ne s'agit pas, par exemple, d'investir un pourcentage important de la masse salariale en formation si les compétences acquises restent inexploitées ou si elles ne correspondent pas à l'évolution des métiers clés de demain. Il en est de même de la politique de recrutement, qui doit prendre en compte les modalités des lois sur les seniors, l'égalité hommes-femmes ou le handicap par rapport aux réels enjeux stratégiques de l'entreprise. La DRH est un partenaire stratégique à part entière, car chacune de ses propres activités a une incidence spécifique reliée à la stratégie économique de l'entreprise. La reconnaissance de sa fonction passe par la qualité de ses prestations déclinées de la politique de changement choisie.

Un diagnostic social

La DRH ne doit jamais oublier qu'elle contribue activement à la création de valeur en démontrant le résultat concret de son action, tant sur le développement économique que social. Elle doit ainsi avoir le courage de s'opposer à un changement trop rapide, car non assimilable par les salariés.

Sa principale mission est de s'appuyer sur des indicateurs pertinents permettant de réaliser un diagnostic social, comme :

- Les effectifs, les flux de personnel, les coûts salariaux ;
- La démographie, la formation et l'absentéisme.

Les ratios représentatifs du climat social sont les premiers à être analysés dans une conduite du changement. Ils concernent, par exemple, les heures d'absentéisme sur le total d'heures payées, le turnover, les heures de grève sur le total d'heures théoriques, le nombre de litiges transmis aux prud'hommes, le coût des accidents du travail, le niveau d'engagement des salariés, le ratio de fidélité des talents, le nombre de salariés engagés dans une action de tutorat, etc.

À chaque DRH de créer et de s'approprier les ratios nécessaires en fonction des axes de la politique de changement choisie. Une fois définis les plans d'action, elle se doit, donc, de mettre en place les indicateurs permettant de les valider afin de réagir au plus vite si l'impact sur les salariés est mal perçu ou suivi de graves conséquences. Une conduite de changement correspond à une démarche intégrée. Chaque activité de la fonction RH est concernée, que ce soit le recrutement, la formation, les relations sociales, la gestion des carrières, et se retrouve en processus transverse, impliquant donc les managers des diverses divisions. Le système de pilotage de la conduite de changement doit intégrer les deux niveaux de contrôle, celui des processus fonctionnels RH et celui des processus transversaux dans un souci d'efficacité globale. Il est important de noter que l'implication se fait à chaque strate de l'organigramme et non pas de manière ascendante et autoritaire de la direction, DRH comprise, vers les employés et ouvriers.

On ne le rappellera jamais assez, il ne s'agit pas de communiquer les objectifs et les étapes d'un projet de changement pour qu'il devienne immédiatement clair pour tous. Il faut traduire avec les mots significatifs à l'entendement de chacun les modalités dans le concret individuel des situations et les projets de l'équipe.

Les managers de proximité ont pour mission de s'adapter à l'équipe et aux salariés individuellement. Le changement est toujours un moment difficile qui peut générer de l'enthousiasme, mais aussi des craintes et de la peur, car ces émotions s'ajoutent à la nécessité d'assumer les tâches nouvelles et à l'inquiétude de mal savoir faire.

Il est enfin à noter qu'une organisation a d'abord besoin de stabilité avant de pouvoir changer, car des changements trop rapides et trop fréquents perturbent l'activité, provoquent une baisse de productivité et de motivation. Il s'agit de trouver le bon tempo entre une stabilité rassurante et un changement difficile. Les salariés se trouvent souvent perdus et déconnectés face à cette nouvelle réalité imposée. Les managers n'ont plus le temps d'être à leur écoute, la démotivation grandit et personne ne sait plus où sont les priorités. Il n'y a pas d'incompatibilité entre les besoins de l'entreprise et ceux des salariés, à condition que le salarié se soit personnellement approprié les actions liées à la conduite du changement, à chaque niveau de la hiérarchie, grâce au pilotage adéquat de la DRH.

TÉMOIGNAGE

Un DRH au cœur du changement

« Après environ 15 années passées au sein de DRH de grands groupes internationaux bien établis, je décidai de rejoindre une PME internationale de 350 personnes pour l'accompagner dans sa transformation. L'entreprise conçoit, fabrique et vend du matériel technique et innovant destiné à une pratique engageante et risquée, la plongée sous-marine. La marque est extrêmement réputée, reconnue et respectée par ses utilisateurs à travers le monde. Le marché dans lequel nous opérons est à maturité, la croissance de l'entreprise repose sur sa capacité à innover et à augmenter ses parts de marché. La concurrence est vive.

L'entreprise existe depuis plus de 50 ans. Depuis sa création les différentes entités ont toujours été très autonomes et indépendantes voire en concurrence, dirigées par des directeurs généraux ayant tout pouvoir mais regroupant des salariés passionnés pratiquant l'activité ! Il n'existait pas de contrôle du siège, seuls les résultats comptaient. Le poste de DRH a été créé en 2006 avec mon arrivée. L'entreprise était à cette époque bloquée sur des acquis, en résistance et en perte de vitesse. La mission confiée était de "transformer l'entreprise en mettant en place une nouvelle organisation plus intégrée et globale", vaste chantier, énorme challenge. En effet : quels outils utiliser ? quel programme mettre en place ? quelle stratégie RH ? quelle approche ? locale ou globale, ou les deux ? quelle tactique ? quels alliés ? quelle résistance ? quel timing ? quels moyens ?

Ma première décision a été de plonger au cœur du business pour comprendre cette entreprise, ses produits, ses métiers, son organisation, ses acteurs, les groupes d'influence, les décideurs, les postes clés, ses faiblesses, ses forces et les gisements de productivité.

Plonger au cœur du business a été déterminant pour définir une stratégie RH percutante et prenant en compte le niveau d'acceptation des dirigeants et des collaborateurs sur les changements à mettre en œuvre. Étape par étape, chantier après chantier, nous avons agi sur l'organisation pour l'adapter à nos nouveaux besoins et la rendre plus agile, sur les collaborateurs en les formant davantage pour qu'ils soient plus performants et acteurs de la transformation, sur des processus, des programmes et des outils communs pour soutenir le changement dans toutes nos entités. Il a fallu quatre ans pour transformer cette entreprise : sa vision est partagée par tous, sa stratégie est plus visible, sa capacité à innover s'est renforcée, ses unités de production ont été modernisées et répondent aux exigences de qualité élevée, la force commerciale est en état de marche, et ses services supports en soutien actif.

Cependant les difficultés ne sont pas terminées et les défis sont encore nombreux, tels que d'accélérer la vitesse de mise sur le marché de nos produits, de renforcer la cohésion et l'efficacité de notre comité de direction, d'améliorer la discipline dans la mise en œuvre de la stratégie, de préparer les leaders de demain, mais aussi de développer une organisation apprenante et innovante. Les défis ne manquent pas, pour mon plus grand bonheur de DRH ! » (Stéphane Nicolas, DRH, Scubapro)

La gestion de projet, outil de la fonction RH

L'apparition d'un projet est pour solutionner une problématique, dans la majorité des cas. Un projet est l'expression d'une volonté, d'un désir, d'une intention, d'une ambition. C'est aussi un besoin, une nécessité. Il répond aux souhaits de mobiliser des énergies dans le but de créer et de développer sous forme autonome des équipes pluridisciplinaires correspondant aux différents métiers utiles à ce projet, et de répondre au mieux aux besoins du marché et des clients. Pour qu'un projet existe, il doit déjà exister en tant que concept et être porté par une personne ou une équipe. Pour qu'il aboutisse, il faut réunir deux conditions essentielles :

- La volonté du ou des responsables du projet ;
- La capacité à dépasser les obstacles qui vont s'opposer à la réalisation du projet, ces obstacles pouvant être humains, sociaux, économiques, techniques.

Un projet correspond à une ambition et une intention précise. Derrière la réalisation du projet, on souhaite obtenir autre chose (se dépasser, être reconnu, démontrer sa puissance…). C'est cette finalité du projet qui donnera l'énergie au dépassement des obstacles. La finalité d'un projet, c'est souvent être au service d'un but humain, technique, ou économique.

Le but d'un projet est de solutionner une problématique en mobilisant des énergies. Le démarrage du projet s'effectue selon un agenda très précis. L'engagement de réalisation du projet est pris par la direction. Le rôle du chef de projet et de son équipe est d'honorer l'engagement pris. La méthodologie est une structure, un outil au service d'un groupe. Elle permet de canaliser les énergies, elle apporte une rigueur. Elle permet de progresser sur une base de raisonnement commun. Elle n'est ni un contenu ni une fin.

Généralement, on commence par le brainstorming, qui est un pourvoyeur d'idées, car plus des idées sont émises, meilleur est le travail. Le but est de recueillir le plus grand nombre d'idées de projet et d'exploiter les idées.

Le brainstorming consiste à séparer la recherche d'idées de leur évaluation. Une fois les idées émises autour du thème, par exemple, de la GPEC, on applique la gestion de projet.

Le projet, définition et analyse

Il s'agit autour d'un projet RH de définir, analyser, rechercher et choisir des solutions, de présenter la solution choisie, la mettre en place et, enfin, en mesurer et suivre les résultats :

1. **Définir le projet :** cette phase est primordiale, elle est le point clé de la réussite ou de l'échec d'un projet. Il est donc impératif de savoir où l'on va, quel résultat on attend. Savoir exactement quel problème et quel aspect du problème on va traiter. Il faut définir quelles sont les limites des actions, les contraintes et le résultat que l'on compte obtenir.
2. **Analyser le projet :** tout projet étant une solution qui correspond à un problème, il est donc indispensable d'analyser le problème sous plusieurs angles, c'est-à-dire humain, technique, social et économique.
3. **La recherche et le choix des solutions :** la recherche de solutions correspond soit au projet présenté, soit à une solution qui satisfait, au mieux, au besoin réel et répond d'une façon plus satisfaisante au problème. Cela passe par les points suivants : la formulation du problème et l'appréhension qui en est faite (scénario de projet, estimation des besoins de ressources, contrat de projet…).
4. **Choisir la ou les solutions :** c'est une phase de négociation importante entre les auteurs du projet et les acteurs du groupe projet. Issus d'un compromis satisfaisant, le ou les choix possibles entre le souhaitable et l'envisageable doivent se justifier par leur faisabilité (structures, équipe et chef de projet, organigramme technique de projet, estimation des coûts, budget de projet, réseau PERT, planning de ressources, histogramme de charges…).
5. **Présenter la solution :** la présentation du projet aura une influence importante sur le choix et la décision finale. Cette présentation va permettre au décideur d'opter pour la solution la mieux adaptée, en fonction de la perception qui lui aura été transmise à travers la présentation.
6. **Mettre en place la solution :** cette phase est la plus délicate du processus. La mise en place doit être faite dans l'esprit du projet, de son auteur, du groupe de projet et du choix fait par le décideur (tableaux de bord, évaluation de la valeur acquise, contrôle du glissement des prévisions, utilisation des ratios…).
7. **Mesurer et suivre les résultats :** c'est le verdict final, cela permet de vérifier l'efficacité de la solution, suivre l'évolution des résultats dans le temps, et correspond à la pérennisation du projet.

Les incidents critiques

On couple généralement à la gestion de projet la méthode des incidents critiques, car nous travaillons avec des hommes et des femmes et devons tenir compte de leur réaction à toute nouvelle action. Pour dégager, justement, les actions à mener, la méthode choisie est de faire procéder à une analyse de ce qui apparaît aux yeux des membres d'un groupe comme un incident.

L'objectif est de mobiliser le groupe, de créer un consensus sur les causes d'un problème et de dégager la priorité d'action. Une fois l'incident décrit, par exemple, dans le cadre d'une GPEC, la disparition proche d'un métier de l'entreprise à court terme, on analyse les conséquences avec un tableau des facteurs favorables et défavorables.

Le tableau des facteurs favorables et défavorables consiste à établir l'inventaire des éléments considérés comme favorisant la réussite du projet et ceux considérés comme des obstacles à celui-ci. On identifie les atouts et les handicaps à la réalisation du changement de métier à trois ans. Un tableau fait alors l'inventaire des ressources possibles et des difficultés.

La technique de risque consiste à exprimer les craintes éventuelles que peut entraîner la réalisation d'un projet et à en discuter avec pertinence afin de réduire les craintes en libérant leur expression. L'animateur a un rôle important pour guider le groupe en reformulant les risques et les idées pour solutionner ces derniers.

La planification des activités par la méthode PERT

La réalisation d'un projet demande de mettre en place une multitude de tâches pour le réussir. Cet inventaire fait, on ne sait pas par où commencer ni comment enchaîner les étapes du travail. La méthode PERT consiste à passer par une représentation graphique pour établir l'ordre des actions à réaliser et ainsi pouvoir planifier plus facilement les activités.

L'objectif est de pouvoir situer chaque tâche dans le temps ainsi que l'enchaînement optimal entre elles. Pour chaque tâche, on détermine l'activité antérieure et postérieure et on clarifie les tâches qui peuvent être menées en parallèle. On dresse l'inventaire des tâches auxquelles pense le groupe, on établit une liste, les tâches sont numérotées, dans l'ordre où elles ont été émises. Pour chaque tâche recensée, il faut repérer les actions qui sont conditionnées par une autre action. On procède à une représentation graphique de la succession des tâches, on place le numéro de la tâche dans un cercle.

On positionne les tâches les unes par rapport aux autres, en fonction de la chronologie requise (tâches antécédentes et suivantes). Plusieurs enchaînements sont possibles. Le groupe discute des variantes et se décide pour celle qui semble la plus propice à la réalisation du projet.

Le PERT sert de base de construction du planning, qui est la suite logique. C'est la traduction dans la durée des tâches à réaliser ainsi que l'attribution des responsabilités. On dispose d'un calendrier des tâches à mener ainsi que des dates de commencement et de fin de chacune des phases. Le groupe évalue le temps nécessaire à la réalisation de chaque tâche, il l'indique dans le schéma précédent, il vaut toujours mieux surestimer le temps, et il choisit les responsables des activités à mener.

Le planning montre que les tâches peuvent se dérouler en parallèle, il indique qui est responsable de chaque activité, il donne la date d'échéance qui permet de vérifier que l'activité se déroule conformément à la planification prévue. Il sert d'instrument d'évaluation du processus. Si un projet doit aboutir à une échéance précise, on procède à l'envers, en partant de cette échéance et en remontant le calendrier pour établir le moment où il est impératif de commencer. En même temps, les échéances intermédiaires sont programmées. Ainsi, les écarts, les difficultés, les résistances sont rapidement repérés, tout comme les conditions de réussite.

En conclusion

La méthodologie est une structure, un outil au service d'un groupe. Elle permet de canaliser les énergies, elle apporte une rigueur. Elle permet de progresser sur une base de raisonnement commun. Elle n'est ni un contenu ni une fin. La conduite de projet permet de souder, motiver et optimiser.

La maîtrise de la conduite de réunion

La réunion est un rassemblement de personnes dans un même lieu ou non (par exemple, par visioconférence) ayant pour but de débattre sur un point déterminé afin d'aboutir à un objectif qui sera différent selon le type de réunion.

Les réunions font partie du quotidien de la DRH. Chacun peut être amené à y participer, voire à en mener une de manière régulière ou ponctuelle. Voici quelques règles de base et les techniques de communication pour conduire efficacement une réunion.

Les types de réunion

Certaines réunions périodiques correspondent au fonctionnement de la structure. Par exemple, pour une équipe comprenant le DRH et ses proches collaborateurs, il peut s'agir d'une réunion sur le comparatif entre les données économiques et la répartition entre les salariés. D'autres réunions concernent un groupe de travail spécifique sur un thème particulier, comme l'élaboration d'un plan de formation.

En établissant un classement en fonction de leurs objectifs, on peut dire qu'il existe des réunions :

- D'information et d'échange ;
- Ayant pour but la définition ou la résolution d'un problème, la préparation ou la prise de décisions ;
- Dont le but est de construire ensemble quelque chose (lancer un projet, faire le point sur l'avancement de celui-ci ou se coordonner) ;
- Ayant pour but de sensibiliser les participants, de les motiver ;
- De négociation.

Une même réunion peut poursuivre plusieurs types d'objectifs en fonction des thèmes figurant à l'ordre du jour, comme c'est souvent le cas dans une réunion d'équipe. Toutes les réunions comportent trois phases :

- La préparation ;
- Le déroulement ;
- L'exploitation.

Selon le type de réunion, le déroulement diffère, mais les phases de préparation et de bilan sont les mêmes.

Préparation de la réunion

Une réunion mal préparée est une perte de temps. C'est pourquoi il faut en premier lieu définir le thème à traiter en précisant, par exemple, quels sont les objectifs de la réunion ou s'il s'agit d'informer, de recueillir des informations, de parvenir à un accord, de poser un problème, de chercher des solutions, etc.

Nous pouvons nous appuyer sur différents outils, tels que le TOP (T pour « thème de la réunion », O pour « objectif » et P pour « plan »), ou encore le QQOQCP :

- Quoi : de quoi va-t-on parler ?

- Qui : qui anime, qui est présent ?
- Où : où a lieu la réunion ?
- Quand : à quelle date ?
- Comment : avec quelle méthode, quel matériel ?
- Pourquoi : quelle est sa finalité ? Quel résultat veut-on obtenir ?

Une fois ces questions traitées, nous pouvons désormais établir l'ordre du jour et formuler le thème de la réunion, pour permettre aux participants d'avoir une idée claire du sujet, et le plan de travail pour le déroulement de la réunion. Il faut savoir choisir l'ordre des thèmes abordés et le temps consacré à chaque séquence ; par exemple, les points importants au début et les points assez litigieux pour la fin, ou l'inverse suivant l'ambiance !

Nous devons, maintenant, identifier les personnes dont la présence sera nécessaire lors de la réunion, tout en limitant le nombre de participants. Il faut d'abord constituer le groupe, car chacun des participants a un rôle bien distinct :

- **L'animateur de la réunion.** Il annonce la réunion assez tôt (J – 8 au minimum) en précisant l'ordre du jour, les objectifs, le plan de déroulement, les tâches à effectuer avant la réunion, le lieu, les horaires de début et de fin, il joint tous les documents utiles ;
- **Les participants,** qui, en principe, doivent réfléchir sur le thème abordé et éventuellement préparer leurs rapports et questions ;
- **Le secrétaire de séance,** qui note l'essentiel et prépare le compte-rendu en liaison avec l'animateur.

D'autres rôles peuvent apparaître suivant le type de réunion, comme un intervenant, plus particulièrement chargé de présenter un sujet ou de fournir un rapport, le spécialiste invité qui apporte son expertise sur un sujet débattu par le groupe, ou encore le rapporteur chargé de présenter les réflexions de son groupe.

EXEMPLE

Afin de partager la responsabilité du bon fonctionnement et permettre une meilleure participation de chacun, il est préférable d'éviter le cumul des rôles. Par exemple, le responsable hiérarchique ne doit pas être automatiquement l'animateur, ou l'organisateur être systématiquement secrétaire. Il est bon d'attribuer une fonction différente à chacun.

Organiser la logistique consiste à prévoir à l'avance la date, le lieu et les participants. Il est normal de choisir les horaires en privilégiant les réunions courtes et denses (deux heures), de réserver une salle adaptée au nombre de participants, d'agencer la salle (demi-cercle/table ronde), de prévoir le matériel nécessaire (*paperboards*, feutres, rétroprojecteur…) et de préparer les supports à distribuer aux participants.

Déroulement de la réunion

L'animateur se présente et présente les différents participants pour créer un lien entre eux. Il rappelle les objectifs et le déroulement, annonce la durée (qui doit être respectée pour éviter une démotivation), précise les différents rôles et identifie le secrétaire de séance. Il présente, si besoin, la méthode de travail.

Voici quelques règles de fonctionnement :

- Conduire la discussion en restant concentré sur le sujet à traiter (veiller au respect de l'ordre du jour) ;
- Gérer la prise de parole et aider les participants à s'exprimer en étant attentif à ce que tout le monde participe ;
- Veiller à l'interactivité des échanges ;
- Illustrer et aider à structurer les idées (une seule idée à la fois) en utilisant les supports et le matériel disponibles ;
- Gérer les différences de points de vue ;
- S'assurer de la gestion du temps ;
- Laisser un temps pour les « questions/réponses » ;
- Reformuler, clarifier, proposer des synthèses partielles à chaque étape ;
- Mettre en valeur le travail du groupe, les progrès réalisés, ne pas hésiter à encourager.

La conclusion de la réunion est importante : on prend le temps de conclure en synthétisant les décisions prises, en s'assurant de l'atteinte des objectifs visés, en réfléchissant, si besoin, aux suites à donner et en remerciant les participants.

Un débriefing est recommandé si une réunion était importante. Les participants de celle-ci se retrouvent afin de voir si les objectifs ont été atteints. En cas d'échec, il est nécessaire de recenser les causes pour rectifier et envisager les actions à prendre.

Il est, enfin, indispensable d'effectuer un compte-rendu, car il assure la continuité de l'action. Il établit le lien entre les différentes réunions sur le même thème. Il organise la suite des travaux. Il doit être rédigé le plus rapidement possible après la réunion et diffusé à tous les participants (soumis à leur validation éventuelle). Le compte-rendu doit être synthétique et mettre en évidence les points essentiels. Il récapitule les décisions prises, les dates de leur mise en œuvre et les responsables des différentes actions.

La gestion des conflits et la veille sociologique

Comme tout manager, le DRH doit agir sur les tensions et les conflits dès leur apparition en ayant un comportement adapté et en apportant des solutions rapides et efficaces.

La gestion des conflits

Le conflit est un antagonisme, une opposition d'opinions entre des groupes : un conflit de générations, par exemple. En psychologie, on traite plutôt la situation de conflit, il s'agit d'une opposition de motivation ou d'une conception contradictoire au sein d'un groupe.

Au départ, on identifie l'origine des tensions en écoutant chacun des protagonistes s'exprimer. On recherche ensuite les causes des tensions qui vont permettre de comprendre le conflit. On peut se servir du diagramme mnémotechnique d'Ichikawa, étudié précédemment (voir chapitre 19), car il facilite l'identification des sources de tension qui sont, souvent, liées soit à l'environnement physique et technique, soit aux relations humaines, le manager ou les collègues.

En hiérarchisant les problèmes, on traite le conflit en apportant des solutions. Certaines clés sont nécessaires pour une meilleure compréhension. Il s'agit de savoir quels sont les niveaux logiques de la situation. Attention aux valeurs et contre-valeurs. Un mot n'a pas toujours la même signification pour chacun. N'oubliez pas que ce que vous dites n'est pas ce que l'autre entend. Il y a ce que l'on dit, ce que l'on ressent, ce que l'on montre et ce que l'on pense ! Si notre conscient entend le mot, c'est souvent l'inconscient qui traite l'information. Le poids et le choix des mots sont à prendre en compte.

Afin de prévenir un conflit, on écoute et on implique par un travail effectué sous forme de conduite de projet. Le fait de planifier, déléguer, contrôler et adapter rassure les salariés, qui ont conscience d'un travail objectif et d'équipe.

La veille sociologique

La reconnaissance des salariés par une communication interne transparente contribue à les fidéliser. L'information des salariés demande un grand sens pédagogique. Le service RH se doit d'être à l'écoute.

Les sources d'information peuvent être diverses et variées, comme celles de joindre une note au bulletin de salaire, d'informer sur les comptes-rendus des réunions de DP, CE, CHSCT, de participer aux pauses-café, de connaître la perception des séminaires, de communiquer sur les comptes-rendus des formations ou encore d'établir des enquêtes de « satisfaction ».

Ces enquêtes peuvent être anonymes et présenter les questions en utilisant le terme « idéalement » : « Si vous aviez le choix entre..., que feriez-vous, idéalement ? » Réponses courantes : « Je compléterais ma formation », « Je travaillerais davantage » (les heures supplémentaires), « Je travaillerais mieux », « J'aurais plus de loisirs »... Ces réponses sont très importantes, car elles peuvent déboucher sur une nouvelle durée du travail, une autre amplitude horaire...

Cette veille sociologique doit, absolument, tenir compte :

- Des idées suggérées par les salariés ;
- Des adaptations de leurs meilleures idées ;
- Des améliorations instaurées grâce aux salariés.

Savoir proposer pour motiver

Une DRH peut agir sur la mise en place de périphériques non liés au salaire. Un service RH se doit d'être créatif.

La DRH peut :

- Prévoir une prise en charge plus élevée de la cotisation de la mutuelle ou des tickets-restaurant ;
- Permettre une plus grande alimentation du CET, possible dans l'applicatif de la loi du 31 mars 2005 ;
- Mettre en œuvre un dispositif de temps choisi avec la possibilité qu'offre le télétravail ;
- Développer une formation dans le cadre du DIF axée sur le développement personnel, comme avoir confiance en soi...

Il est important d'impliquer les salariés dans la recherche de meilleurs avantages les touchant.

Pourquoi ne pas récompenser la meilleure idée à propos des moyens d'économie à réaliser dans le service ? En chiffrant à la fin de l'année les économies réalisées, on peut les reverser, en partie, aux salariés concernés, sous forme de primes.

Informer sur l'évaluation, la GPEC et la VAE

Il s'agit d'inclure personnellement le salarié à des éléments stratégiques de l'entreprise.

La fiche d'évaluation, par exemple, permet d'examiner avec le salarié ses objectifs de « performance ». On peut adapter quelques critères d'évaluation en l'impliquant dans le choix des divers modes de comparaison.

La GPEC apporte de l'espoir au salarié par le biais, par exemple, de la formation liée à sa propre évolution. Elle le rassure quant à son avenir au sein de la société en le positionnant sur les métiers clés. Il devient partie prenante de l'évolution qualitative de l'entreprise.

La VAE est souvent méconnue en entreprise. Or, par ses acquis, le salarié bénéficie d'une meilleure position. Il est motivant pour le salarié de lui demander d'adapter régulièrement son CV afin de réaliser ce qu'il maîtrise depuis sa prise de fonction dans l'entreprise. La période de professionnalisation et la mise en place d'un tutorat peuvent dans certains cas être une réponse pour une meilleure implication.

Le salarié devient un élément dynamique de la société. Il participe activement à la création de richesse de l'entreprise et il en prend conscience grâce à l'information transparente dont il bénéficie.

EXEMPLE

Les familles de motivation

La DRH, en connaissant les familles de motivation, va pouvoir se servir de ces différents leviers en fonction des caractéristiques de l'entreprise. Elle s'appuiera sur le verbe « progresser » quand il s'agira d'élargir les compétences des salariés, qu'ils deviennent experts dans leur domaine ou de mesurer leurs efforts.

Elle préférera mettre en avant l'expression « prendre des initiatives » quand il s'agira de créer, s'affirmer ou avoir plus de responsabilités. La DRH poussera à apporter des idées lorsqu'il faudra émettre des suggestions sur leur emploi ou contribuer à une réflexion sur la nouvelle organisation du travail. Quand il s'agira d'être reconnu, elle insistera sur les efforts à prendre en compte ou le fait d'appartenir au groupe. Quand la motivation du salarié est liée à une information transparente, elle échangera sur les informations utiles et nécessaires.

Enfin, elle saura rassurer quand le ressort de la motivation est celui du maintien des acquis, en donnant des garanties et en reliant la rémunération à la réalisation des objectifs convenus.

Un classique : la pyramide de Maslow

La pyramide de Maslow permet de comprendre la hiérarchie des besoins de l'homme.

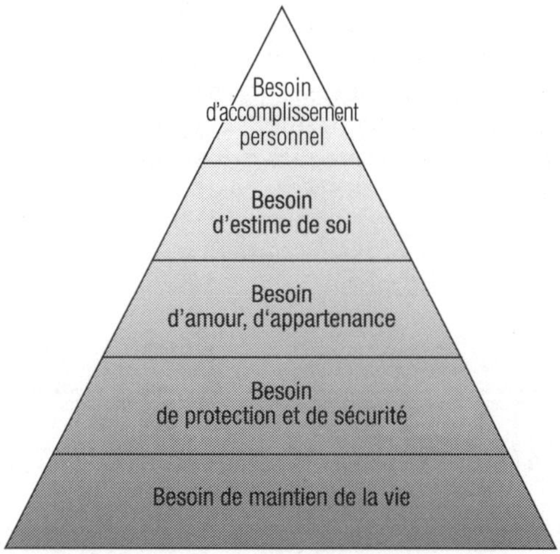

Figure 22-1 : La pyramide de Maslow.

Selon Abraham Maslow, la satisfaction d'un besoin ne peut être réalisée que si les besoins des niveaux inférieurs sont eux-mêmes satisfaits. La motivation collective correspond à la réalisation des besoins sociaux (appartenance à un groupe…) et aux besoins d'estime de soi (reconnaissance, réussite…) souvent validés dans le regard de l'autre.

Ainsi, la rémunération de la performance est le dernier stade de la rémunération qui permet au salarié de satisfaire son besoin de réalisation de soi (développement personnel, créativité…). La satisfaction des besoins par la rémunération est un ensemble complexe qui s'articule autour d'éléments mixtes composés d'options bipolaires comme la part fixe/variable, le versement différé/immédiat, la rétribution monétaire/non monétaire.

La politique de rémunération doit être cohérente avec la stratégie de l'entreprise, sinon elle risque de la desservir par la démotivation des salariés. Aujourd'hui, le concept de rétribution globale tend à se substituer à celui, plus général, de rémunération, car les sociétés prennent conscience de la flexibilité indispensable sur ce poste.

Afin d'accroître l'employabilité d'un salarié tout au long de sa carrière, la mobilité a un rôle clé. Au-delà de la mobilité géographique, qui se révèle de plus en plus incontournable, la DRH devra promouvoir les mouvements entre familles professionnelles et définir les évolutions possibles entre ces familles de métiers. Cela suppose qu'en amont un certain nombre d'outils de management des ressources humaines soient mis à la disposition de l'ensemble des collaborateurs et qu'ils fonctionnent, efficacement, au sein de l'entreprise. Il en est ainsi des entretiens de développement professionnel qui permettent au manager et son collaborateur d'aborder l'évolution de carrière, des bourses de l'emploi en interne qui offrent le champ des possibles, des formations d'accompagnement qui favorisent le succès de la démarche de changement, ou des tutorats qui assurent le suivi et l'encouragement du collaborateur.

Les changements réussis sont les meilleurs vecteurs de communication à utiliser sans modération.

TÉMOIGNAGE

Une DRH face à la démotivation

« La longévité d'une carrière professionnelle prend ses racines dans l'expérience et la maturité et se développe dans la diversification des activités de l'individu. Pour peu que celui-ci soit motivé par la volonté d'éviter coûte que coûte de subir les changements.

À la suite de la campagne annuelle de mesure des résultats individuels, je suis confrontée au cas d'un chef de projet de 40 ans, Emmanuel, qui s'essouffle dans son poste depuis quelques années et dont la performance est en deçà du niveau de résultat attendu par le poste. Il en convient avec son manager, qui sollicite mon avis. Un climat de confiance s'instaure entre Emmanuel et moi, nous discutons de ses compétences clés et expertise acquises dans sa carrière d'ingénieur puis de chef de projet, et des voies possibles pour redonner un nouvel élan à son évolution professionnelle. Aujourd'hui, Emmanuel valorise, avec une grande réussite, ses connaissances techniques des produits, ses capacités relationnelles et son appétit à la négociation, dans une nouvelle famille professionnelle, les achats. Il a, bien sûr, bénéficié d'une formation au métier d'acheteur et du soutien d'un tuteur. » (Marie-Noëlle Champetier, DRH université Nice-Sophia)

Chapitre 23

Les nouveaux défis de la DRH

Dans ce chapitre :

- Le SIRH, le Web 2.0, le marketing RH
- Un réel challenge
- La responsabilité sociétale
- Le mieux-vivre en entreprise
- Les DRH, demain

Une DRH est une fonction en marche ! Elle est partie prenante de son environnement et, aujourd'hui, elle n'a pas le choix, elle doit s'adapter au Web 2.0, savoir « se vendre » au sein des autres unités de l'entreprise, mais toujours en prenant en compte le capital humain et la responsabilité sociétale face aux enjeux du développement durable. Son défi majeur s'articule autour du mieux-vivre ensemble.

Le SIRH et le Web 2.0

Un SIRH (système d'information en ressources humaines) ne se résume pas seulement à un logiciel qui permet d'établir la paie ou, par exemple, de gérer un plan de formation, avec ou sans interconnexion avec les autres systèmes de l'entreprise. Il implique à la base un choix judicieux capable de s'intégrer au fonctionnement d'une division RH.

Le SIRH

Un système d'information est, en effet, beaucoup plus complexe. Il s'appréhende, particulièrement, par la technologie utilisée, les processus existants, la transversalité des données et le retour sur investissement.

En ce qui concerne la technologie utilisée, il faut que les DRH s'appuient sur des spécialistes RH afin de ne pas laisser le pilotage ou le choix de la solution au service informatique, qui n'aura qu'une approche technique.

Les processus existants ne doivent pas être négligés par le DRH. En effet, c'est l'outil qui doit s'adapter à la complexité des thématiques RH du fait de la diversité des données, soit entrantes, soit sortantes, du système et de leur traitement. La transversalité est impérative, car la mise en place d'un SIRH doit permettre de faire partager l'information à d'autres fonctions de management dans l'entreprise.

Enfin, le retour sur investissement doit permettre un gain de productivité, d'efficacité, une fiabilisation des informations, un partage des données, une optimisation des équipes par un recentrage sur les tâches à valeur ajoutée.

On peut donc dire qu'un SIRH est composé à la fois de méthodes et d'outils. La méthode de travail est le processus dans lequel s'insère l'outil. L'ensemble devant être cohérent, fidèle et valide et permettre d'atteindre un certain niveau de performance. Chaque SIRH se compose alors de plusieurs méthodes et outils qui s'imbriquent les uns dans les autres : par exemple, les données salariées sur les salariés servent à la fois à établir le bulletin de paie, à suivre la carrière du collaborateur *via* la formation, les entretiens annuels d'évaluation, l'analyse d'accidents du travail, etc.

Il est donc primordial avant toute mise en place d'un SIRH de déterminer les flux d'informations actuelles et de définir clairement les flux futurs. Une fois le modèle ainsi défini pour chaque méthode, il est alors plus simple d'atteindre la cible, l'architecture s'articulant autour d'un cœur qui est constitué par le dossier des salariés.

Démocratiser le SIRH

Le déploiement du SIRH s'appuie alors sur la mise en œuvre des méthodes et des outils déterminés dans chaque processus. Leurs déploiements doivent être orchestrés après adhésion des équipes RH, puisqu'ils porteront le SIRH dans l'entreprise auprès de chaque service, manager et collaborateur.

En effet, le succès d'un SIRH repose sur son partage dans l'entreprise. À l'heure du Web 2.0, il est terminé le temps où les systèmes informatiques restaient confidentiels auprès de quelques initiés. De plus en plus, les managers veulent accéder à l'information de leur équipe. Les salariés veulent, également, avoir accès à leur dossier. Pour le DRH, l'information, si possible en temps réel, permet de piloter leur activité, de prendre des décisions stratégiques et de construire les trajectoires de leurs collaborateurs. Donc, un système d'information démocratisé sort les RH de leur fonction administrative et les amène là ou ils ont une forte valeur ajoutée, c'est-à-dire au cœur du management des ressources humaines.

Il est donc primordial avant toute réflexion de faire un bilan avec les équipes RH, mais aussi avec la direction, qui valide l'investissement, et les managers de l'ensemble des divisions de l'entreprise. Des choix s'imposent donc, mais ces choix doivent toujours répondre aux attentes de tous les utilisateurs. Une fois les processus établis et identifiés, il s'ensuit la rédaction du cahier des charges. La rédaction se fait en groupe de travail, associant les RH, l'informatique et les managers afin d'identifier les différentes fonctionnalités, les résultats attendus, les indicateurs recherchés. Le rôle du chef de projet métier est de s'assurer du respect des objectifs. Une fois rédigé, on envoie le cahier des charges aux prestataires ciblés. En général, on a identifié au préalable les divers prestataires, lors de salons, par exemple. On étudie ensuite les réponses, on présente les solutions retenues en fonction des critères déterminés par le cahier des charges tout en ne négligeant pas le fameux RSI. Une fois la solution choisie, on démarre toujours par un pilote avant de déployer le SIRH dans son ensemble.

Le Web 2.0

Avec le Web 2.0, la DRH a pour mission d'anticiper et maîtriser les nouvelles donnes du *sourcing* ainsi que celles de l'image employeur et de la relation avec l'ensemble des salariés. En effet, les territoires d'expression se sont déplacés. Une grande partie de nos publics a changé de comportement du fait de l'évolution des technologies et d'Internet. Beaucoup de choses se font sur la Toile, aussi comment être en phase avec les différents publics et ceux, notamment, de la génération Y, c'est-à-dire la jeune génération ? Comment profiter des mutations de la communication et de ses applications liées au Web 2.0 pour séduire et fidéliser les talents, imposer l'identité de l'entreprise et la marque employeur ? La réponse consiste à profiter de l'atout 2.0 pour créer du lien auprès des jeunes publics, s'approprier les blogs, les sites participatifs et les réseaux sociaux.

Quelques chiffres donnent le tournis :

- 60 % d'internautes dans la population française utilisent le Web 2.0 et deviennent, ainsi, des « contributeurs » au travers des votes, commentaires, avis, tchats, blogs, « wiki »…
- 80 % des internautes ont moins de 35 ans parmi les catégories socioprofessionnelles ;
- 69 % des internautes estiment que le Web a profondément changé la manière dont ils s'informent sur les entreprises.

Les sujets évoqués par les internautes sur l'entreprise :

- 69 % des avis donnés concernent l'ambiance au travail ;
- 57 % concernent la politique RH.

Le Web 2.0 redonne le pouvoir à tous, déplaçant le centre de gravité du pouvoir d'émettre : désormais, ce dernier est accessible à tout un chacun.

Comment devenir entreprise 2.0 ? Par la mise en œuvre dans l'entreprise d'un ensemble de moyens permettant de répondre aux nouvelles attentes des salariés. En effet, ceux-ci souhaitent retrouver dans leur cadre de travail des usages et des outils qui sont les leurs dans la sphère privée (Internet), favoriser l'intelligence collective (compréhension des enjeux, créativité, adaptation…) et dialoguer sur les mêmes territoires que leurs publics internes et externes.

Le Web 2.0 permet de répondre aux trois grands enjeux suivants :

- La question du sens ;
- Le besoin d'écoute et d'implication de l'ensemble des collaborateurs ;
- L'impératif RH de « vendre » l'entreprise et de faire des salariés ses meilleurs ambassadeurs.

Ainsi, plus qu'une technologie, le Web 2.0 désigne un concept.

Le marketing RH

Souvent, on nous demande l'explication de ces deux termes associés, car on connaît uniquement les deux services *a priori* antinomiques que sont le département marketing et le département RH. Le marketing RH pourrait se définir ainsi : concevoir l'offre de la direction des ressources humaines en fonction des attentes de ses clients potentiels, c'est-à-dire les talents de l'entreprise, les candidats potentiels, les partenaires sociaux, les administrations, les fournisseurs, en tenant compte des capacités de l'entreprise et des contraintes de l'environnement dans lequel elle évolue (sociodémographique, concurrentiel, légal, culturel…). On commence par s'appuyer sur des études de marché et une veille sociologique (audit de climat social, enquêtes de motivation ou d'engagement) en tant que véritables outils d'aide aux décisions. Ensuite, on segmente par types de population (statuts, lieux géographiques, âges, diplômes…) l'approche marketing de la DRH.

On entend par « produit » la modélisation de l'offre des services de la DRH afin que cette offre soit ciblée par rapport aux attentes et aux motivations d'un ou plusieurs segments de population. Par « prix », on note combien coûte l'offre de support RH aux autres divisions en essayant de valoriser financièrement le service apporté par la DRH. La « place » correspond aux moyens de mise à disposition de l'offre RH, c'est-à-dire les divers canaux de distribution. La « promotion » rejoint la communication ou comment valoriser l'offre RH.

Contrairement à ce qui est écrit couramment, le marketing RH ne se limite donc pas à l'aspect communication mais dépasse largement ce périmètre.

Le déploiement de l'offre RH auprès des managers semble une des clés de réussite d'une politique RH en termes de positionnement au sein de l'entreprise. Par ailleurs, les DRH gagneraient en crédibilité, vis-à-vis de la direction générale et des autres fonctions, à développer une connaissance de leurs ratios de performance et du prix de leurs prestations (il y a encore trop peu de DRH qui ont conscience du prix de revient exact d'un bulletin de paie ou du coût du recrutement d'un cadre…). Le marketing RH est, donc, moins une fonction particulière dans l'entreprise qu'une posture que doit avoir la DRH dans le cadre de l'élaboration, de la mise en œuvre et de la mesure d'efficacité de sa politique sociale.

Le marketing RH doit, en effet, être partie intégrante de la politique sociale et permettre une meilleure lisibilité de la valeur ajoutée apportée par les experts de la fonction RH. Ces derniers doivent cibler leurs prestations en fonction des attentes de leurs « clients-salariés », et non pas en fonction des produits qu'ils souhaitent mettre en place. Les DRH se doivent de bien connaître les aspects opérationnels des différentes fonctions de l'organisation avant toute mise en place de processus. Le marketing RH apparaît donc comme une démarche globale qui a pour objectif de formaliser les processus avec l'aval des divisions concernées. Il permet également d'apporter de la lisibilité et de l'homogénéité dans les pratiques d'un groupe, contribuant ainsi à améliorer et à renforcer l'image de la DRH.

Un réel challenge

La fonction DRH connaît une réelle transformation, car elle a appris dernièrement à développer sa valeur ajoutée, à se rapprocher du management intermédiaire dans une logique de *business partner* et à se doter de nouvelles compétences stratégiques. Cependant, elle se heurte à plusieurs paradoxes.

Les paradoxes de la fonction DRH

Dans un premier paradoxe, les DRH témoignent d'un déficit de compétences au sein de leur équipe RH alors que les plans de développement de leurs collaborateurs sont encore rares. La transformation RH est abordée soit par l'évolution des processus et du système d'information, le SIRH, soit par l'évolution de l'organisation RH, mais les DRH semblent négliger la montée en compétence de leur propre équipe.

Deuxième paradoxe, les DRH se veulent de plus en plus acteurs stratégiques, mais leurs missions se focalisent sur les activités d'administration du personnel et de fonction support aux autres départements. Ils agissent encore trop sur le court terme. Ainsi, la formation est traitée sous l'aspect de la gestion administrative et non au niveau de l'ingénierie de formation ou d'établissement du plan avec la ligne managériale, le suivi de la GPEC ou la gestion des talents. Il est très difficile, c'est vrai, d'être à la fois opérationnel au quotidien et stratège sur l'anticipation, le conseil ou l'expertise, c'est pourtant là que les DRH sont à part entière attendus sur la stratégie.

Troisième paradoxe, les DRH entendent s'approprier le RSI, c'est-à-dire le retour sur investissement de leur fonction, mais possèdent peu les outils de pilotage permettant de l'apprécier. La formation initiale, soit juridique, soit sociale, des DRH les éloigne des chiffres ! Aujourd'hui, ils mesurent seulement la satisfaction des clients RH, mais c'est insuffisant. Les moyens à mettre en œuvre concernent l'analyse des coûts de la fonction, la mesure de l'efficacité des programmes de formation, les indicateurs de suivi au niveau du recrutement, de la rémunération, de la formation et de l'évaluation. À eux de créer et de s'emparer des ratios dont ils sont les seuls maîtres.

Pour sortir de ces paradoxes, l'objectif est non seulement d'optimiser les organisations de travail et les processus RH transversaux, de réduire les coûts des activités de gestion administrative, mais aussi de prendre du temps pour se consacrer au développement de la valeur ajoutée économique, financière et sociale de la fonction RH, qui s'appuie sur la culture d'entreprise.

Les compétences RH s'orientent aujourd'hui, et c'est un bon signe, vers des compétences en :

- Finance, avec une bonne connaissance du business ;
- Organisation du travail avec une maîtrise de conduite du changement ;
- Analyse et optimisation des coûts RH ;
- Gestion de projet et analyse des données issues des processus SIRH ;
- Gestion des conflits, aptitudes à la négociation et au management.

Une fois, les compétences acquises, il faut donc prendre le temps de se projeter demain et cela passe par une réflexion liée à la culture d'entreprise. La culture d'entreprise est, en effet, un facteur de différenciation décisif dans la compétition. Il est difficile pour un DRH d'adopter la même attitude dans tout type d'entreprise. Sa fonction sera différente avec un dirigeant charismatique comme celui d'Apple ou dans une entreprise marquée par une forte empreinte professionnelle, comme chez Renault ou à la SNCF. La culture d'entreprise contient les ressorts de la motivation individuelle et collective. Dans une économie mondialisée, nivelée, dans l'ensemble, par de bonnes pratiques RH, la culture d'entreprise peut devenir un actif à la fois stratégique et influent, à condition qu'elle se différencie par l'implication de tous ses salariés. Construire du collectif produit de la valeur. La culture doit être à la fois le produit et le reflet du passé tout en se projetant dans l'avenir par une adaptation certes difficile mais constamment agile. Elle doit se fixer pour cap d'apporter toujours plus d'humanité aux ressources humaines pour s'en révéler le capital immatériel.

Les actions RH, créatrices de valeur

Il ne s'agit pas pour la DRH d'être convaincue de créer de la valeur, mais il lui faut s'assurer que les actions conduites sont réellement perçues comme créatrices de valeur, autant par les actionnaires que par les clients de l'entreprise ou les salariés eux-mêmes.

Les actions RH relatives aux actionnaires

L'actionnaire est avant tout concerné par le profit financier. La DRH, souvent sans qu'elle le sache, exerce une responsabilité importante sur la capacité de l'entreprise à générer des résultats, car ses actions concernent :

- Le système de rémunération ;
- Le contrôle de la masse salariale ;
- La gestion des emplois et compétences en termes d'adéquation et d'adaptation ;
- La qualité du management, notamment de proximité.

Les investisseurs, afin de préserver un rendement économique à long terme, exigent de plus en plus de transparence dans les domaines cités ci-dessus, car ils sont garants d'une gestion saine du capital humain de l'entreprise.

Les actions RH relatives aux clients

L'entreprise s'appuie sur les capacités d'innovation et d'adaptation de ses salariés face à la réalisation de nouveaux produits. Les actions RH en direction du professionnalisme des équipes pour une meilleure qualité des produits ou celles les aidant à s'impliquer, toujours plus, en termes de qualité contribuent à positionner la société à un niveau d'excellence sur son marché. En effet, les clients recherchent une constante innovation et une réactivité immédiate aux offres du marché. Les actions RH qui privilégient un tel choix pour les clients se déclinent avec la mise en place efficace :

- De la conduite du changement ;
- Du management de la performance ;
- Du management des talents.

Les conséquences de la politique d'une DRH dépassent, donc, le seul cadre interne.

Les actions RH relatives aux salariés

Ces actions sont les plus connues, mais elles doivent être rappelées, car elles sont au cœur de la qualité d'une DRH. En effet, dès le recrutement, la DRH s'engage auprès du salarié à respecter l'emploi qui lui a été promis, tant en matière de qualité du poste occupé que de son adaptation tout au long de la vie professionnelle. La juste rémunération, l'objectivité de son évaluation, les possibilités de formation, les possibilités de carrière, la reconnaissance du travail fourni ont un réel impact sur la relation de confiance qui s'établit entre le salarié et son entreprise. Les actions RH obligent à une relation donnant-donnant et s'appuient, à l'égard du salarié, sur :

- L'adaptation ;
- L'employabilité ;
- L'épanouissement.

Les salariés ne sont pas uniquement des ressources, mais ils ont des ressources, à la DRH de mettre cela en pratique.

Les plans d'action RH déclinés de la stratégie

La mise en place d'un tableau de bord répond à une logique financière rigoureuse. La stratégie définie par la direction générale décline un plan d'action à moyen terme sur les finalités sociales de l'entreprise. On peut citer, par exemple :

- L'anticipation des contraintes et la prévention des risques (sociaux, écologiques, juridiques, d'image) ;
- La réduction des coûts liés à la consommation de ressources ou à la production de déchets ;
- L'innovation par l'augmentation de la qualité, du service et de la valeur ajoutée ;
- La différenciation sur le marché et l'augmentation de la valeur de la marque ;
- L'amélioration de la réputation et la fidélisation des publics.

La DRH agit sur la performance économique ; ainsi, un investissement en recrutement ou un système de primes entraînera une variation mesurable des frais de personnel. Un programme de formation des commerciaux pourra engendrer une augmentation du chiffre d'affaires ou de la valeur ajoutée.

Un certain nombre d'actions de la DRH vont se décliner autour des actions stratégiques préalablement choisies, comme :

- La pénétration de nouveaux marchés ;
- L'amélioration de la qualité ;
- La satisfaction des clients ;
- La capacité d'innovation.

Ensuite, la DRH se pose les questions suivantes : quels sont les domaines à suivre en priorité et quelles sont les informations disponibles permettant de mettre en place les actions RH ? Si l'on hiérarchise, par exemple, la pénétration de nouveaux marchés : une fois définis les secteurs géographiques, la DRH procédera aux mutations en interne, elle informera des formations adéquates, elle recrutera, si besoin, conformément aux demandes des services. Bref, elle déclinera dans chacune de ses actions l'axe stratégique choisi.

Le tableau de bord des processus transverses

Les processus transverses ne peuvent pas être externalisés et sont indispensables à toute organisation. Ils concernent le management de la performance, le management des compétences et le management des talents. Il s'agit d'un travail collaboratif où chaque participant s'implique et où les actions RH sont cohérentes et reposent sur des indicateurs similaires. En effet, le pilotage d'un système transversal s'appuie sur les ratios de chaque service concerné, sur le plan du recrutement, de la formation, des rémunérations et de la gestion des carrières.

Le management de la performance est basé sur la capacité de la DRH à :

- Déployer la stratégie de l'entreprise au travers des objectifs personnels et collectifs ;
- Encourager l'engagement de chacun ;
- Assurer la mobilisation des salariés autour de la réalisation des résultats.

Il s'agit d'optimiser la productivité globale. Le management des compétences intègre la définition des compétences.

Le management de proximité

Il n'est pas évident de devenir un manager de proximité, car il s'agit d'être proche de ses collaborateurs tout en maintenant une certaine distance. La première ressource dont dispose le manager est son propre comportement et ses attitudes dans le travail. Ensuite, il doit connaître l'impact de son propre comportement sur le fonctionnement de son équipe. Un manager ne s'enferme pas dans son bureau pour se cacher de ses collaborateurs en prétextant des nombreuses procédures à effectuer. Il n'a pas à fuir toutes les situations de contact, mais il doit, au contraire, s'obliger à une relation constante avec les membres de son équipe. Dès qu'il le peut, il travaille avec eux dans le cadre d'un projet. La conduite de projet permet non seulement le travail ensemble mais rend les contacts enrichissants et orientés vers un travail en commun rationnel et objectif.

La gestion des talents

Commençons par une définition du terme « talent ». Dans le dictionnaire, le talent s'apparente à une aptitude, une habileté naturelle ou acquise à réussir dans une activité intellectuelle ou artistique, plutôt dans le sens d'une disposition ou d'un don ; pour une personne, avoir un talent signifie qu'elle est douée dans un domaine particulier.

La pyramide des talents place au sein de l'entreprise deux niveaux, celui de la compétence et celui de l'expertise, sachant qu'au sens plus large se situe la virtuosité et, au-delà, le génie, plutôt rare ! À l'origine, le talent est inné, mais il se développe grâce à la formation, à l'entraînement et à l'expérience. Il doit, de plus, être soutenu par l'énergie ; en effet, l'expression du talent représente l'énergie positive ou productive, l'énergie interne et individuelle.

Si aujourd'hui la recherche et la gestion des talents sont une nouvelle tendance chez les DRH, dans quelle mesure la gestion des talents est-elle révélatrice d'une nouvelle gestion des RH ?

En tout cas, la DRH ne peut passer outre cette nouvelle thématique, la gestion des talents et celle des hauts potentiels s'imposent à elle. Dans un contexte de changement ou de crise, les entreprises cherchent à se développer en se concentrant sur les personnes qui créent le plus de valeur ajoutée. Elles investissent sur des profils clés, les « talents » ou les « hauts potentiels ». Les talents sont des personnes avec des compétences spécifiques ou rares, que les entreprises souhaitent attirer et fidéliser.

Les atouts des entreprises performantes

Les talents sont les experts et les atouts des entreprises performantes. Aussi est-il essentiel pour les organisations d'identifier les talents dont elles ont besoin, aujourd'hui et demain, de mettre en œuvre les meilleures politiques pour les attirer et les valoriser tout en les fidélisant. La gestion des talents est un nouveau modèle RH qui répond aux limites des approches par compétences, car il faut déceler des compétences cruciales aux postes cruciaux. On pourrait ainsi définir la compétence comme opérationnelle, un « savoir-agir », alors que le talent reste exceptionnel et se différencie par son excellence. Le potentiel restant une estimation, un pari sur l'avenir.

Elle propose une réponse à des préoccupations d'actualité : la gestion des pyramides des âges, la prise en compte de la diversité, les nouvelles aspirations des salariés, etc.

La gestion des talents n'est pas une nouvelle RH mais une adaptation plus rapide aux enjeux de demain. Comment s'y prendre ? Que représentent les « talents » ? On commence par :

- Déceler les talents ;
- Identifier les hauts potentiels ;
- Développer tous les talents ;
- Fidéliser et mobiliser les personnes.

Lorsque l'entreprise doit atteindre un haut niveau de performance dans un contexte de forte incertitude, le management des talents s'impose. Réussir à identifier tous les talents, actuels et futurs, est essentiel. Au départ, on implante un nouveau mode de management, prenant en compte le seuil d'incompétence, car le premier succès est lié à l'adéquation entre le salarié et sa fonction. Une fois repérés les talents par la procédure habituelle d'une évaluation objective, il s'agit de les mobiliser en leur offrant une autonomie basée sur la confiance et une grande liberté d'action. Il faut, ensuite, développer les talents grâce à des challenges à leur hauteur et ne pas oublier de les régénérer en leur permettant de relever de nouveaux défis. L'idéal, cependant, pour les hauts potentiels est de définir par eux-mêmes leur chemin vers la réussite. Dans l'excellent livre collectif sur les talents dirigé par J.-M. Peretti, on note que manager par les talents implique une évolution des processus et des comportements afin de gagner en créativité, en souplesse et en réactivité. Il s'agit de repérer les filtres de perception pour optimiser la performance en favorisant, par exemple, la progression des talents féminins dans l'entreprise pour bénéficier de la richesse de la mixité, ou encore de favoriser la progression des talents des jeunes par le tutorat des seniors pour profiter de la diversité. Ainsi, la diversité devient un atout des talents, à condition de savoir articuler la prospective des métiers avec la prospective des talents.

Pour organiser le développement des talents, il est primordial de :

- Révéler les potentiels (souvent à eux-mêmes) ;
- Les développer à tout niveau et dans chaque catégorie socioprofessionnelle ;
- Rechercher en permanence les potentiels nouveaux.

Rendre les salariés talentueux

Il ne suffit pas de se focaliser sur les hauts potentiels, car rendre les salariés talentueux devient aussi un impératif stratégique. Une fois les talents identifiés en fonction des emplois clés du futur et une fois les potentiels décelés, la DRH a pour mission de mettre en œuvre la meilleure politique de GPEC pour préserver et fidéliser les talents essentiels à la performance de demain tout en prenant en compte l'ensemble des équipes.

Il faut, par ailleurs, souligner l'évolution économique des entreprises qui se tournent vers l'international et découvrent un autre aspect de la diversité, la diversité des cultures. La gestion des talents à l'international passe par le développement des compétences linguistiques et interculturelles. Là encore, il ne faut pas craindre d'aller de l'avant à travers des expériences de mobilité internationale, des échanges entre les collaborateurs de pays différents, une politique linguistique appropriée pour constituer à terme avec les talents ou hauts potentiels les directions mixtes de demain.

La responsabilité sociétale de l'entreprise

Les salariés sont des hommes et des femmes qui ont besoin de projets pour donner du sens à leur quotidien. En effet, un projet en commun est non seulement un moyen de reconnaissance mutuelle, mais également un lien social permettant l'épanouissement personnel. Il n'y a pas d'entreprise d'excellence sans un environnement d'excellence. La RSE œuvre dans ce sens.

Au sommet mondial de Johannesburg, en 2002, les entreprises du secteur privé ont publié une déclaration visant à instaurer de nouveaux modes de fonctionnement contribuant à l'émergence de sociétés équitables et durables. Cette déclaration a été suivie par la signature de chartes de la diversité. Les entreprises commencent, ainsi, à publier des critères de mesure de leur performance sociétale.

La performance sociétale influence :

- La performance financière ;
- L'image de l'entreprise, à laquelle est sensible la jeune génération ;
- La motivation des salariés sur la conduite de projets sociétaux ;
- La diversité, qui permet d'élargir les sources de recrutement et d'éviter les discriminations internes liées à l'âge, au sexe, à l'appartenance ethnique ou au handicap ;
- L'employabilité, avec la formation professionnelle et la mobilité qui accompagnent la performance du salarié en développant ses compétences pour affronter les changements liés à l'organisation ou à la technologie ;

- Le concept de développement durable, qui intègre le maintien de la santé des salariés et l'aptitude à conserver un emploi tout au long de la vie active.

Il ne s'agit donc plus pour la DRH d'être directement impliquée seulement sur les problématiques liées à l'emploi, l'adaptation des compétences, l'allongement de la vie professionnelle ou les respects des différences, mais également sur tout ce qui touche à la santé des salariés et à la préservation de l'environnement au sens large. Il ne suffit pas, par ailleurs, d'uniquement s'engager, mais bien de contrôler l'efficacité des actions mises en place en assurant leur suivi par un pilotage opérationnel grâce à des outils de tableaux de bord.

Toute l'équipe d'une DRH se mobilise et se professionnalise afin de contribuer aux résultats de création de valeur. La DRH se rapproche ainsi des méthodes de contrôle de gestion. Par exemple, la norme comptable IAS 19, relative aux engagements sociaux, oblige les entreprises à se poser des questions sur leur système de couverture retraite, à s'interroger sur leur politique de rémunération et sur celle de gestion de carrière, car dans le contexte démographique actuel, le poids des retraites augmente régulièrement les provisions pour passif social. L'investissement relatif au capital humain devient un axe majeur et stratégique et il repose entièrement sur la réactivité et la pertinence d'une DRH efficace consciente d'un développement durable.

La responsabilité sociétale des entreprises ne doit pas être confondue avec le mécénat, dont nous parlerons, prochainement, au titre des fondations. Le mécénat est mené de manière séparée de l'activité quotidienne de l'entreprise alors que la RSE s'applique à tout le cœur de métier de l'entreprise. En pratique, la RSE concerne l'intégration volontaire par les entreprises de leur rôle social, environnemental, et économique. Elle couvre, par exemple, la qualité globale des filières d'approvisionnement, de la sous-traitance, le bien-être des salariés, leur santé, l'empreinte écologique de l'entreprise, etc. L'exercice de la RSE demande une bonne perception de l'environnement de l'entreprise ainsi que le respect de l'équilibre des intérêts des parties prenantes, et c'est un des défis de demain de la DRH.

La performance financière

La demande sociale est telle désormais pour toutes les entreprises, les grands groupes comme les PME, qu'elles ne peuvent se couper de cette nouvelle exigence de RSE, qui influe directement sur leurs ventes et sur la rentabilité même des sociétés à moyen et long terme. La demande croissante des consommateurs pour un achat éthique ou de consommation durable impose peu à peu une transparence et une traçabilité des actions menées.

On se souvient tous de la réaction face aux usines de Nike employant des enfants. Chaque semaine, la presse se fait l'écho de produits non fiables éthiquement.

Les dirigeants de l'entreprise doivent, par conséquent, avec leur DRH démontrer une performance à long terme, y compris sur le terrain social et environnemental. Cet engagement permet de mesurer l'adaptabilité de leur modèle de productivité aux nouvelles normes du développement durable, celui-ci ne pouvant donc se limiter uniquement à des considérations purement financières, dans une logique trop simpliste de profit à court terme. Dans une économie fortement globalisée et concurrentielle, l'adaptabilité de l'entreprise à toute donnée relative à son environnement devient la clé de sa stratégie, voire de sa survie.

En Europe, le caractère d'économie sociale de marché et les engagements concrets dans le développement durable pris en particulier par l'Union européenne indiquent une forte propension des entreprises de la zone à démontrer à l'avenir leur capacité à élaborer une équation RSE gagnante sur le triple bilan, ou triple P, signe de leurs performances en matière de :

- Personnes, pour le volet social ;
- Planète, pour le volet environnemental ;
- Profit, pour le volet économique.

Les enjeux du développement durable

La responsabilité sociétale des entreprises est la contribution des entreprises aux enjeux du développement durable. La démarche consiste pour les entreprises à prendre en compte les impacts sociaux et environnementaux de leur activité pour adopter les meilleures pratiques possibles et contribuer ainsi à l'amélioration de la société et à la protection de l'environnement.

TEXTE DE LOI

La RSE a fait l'objet de discussions lors de la table ronde du Grenelle consacrée à la gouvernance. Un comité opérationnel a travaillé sur le thème « Entreprises et RSE » au cours de l'hiver 2008, et ses propositions sont à l'origine du programme d'action prévu à l'article 53 de la loi du 3 août 2009 de programmation, relative au Grenelle de l'environnement. Il s'agit notamment :

- De développer l'information sociale et environnementale communiquée par les entreprises à l'intention de leurs parties prenantes (actionnaires, salariés, ONG, riverains, etc.) ;
- D'impliquer les institutions représentatives du personnel dans les discussions sur les enjeux de développement durable liés à l'activité des entreprises ;

- De développer des référentiels de développement durable par secteurs d'activité ;
- De soutenir le développement de « labels » permettant de donner une reconnaissance aux bonnes pratiques sociales et environnementales des entreprises ;
- De mener la promotion de l'investissement socialement responsable.

La RSE permet d'associer logique économique, responsabilité sociale et « écoresponsabilité ».

Promouvoir une culture sociale

La notion de culture sociale donne une bonne image de l'entreprise à l'extérieur, car, ainsi, l'entreprise s'affirme comme un acteur du monde politiquement correct. Grâce à une culture sociale, elle s'oppose, par exemple, aux entreprises qui préfèrent payer des pénalités dans le cas des handicapés ou des seniors plutôt que de respecter les quotas imposés par la loi. Par contre, s'il y a, au sein de la société, un plan de recrutement de handicapés ou un plan de recrutement de seniors, un accompagnement se révèle nécessaire tant auprès des équipes dirigeantes que des salariés, car, sans une tolérance réciproque, l'intégration de ces personnes issues de la diversité serait vouée à l'échec.

Désormais, jeunes ou seniors, sans expérience ou sans diplôme, trouvent des portes ouvertes, car des entreprises ont choisi de miser sur eux en leur offrant une formation et un emploi. Les critères de sélection sont la motivation, l'envie de se battre et de s'en sortir. On peut citer l'expérience d'une enseigne du groupe PPR : encadrer les jeunes et redynamiser les seniors, tel est le nouveau dispositif mis en place par la Fnac, par exemple. Plus qu'un emploi avec l'acquisition de compétences de base, la formation leur apporte de vraies perspectives d'avenir et leur redonne confiance en eux. Nouvelles recrues et équipes en place se félicitent que leur entreprise fasse du social. Si l'expérience est un succès, elle sera étendue aux autres enseignes du groupe PPR.

La génération Y

La génération concernée est définie, en général, comme étant le groupe de personnes ayant entre 18 et 25 ans en 2003, nées à partir de 1978. Pour l'instant, ce sont des collaborateurs qui ont au plus 32 ans et qui occupent, pour la plupart, des postes d'exécution, des postes d'encadrement intermédiaire ou des professions libérales.

Le profil de cette génération peut se résumer comme suit :

- **Ils ont pleine conscience de l'instabilité de l'environnement et d'un futur imprévisible.** De fait, ils ne cherchent pas une stabilité illusoire, mais plutôt d'être toujours en mobilité, par instinct de survie. Ils trouvent leur satisfaction et leur sentiment de sécurité dans le mouvement ;
- **Ils ont également intégré que rien n'est définitivement acquis, que ce qui n'est pas pris…** n'est pas pris, qu'il convient donc de s'assurer un retour sur investissement par soi-même et à court terme, tout en préparant son avenir par une mise en situation permanente de réussir ;
- **Ils ne comptent réellement que sur eux-mêmes, sur leurs compétences.** D'où leur préoccupation permanente de développer leur employabilité, d'apprendre, pour se donner des perspectives ;
- **Ils ne veulent pas s'enfermer dans un projet professionnel.** Ils préfèrent rester ouverts à toute opportunité. Ils s'engagent donc au coup par coup, dans une succession de minicontrats de donnant-donnant, en conservant le maximum d'ouverture, d'indépendance, de flexibilité, c'est-à-dire de capacité de rebond ;
- **Ils accordent beaucoup d'importance à l'ambiance de travail, ils se mobilisent de façon très émotionnelle pour des causes ou des personnes qui leur sont proches, portés par l'ambiance de leur environnement.** Il en ressort un engagement bien réel et plutôt fort, mais éphémère, et présent, au sens premier et second du terme ;
- **Ils fonctionnent en réseaux, ils ont intégré la notion de « multiactivité », ils sont chacun leur propre entreprise et gèrent leurs profits, sachant qu'ils recherchent un équilibre entre la qualité de leur vie personnelle et leur réussite professionnelle.**

Est-ce vraiment un phénomène nouveau ?

Il n'est pas nouveau d'observer une montée de l'individualisme, de la revendication des libertés individuelles, de la précarité des relations personnelles ou de travail… Cette évolution a été annoncée depuis les années 1970 par différents intellectuels et scientifiques des sciences sociales, avec, d'ailleurs, en général une vision assez pessimiste de cette « modernité ».

Il n'en reste pas moins que ces tendances sociétales semblent désormais parvenues à maturité et de nature donc à concerner le plus grand nombre, ce qui est nouveau. La littérature managériale et des sciences sociales va jusqu'à décrire un changement de paradigme, une génération spécifique (la génération « Y ») qui serait le premier cru à adopter de façon spontanée des comportements qui ne sont plus des tendances ou le fruit d'une expérience, mais bien une réalité du monde contemporain. Ils ne sont pas les seuls à être des « individus contemporains », puisque la plupart des études menées sur les tendances sociétales concernent l'ensemble de la population. Cependant, cette génération est décrite comme étant caractéristique du virage pris, ce qui rend son étude pertinente dans le cadre d'une recherche des tendances sociétales et des modes de management à mettre en œuvre.

À noter que la génération suivante poursuit la tendance avec cependant une vision plus intégrée de la vie, sans une séparation aussi forte des temps de vie personnelle et professionnelle. Ce qui me semble être prédominant est la recherche de sens à l'engagement, avec la nécessité d'être en mouvement, d'avoir des perspectives et d'être connecté à son environnement.

TÉMOIGNAGE

Il est difficile de se faire sa place au soleil

« Suite à ma formation supérieure dans les RH, j'en suis sortie pleine d'ambitions et prête à conquérir et à caresser les plus belles fonctions RH ; mais on n'aurait jamais imaginé qu'il était si difficile de se faire sa place au soleil. Les premières expériences vous réjouissent et vous emportent dans l'euphorie de faire mieux et de travailler encore plus pour apprendre, mais aussi pour manager aux mieux vos ressources humaines, qui ne sont autres que des hommes et des femmes qui travaillent dans votre entreprise. Ce facteur humain au début n'est pas pris en compte dans votre apprentissage et vous vous apercevez qu'il faut l'intégrer et qu'il est bien complexe à gérer, car il faut aussi l'allier à la productivité, aux chiffres et aux différentes législations. Il faut le gérer tant sur du collectif que sur des relations individuelles. Le facteur humain, cette donnée avec des caractéristiques internes et propres à chaque individu et qui se retrouve dans un collectif, une organisation du travail bien définie. Et grâce à la bonne gestion de ce facteur humain *via* le RH en charge, le fonctionnement des entreprises s'optimise ou des avancées incroyables aboutissent.

Quelle belle fonction puisque vous êtes le pivot entre la direction et les salariés, et un repère immanquable dans l'entreprise ! Les expériences s'enchaînent et vous vous enrichissez des différentes façons de les gérer selon les différents contextes économiques de développement ou de réduction des coûts, qui ont un effet immédiat sur votre façon de travailler et de déployer votre boîte à outils.

Ces contextes économiques ont aussi un effet sur la position des RH dans l'entreprise, une fonction "support", ainsi communément appelée ; un jour vous êtes la superstar et le lendemain vous pouvez juste être un homme à tout faire. C'est cela aussi être un responsable des ressources humaines. L'expérience est là, demeure, et au moment où l'on aimerait poser ses valises, en période de crise, ce CDI est bien difficile d'accès. Prête à accepter les contrats temporaires et non précaires puisqu'ils vous enrichissent à chaque passage et dans chaque entreprise avec ses hommes et femmes qui vous donnent un aperçu de leur vie et de leur travail au quotidien.

Mais le simple passage reste difficile puisque vous vous attachez et vous devez repartir vers d'autres horizons aussitôt. Je sais qu'une fonction aussi prestigieuse se fait désirer, alors, d'accord, j'accepte et je sais qu'un jour viendra pour un bel avenir. » (Samia Rahji, DRH en CDD)

Mobiliser les collaborateurs

Il ne s'agit pas pour l'entreprise de compenser les attentes et besoins extra-professionnels des individus, mais de répondre à ceux qui sont légitimes dans le milieu professionnel, afin de se donner les moyens d'une performance collective. Par ailleurs, il est important de ne pas limiter la réflexion à la gestion des jeunes dans l'entreprise, car il s'agit avant tout d'une tendance sociétale. Il n'est donc pas pertinent de mettre en œuvre une gestion différenciée, mais plutôt d'adapter le mode managérial de l'entreprise à cette tendance.

Il convient notamment de s'attacher aux cycles de carrière des individus, afin de mobiliser tous les talents, et de :

- Rythmer leur activité sur un mode projet afin de lui donner du sens ;
- Se mettre d'accord sur des points d'étape à partir desquels de nouvelles perspectives (ou un nouveau projet) peuvent être discutées ;
- Prévoir des parcours d'évolution possibles ainsi que les règles du jeu, afin que chacun puisse se projeter et se donner les moyens (ou non) en toute connaissance de cause de se positionner ;
- Respecter les règles du jeu et de communiquer sur les éventuelles évolutions de ces règles ;
- Donner régulièrement des preuves et pas seulement de communiquer des promesses, de concrétiser et donc légitimer l'engagement demandé ;
- Se positionner en partenaire, chacun ayant son pouvoir de décision, dans le cadre d'une relation donnant-donnant.

Il est également nécessaire d'être vigilant sur les valeurs émergentes et véhiculées par cette génération. Ces valeurs, combinées aux NTIC, conduisent à une organisation différente du monde du travail, notamment un mode relationnel plus flexible, une gestion plus dynamique et transparente, une rapidité dans la prise de décision (temps réel ou échéance convenue). Ce qui me semble être prédominant est la recherche d'un sens à l'engagement, avec la nécessité d'être en mouvement, d'avoir des perspectives et d'être connecté à son environnement.

Mieux vivre en entreprise

Great Place to Work est une entreprise où il fait bon vivre. Depuis 20 ans, un classement des meilleures entreprises est organisé chaque année et par pays par cet organisme mondial.

Une entreprise où il fait bon vivre

Les critères de sélection sont au nombre de quatre, ils sont relatifs :

- À la crédibilité, avec une communication facile et franche, une bonne adéquation entre les moyens humains et matériels et l'honnêteté de la présentation des projets ;
- Au respect, avec un développement des compétences professionnelles assuré et valorisé, une collaboration des salariés dans la prise de décisions, des mesures pour faciliter vie privée et vie professionnelle ;
- À l'équité, avec des primes et récompenses attribuées avec impartialité, on est fier du travail fourni par son équipe, on est fier de l'entreprise, de son image et de son action citoyenne ;
- À la convivialité, où l'on a la possibilité d'être soi-même, dans une atmosphère chaleureuse et amicale et où règne le sens de l'équipe.

Leur label : les salariés s'épanouissent dans un environnement basé sur la confiance. Ainsi, dans les entreprises primées, les salariés font confiance à leur encadrement, sont fiers de leur travail et se réjouissent d'avoir à travailler avec leurs collègues. Par ailleurs, dans un environnement basé sur la confiance, les collaborateurs prennent des décisions et des risques. Les DRH des grands groupes comme ceux des PME participent activement à cette sélection qui recentre le salarié au cœur de l'entreprise, sachant par ailleurs qu'il existe une catégorie de prix pour les sociétés inférieures à 500 salariés. Par exemple, en 2010, l'entreprise Pepsico a obtenu le prix pour sa politique de formation, au titre des PME dont l'effectif est inférieur à 500 salariés. Le projet est très valorisant à mener pour les DRH, qui y voient un bon moyen de se positionner par rapport à la stratégie de leur entreprise.

Aujourd'hui, le mieux-vivre en entreprise passe par le développement durable. Quoi de plus naturel pour un DRH que de parler de développement durable ? Sur le plan de la vie privée, l'être humain doit comprendre qu'il n'a pas le rôle de protéger la nature, mais tout simplement de s'y intégrer s'il veut continuer à améliorer son cadre de vie. Pour cela, il est urgent de se comporter autrement en exploitant des énergies et des ressources inépuisables. Les recherches technologiques contribuent fortement à atteindre ce but ; l'observation de la nature (« biomimétisme ») accélère encore le processus. L'homme ou la femme doivent consommer différemment, afin de préserver l'environnement. Le DRH aura, ainsi, à intervenir dans la vie professionnelle puisqu'il aura à agir sur le comportement des salariés face aux enjeux économiques de l'entreprise écocitoyenne. Il risque d'avoir à intégrer dans les organisations de nouveaux métiers dits « verts », comme celui d'écologue, qui a pour responsabilité de permettre à l'entreprise de réaliser sa mission tout en protégeant l'écosystème qui l'entoure.

De toute façon, tous les DRH sont appelés à construire le « développement durable » du salarié en lui assurant « pérennité » dans son emploi. Grâce à la GPEC, le DRH va lui permettre de développer ses compétences technologiques et comportementales en tant que véritable « écocitoyen » dans tous ses actes professionnels et extra-professionnels, puisque l'entreprise n'aura pas d'autre choix que celui de s'adapter à l'environnement durable de demain.

Le bien-être au travail

Si l'on réfléchit, l'homme vit dans un paradoxe permanent. Il aime capitaliser, en tant qu'adepte de la société de consommation, tout en étant, définitivement, tourné vers la réalisation de soi et son propre bien-être. Le DRH doit faciliter le « bien-être en entreprise » pour rendre sa dignité à chacun. Les actions sont multiples : recrutement équitable, formations axées sur le développement personnel plus que sur la gestion et le management… car un homme heureux qui trouve du sens à son travail n'est-il pas plus productif et plus participatif dans le temps ? et pour longtemps ?

Pour Danone, le bien-être au travail est une source d'engagement des salariés (entretien avec Muriel Pénicaud, DRH de Danone, dans *Le Point* du 18 mars 2010). Aussi la DRH met-elle en place quatre mesures contre le stress :

- Mesurer le stress par des indicateurs précis comme le turnover, l'absentéisme, l'observatoire du stress étant mis en place avec la médecine du travail ;
- Associer les salariés à la construction de nouvelles organisations ;
- Former les managers à la conduite du changement et au dialogue social.
- Mettre en place un système de vigilance sur le principe de la solidarité collective.

Donner confiance au salarié

Il faut dans un premier temps donner une définition de la confiance. Avoir confiance en soi équivaut à croire en soi et à délimiter sa propre connaissance de :

- « Soi face à soi » pour avoir envie et pouvoir agir ;
- « Soi face à autrui imposé » pour une relation qui induit le respect et la distance ;
- « Soi face à autrui choisi » pour une relation qui repose sur l'adéquation et l'émotion.

La confiance se décline à tous les échelons de la hiérarchie, mais le plus important pour le salarié est d'avoir confiance en son chef ; et si son responsable a confiance en lui, il va reproduire le comportement de son manager. Pour donner le meilleur de lui-même et donc avoir confiance en ses capacités, il lui est nécessaire de suivre le bon exemple. Le climat de confiance ne se décrète pas, il se crée, et il est primordial.

Le facteur humain au cœur de l'entreprise

Avec le trophée du capital humain, le facteur humain se retrouve bien au cœur de l'entreprise. Il s'agit de valoriser les meilleures initiatives RH engagées par les grandes entreprises, de témoigner de l'implication du management dans la performance humaine et d'inviter à l'imagination et à la créativité.

On peut s'attarder sur les projets présentés et distingués lors du trophée du Capital humain 2010, qui récompense les meilleures initiatives des entreprises du CAC 40 en matière de capital humain. Il s'agit des projets des entreprises : Saint-Gobain, GDF-Suez, Danone, Renault et L'Oréal, qui a reçu le trophée de l'année 2010.

Saint-Gobain s'est engagé sur le thème du dialogue social, dans un projet intitulé « Transparence et anticipation au service du dialogue social ». Ainsi, un expert, mandaté par les représentants du personnel, est missionné par la direction générale pour porter un regard prospectif sur l'évolution des emplois. Ce rapport fait une analyse de la situation de chaque site et offre un cadre de référence commun au service du dialogue social dans une recherche des équilibres entre les enjeux économiques et sociaux.

GDF-Suez a pris comme thème : « L'engagement du personnel ». Le but est une démarche de coconstruction des valeurs. Le comité exécutif a souhaité donner un rôle moteur aux valeurs pour renforcer la démarche d'intégration et contribuer à l'émergence d'une culture commune grâce à un dialogue interne. Plus de 50 000 collaborateurs ont pu échanger, discuter et s'exprimer de façon interactive sur les valeurs qu'ils souhaitent partager ensemble.

Danone s'est engagé sur : « La responsabilité sociétale ». L'entreprise a ainsi créé un fonds, avec ses actionnaires, destiné au développement et au soutien de l'activité de l'ensemble de ses parties prenantes. Toutes les filiales sont invitées à identifier et promouvoir des projets afin de positionner l'entreprise dans le champ plus vaste de son écosystème et invitant à considérer le capital humain au-delà de ses frontières.

Renault a mis en place : « Un contrat social de crise ». Afin de maintenir la motivation et la cohésion sociale face à une crise économique d'ampleur exceptionnelle, l'entreprise apporte une solution collective qui actionne les principes de solidarité et d'équité en prévoyant la contribution des cadres à un fonds de gestion de crise pour maintenir la rémunération des catégories de personnel touchées par le chômage partiel.

L'Oréal a reçu le trophée du capital humain 2010, prix décerné pour son « initiative en matière de gestion de l'emploi et pour l'ensemble de sa politique RH ». Lors de l'intégration d'Yves Saint Laurent beauté, L'Oréal s'est engagé à donner du temps à la fusion pour favoriser une connaissance réciproque et préparer l'intégration en traitant chaque collaborateur individuellement par un système de parrainage. Elle a proposé à chacun une évolution au sein du groupe et reconnu la place essentielle des salariés dans la création de valeur.

Toutes ces entreprises ont ainsi témoigné de leur engagement, communiqué sur leur stratégie RH et partagé leurs valeurs relatives au capital humain. Elles sensibilisent les PME sur les tendances RH de demain.

TÉMOIGNAGE

La poule et l'œuf

« Classiquement, les ressources humaines sont définies comme un pilier du développement durable. Elles couvrent les aspects économiques et sociaux du développement durable et non l'aspect environnemental. De ce point de vue, on traitera "d'emplois territoriaux, d'employabilité, de parité, d'insertion…". J'aimerais maintenant que nous changions de paire de lunettes et que nous parlions du développement durable comme le principal pilier des politiques RH.

Qu'observerions-nous ? Une entreprise :

- Très compétitive et fleurissante, car les compétences et la gestion de talents sont les uniques critères de recrutement et de promotion ;
- Sécurisante, car la part des jeunes assure progressivement la relève des seniors, et la part des seniors donne du temps pour le transfert des savoirs ;
- Où il fait bon vivre, car chacun – au travers de l'intégration, de la formation – trouve du sens à son travail, se sent reconnu et devient ambassadeur en milieu extra-professionnel ;
- Qui a une "conscience collective" et une stratégie qui tient compte de la nécessité de réduire les impacts environnementaux.

Vous l'aurez compris, je ne sais, aujourd'hui, entre ressources humaines et développement durable, lequel est l'œuf ou la poule ? Ce qu'il est essentiel de retenir, c'est qu'ils sont tout aussi importants. Une direction des ressources humaines doit donc "naturellement" agir comme une "direction du développement durable" ; on peut, même, imaginer que, finalement, ces deux postes ne fassent qu'un dans l'entreprise d'aujourd'hui et de demain ! » (Valérie Mirrione, DRH Entreprise Pizzorno)

Prise de conscience de la souffrance

La prévention des risques psychosociaux (RSP) ne doit pas être feinte. Il faut admettre la place centrale que doit occuper la valeur travail, et la prévention impose le passage obligé par le consensus, ce qui n'est pas naturel dans la mentalité française. Les RSP sont davantage pris en compte depuis, malheureusement, l'affaire France Télécom, dont les suicides des salariés ont fait l'objet d'une grande médiatisation. Aujourd'hui, conscients des risques, les DRH se voient obligés de se détacher des tâches quotidiennes et de prendre du recul pour analyser l'évolution du travail en entreprise. Après l'analyse du mal-être de certaines catégories de salariés, leur objectif est de mettre en place des plans d'action pour mieux équilibrer les charges de travail par rapport aux ressources. Il faut, par exemple, redonner son rôle au manager et améliorer sa proximité en lui accordant du temps pour s'occuper de ses équipes. Il est, par ailleurs, important de veiller à la qualité des relations entre collègues de travail et de ne pas hésiter dans les grandes structures à se faire aider par des cabinets spécialisés.

L'engagement des salariés

Aujourd'hui, de nombreux cabinets effectuent des études quantitatives et qualitatives afin de « mesurer la force du lien qui unit les salariés à leur entreprise ». Ces études réalisées auprès des grandes entreprises européennes permettent de situer l'engagement des salariés français à hauteur de 53 %, celui des Suisses à 73 %, celui des Britanniques à 62 %. Danone annonce fièrement un chiffre de 85 %. Ainsi, beaucoup d'entreprises ne répondent pas à cette idée couramment répandue de divorce entre le salarié et l'entreprise, surtout lorsque le système de valeurs personnel du salarié est en phase avec le leur. Les études quantitatives recouvrent l'ensemble des catégories socioprofessionnelles afin de comparer les résultats entre elles. La mesure est ensuite complétée par des enquêtes qualitatives qui visent à approfondir les raisons pour lesquelles on est engagé ou pas.

Le mécénat et les fondations

Le mécénat permet aux entreprises de soutenir une œuvre d'intérêt général grâce au versement d'un don (en numéraire, en nature ou en compétence), dans le cadre de la loi du 1er août 2003.

Le régime fiscal du mécénat permet aux entreprises assujetties à l'impôt sur le revenu ou sur les sociétés de bénéficier d'une réduction d'impôt égale à 60 % du montant des dons versés (dans la limite de 5 ‰ – cinq pour mille – du chiffre d'affaires).

Quelles sont les opportunités et contraintes pour devenir une entreprise mécène ? Longtemps boudé par les entreprises, notamment en raison de sa complexité, le statut juridique de la fondation d'entreprise gagne, chaque jour davantage, ses lettres de noblesse.

Il a fallu attendre 2003, la loi Aillagon sur le mécénat doublant les avantages fiscaux, pour que les fondations prennent leur plein essor. Depuis cette date, elles se développent à un rythme exponentiel. Les chiffres en témoignent : depuis lors, 110 fondations d'entreprise ont été créées, soit près du double de celles qui sont apparues entre 1990 et 2003. En 2007, 37 fondations ont été créées, soit environ une tous les dix jours.

Mais cet engouement marque la volonté actuelle d'un certain nombre de sociétés de devenir des « entreprises citoyennes » et de participer concrètement à des missions d'intérêt général. Dans ce contexte, la structure de fondation constitue un formidable outil d'optimisation de la stratégie de l'entreprise en matière de mécénat.

Autorisée par simple arrêté préfectoral, la création d'une fondation d'entreprise est relativement encadrée sur le plan juridique. L'objet doit être d'intérêt général, c'est-à-dire utile à la collectivité et sans contrepartie directe ou indirecte pour les entreprises donatrices. Néanmoins, la création d'une fondation d'entreprise constitue un engagement fort pour les fondateurs. La fondation d'entreprise devient un outil qui optimise la stratégie de l'entreprise en matière de mécénat. Elle se révèle un outil de communication externe privilégié, véhicule de développement de son image de marque. Elle permet, également, de motiver les collaborateurs en les fédérant autour d'un projet commun d'intérêt général auquel ils peuvent s'associer directement par leurs propres dons. À cet égard, la fondation peut devenir un vecteur clé de cohésion sociale de l'entreprise.

Prenons un exemple de création d'une fondation dans une PME. Le charisme de l'ancien président de la société Cari, entreprise du bâtiment de 2 300 personnes environ, a permis la création d'une fondation ayant pour objet l'implication de tous les salariés dans des projets axés sur :

- La solidarité ;
- L'environnement ;
- La culture.

Les projets retenus sont présentés par les salariés, qui s'approprient la réalisation, la mise en place et le suivi.

Les projets visent à :

- Favoriser le partage d'expériences, la formation, la lutte contre l'exclusion et les discriminations, l'aide aux personnes en situation de détresse ;

- Encourager les actions de prévention, d'échange ou de recherche dans les domaines de la santé au travail et de l'environnement ;
- Promouvoir le rapprochement des arts et du monde de la construction par un soutien opérationnel aux artistes, l'organisation de rencontres avec le public ou l'acquisition d'œuvres.

Chaque projet retenu devra :

- Présenter un caractère ambitieux et innovant en accord avec les valeurs de la fondation ;
- Être porté bénévolement par une ou plusieurs personnes de l'entreprise fondatrice ;
- Contribuer à valoriser l'image de la construction en France.

Les DRH, demain

Le développement des risques psychosociaux, l'application des lois relatives aux seniors, aux jeunes, aux handicapés… font que les dossiers s'empilent sur les bureaux des DRH. Leurs missions se hiérarchisent chaque jour en fonction de nouvelles priorités : réorganiser, remotiver, se rendre sur le terrain, expliquer les décisions, donner un sens aux changements demandés aux salariés… Tel est le nouveau dilemme du DRH, à la fois au four et au moulin.

Le DRH devient un leader, un visionnaire, un véritable stratège, mais en a-t-il le temps quand il doit se battre au quotidien et revenir sans cesse à l'essentiel, c'est-à-dire le développement des compétences des salariés dans un contexte de guerre des talents ? Il lui est difficile de renforcer la proximité avec les salariés quand il doit faire face à des rôles souvent opposés tels que *business partner*, et donc restructurer ou geler les salaires, et être l'avocat des salariés en travaillant sur leur motivation et le renforcement de leurs compétences.

Mettre l'humain au cœur de l'entreprise

Aujourd'hui, les DRH n'ont plus le choix sinon celui de donner du sens à la contribution des salariés, insister sur la notion d'équipe, mettre en place un management de proximité et se concentrer sur le dialogue social. Parmi les défis à relever, il est aussi important de ne pas passer à côté d'un homme ou d'une femme « révélateur » des futurs talents de demain. En effet, le talent n'est pas noté sur le CV et la DRH doit donc pouvoir s'adapter pour déceler les potentiels même ignorés des candidats qu'elle reçoit. Il va falloir passer de la parole aux actes à tous les niveaux relatifs à la dimension humaine au sein de l'entreprise. Redonner du sens et de la confiance en protégeant et en développant les capacités de création des salariés eux-mêmes afin de mieux s'adapter au monde de demain.

Les défis de la mondialisation des échanges, l'accélération des progrès techniques, l'exacerbation de la concurrence se répercutent sur les activités des entreprises. Au sein de la société, face à ces constats, se manifeste un mal-être parmi les salariés. Les conséquences sont une démoralisation constante chez eux, un développement des traumatismes liés au stress, une perte de confiance dans l'entreprise, une défiance à l'égard des stratégies proposées, une réticence à s'engager face aux difficultés de l'entreprise, une frustration par rapport au mieux-vivre en entreprise, une réfutation des résultats comme valeur du travail. Bref, il n'est pas évident pour une DRH de maintenir une relation apaisée, de construire un projet social motivant et valorisant pour l'ensemble des salariés. Il s'agit d'agir ensemble, tant au niveau de la DRH que des directions transversales ou des salariés, car « il n'est de richesse que d'hommes et de femmes ».

TÉMOIGNAGE

L'optimisme comme levier de la performance

« L'optimisme est une façon de se projeter dans un avenir plutôt positif et créateur de valeur. À ce titre-là, c'est un outil fondamental d'approche des problèmes dans des situations difficiles. Un dirigeant optimiste doit toujours se garder une petite dose de pessimisme et de vigilance. Car l'optimisme, c'est tout sauf la naïveté. Un optimiste pense qu'une solution positive est toujours possible même s'il y aura des difficultés et des échecs. Et, pour cela, il va falloir que l'on capitalise en priorité sur ce qui va bien, sur ses ressources et ses points forts. C'est pour cela que l'optimisme stratégique constitue, aujourd'hui, un vrai enjeu dans les organisations. "L'optimisme de crise" est sans doute une idée à développer. Les messages que les dirigeants donnent actuellement, en période de crise, sont en effet ceux qui vont ou non donner l'envie à leurs collaborateurs d'être créatifs, de continuer à croire en leurs compétences, de tenter des coups... Car même dans les situations difficiles, des options intelligentes peuvent toujours être trouvées. Il y a un lien fondamental entre optimisme et créativité. » (Philippe Gabilliet, professeur de leadership, ESCP Europe/Paris)

Les associations professionnelles

Il est vivement conseillé aux DRH de se retrouver au sein d'associations professionnelles afin de s'informer au mieux et d'échanger sur les bonnes pratiques, car, vous l'aurez compris tout au long de ce livre, c'est loin d'être une fonction solitaire ! De nombreux clubs de DRH existent, plus ou moins importants. Je citerai les deux dont je fais partie : le premier, l'ANDRH, car c'est un institutionnel, et le second, le MGRH, car il apporte une nouvelle dynamique.

L'ANDRH

L'ANDRH (Association nationale des ressources humaines) a été créée en 1947. C'est une association au service des professionnels des ressources humaines, représentant les entreprises et organisations de tous secteurs d'activité et de toutes tailles, publiques et privées, nationales et internationales. Avec plus de 5 000 membres, organisée en 80 groupes locaux dont 18 en Île-de-France, elle est la plus grande communauté de professionnels des ressources humaines en France. Depuis plus de 60 ans, l'ANDRH anticipe et accompagne l'évolution des métiers des ressources humaines et elle est devenue, au fil des années, la communauté de référence dans le débat RH.

L'ensemble des études et travaux menés au sein de ses groupes locaux, des commissions nationales et, en particulier, lors de son tour de France, nourrit chaque année la réflexion autour d'un thème central qui donne lieu à des propositions présentées lors des Assises nationales de l'ANDRH. En 2010, ce sont les défis de l'après-crise qui ont été au cœur des débats, avec trois problématiques retenues à cette occasion : la santé au travail, l'engagement des salariés et la gestion des talents.

Engagée aux côtés des entreprises, organisations et associations, l'ANDRH travaille avec les partenaires sociaux, les élus locaux et les représentants de l'État pour présenter et affirmer sa vision, toujours soucieuse d'inciter à l'échange et favoriser la coopération de l'ensemble des acteurs et décideurs.

Le MGRH

MGRH (Mouvement génération des ressources humaines) est un mouvement récent, créé au début des années 2000, qui se développe dans toutes les régions. Axé sur les bonnes pratiques RH, il a pour vocation de donner du sens à l'action RH par des réflexions et des éclairages sur les thèmes et les enjeux de demain. Quel sens je donne à mes actions RH ? L'objectif est de faire réfléchir sur le pourquoi plutôt que sur le comment, de sortir du quotidien et de l'immédiateté. Enfin, il s'agit de situer le rôle des DRH et de leur entreprise dans l'environnement de demain en y apportant de nouvelles clés de compréhension. Le mouvement regroupe des compétences pluridisciplinaires : DRH, dirigeants, consultants, enseignants/chercheurs, avocats, managers, partenaires sociaux, issus d'entreprises représentant des secteurs d'activité diversifiés (industries, services…). On se retrouve autour d'événements nationaux comme le Trophée Global RH, qui associe chaque année un DRH et son DG, ou encore l'université d'été, toujours très conviviale, sans oublier depuis deux ans la remise du prix relatif au « mieux-vivre en entreprise ».

En conclusion

Les DRH sont les leaders naturels de l'ensemble des ressources humaines d'aujourd'hui et de demain, car savoir anticiper un futur probable pour l'entreprise repose, essentiellement, sur la qualité des hommes et des femmes qui y travaillent et s'y épanouissent. Aux DRH de rendre l'univers de l'entreprise plus performant car plus humain. À eux d'inscrire les ressources humaines comme un actif au bilan et non une charge au compte d'exploitation. À eux d'oser écrire l'avenir en véritables acteurs stratégiques d'animation du capital humain. Une entreprise gagnante se construit sur la confiance de l'ensemble de ses salariés, à condition que les DRH aient une vision pour éclairer leurs actions, car comme disait Henri Bergson : « Il faut agir en homme de pensée et penser en homme d'action. » Je terminerai par un grand espoir, avec cette réflexion d'Oscar Wilde : « La sagesse consiste à avoir des rêves suffisamment grands pour ne pas les perdre de vue pendant qu'on les poursuit. »

Sixième partie

La partie des Dix

Dans cette partie…

Nous allons traiter chaque fois en dix points les dernières lois indispensables à maîtriser de même que les thèmes RH qui sont à la base de la fonction. Être RH, c'est penser à l'avenir, vous le ferez avec les dix clés RH pour une vision stratégique et vous n'oublierez pas de surfer sur le Web pour rester « *up to date* » !

Chapitre 24

Les dix lois relatives aux RH les plus importantes

Dans ce chapitre :

- Des lois de modernisation sociale
- Des lois relatives à la formation professionnelle
- Encore une loi sur l'égalité salariale entre hommes et femmes !

Dans ce chapitre, nous avons essayé de choisir dix lois parmi les plus récentes et les plus significatives pour une DRH, sachant qu'il est très difficile de simplifier le droit social français, car chaque année les DRH doivent, malheureusement, se confronter à la promulgation de nouvelles lois les concernant. Ces lois qui annulent, parfois, les modalités obligatoires précédentes, viennent renforcer, bien sûr, les milliers d'articles du Code du travail !

La loi n° 2002-73, du 17 janvier 2002

Elle est dite loi « de modernisation sociale » et concerne le PSE.

TEXTE DE LOI

Outre les actions de reclassement interne et externe, ce PSE doit comporter des actions de formation, de VAE et de reconversion. Le licenciement pour motif économique d'un salarié ne peut intervenir que lorsque tous les efforts de formation et d'adaptation ont été réalisés et que le reclassement de l'intéressé sur un emploi de la même catégorie que celui qu'il occupe ou sur un emploi équivalent ou, à défaut, sur un emploi de catégorie inférieure ne peut être réalisé dans le cadre de l'entreprise ou du groupe.

Dans les entreprises employant au moins 1 000 salariés, l'employeur est tenu de proposer aux salariés dont le licenciement est envisagé un congé de reclassement dont la durée maximale est de neuf mois. Dans les autres entreprises, l'employeur devra proposer des mesures d'évaluation des compétences professionnelles et d'accompagnement en vue du reclassement. Par ailleurs, de nouveaux articles sont insérés dans le Code du travail pour définir le harcèlement moral.

La loi nº 2003-6, du 3 janvier 2003

Elle est relative à la négociation collective en matière de licenciements économiques. Les partenaires sociaux sont invités à négocier la mise au point de mesures propres à faciliter le dialogue social, notamment au sujet des conséquences sur l'emploi des projets de restructuration.

La loi nº 2004-391, du 4 mai 2004

Elle concerne la formation professionnelle tout au long de la vie et le dialogue social. Elle introduit les trois critères d'adaptation, d'évolution et de développement personnel d'un plan de formation, elle institue le DIF et crée le contrat de professionnalisation. Elle modifie, également, les modalités de la négociation collective.

La loi nº 2005-32, du 18 janvier 2005

Dite « de programmation pour la cohésion sociale », elle modifie certaines dispositions du Code du travail relatives au licenciement pour motif économique. Nommée loi « Borloo », elle développe le dialogue social et institue pour tout établissement de 150 personnes au moins ou pour tout groupe de plus de 300 salariés une obligation triennale de négociation. Cette négociation porte obligatoirement sur les modalités d'information et de consultation du comité d'entreprise, sur la stratégie de l'entreprise et ses effets prévisibles sur l'emploi et sur les salariés. Elle oblige à la mise en place d'un dispositif de GPEC ainsi que de mesures d'accompagnement susceptibles de lui être associées, en particulier la formation, la VAE, le bilan de compétences et l'accompagnement de la mobilité professionnelle et géographique des salariés. Elle précise le maintien dans l'emploi des salariés âgés et leur accès à la formation professionnelle.

La loi n° 2006-340, du 23 mars 2006

Elle est relative à l'égalité salariale entre les femmes et les hommes. C'est le grand combat des DRH, car la moyenne des écarts de salaire entre les hommes et les femmes reste, encore, aux alentours de 20 % sans que ce soit, bien sûr, justifié.

La loi n° 2007-1223, du 21 août 2007

Cette loi est en faveur du travail, de l'emploi et du pouvoir d'achat. Abrégée loi « Tepa » et surnommée « paquet fiscal » par ses détracteurs, elle est une loi française destinée à accroître l'activité économique et l'emploi.

La loi n° 2008-596, du 25 juin 2008

Elle porte sur la modernisation du marché de travail. Elle peut se résumer ainsi : elle fixe la durée maximale de la période d'essai du CDI et prévoit un délai de prévenance, elle améliore l'indemnisation maladie prévue par la loi de mensualisation, elle modifie les conditions et le montant de l'indemnité légale de licenciement, elle redonne au « reçu pour solde de tout compte » sa valeur libératoire, elle crée une procédure de rupture conventionnelle du contrat de travail et un nouveau CDD à objet défini à destination des cadres et ingénieurs, elle encadre le mécanisme du portage salarial et supprime le CNE.

La loi n° 2008-789, du 20 août 2008

Elle porte sur la rénovation de la démocratie sociale et la réforme du temps de travail. Elle a des impacts sur les règles de représentativité des représentants salariés et la durée du temps de travail, en assouplissant les dispositifs de dérogation aux 35 heures. Ce texte donne plus de poids aux accords négociés en entreprise ou au niveau des branches. Il a pour ambition de renouer le lien entre représentants des salariés et salariés, il réforme les critères de représentativité, les modes de représentation et les modes d'expression.

La loi n° 2008-1258, du 3 décembre 2008

Cette loi en faveur des revenus du travail vise principalement à favoriser le développement de l'intéressement et de la participation, et à permettre aux salariés d'augmenter leur pouvoir d'achat. Elle comporte également des dispositions relatives au smic et des incitations à la tenue effective de la négociation annuelle obligatoire sur les salaires.

La loi n° 2009-1437, du 24 novembre 2009

Elle est relative à l'orientation et à la formation professionnelle tout au long de la vie. Elle a pour objectif d'améliorer l'accès aux dispositifs existants, notamment pour les publics les plus éloignés de l'emploi. Elle précise les données sur le droit à l'information, à l'orientation et à la qualification professionnelle, la simplification et le développement de la formation professionnelle tout au long de la vie, la sécurisation des parcours professionnels, les contrats en alternance et les emplois jeunes.

Chapitre 25

Dix thèmes RH à maîtriser

Dans ce chapitre :

- Maîtriser le recrutement et l'administratif
- Maîtriser la rémunération et toutes ses composantes
- Gérer les compétences car la DRH est créatrice de valeurs

On reviendra ici sur dix thèmes RH à maîtriser qui ont été longuement expliqués dans les chapitres précédents, en résumant en quelques lignes leur importance. Dans les PME, le DRH doit occuper ces diverses casquettes ou faire appel à des experts particuliers ou encore sous-traiter certaines parties. Un DRH d'un grand groupe s'entoure, pour chaque thème traité, d'un responsable RH (RRH) ou responsable du domaine concerné qui gère sa propre équipe. La mission du DRH reste, cependant, d'en maîtriser l'essentiel.

Le recrutement

Le recrutement est une mission importante de la DRH, car il s'agit d'un processus complexe qui doit prendre en compte l'adaptation des compétences des nouveaux salariés aux besoins réels de l'entreprise. Une action de recrutement comporte plusieurs étapes à effectuer dans l'ordre : l'analyse fondée du besoin de l'entreprise, la description du poste à pourvoir, le profil de l'annonce à rédiger, la recherche des candidatures en interne ou en externe, le choix des supports de l'offre à diffuser. Viennent, ensuite, la sélection des candidats et les résultats des tests éventuels. Après les entretiens de recrutement, le choix définitif s'effectue et le recrutement ne devient opérationnel qu'une fois l'accueil et l'intégration du candidat réalisés.

L'administration du personnel

La DRH était, surtout, connue pour l'administration du personnel, premier domaine de la fonction. C'est un poste opérationnel, indispensable, qui consiste à effectuer les opérations courantes liées à la situation du salarié, en application de toutes les règles liées au Code du travail, au Code de la sécurité sociale, à la convention collective. L'importance des données à mettre en place est telle qu'elles sont, aujourd'hui, suivies dans un SIRH, plus ou moins sophistiqué. L'administratif concerne, en effet, des aspects aussi variés que l'état civil, le contrat de travail, le salaire, le suivi des absences, le dossier médical ou le respect du règlement intérieur.

La rémunération

La rémunération est un poste à part entière au sein de la RH. La DRH a, bien sûr, pour principale mission la réalisation du bulletin de salaire avec toutes ses composantes. On peut citer les charges sociales patronales et salariales, les périphériques financiers – tels que la participation, le PEE –, l'intéressement, les périphériques sociaux – comme la prévoyance, les retraites complémentaires facultatives ou la mutuelle –, les charges fiscales, les frais divers liés au comité d'entreprise, aux œuvres sociales, etc. Bref, toutes les sommes versées, directement ou indirectement, au salarié par l'entreprise transitent par la paie et ses variables. La DRH intervient également sur l'équité des rémunérations en fonction des critères de qualification et de performance individuelle et collective, dans le respect des obligations légales, réglementaires et contractuelles.

La gestion de la masse salariale

La politique de rémunération est un axe majeur de la DRH, car chaque entreprise décline la rémunération en fonction de sa stratégie et ses propres critères. En effet, il est indispensable pour une DRH de maîtriser la masse salariale et le positionnement de l'entreprise en termes de rémunération sur le marché du travail pour recruter et retenir les meilleurs salariés. Parmi les nombreux critères, on peut noter la classification des postes et leur évaluation les uns par rapport aux autres ainsi que la motivation. La motivation des salariés reste liée à la place relative de la partie fixe et de la partie variable, à celle des primes individuelles ou collectives et à l'ampleur des périphériques financiers et sociaux. Le pilotage de la masse salariale s'effectue à l'aide de tableaux de bord de plus en plus nombreux et pertinents.

L'évaluation

L'évaluation reste un sujet délicat et, pourtant, primordial pour une DRH ; elle se fonde, aujourd'hui, sur une démarche de progrès. Il s'agit d'évaluer, de la façon la plus objective possible, d'une part les compétences détenues par les salariés par rapport à celles requises pour le poste, et d'autre part les objectifs annuels à atteindre tels que définis par la stratégie de l'entreprise. L'évaluation met en évidence les écarts à combler et permet de construire une gestion de carrière du salarié appropriée. Les processus d'appréciation s'appuient sur des fiches d'évaluation qui sont les bases de l'entretien d'évaluation. Ils doivent donc être formels, explicites, transparents et acceptés par tous. Les implications du système d'évaluation font appel à des notions qui relèvent à la fois de la culture d'entreprise et de la qualité du management. Il s'agit d'un processus transversal des ressources humaines, car les finalités du poste ou les exigences du métier sont, avant tout, un outil de dialogue entre le manager et le salarié, difficilement maîtrisable dans sa globalité par une DRH.

La formation et la gestion des carrières

La formation a pour première ambition, au sein d'une DRH, d'adapter les compétences des salariés aux besoins réels des métiers de l'entreprise, d'en assurer l'évolution par rapport aux changements technologiques ou à la mondialisation et, de plus en plus aujourd'hui de tenir compte du développement personnel du salarié dans l'optique d'un mieux-vivre en entreprise. L'élaboration de la politique de formation repose sur l'analyse des besoins, le choix des formations à proposer, le plan de formation à valider, et enfin le suivi et l'évaluation des formations. Toutes les données de la gestion de la formation alimentent un des tableaux de bord du bilan social.

La gestion des compétences et la GPEC

La GPEC est une mission strictement dévolue à une DRH. Le concept de compétences, au départ simple constat des savoir, savoir-faire, « savoir-être » et « savoir faire faire » de l'ensemble des salariés, prend désormais en compte l'aspect prévisionnel, gestion plus stratégique et prospective. L'entreprise doit adapter les compétences par rapport à son environnement et devenir aussi réactive que possible. Les compétences se gèrent soit par rapport aux salariés eux-mêmes et, donc, aux ressources humaines proprement dites, soit par rapport aux activités et à leur environnement. Une fois les référentiels métiers identifiés, on met en place les référentiels compétences. Ensuite, on cible les métiers clés de demain et on adapte une gestion qualifiante appropriée des salariés. La mise en place et le suivi d'une GPEC ne doivent pas correspondre à une usine à gaz, mais, au contraire, faire preuve de souplesse et d'agilité dans un esprit d'efficacité et de responsabilité.

La négociation avec les IRP

Le dialogue social dans l'entreprise est lui aussi crucial pour une DRH. Il lui faut informer, consulter et négocier. Tout au long de l'année, la DRH entame des concertations lors des réunions périodiques avec les différents partenaires sociaux que sont les délégués du personnel, les membres du comité d'entreprise ou du CHSCT, ou encore les délégués syndicaux. La négociation sociale est très encadrée en France, mais le but reste d'engager et de développer un partenariat constructif et positif au bénéfice de l'ensemble des salariés de l'entreprise. Outre le fait que ces rencontres sont obligatoires, la DRH a pour mission de faciliter les négociations en recherchant un accord avec la volonté d'aboutir. Dans le cadre d'un accord d'entreprise, la négociation est créatrice de droits, dans la mesure où l'accord devient une règle applicable à tous. Les dernières lois insistent sur la particularité du dialogue social et l'importance de l'image de l'entreprise qu'il véhicule.

Les conditions de travail et la RSE

Le salarié se trouve au cœur de l'organisation de l'entreprise. La prise en compte de la sécurité et des conditions de travail constitue une préoccupation constante de la DRH, d'une part à cause d'un encadrement juridique très lourd, et d'autre part à la suite d'une perception accrue des salariés de risques encourus due à la médiatisation. La qualité des conditions de travail et le souci constant de leur amélioration reflètent autant le climat social de l'entreprise que ses performances économiques. La création des CHSCT, du document unique relatif aux risques encourus et de la RSE oblige la DRH à se remettre constamment en cause et à créer de nouveaux processus de mise en place et de suivi avec de nouveaux partenaires tels la médecine du travail et les cabinets de risques psychosociaux.

La création de valeur RH et la communication

La DRH ne s'affirme plus aujourd'hui comme seulement une fonction support aux autres divisions. Elle devient, surtout, une fonction majeure et prospective, consciente d'être créatrice de valeur pour l'ensemble des actionnaires, des clients et des salariés de l'entreprise. Le management des ressources humaines est lui-même au centre du système de création de valeur. Les DRH dépassent ainsi le rôle technique de leur mission, qu'ils doivent cependant maîtriser pour développer une réelle vision stratégique et contrôler leur création de valeur auprès de l'ensemble des bénéficiaires.

Rappelons ces actions RH créatrices de valeur : il s'agit de toutes celles liées à la qualité du management, à l'adaptation des ressources, au système de rétribution ou au contrôle de la masse salariale en faveur des actionnaires. Les actions relatives au management de la performance, au management des talents, à la conduite du changement créent de la valeur pour les clients. Les actions liées à la formation, à la gestion de carrière, à l'employabilité sont créatrices de valeur pour les salariés dans un souci les concernant de reconnaissance et d'épanouissement. Aux DRH, donc, de savoir s'impliquer dans l'information et la saine communication de ces données pour une vision humaine et prospective de leur fonction.

Chapitre 26

Dix clés pour devenir une DRH stratégique

Dans ce chapitre :

- Employabilité, gestion des talents
- Mode projet, NTIC, RH de proximité
- Responsabilité sociétale et éthique managériale

Un peu de hauteur et de réflexion pour les DRH de demain, sachant qu'il est toujours très difficile de prendre du temps face à tous les aléas du quotidien ! Et pourtant, il est indispensable de penser aux lendemains, car on ne peut devenir une DRH stratégique sans créativité, sans courage et sans prospective. Autour des thèmes liés à l'employabilité, au travail en mode projet, aux NTIC, aux talents, au marketing, ou encore à la RSE, la DRH s'adapte au quotidien et prépare l'avenir. Avec beaucoup de réalisme et une grande capacité d'innovation, la DRH s'engage à valoriser le capital immatériel de l'entreprise, c'est-à-dire toute sa richesse humaine, qui ne figure pas au bilan mais en représente toute sa valeur.

Adapter l'employabilité

L'employabilité se traduit par la capacité d'une personne à être affectée à un nouvel emploi. La DRH a pour mission d'adapter l'emploi des salariés présents aux évolutions de l'entreprise. Cette employabilité se fait dans d'excellentes conditions si, en premier lieu, le recrutement a été bien effectué. Ensuite, il s'agit pour la DRH de maîtriser correctement la gestion des cycles de carrière des salariés par une évaluation objective et une formation efficace. L'enjeu se situe dans la prospective des emplois de demain à condition que le changement induit soit explicite et compris par chacun des salariés.

Planifier le travail en mode projet

Si une DRH doit aujourd'hui évoluer d'une gestion RH collective à une gestion individualisée des RH pour mieux prendre en compte le salarié, elle doit prôner le travail en équipe, et rien de tel que de le planifier en mode projet, en lui donnant du sens. Le salarié a besoin de savoir « où il va », d'être reconnu en tant qu'individu, mais il désire aussi se retrouver au sein d'une équipe autour de projets porteurs nécessaires à l'entreprise et le valorisant. Le travail en mode projet correspond, également, à l'approche du management transversal et en réseau. Cette nouvelle structure permet, ainsi, la décentralisation, la délégation, la recherche du dialogue, la concertation et l'esprit d'initiative. Un challenge valorisant pour les DRH qui savent s'en emparer !

Impacter les NTIC sur l'organisation du travail

Les nouvelles technologies de l'information et de la communication nous invitent à une nouvelle manière de vivre et de regarder le monde. Les NTIC se sont imposées aux DRH, à elles de les impacter dès la création des processus RH. Les systèmes informatiques RH, notamment ceux plus souples à base de Web 2.0, permettent d'obtenir d'excellents tableaux de bord pour le pilotage des effectifs, de la rémunération, de la formation ou des obligations réglementaires telles que l'égalité salariale hommes-femmes, le handicap ou la prévention des risques psychosociaux. Les NTIC sont utiles et nécessaires, elles permettent de travailler en réseau et de donner une vision partagée des RH avec davantage de flexibilité et d'autonomie. L'entreprise devient « mobile » et ses salariés « agiles » à condition que le mode de fonctionnement de l'entreprise prenne en compte l'ensemble des bouleversements et que la DRH ait les moyens de l'organiser en se donnant du temps afin que ce soit compris et assimilé par tous.

Manager la gestion des talents

La gestion des talents et celle, plus particulière, des hauts potentiels reste un des enjeux de la DRH. Comment, aujourd'hui, déceler et développer les talents nécessaires aux succès de l'entreprise de demain ? La DRH doit oser recruter de nouveaux talents diversifiés pour enrichir le groupe, multiplier et approfondir les compétences actuelles, fidéliser et mobiliser les meilleurs pour les retenir. Parmi les talents, il s'agit de repérer l'audace, la rapidité, le sens stratégique, des notions positives d'avenir ! Rien, cependant, ne peut se faire sans l'aval de toute la hiérarchie et sans tenir compte, ensuite, du management de ces talents. Une fois qu'ils ont été découverts, la DRH a pour mission de leur organiser des programmes de développement spéciaux afin d'y puiser ses futurs cadres dirigeants. Le talent associe l'excellence à la différence, et la DRH aura à cœur de placer non seulement ces talents en état de performance, mais également de créer un environnement favorable à cette performance. Par ailleurs, composer « une équipe qui gagne » l'oblige à additionner les talents et à les mettre en valeur réciproquement, un vaste challenge, facteur de création de valeur économique et humaine pour l'entreprise de demain.

Développer une RH de proximité

Une DRH ne peut agir seule, en imposant des directives de son bureau, au travers de processus certes efficaces mais déshumanisés. Une DRH efficace s'appuie sur le management intermédiaire et elle réussit ses missions si elle gère la diversité et la performance collective avec l'encadrement de proximité. À elle de mettre en œuvre une politique RH qui donne toute sa place au management transversal, en impliquant les managers au niveau du recrutement, de la rémunération, de l'évaluation, de la formation, bref, à chaque stade de ses propres activités. Relais d'informations, à la fois ascendantes et descendantes, elle reste proche des salariés par une politique de communication appropriée, claire et compréhensible par tous. Les enquêtes de satisfaction, par exemple, permettent un suivi cohérent de veille sociologique avec le management de proximité. Un salarié qui se sent informé et écouté devient un partenaire à part entière au sein d'une équipe performante.

S'approprier le marketing RH

Une DRH n'est plus seulement une fonction support aux autres divisions de l'entreprise, elle ne doit plus être perçue comme un coût mais, au contraire, comme un partenaire créateur de valeurs à l'égard des actionnaires, des clients et des salariés. Elle doit savoir se « vendre », tant au niveau de la hiérarchie qu'à celui des salariés. Une fois les bases juridiques et financières acquises et mises en pratique, la DRH doit se pencher, à son tour, avec talent sur tous les aspects relationnels avec la meilleure pédagogie possible. Partie prenante de la veille sociologique, elle partage avec la direction la gestion de l'image interne et extérieure de l'entreprise, à laquelle s'ajoute, aujourd'hui, celle de l'« e-réputation », véhiculée par Internet.

Mettre en place la responsabilité sociétale de l'entreprise

La DRH ne doit pas considérer la responsabilité sociétale de l'entreprise comme une nouvelle contrainte, mais elle doit, au contraire, s'en emparer et valoriser l'image employeur en mettant l'accent sur le développement humain. La responsabilité sociétale de l'entreprise projette l'entreprise au sein de la mondialisation et la DRH lui permet d'en mettre en place les critères. Afin de toujours plus respecter le salarié dans son environnement de travail, la DRH aide à améliorer en continu les conditions d'emploi et de travail ainsi que les relations professionnelles, socle du dialogue social. Elle renforce la transparence de la gouvernance d'entreprise et développe l'engagement sociétal en anticipant, par exemple, les contraintes et la prévention des risques sociaux et écologiques. Avec intuition et bon sens, elle profite de l'opportunité qui lui est donnée pour accroître sa sphère d'influence.

Devenir un acteur de performance économique et sociale

La DRH doit concilier, comme toute direction, action et réflexion. Elle donne l'orientation et l'impulsion et s'appuie sur l'ensemble du capital humain. Comme « Il n'est de richesses que d'hommes » (Jean Bodin, 1530-1596), le directeur des ressources humaines se retrouve à la tête du premier actif de l'entreprise. La masse salariale n'est plus une charge, mais au contraire une vraie valeur économique axée sur les performances individuelles et collectives de l'ensemble des salariés. La DRH devient, ainsi, une fonction RH reconnue par tous avec un positionnement stratégique puisqu'elle devient un acteur de performance financière et sociale, à elle de s'imposer et d'obtenir des moyens adaptés.

Être garant de l'éthique managériale

La vision éthique n'est pas seulement un phénomène de mode, car elle intervient de façon positive sur toutes les dimensions du management. L'éthique en entreprise se définit comme respectant une série de critères sociaux, environnementaux et financiers. Ces critères se rapportent, par exemple, aux droits de l'homme et au respect du salarié, au développement durable et au « mieux-être » en entreprise, à la gouvernance d'entreprise et à la transparence de sa communication. L'éthique intervient sur la gestion des objectifs à long terme avec parfois des décisions à enjeu fort liées, par exemple, à une délocalisation ou à une fusion. L'éthique est une valeur commune, partagée par managers et salariés, par clients et fournisseurs. Partie prenante de la culture d'entreprise, l'éthique se décline, par exemple, sur le thème de la qualité, de la cohésion de l'équipe à la responsabilisation personnelle du salarié. Il s'agit donc pour la DRH de savoir imposer une vision éthique du management des ressources humaines en adaptant les structures et les comportements aux critères, préalablement définis, de cette visionObjectif de mieux vivre en entreprise

Le mieux-vivre s'oppose au mal-être. De nombreuses entreprises, aujourd'hui, analysent et évaluent la souffrance au travail, le stress, l'insécurité, bref, l'ensemble des risques psychosociaux. L'objectif de ces données doit servir de base à la construction d'un mieux-vivre possible et durable avec l'implication de l'ensemble des salariés, car c'est un enjeu social et sociétal, à la portée des DRH. Agir en mode projet autour de ce concept focalise toutes les espérances des ressources humaines, la gouvernance implique la participation de tous les acteurs pour un développement économique, social et environnemental. Les hommes et les femmes possèdent en eux-mêmes les ressources nécessaires à leur bien-être en entreprise, à condition de leur en donner l'envie et les moyens. Aujourd'hui, le caractère créatif et innovant d'un produit force la concurrence à s'adapter. Aussi une gestion diversifiée des talents permet de se différencier et de responsabiliser tout un chacun au mieux-vivre en entreprise, objectif des DRH de demain.

Chapitre 27

Dix sites web à l'intention des RH

Dans ce chapitre :

- Le site par excellence du ministère du travail et celui de l'Urssaf
- Des portails RH
- Le pôle emploi et l'APEC

Comme des sites internet RH se créent pratiquement au quotidien, on a choisi les plus emblématiques. Les plus importants sont ceux liés au gouvernement, dont celui du ministère du Travail, car c'est ce dernier qui, dans un souci prétendument de simplification, oblige sans cesse les DRH à se recycler face à la nouvelle législation sociale qu'il impose ou modifie chaque année. Les portails RH donnent une bonne visibilité des possibilités offertes aux DRH sur le plan, notamment, du recrutement ou de la formation. Le but est de se maintenir informé et de rester connecté au réseau.

www.travail-emploi-santé.gouv.fr

Il concerne le ministère du Travail, de l'Emploi, de la Santé, des Solidarités et de la Cohésion sociale. Il est indispensable pour un DRH de le consulter régulièrement pour s'informer sur les derniers textes. Il se présente sous forme d'onglets, relatifs au travail, au handicap, aux femmes/égalité, aux aînés et aux retraites/emploi seniors. Une DRH peut, également, avoir accès aux comptes-rendus des enquêtes auxquelles elle a participé au titre de la Dares.

www.urssaf.fr

Ce site doit également être une priorité de consultation pour une DRH. Ceux en charge de la paie sont habitués à se rendre, chaque mois, à la rubrique « employeur » pour y effectuer leur déclaration en ligne et s'informer des nouvelles dispositions relatives soit au calcul des cotisations, soit à l'obtention d'aides ciblées ou encore à la rédaction de dossiers réglementaires. C'est un site qui peut rapporter gros sur le plan des économies réalisées en fonction des aides ciblées et constamment modifiées. Aussi le DRH devrait-il prendre l'habitude de s'y rendre, régulièrement, car l'Urssaf apporte non seulement son lot de précisions, mais aussi de nouveautés !

www.e-rh.org

C'est un portail pour les professionnels des RH qui a été créé et est administré par le master MRH de l'université de Lille et le LIRHE, de l'université de Toulouse. La vocation du site est de proposer un accès simplifié à un grand nombre de documents, rapports, enquêtes et études traitant des ressources humaines. Ces documents et informations sont produits et mis à disposition par un ensemble de partenaires s'engageant à respecter un ensemble de grands principes : gratuité des documents, pluralité des approches et diffusion simultanée des documents sur e-rh.org et sur le site du partenaire proposant le document.

www.wk-rh.fr

C'est le site Lamy Liaisons sociales destiné aux acteurs des ressources humaines. Il traite de sujets relatifs au droit social et donne un aperçu des publications, des textes et jurisprudences ainsi que des conventions et accords. Il informe, régulièrement, sur l'actualité sociale.

www.focusrh.com

Il s'agit d'un site d'informations consacré aux ressources humaines et plus spécialement à l'« e-recrutement », ou recrutement sur Internet. De nombreuses rubriques apportent des conseils pratiques, à propos du recrutement, des sites emploi, des relations écoles, du SIRH, de la formation, de la santé et du social, ou encore de la communication du recrutement.

www.rhinfo.com

Ce site se définit en tant que communauté gratuite et virtuelle au service des ressources humaines. Il se présente sous la forme de nombreux articles et sondages RH.

www.rhdemain.com

C'est un site d'information présentant, chaque semaine, une *newsletter* sur les nouveautés RH avec interviews, avis d'experts, innovations et nominations.

www.myrhline.com

C'est un portail des ressources humaines avec des informations sur l'actualité RH, l'emploi RH, des sondages, des ouvrages, des annuaires spécialisés.

www.pole-emploi.fr

C'est le site gratuit de l'État où les employeurs déposent leurs offres d'emploi, qui s'adressent à toutes les catégories socioprofessionnelles. Les offres sont actualisées en permanence, concernent tous les secteurs d'activité et toutes les régions de France.

www.apec.fr

Ce site s'adresse à l'ensemble de la catégorie socioprofessionnelle des cadres. Il présente toutes les offres d'emploi les concernant sur l'ensemble du territoire et dans tous les secteurs d'activité.

Septième partie

Annexes

Dans cette partie...

Vous trouverez ici la liste des abréviations vues au cours du livre, les modalités des lois 2010, les notions d'un bilan comptable, et enfin les ressources à consulter.

Annexe A

Liste des abréviations

Agefiph : Association de gestion du fonds pour l'insertion professionnelle des personnes handicapés.

Agirc : Association générale des institutions de retraite des cadres.

AGS : Assurance de garantie des salariés.

Anact : Agence nationale pour l'amélioration des conditions de travail.

ANDRH : Association nationale des dirigeants RH.

Apec : Association pour l'emploi des cadres.

AR : avis de réception.

Arrco : Association des régimes de retraite complémentaire.

AT : accident du travail.

ATT : aménagement du temps de travail.

BSI : bilan social individuel.

CAF : caisse d'allocations familiales.

C & B : Compensations & Benefits.

CCE : comité central d'entreprise.

CDD : contrat à durée déterminée.

CDI : contrat à durée indéterminée.

CE : comité d'entreprise.

CEDH : Cour européenne des droits de l'homme.

Cereq : Centre d'études et de recherches sur les qualifications.

Cesu : chèque emploi service universel.

CET : compte épargne-temps.

CFDT : Confédération française démocratique du travail.

CFTC : Confédération française des travailleurs chrétiens.

CGC : Confédération générale des cadres.

CGPME : Confédération générale des PME.

CGT : Confédération générale du travail.

CHS : comité d'hygiène et de sécurité.

CHSCT : comité d'hygiène, de sécurité et des conditions de travail.

CIF : congé individuel de formation.

CJCE : Cour de justice de la Communauté européenne.

CMU : couverture maladie universelle.

Cnav : Caisse nationale d'assurance vieillesse.

CnavTS : Caisse nationale d'assurance vieillesse des travailleurs salariés.

CNE : contrat nouvelle embauche.

CNPF : Conseil national du patronat français.

COR : contrepartie obligatoire en repos.

Cotorep : commission technique d'orientation et de reclassement professionnel.

CP : congés payés.

CPAM : caisse primaire d'assurance maladie.

Cram : caisse régionale d'assurance maladie.

CRDS : contribution au remboursement de la dette sociale.

CSG : contribution sociale généralisée.

CSP : catégorie socioprofessionnelle.

DADS : déclaration annuelle des données sociales.

DADS-U : déclaration automatisée des données sociales unifiée.

DAF : directeur administratif et financier ou direction administrative et financière.

Dares : Direction de l'animation, de la recherche et des études statistiques.

DDTEFP : direction départementale du travail, de l'emploi et de la formation professionnelle.

DG : directeur/directrice générale, ou direction générale.

DIF : droit individuel à la formation.

DIRECCTE : direction régionale des entreprises, de la concurrence, de la consommation, du travail et de l'emploi.

DOETH : déclaration annuelle obligatoire d'emploi de travailleurs handicapés.

DP : délégué du personnel.

DPAE : déclaration préalable à l'embauche.

DRE : dispense de recherche d'emploi.

DRH : direction des ressources humaines ou directeur/directrice des ressources humaines.

DRTEFP : direction régionale du travail, de l'emploi et de la formation professionnelle.

DS : délégué syndical.

DUE : décisions unilatérales de l'employeur.

DUE : déclaration unique d'embauche.

DUP : délégation unique du personnel.

Etam : employés, techniciens, agents de maîtrise.

ETP : équivalent temps plein.

FCPE : fonds communs de placement d'entreprise.

FNS : Fédération nationale des syndicats.

FO : Force ouvrière.

FOAD : formation ouverte et/ou à distance.

Fongecif : Fonds de gestion du congé individuel de formation.

GES : gaz à effet de serre.

GPEC : gestion prévisionnelle des emplois et des compétences.

GRH : gestion des ressources.

GSC : garantie sociale des chefs d'entreprise.

GVT : glissement, vieillissement.

Halde : Haute autorité de lutte contre les discriminations et pour l'égalité.

Insee : Institut national de la statistique et des études économiques.

IPP : incapacité permanente partielle.

IRP : instances représentatives du personnel.

JO : *Journal officiel.*

LMD : licence, masters 1 et 2, doctorat.

LMS : Learning Management System.

Medef : Mouvement des entreprises de France.

MGRH : Mouvement génération des ressources humaines.

MP : maladie professionnelle.

NAO : négociation annuelle obligatoire.

NTIC : nouvelles technologies de l'information et de la communication.

ONG : organisation non gouvernementale.

OPACIF : organisme paritaire collecteur agréé du CIF.

OPCA : organisme paritaire collecteur agréé.

OQ : ouvrier qualifié.

OS : ouvrier spécialisé.

Pacs : pacte civil de solidarité.

Pare : plan d'aide au retour à l'emploi.

PEE : plan d'épargne entreprise.

Perco : plan d'épargne retraite collectif.

PERT : Programme Evaluation and Review Technique, ou technique d'évaluation et de contrôle de l'exécution de projet.

PIB : produit intérieur brut.

PME : petite(s) et moyenne(s) entreprise(s).

PPESV : plan partenarial d'épargne salariale volontaire.

PSE : plan de sauvegarde de l'emploi.

PV : procès-verbal.

QQOQCP : quoi ? qui ? où ? quand ? comment ? pourquoi ?

R&D : recherche et développement.

RAR : recommandé avec avis de réception.

RCR : repos compensateur de remplacement.

RNCP : répertoire national des certifications professionnelles.

Rome : répertoire opérationnel des métiers et des emplois.

RPS : risques psychosociaux.

RRH : responsable RH.

RSE : responsabilité sociétale.

RSI : retour sur investissement.

RTT : réduction(s) du temps de travail.

SIRH : système d'information en ressources humaines.

Smic : salaire minimum interprofessionnel de croissance.

SS : Sécurité sociale.

SSII : société de service en informatique industrielle.

SST : sauveteur-secouriste du travail.

SUD : Solidaire unitaire démocratique.

Tepa : travail, emploi, pouvoir d'achat.

TMS : troubles musculo-squelettiques.

TOP : thème de la réunion, objectif, plan.

TPE : très petite(s) entreprise(s).

TTC : toutes taxes comprises.

TVA : taxe sur la valeur ajoutée.

UIMM : Union des insdustries métallurgiques et minières.

UNEDIC : Union nationale interprofessionnelle pour l'emploi dans l'industrie et le commerce.

UNSA : Union nationale des syndicats autonomes.

Urssaf : union de recouvrement des cotisations de sécurité sociale et d'allocations familiales.

VAE : validation des acquis de l'expérience.

Annexe B

Modalités des lois 2010

Loi n° 2010-125, du 15 octobre 2010

Il est important de suivre les conséquences de cette loi au titre des TPE, car elle concerne, surtout, la représentativité des syndicats.

L'objet de cette loi est de mesurer l'audience des organisations syndicales dans les TPE, puisque les entreprises concernées sont celles qui ont un effectif de moins de 11 salariés au 31 décembre de l'année qui précède le scrutin.

L'organisation des élections aura lieu tous les quatre ans au niveau régional. On pourra voter pour un syndicat ou pour des sigles syndicaux.

Le scrutin se fera par voie électronique ou par correspondance, l'employeur n'ayant pas l'obligation de mettre à disposition des salariés le matériel informatique permettant le vote électronique.

Loi n° 2010-1330, du 9 novembre 2010

La loi dont nous résumons ci-après le contenu concerne en priorité les nouvelles modalités de la retraite, mais aussi l'égalité hommes-femmes, l'aide aux seniors ainsi qu'une nouvelle contrainte pour les DRH, celle des mesures relatives à la pénibilité.

Les retraites

Cette loi mentionne que la nation réaffirme solennellement le choix de la retraite par répartition au cœur du pacte social qui unit les générations. Tout retraité a droit à une pension en rapport avec les revenus qu'il a tirés de son activité. Les assurés doivent pouvoir bénéficier d'un traitement équitable au regard de la retraite, quels que soient leur sexe, leurs activités professionnelles passées et le ou les régimes dont ils relèvent. Le système de retraite par répartition poursuit les objectifs de maintien d'un niveau de vie satisfaisant des retraités, de lisibilité, de transparence, d'équité intergénérationnelle, de solidarité intragénérationnelle, de pérennité financière, de progression du taux d'emploi des personnes de plus de 55 ans et de réduction des écarts de pension entre les hommes et les femmes.

L'ouverture des droits et l'âge du taux plein

Il est très important de retenir que l'âge d'ouverture du droit à une pension de retraite applicable à l'ensemble des régimes est fixé par la loi et non plus par décret.

L'âge d'ouverture des droits à la retraite est, désormais, de 62 ans pour les assurés nés à compter du 1er janvier 1956. Pour les assurés nés entre le 1er juillet 1951 et le 31 décembre 1955, l'âge est fixé par décret de manière croissante, à raison de 4 mois par génération.

Par exemple, pour une personne née le 1er juillet 1951, l'âge de départ est de 60 ans et 4 mois, ce sera donc le 1er novembre 2011. Pour une personne née le 1er janvier 1952, l'âge de départ sera 60 ans et 8 mois, etc.

L'âge du taux plein sera de 67 ans à compter de 2016, même en cas d'insuffisance de cotisations. La loi indique exactement que la retraite à taux plein est automatiquement attribuée à l'assuré atteignant l'âge légal de départ à la retraite augmenté de cinq ans. La loi instaure donc, désormais, un lien entre l'âge de l'ouverture des droits et celle du taux plein.

Les âges dérogatoires pour handicap et carrière longue

On aménage les dispositifs qui existaient auparavant en ce qui concerne le départ anticipé pour handicap, le départ anticipé pour longue carrière, et la loi crée le départ anticipé pour carrière pénible.

En ce qui concerne les handicapés, le départ anticipé pour handicap est de 55 ans pour les assurés handicapés justifiant d'une durée minimale d'assurance et d'un taux d'incapacité permanente de 80 %. Ce départ anticipé est étendu aux travailleurs handicapés dont les possibilités d'obtenir ou de conserver un emploi sont effectivement réduites par suite d'une altération d'une ou plusieurs fonctions physique, sensorielle, mentale ou psychique.

La loi du 21 août 2003 relative au départ anticipé pour longue carrière est aménagée par décret pour retarder d'un an l'âge de départ. Le dispositif est ouvert aux assurés ayant débuté leur activité avant l'âge de 17 ans, pour eux l'âge de la retraite est maintenu à 60 ans.

Départ anticipé pour carrière pénible (création de la loi)

Désormais, il est possible de liquider sa retraite à 60 ans à taux plein pour :

- Les assurés qui justifient d'un taux d'incapacité permanente au moins égal à un taux fixé par décret, celle-ci étant liée à une maladie professionnelle (MP) ou à un accident du travail (AT) ayant entraîné des lésions identiques à celles indemnisées au titre d'une maladie professionnelle.
- Les assurés justifiant d'un taux d'incapacité permanente au moins égal à un taux fixé par décret, si l'exposition, pendant un nombre d'années à fixer par décret, à un ou plusieurs facteurs de risques professionnels démontre le lien de causalité direct entre l'exposition et l'incapacité, sous contrôle d'une commission pluridisciplinaire dont les modalités de fonctionnement doivent être fixées par décret.

Le coût de ce dispositif sera financé par une contribution de la branche AT/MP de la Sécurité sociale dont le taux sera fixé chaque année par la loi de financement de la sécurité sociale.

Pas de mise à la retraite unilatérale avant 70 ans

Rappel très important pour les DRH : depuis le 1er janvier 2010, il est impossible d'imposer aux salariés une mise à la retraite unilatérale avant 70 ans. Désormais, trois mois avant le 65e anniversaire, l'employeur doit interroger le salarié sur ses intentions de rester dans l'entreprise et cette demande doit être réitérée tous les ans jusqu'au 69e anniversaire. Après la période transitoire, la demande se fera avant le 67e anniversaire.

L'égalité hommes-femmes

Pour les entreprises concernées, c'est-à-dire celles de plus de 50 salariés, la loi précise les mesures à prendre, soit :

- Un accord collectif conclu sur le fondement de l'article L 2242-5 (négociation annuelle en matière d'objectif d'égalité professionnelle) ;
- Un plan d'action qui s'inscrit dans les entreprises, d'une part de moins de 300 salariés, dans le rapport annuel d'activité présenté au comité d'entreprise, d'autre part dans les entreprises de 300 salariés et plus, dans le rapport annuel sur la situation comparée des hommes et des femmes.

Élaboration du plan d'action

Il est établi à partir de critères clairs, précis et opérationnels. Ce plan regroupe :

- L'évaluation préalable des objectifs fixés et des mesures prises au cours de l'année écoulée ;
- La détermination des objectifs de progression pour l'année à venir ;
- La définition quantitative et qualitative des actions permettant de les atteindre ;
- L'estimation du coût ;
- Le suivi de la réalisation des objectifs et le suivi des mesures fixées par décret.

Synthèse du plan d'action

Des indicateurs et des objectifs de progression définis par décret devront figurer dans cette synthèse du plan d'action. L'ensemble des salariés sera informé par voie d'affichage sur les lieux de travail et sur le site internet de l'entreprise lorsqu'il existe. Ce document sera tenu à disposition de toute personne qui le demande, et l'entrée en vigueur est prévue le 1er janvier 2012.

Pénalités

Les entreprises de 50 salariés et plus, non couvertes par un accord collectif ou un plan d'action, paieront un montant maximal correspondant à 1 % de la masse salariale nette. Le montant exact sera déterminé par l'autorité administrative, dans des conditions fixées par décret, en fonction des efforts constatés dans l'entreprise et des motifs de sa défaillance quant au respect des obligations en matière d'égalité hommes-femmes.

Aide à l'embauche des seniors

Cette aide à l'embauche concerne les entreprises à jour de leurs obligations en matière de cotisations et celles qui n'ont procédé à aucun licenciement économique, sur le poste en question, dans les six mois qui précèdent la demande de cette aide. Pour en être bénéficiaire, le salarié doit être âgé d'au moins 55 ans, être inscrit comme demandeur d'emploi et être recruté avec un contrat à durée indéterminée ou un contrat à durée déterminée d'au moins six mois. L'aide correspond à une fraction du salaire brut pris en compte dans la limite du plafond SS. Le taux et la durée seront fixés par décret ; pour 2010, elle serait fixée à 14 % du salaire brut dans la limite de 2 885 € par mois.

Un dispositif, à titre expérimental, concerne l'aide au tutorat. Lors d'un tutorat, assumé par un salarié âgé d'au moins 55 ans auprès d'un jeune de moins de 26 ans embauché en contrat de professionnalisation, une partie des dépenses correspondant à la rémunération sera imputée au titre de la participation de l'entreprise à son financement de la formation.

La pénibilité, une notion complexe

Il faut d'abord mentionner ce que la loi entend par « pénibilité ». On peut considérer trois acceptions :

- Une situation de travail qui influe à plus ou moins longue échéance sur l'espérance de vie du travailleur et sur sa qualité de vie au grand âge ;
- Des déficiences de santé avec lesquelles vivent certains salariés ;
- La perception qu'ont les intéressés de la pénibilité de leur travail.

Actuellement, on tient compte de trois facteurs de pénibilité susceptibles d'entraîner des effets à long terme irréversibles sur la santé, mais leur seuil n'est pas identifié ; il s'agit :

- Du travail de nuit ;
- De travaux nécessitant des efforts physiques importants ;
- D'une exposition professionnelle à des agents toxiques cancérogènes.

Les mesures imposées par la loi sont nouvelles pour les DRH, elles obligent à :

- Une traçabilité individuelle de l'exposition aux facteurs de pénibilité avec la création d'une fiche individuelle d'exposition aux risques professionnels ;
- Un dispositif de prise en compte de la pénibilité à effet immédiat avec la possibilité de départ anticipé à la retraite, mise en place de missions du CHSCT, et une négociation collective sur l'allègement ou la compensation de la charge de travail ;
- Une mise en place de prévention de la pénibilité.

Le carnet de santé au travail

Afin de donner une valeur législative au dossier médical, le médecin du travail va devoir constituer un dossier médical relatif à la santé au travail pour chaque salarié, comprenant des informations relatives à l'état de santé, aux expositions professionnelles (au plus tard à compter du 1er janvier 2012), aux avis et propositions du médecin du travail notamment relatives aux transformations de postes. Ce carnet, bien sûr, relève du secret médical, mais il est possible de communiquer le carnet à la demande du salarié à un médecin de son choix.

Fiche individuelle d'exposition à des conditions de pénibilité

Cette fiche concerne les salariés exposés à des facteurs de risques professionnels. Ces facteurs, déterminés par décret, seraient susceptibles de laisser des traces durables et irréversibles sur leur santé. Cette fiche sera établie par l'employeur, en cohérence avec le document unique d'évaluation des risques. Le modèle de la fiche sera établi par décret avec pour but de recenser les conditions de pénibilité auxquelles le salarié a été exposé, les périodes d'exposition et les mesures de prévention prises par l'employeur ; elle sera communiquée au service de santé au travail et viendra compléter le carnet de santé du salarié.

Cette fiche sera remise au salarié en cas d'arrêt de travail d'une certaine durée, lors de la déclaration d'une maladie professionnelle et à son départ de l'entreprise ou aux ayants droit en cas de décès.

Confidentielle, cette fiche ne peut pas être remise à un autre employeur.

Extension des missions du CHSCT

Les missions du CHSCT sont étendues à la prévention de la pénibilité au travail. Le CHSCT procède à l'analyse de l'exposition des salariés à des facteurs de pénibilité et non plus seulement à l'analyse des risques professionnels et des conditions de travail.

Les entreprises concernées sont celles employant au moins 50 salariés, dont une proportion fixée par décret est exposée aux facteurs de risques professionnels (ou celles appartenant à un groupe de plus de 50 salariés) ; elles doivent négocier et mettre en place un accord ou un plan d'action relatif à la prévention de la pénibilité. Il est important de souligner que ce nouveau thème de négociation n'est pas prévu par le Code du travail mais par celui de la Sécurité sociale.

Plan en faveur de la prévention

Les DRH vont devoir continuer à s'adapter ! À compter du 1er janvier 2012, cet accord ou ce plan est obligatoire et devra être conclu pour trois ans. La liste des thèmes obligatoires sera fixée par décret. Le plan d'action est élaboré après avis du comité d'entreprise ou, à défaut, des délégués du personnel. Les entreprises dont l'effectif est compris entre 50 et 300 salariés ne sont pas soumises à la pénalité lorsqu'elles sont couvertes par un accord de branche.

La sanction prévue correspond à une pénalité de 1 % au maximum des rémunérations versées au cours des périodes pendant lesquelles l'entreprise n'était pas couverte par ce plan de prévention de la pénibilité. Le montant sera fixé par l'autorité administrative en fonction des efforts faits en matière de prévention de la pénibilité.

Plafonds Sécurité sociale pour 2011

Par un arrêté du 26 novembre 2010, publié au *Journal officiel* du 28 novembre 2010, les plafonds applicables au calcul des cotisations sociales ont été fixés pour l'année 2011.

Selon la périodicité du versement des rémunérations, ils s'établissent pour les rémunérations ou gains versés du 1er janvier au 31 décembre 2011 à :

- 35 352 € si les rémunérations ou gains sont versés par année ;
- 8 838 € si les rémunérations ou gains sont versés par trimestre ;
- 2 946 € si les rémunérations ou gains sont versés par mois ;
- 1 473 € si les rémunérations ou gains sont versés par quinzaine ;
- 680 € si les rémunérations ou gains sont versés par semaine ;
- 162 € si les rémunérations ou gains sont versés par jour ;
- 22 € si les rémunérations ou gains sont versés par heure pour une durée de travail inférieure à cinq heures.

Annexe C

Notions d'un bilan comptable

Il est indispensable à une DRH de maîtriser au moins les termes d'un bilan comptable puisque les données sont remises chaque année aux membres du comité d'entreprise et que l'entreprise leur paie une formation économique.

Le bilan comptable donne une situation telle une photographie de l'entreprise à une date donnée. Le bilan de fin d'exercice est fiscalement fourni sur deux années consécutives afin de suivre l'évolution de l'entreprise d'une année sur l'autre. Le bilan est alimenté par l'enregistrement comptable de tous les flux de l'entreprise et représente les comptes de situation. Il se décompose en deux grandes parties : actif et passif. L'actif du bilan est l'image de ce que possède l'entreprise. Le passif du bilan est l'image de ce que doit l'entreprise. Le passif est lui-même constitué de deux grandes composantes : les fonds propres et les dettes.

À ces grands postes du bilan s'ajoutent des comptes de régularisations à l'actif et les comptes de provisions au passif. Le total des comptes d'actif est toujours égal au total des comptes de passif.

L'actif du bilan

Les actifs du bilan correspondent aux avoirs que possède l'entreprise. Ils sont de deux natures, les :

- Actifs immobilisés (ou immobilisations) ;
- Actifs circulants.

Les immobilisations sont la conséquence des investissements destinés à augmenter la production ou la productivité de l'entreprise, à remplacer l'outil de production défaillant, à améliorer les conditions de travail ou de sécurité, à augmenter la valeur ou la durée de vie d'un bien.

Il existe trois types d'immobilisations :

- Immobilisations incorporelles, éléments sans consistance matérielle physique dont la valeur repose plutôt sur un droit juridique tels que frais de recherche et développement, brevets ou marques, licences, logiciels, fonds commercial (non amortissables) ;
- Immobilisations corporelles qui se retrouvent physiquement dans l'entreprise telles que terrains, constructions et agencements, installations et matériels techniques, matériel de transport (elles sont amorties en fonction de leur durée d'utilisation) ;
- Immobilisations financières constituées de participations dans d'autres sociétés, peuvent être dépréciées en fonction de leur valeur réelle.

La dépréciation constatée au cours d'un exercice sur les actifs immobilisés (amortissement) figure dans les tableaux de synthèse annexés au bilan, ainsi que leur valeur nette comptable (valeur d'acquisition diminuée des amortissements cumulés). Les immobilisations, même amorties, restent à l'actif du bilan jusqu'à leur cession ou leur mise au rebut.

Les actifs circulants n'ont pas vocation à rester de manière durable dans l'entreprise. Ils se renouvellent régulièrement et se transforment rapidement en liquidités. Ils sont principalement constitués des :

- Stocks (matières premières, produits finis, marchandises) ;
- Créances (sommes dues par les clients ou autres organismes) ;
- Disponibilités (placements à court terme et avoirs sur comptes bancaires).

La dépréciation des stocks est comptabilisée et présentée dans le tableau de synthèse du bilan sous forme d'une colonne « provisions pour dépréciation ».

Les comptes de régularisation servent à régulariser certaines écritures, en particulier des charges qui ont été payées par avance telles que les abonnements, les assurances, les contrats de maintenance. Ils ne sont pas assimilés à des montants récupérables en liquidité mais à des débours qui ne seront pas à faire.

Le passif du bilan

Il comprend les :

- Capitaux propres ;
- Les dettes à long, moyen et court terme.

Les capitaux propres se situent en haut du passif du bilan. Ils constituent des ressources stables de l'entreprise et déterminent ce que vaut l'entreprise sur le plan comptable. Ils sont constitués des ressources apportées par les associés ou les actionnaires (capital social) et des profits générés par l'entreprise à l'occasion de son activité (réserves et résultat).

Les réserves regroupent les bénéfices des années antérieures qui n'ont pas été distribués aux associés ou actionnaires pour être réinvestis dans l'entreprise. Le report à nouveau est un cumul des bénéfices des années antérieures non distribués et non affectés en réserves.

Que le résultat de l'exercice soit bénéficiaire (bénéfice) ou déficitaire (perte), il sera porté au passif du bilan dans les capitaux propres.

Les provisions jouent un rôle clé dans l'établissement du bilan et doivent être correctement estimées. Les provisions pour risques sont destinées à couvrir des risques identifiés tels que litiges en cours, articles vendus sous garantie ou futurs retours d'invendus, pénalités ou amendes, pertes de change. Les provisions pour charges servent à couvrir les charges futures telles qu'impôts, charges fiscales ou sociales sur congés payés.

Le bilan scinde les dettes en deux catégories, les :

- Dettes financières, obtenues auprès du marché des établissements de crédit ;
- Dettes issues de l'exploitation de l'entreprise, qui représentent les engagements envers les fournisseurs (après obtention de délais de paiement), le personnel, le fisc, les organismes sociaux.

Une analyse financière des dettes permet de les observer selon leur degré d'exigibilité et par conséquent de distinguer les dettes à long et moyen terme (plus d'un an) et les dettes à court terme (moins d'un an). Les dettes à long et moyen terme se rapprochent des capitaux propres de l'entreprise et constituent les capitaux permanents.

Le compte de résultat

Il mesure les flux de l'entreprise au cours d'une période donnée : c'est un film de l'activité de l'entreprise. L'établissement de ce document permet de dégager le résultat de l'entreprise, perte ou bénéfice. Le compte de résultat de fin d'exercice est fourni fiscalement sur deux années consécutives afin de suivre l'évolution de l'entreprise d'une année sur l'autre. Le compte de résultat est alimenté par l'enregistrement comptable des flux engendrant une augmentation ou une diminution de richesse de l'entreprise. Ce qui est générateur de recettes est comptabilisé en « produits » et ce que l'entreprise consomme constitue des « charges ». Les produits et les charges sont organisés dans le compte de résultat selon les principales fonctions de l'entreprise. Ainsi, nous distinguons des produits et charges d'exploitation, des produits et charges financiers et des produits et charges exceptionnels.

Le chiffre d'affaires

Le chiffre d'affaires est l'un des indicateurs les plus observés. Il témoigne, en effet, du volume d'affaires généré par l'activité courante de l'entreprise et permet ainsi d'en apprécier la dimension. Le chiffre d'affaires comptabilise essentiellement : les ventes de marchandises, biens achetés puis revendus sans transformation et la production vendue, biens fabriqués ou transformés par l'entreprise, et les prestations de services effectuées par l'entreprise
Le chiffre d'affaires est exprimé en valeur hors TVA et après déduction des remises, rabais ou ristournes. Dans le compte de résultat, le poste « chiffre d'affaires » constitue l'un des éléments des produits d'exploitation.

Le résultat d'exploitation

Le résultat d'exploitation découle de l'activité industrielle et commerciale de l'entreprise. Les produits d'exploitation sont principalement constitués des :

- Produits de la vente (chiffre d'affaires) ;
- Variations de stocks de marchandises et produits finis (production stockée) ;
- Immobilisations créées pour elles-mêmes (production immobilisée) ;
- Subventions d'exploitation.

Les charges d'exploitation sont constituées des :

- Achats de marchandises ou de matières premières ;
- Frais de sous-traitance, énergie, fournitures, locations, assurances, formation, publicité, transport, téléphone (autres achats et charges externes) ;
- Salaires bruts dus au personnel (salaires et traitements) ;
- Cotisations patronales dues aux organismes sociaux (charges sociales) ;
- Pertes de valeur subies par les immobilisations et l'actif circulant au cours de l'exercice (dotation aux amortissements et aux provisions).

Le résultat d'exploitation est obtenu par différence entre les produits d'exploitation et les charges d'exploitation.

Le résultat financier est généré par l'activité financière de l'entreprise. Il est obtenu par la différence des produits financiers (revenu des participations dans d'autres entreprises, revenu des placements de trésorerie...) et des charges financières (intérêts sur emprunts, pertes en change...).

Le résultat courant avant impôt

Le résultat courant avant impôt est égal au résultat d'exploitation diminué du résultat financier (si les charges financières sont supérieures aux produits financiers) ou augmenté du résultat financier (dans le cas contraire).

Le résultat courant avant impôt est un indicateur de gestion de grande importance. Il permet en effet de moduler le fruit de l'activité principale de l'entreprise avec l'impact financier que peut provoquer son endettement.

Le résultat net est appelé le « bénéfice » lorsque celui-ci est positif, ou la « perte » lorsque le résultat net est négatif. Mais certains éléments dits « exceptionnels » peuvent intervenir au cours de l'exercice. Il s'agit de produits exceptionnels (plus-value et valeur nette comptable des immobilisations vendues, produits inattendus relatifs à l'exploitation des années antérieures...) et de charges exceptionnelles (sinistres, amendes fiscales ou pénales, créances devenues irrécouvrables, valeur nette comptable des immobilisations mises au rebut ou volées, moins-value des immobilisations cédées...). La différence entre produits exceptionnels et charges exceptionnelles détermine le résultat exceptionnel.

La somme du résultat courant avant impôt (résultat d'exploitation + résultat financier) et du résultat exceptionnel détermine le résultat fiscal. Le taux de l'impôt sur les sociétés s'applique sur le résultat fiscal pour déterminer l'impôt sur les bénéfices. En conclusion, le résultat net est obtenu par la somme de ces résultats partiels (résultat courant + résultat exceptionnel), diminuée du montant de l'impôt sur les bénéfices.

Le résultat net constitue une ressource de l'entreprise et, par conséquent, il sera porté dans les capitaux propres de la société. Les associés ou actionnaires décideront, par assemblée générale ordinaire, de l'affectation de ce résultat, à savoir la répartition entre dividendes ou réserves.

Les indicateurs de gestion

La marge commerciale concerne essentiellement les entreprises de négoce et de distribution. Elle correspond, en effet, au montant qui se dégage de la différence entre les ventes et les achats de marchandises (modulée par plus ou moins la variation des stocks). L'analyse de la marge commerciale permet d'adapter les prix de vente par rapport aux prix d'achat ou de situer l'entreprise par rapport à la concurrence.

La production est un indicateur pour analyser les entreprises de services ou les entreprises industrielles. Ce calcul permet d'apprécier le montant qu'une entreprise tire de son activité avant déduction des frais inhérents à la fabrication et à la commercialisation. La production correspond au montant des ventes (produits et services) de l'entreprise, modulé par la variation des stocks (augmentation ou diminution) lorsqu'ils existent et augmenté de la production immobilisée (travaux réalisés par l'entreprise pour elle-même).

La valeur ajoutée

La valeur ajoutée représente l'assiette sur laquelle est calculée la TVA. La valeur ajoutée est le résultat de la différence entre les ventes (chiffre d'affaires) et les achats externes (achats de marchandises, matières premières, autres achats et charges externes). La valeur ajoutée mesure la richesse créée par l'entreprise. Il est intéressant de mesurer la répartition de cette richesse par le suivi de ratios tels que : personnel/valeur ajoutée, et impôts/valeur ajoutée.

L'excédent brut d'exploitation est le solde généré par l'activité courante de l'entreprise sans prendre en compte sa politique d'investissement et sa gestion financière. Cet indicateur donne une vision objective de l'entreprise et permet de déterminer la rentabilité de son exploitation courante.

L'excédent brut d'exploitation se calcule à partir de la valeur ajoutée, de laquelle sont déduites les charges de personnel, les impôts et taxes et sont ajoutées les subventions d'exploitation et certaines provisions. Dans le cas où cet indicateur est négatif, on parlera d'« insuffisance brute d'exploitation ».

En intégrant la dépréciation de l'actif (dotation aux amortissements et provisions) à l'excédent brut d'exploitation, on arrive au résultat d'exploitation.

La capacité d'autofinancement, ou cash-flow

La capacité d'autofinancement est une ressource interne, dégagée par l'activité de l'entreprise, au cours d'une période de référence, restant à disposition de l'entreprise lorsque tous les produits auront été encaissés, les charges décaissées. Pour obtenir la capacité d'autofinancement d'une entreprise, on réintègre au résultat net toutes les écritures qui ne sont pas associées à des mouvements de trésorerie, telles que les reprises et les dotations aux amortissements et provisions, les plus ou moins-values sur cessions d'actifs. Après déduction de la rémunération des actionnaires, on détermine l'autofinancement, qui sert essentiellement à réaliser les nouveaux investissements. Il permet en outre de rembourser les emprunts et de renforcer le fonds de roulement.

Le fonds de roulement correspond à l'excédent de capitaux permanents sur les actifs immobilisés. Les capitaux permanents sont les ressources stables de l'entreprise. Ces éléments du passif, en haut de bilan, sont constitués des capitaux propres et des dettes à long terme (à plus d'un an).

Il est préférable que le fonds de roulement soit positif, car il constitue alors un matelas de sécurité pour l'entreprise. En effet, ce surplus permet de consolider le cycle d'exploitation et de conserver un équilibre même en cas de clients défaillants ou de stocks dépréciés. Il renforce ainsi la confiance des banques et des prêteurs à court terme.

Le besoin en fonds de roulement est issu du cycle d'exploitation, ensemble d'opérations courantes liées à l'activité de l'entreprise : approvisionnement, transformation, vente. Le décalage entre les dépenses engagées et les recettes générées par les ventes provoque un besoin de financement. Les délais fournisseurs demeurent généralement insuffisants pour compenser le renouvellement des stocks et les créances clients. C'est ce besoin de financement que l'on appelle « besoin en fonds de roulement ».

Il est déterminé par le calcul : stocks + créances clients – dettes à court terme (fournisseurs, fiscales et sociales…). Ce besoin en fonds de roulement peut être, en totalité ou en partie, compensé par l'excédent des capitaux permanents (fonds de roulement positif). Le reste éventuel du besoin en fonds de roulement devra être financé par des crédits bancaires de trésorerie.

Quelques ratios

Le ratio de liquidité compare l'actif à court terme avec le passif à court terme, comme le fait le besoin en fonds de roulement, et permet donc de mesurer la solvabilité de l'entreprise à court terme.

Toutefois, considérant que les stocks ne représentent pas toujours une valeur sûre, il est plus prudent d'observer le ratio de liquidité réduite, soit : (actifs circulants – stocks)/dettes à court terme ; ou encore : (créances clients + disponibilités)/dettes à moins d'un an.

Les actionnaires, qui ont donné leur confiance à l'entreprise en lui apportant des capitaux, sont enclins à observer le rendement de ces capitaux, c'est-à-dire mesurer le bénéfice généré par rapport à leur investissement. Le ratio de rentabilité financière est égal à : résultat net/capitaux propres.

La rentabilité commerciale est déterminée par la politique des prix, la rotation des actifs est liée au volume d'activité et le levier d'endettement est associé à la politique financière de l'entreprise. On voit ainsi qu'une entreprise peut tout aussi bien être rentable grâce à un gros volume d'affaires à faible marge commerciale (grande distribution) ou à un plus faible volume d'affaires avec des produits à forte marge (luxe). La rentabilité commerciale est généralement déterminée par le ratio : résultat net/chiffre d'affaires.

Des facteurs contribuent à déterminer la vitesse de rotation des stocks : les délais d'approvisionnement, la durée du processus de fabrication, mais aussi la durée de vie du produit (périssable ou non) ou le caractère saisonnier de l'activité. Il existe des normes différentes de rotation des stocks selon le secteur d'activité : exprimée en nombre de jours, la rotation des stocks est calculée à partir des éléments comptables. Pour une entreprise commerciale, elle concerne le stock et les achats de marchandises. Dans une entreprise industrielle, on calculera deux ratios : la rotation des stocks de matières premières et la rotation des stocks de produits finis.

Les données comptables peuvent être comparées entre elles ou associées à des données du système d'information pour déterminer toutes sortes de ratios économiques.

On pourra obtenir des ratios de rentabilité du personnel tels que : valeur ajoutée/effectif, et frais de personnel/valeur ajoutée.

De façon générale, pour une analyse économique plus fine au sein d'une entreprise, on pourra rapporter le chiffre d'affaires, la valeur ajoutée ou l'excédent brut d'exploitation à différentes données propres à l'entreprise.

Annexe D

Ressources

Livres

- Added E., Raffard W., *« Réenchanter » le futur par la prospective RH*, éditions Pearson, 2009.
- Allouche J., *Encyclopédie des ressources humaines*, Vuibert, 2006.
- Barrier N., *Guide du CV et de la recherche d'emploi*, Éditions First, 2005.
- Batal C., *La Gestion des ressources humaines dans le secteur public. L'analyse des métiers, des emplois et des compétences*, Éditions d'Organisation, 1997.
- Boutiron J., Élie J.-P., *Le Droit du travail pour les Nuls*, Éditions First, 2011.
- Bozek P., *Optimiser votre communication*, Les Presses du Management, 1998.
- Desaunay G., *Comment gérer intelligemment ses subordonnés*, Dunod, 1998.
- Ernoult V., *Recruter sans se tromper. Conseils et techniques d'un chasseur de têtes*, Collection « Institut Manpower », Éditions d'Organisation, 2004.
- Fluck C., Le Brun C., *Développer les emplois et les compétences. Une démarche, des outils*, Insep Éditions, 1992.
- Gilbert P., *La Gestion prévisionnelle des ressources humaines*, collection « Repères », La Découverte, 2006.
- Krebs G., *Ressources humaines. Nouvelles pratiques selon l'Iso 900*, Éditions Afnor, 2005.
- Lemelle S., *100 conseils de pros. « Changer de job »*, Éditions L'Express.
- Martory B., Crozet J., *Gestion des ressources humaines*, Nathan, 2005.
- Meignant A, *Manager la formation*, Éditions Liaisons, 2006.
- Peretti J.-M., *Tous DRH*, Éditions d'Organisation, 2006.
- Peretti J.-M., *Gestion des ressources humaines*, Vuibert, 2008.
- Peretti J.-M. (dir.), *Tous talentueux*, Éditions d'Organisation, 2008.
- Ray J.-E., *Droit du Travail. Droit vivant*, Éditions Liaisons.

- Roche L., *Cupidon au travail*, Éditions d'Organisation, 2006.
- Rojot J., *La Négociation*, Éditions Eska, 2005.
- Savall H., *Le Management par projets*, Éditions d'Organisation, 2003.
- Taïeb J.-P., *Paie et administration du personnel*, Dunod, 2005.
- Thevenet M., Dejoux C., *Fonctions RH*, éditions Pearson éducation, 2007.
- Thevenet M., *Gestion des personnes. La parole aux DRH*, Éditions Liaisons, 2004.
- Weiss D., *Ressources humaines*, Éditions d'Organisation, 2005.

Articles

- « 35 heures, RTT, CET, Code du travail : le gouvernement gave le Medef », Gérard Filoche, www.legrandsoir.info.fr, 10 décembre 2004.
- « Assouplir les 35 heures », *Liaisons sociales*, 13 octobre 2004.
- « La féminisation du travail progresse », *Liaisons sociales*, 23 et 24 août 2004.
- « Le Perco : un plan collectif avec une possibilité d'abondement par l'employeur », Dominique Sicot, www.lentreprise.com, juin 2004.
- « Sans papiers, sans smic » Sonya Faure, *Libération*, 6 décembre 2004.
- « Seniors : le casse-tête de la loi », *Les Échos*, 20 octobre 2009.
- Revues *Personnel*, de l'association ANDRH.
- Revues *RH & M*, du mouvement MGRH.

Reportages

- « Discrimination entre femmes et hommes », *Capital*, M6, 6 février 2005.
- « La négociation annuelle salariale », *Capital*, M6, 6 février 2005.

Sites internet

- www.35h.travail.gouv.fr
- www.apec.fr

- www.cadremploi.com
- www.ccip.fr
- www.cdc.retraites.fr
- www.cerc.gouv.fr
- www.cfdt.fr
- www.cgt.fr
- www.retraites.gouv.fr
- www.education.gouv.fr
- www.epargne-salariale.fr
- www.e-rh.fr
- www.infotravail.com
- www.ires-fr.org
- www.juritravail.com
- www.lefigaro.fr
- www.legifrance.gouv.fr
- www.legissimo.com
- www.legitravail.com
- www.lemonde.fr
- www.liberation.fr
- www.plan.gouv.fr
- www.premier-ministre.gouv.fr
- www.retraite.gouv.fr
- www.rhinfo.com
- www.sante.gouv.fr
- www.service-public.fr
- www.social.gouv.fr
- www.ticketsrestau.fr
- www.tpe-pme.com
- www.travail.gouv.fr
- www.travail.gouv.fr/etudes
- www.urssaf.fr

Index

Chiffres

A

D

E

F

L

M

N

O

P

R

S

T

U

V

W

« Pour les Nuls »,
la collection de tous
les savoirs !

Disponibles dans la collection « Pour les Nuls »

Culture générale

Histoire

Titre	*Auteur*	*ISBN*
Versailles	Mathieu da Vinha, Raphaël Masson	978-2-7540-1552-3
La Seconde Guerre mondiale	Robert Belot, Klaus-Peter Sick	978-2-7540-0818-1
L'Histoire du monde	Philippe Moreau Defarges	978-2-7540-1265-2
L'Histoire de la Belgique	Fred Stevens, Axel Tixhon	978-2-7540-1482-3
La Préhistoire	Gilles Gaucher	978-2-7540-2185-2
La Rome antique	Guy de la Bédoyère, Catherine Salles	978-2-7540-1822-7
La Grèce antique	Stephen Batchelor, Marie-Dominique et Marc Porée	978-2-7540-1602-5
Le Gaullisme	Chantal Morelle	978-2-7540-0821-1
La Chine	Angélina Boulesteix	978-2-7540-1145-7
La Culture générale, 2e édition	Florence Braunstein, Jean-François Pépin	978-2-7540-1628-5
La Culture générale illustrée, 2e édition	Florence Braunstein, Jean-François Pépin	978-2-7540-1275-1
La Révolution française	Alain-Jacques Czouz-Tornare	978-2-7540-0811-2
Les Années 60	Stéphane Benhamou	978-2-7540-0610-1
La Mythologie illustrée	Collectif	978-2-7540-0989-8
Les Grandes Civilisations	Florence Braunstein, Jean-François Pépin	978-2-7540-0605-7
La Première Guerre mondiale	Jean-Yves Le Naour	978-2-7540-0616-3
La Ve République	Nicolas Charbonneau, Laurent Guimier	978-2-7540-0620-0
Le Moyen Âge	Pierre Langevin	978-2-7540-0563-0
Paris	Danielle Chadych, Dominique Leborgne	978-2-7540-0168-7
L'Égypte ancienne	Florence Maruéjol	978-2-7540-0256-1
La Mythologie	Christopher W. Blackwell, Amy Hackney Blackwell	978-2-7540-0257-8
L'Histoire de France illustrée	Jean-Joseph Julaud	978-2-7540-0110-6
L'Histoire de France	Jean-Joseph Julaud	978-2-8769-1941-9

Religions et spiritualité

Titre	*Auteur*	*ISBN*
Le Coran	Malek Chebel, Sohaib Sultan	978-2-7540-0982-9
La Torah	Arthur Kurzweil, Victor Malka	978-2-7540-0978-2
Le Christianisme	Richard Wagner, Père Denis Metzinger	978-2-7540-0991-1
L'Islam	Malcolm Clark, Malek Chebel	978-2-7540-0531-9
Le Judaïsme	Josy Eisenberg	978-2-7540-0596-8
La Bible illustrée	Éric Denimal	978-2-7540-0274-5
Le Catholicisme	John Trigilio, Père Pierre Lartigue	978-2-7540-0182-3
Le Bouddhisme	Jonathan Landaw, Stephan Bodian	978-2-7540-0062-8
La Bible	Éric Denimal	978-2-8769-1800-9
Zen ! La Méditation, 2e édition	Stephan Bodian	978-2-7540-0322-3
Sagesse et Spiritualité	Sharon Janis	978-2-8769-1769-9

Ésotérisme

Titre	*Auteur*	*ISBN*
Le Tarot divinatoire	Didier Colin	978-2-7540-1826-5
La Franc-Maçonnerie	Christopher Hodapp, Philippe Benhamou	978-2-7540-0150-2

Société

Titre	*Auteur*	*ISBN*
L'ONU	Yves Berthelot, Jean-Michel Jakobowicz	978-2-7540-1411-3
La Mondialisation	Francis Fontaine, Sylvie Goulard, Brune de Bodman	978-2-7540-0778-8
L'Instruction civique	Guillaume Bernard, Frédéric Monera	978-2-7540-0979-9
L'Europe, 2e édition	Sylvie Goulard	978-2-7540-1213-3
L'Écologie	Franck Courchamp	978-2-7540-0554-8
La Géopolitique	Philippe Moreau Defarges	978-2-7540-0623-1
La Justice	Emmanuel Pierrat	978-2-7540-0553-1
La Philosophie, 2e édition	Christian Godin	978-2-7540-0460-2
L'Économie	Michel Musolino	978-2-7540-0351-3
La Politique	Philippe Reinhard	978-2-7540-0335-3
La Géographie française	Jean-Joseph Julaud	978-2-7540-0245-5

Sciences et techniques

Titre	*Auteur*	*ISBN*
L'Histoire de l'aviation	Philippe Benhamou	978-2-7540-1146-4
L'Histoire des sciences	Vincent Jullien	978-2-7540-0977-5
La Physique	Dominique Meier (sous la dir. de)	978-2-7540-0915-7
La Conquête spatiale	Michel Polacco	978-2-7540-1143-3
Les Maths	Jean-Louis Boursin	978-2-7540-0093-2
L'Astronomie	Stephen Maran, Pascal Bordé	978-2-8769-1634-0

Beaux-arts

Titre	*Auteur*	*ISBN*
L'Humour	Gordon Zola	978-2-7540-1956-9
Le Louvre	Daniel Soulié	978-2-7540-1404-5
La Télévision	Marie Lherault, François Tron	978-2-7540-0976-8
Les Séries télé	Marjolaine Boutet	978-2-7540-0912-6
Le Rock	Nicolas Dupuy	978-2-7540-0819-8
L'Histoire de la peinture	Jean-Jacques Breton, Dominique Williatte	978-2-7540-0812-9
La Danse classique	Evelyne Cisneros, Scott Speck, Florence Balique	978-2-7540-1045-0
L'Histoire du cinéma	Vincent Mirabel	978-2-7540-0609-5
Le Jazz	Dirk Sutro, Stéphane Koechlin	978-2-7540-0779-5
L'Histoire de l'art illustrée	Jean-Jacques Breton, Philippe Cachau, Dominique Williatte	978-2-7540-0493-0
L'Histoire de l'art	Jean-Jacques Breton, Philippe Cachau, Dominique Williatte	978-2-7540-0229-5
L'Opéra	David Pogue, Claire Delamarche	978-2-7540-0244-8
La Musique classique	David Pogue, Claire Delamarche	978-2-7540-0151-9

Langue française

Titre	*Auteur*	*ISBN*
La Dictée	Jean-Joseph Julaud	978-2-7540-2415-0
La Poésie française	Jean-Joseph Julaud	978-2-7540-1700-8
La Littérature française	Jean-Joseph Julaud	978-2-7540-0061-1
Le Français correct	Jean-Joseph Julaud	978-2-8769-1640-1

Régions

Titre	*Auteur*	*ISBN*
L'Alsace	Pierre Kretz, Astrid Ruff	978-2-7540-1994-1
La Corse	Thierry Ottaviani	978-2-7540-1546-2

… en Poche

Titre	*Auteur*	*ISBN*
La Musique classique	David Pogue, Claire Delamarche	978-2-7540-2417-4
L'Histoire de la Suisse – tome 1 Des origines à 1815	Georges Andrey	978-2-7540-2262-0
L'Histoire de la Suisse – tome 2 De 1815 à nos jours	Georges Andrey	978-2-7540-2263-7
Zen ! La Méditation	Stephan Bodian	978-2-7540-0000-0
Sagesse et Spiritualité	Sharon Janis	978-2-7540-1758-9
L'Égypte ancienne	Florence Maruéjol	978-2-7540-1739-8
L'Histoire de France – tome 1 Des origines à 1789	Jean-Joseph Julaud	978-2-7540-0180-9
L'Histoire de France – tome 2 De 1789 à nos jours	Jean-Joseph Julaud	978-2-7540-0181-6
Paris Rive droite	Danielle Chadych, Dominique Leborgne	978-2-7540-0694-1
Paris Rive gauche	Danielle Chadych, Dominique Leborgne	978-2-7540-0695-8
La Culture générale – tome 1 Histoire, géographie, art et littérature	Florence Braunstein, Jean-François Pépin	978-2-7540-0798-6
La Culture générale – tome 2 Sciences, sports, loisirs et spiritualité	Florence Braunstein, Jean-François Pépin	978-2-7540-0799-3
La Franc-Maçonnerie	Philippe Benhamou	978-2-7540-0696-5
Le Bouddhisme	Jonathan Landraw, Stephan Bodian	978-2-7540-03148
La Philosophie – tome 1 Antiquité, Moyen Âge et Renaissance	Christian Godin	978-2-7540-0796-2
La Philosophie – tome 2 Du XVIIe siècle à nos jours	Christian Godin	978-2-7540-0797-9
L'Astrologie	Rae Orion	978-2-8769-1999-0
La Littérature française – tome 1 Du Moyen Âge au XVIIIe siècle	Jean-Joseph Julaud	978-2-7540-0611-8

Titre	*Auteur*	*ISBN*
La Littérature française – tome 2 Du XVIIIe siècle à nos jours	Jean-Joseph Julaud	978-2-7540-0612-5
Le Français correct	Jean-Joseph Julaud	978-2-8769-1924-2

Vie pratique

Cuisine

Titre	*Auteur*	*ISBN*
Coffret Cuisine	Collectif	978-2-7540-2055-8
La Cuisine, 2e édition	Bryan Miller, Hélène Darroze	978-2-7540-1989-7
Le Vin, 5e édition	Ed McCarthy, Mary Ewing-Mulligan, Éric Beaumard	978-2-7540-1547-9
Les Cuisines du monde	Philippe Chavanne	978-2-7540-0103-8

Santé

Titre	*Auteur*	*ISBN*
Maigrir avec la méthode Montignac + livret	Michel Montignac	978-2-7540-2435-8
Maigrir avec la méthode Montignac	Michel Montignac	978-2-7540-1586-8
Le Cancer	Pr Jean-François Morere, Dr Thierry Bouillet, Pr Laurent Zelek, Pr Michel Crépin	978-2-7540-2131-9
Contrôler son cholestérol	Carol Ann Rinzler, Pr Éric Bruckert	978-2-7540-1751-0
Le Cerveau	Dr Frédéric Sedel, Pr Olivier Lyon-Caen	978-2-7540-2072-5
L'Homéopathie	Dr Daniel Scimeca	978-2-7540-1761-9
Les Maladies cardiovasculaires	Dr Philippe Abastado	978-2-7540-1591-2
Le Sexe, 2e édition	Dr Ruth K. Westheimer, Dr Marianne Pauti	978-2-7540-1497-7
Le Corps humain	Dr Patrick Gepner	978-2-7540-1121-1
La Maladie d'Alzheimer	Christian Derouesne, Jacques Selmes	978-2-7540-1058-0
Améliorer sa mémoire	John B. Arden	978-2-7540-0323-0
Maigrir	Jane Kirby, Dr Jocelyne Raison	978-2-7540-0005-5
Bien s'alimenter	Carol Ann Rinzler	978-2-8769-1897-9

Bien-être

Titre	*Auteur*	*ISBN*
Coffret Massages	Collectif	978-2-7540-2064-0
Les Huiles essentielles	Elske Miles	978-2-7540-1596-7
Shiatsu et Réflexologie	Synthia Andrews, Bobbi Dempsey, Michel Odoul	978-2-7540-0981-2
Le Tai-Chi	Therèse Iknoian	978-2-7540-0137-3
Les Massages	Steve Capellini, Michel Van Welden	978-2-7540-0060-4
La Méthode Pilates	Ellie Herman	978-2-8769-1767-5
Le Yoga	Georg Feuerstein	978-2-8769-1752-1
Le Feng Shui	David Kennedy	978-2-8769-1687-6

Psychologie

Titre	*Auteur*	*ISBN*
Le Développement personnel	Collectif	978-2-7540-0865-5
L'Interprétation des rêves	Didier Colin	978-2-7540-2318-4
L'EFT (Technique de libération émotionnelle)	Helena Fone, Jean-Michel Gurret	978-2-7540-2067-1
La Pensée positive	Averil Leimon, Gladeana McMahon, Béatrice Millêtre	978-2-7540-1821-0
L'Adolescence	Michel Fize	978-2-7540-1412-0
Exercices de programmation neuro-linguistique	Romilla Ready, Kate Burton, Béatrice Millêtre	978-2-7540-1593-6
Exercices de thérapies comportementales et cognitives	Rhena Branch, Rob Willson, Béatrice Millêtre	978-2-7540-1592-9
Les Relations amoureuses	Florence Escaravage, Kate M. Wachs	978-2-7540-1499-1
Apprendre mieux	Marie Joseph Chalvin	978-2-7540-1261-4
Le Langage des gestes	Joseph Messinger	978-2-7540-0597-5
La Confiance en soi	Kate Burton	978-2-7540-0647-7
Le Coaching	Jeni Mumford	978-2-7540-0353-7
La PNL	Romilla Ready, Kate Burton	978-2-7540-0169-4
L'Hypnothérapie	Mike Bryant, Peter Mabbutt	978-2-7540-0504-3
Les Thérapies comportementales et cognitives	Rob Willson, Rhena Branch	978-2-7540-0246-2
La Psychologie	Dr Adam Cash	978-2-8769-1802-3

Puériculture

Titre	*Auteur*	*ISBN*
Choisir un prénom	Héloïse Martel	978-2-7540-1463-2
La 1re année de Bébé	James Gaylord, Michelle Hagen, Dr Éric Saban	978-2-7540-1511-0
La Grossesse, 2e édition	Dr Eddleman, Dr J. Stone, Dr Joëlle Bensimhon	978-2-7540-1429-8

Droit pratique

Titre	*Auteur*	*ISBN*
Le Droit du travail	Me Julien Boutiron, Jean-Philippe Élie	978-2-7540-1422-9
Organiser son mariage	Peggy Mignot-Paillet, Peggy Frey	978-2-7540-1676-6
L'Assurance	Laurence de Percin	978-2-7540-1073-3
Le Divorce	Me Martine Valot-Forest	978-2-7540-1479-3
L'Immobilier, 2e édition	Laurence Boccara, Catherine Sabbah	978-2-7540-0530-2

Finances personnelles

Titre	*Auteur*	*ISBN*
Payer moins d'impôts, 4e édition	Robert Matthieu	978-2-7540-2397-9
La Bourse	Gérard Horny	978-2-7540-0637-8
Les Finances personnelles	Pascale Micoleau-Marcel (sous la dir. de)	978-2-7540-0630-9

Maison

Titre	*Auteur*	*ISBN*
La Décoration	Kareen Perrin Debock, Frank Lecor	978-2-7540-2264-4
Un potager	Charlie Nardozzi, Philippe Collignon	978-2-7540-1675-9
Le Bricolage, 2e édition	G. et K. Hamilton, Frank Lecor	978-2-7540-1426-7
Vivre écolo	Liz Barclay, Michael Grosvenor, Franck Laval	978-2-7540-0707-8

... En Poche

Titre	*Auteur*	*ISBN*
Le Code de la route, édition 2011	Permisecole	978-2-7540-2387-0

Titre	*Auteur*	*ISBN*
La Table des calories	Jean-Paul Blanc, Catherine Poggi	978-2-7540-2087-9
Améliorer sa mémoire	John B. Arden	978-2-7540-2388-7
La Cuisine pas chère	Héloïse Martel, André Le Letty	978-2-7540-1772-5
L'Armagnac	Chantal Armagnac	978-2-7540-1613-1
Le Diabète	Dr Alan Rubin, Dr Marc Levy	978-2-7540-1436-6
Les Massages	Steve Capellini, Jocelyne Rolland, Michel Van Welden	978-2-7540-1330-7
S'arrêter de fumer	Pr B. Dautzenberg, Dr D. Brizer	978-2-7540-1293-5
Les Tests du Code de la route	DFC Production	978-2-7540-0751-1
Le Vin	Laure Liger, Yvan-Paul Cassetari	978-2-7540-0087-1
La Cuisine	Brian Miller, Alain Le Courtois	978-2-8769-1872-6
Le Sexe	Dr Ruth K. Westheimer	978-2-8769-1956-3
Maigrir	Jane Kirby	978-2-8769-1870-2
Le Feng Shui	David D. Kennedy	978-2-8769-1871-9
Un bureau feng shui	Holly Ziegler, Jennifer Lawler	978-2-8769-1949-5
La Méthode Pilates	Ellie Herman	978-2-7540-0223-3
Le Yoga	Georg Feuerstein, Larry Pane	978-2-7540-0063-5
Guérir l'anxiété	Dr Martine André, Dr Charles Eliott, Dr Laura Smith	978-2-7540-1195-2
Les Thérapies comportementales et cognitives	Rob Willson, Rhena Branch	978-2-7540-1074-0
La PNL	Romilla Ready, Kate Burton	978-2-7540-0879-2
La Psychologie	Dr Adam Cash	978-2-8769-1957-0
Le Bricolage	Gene Hamilton, Katie Hamilton	978-2-7540-0373-5

Business

Titre	*Auteur*	*ISBN*
Communiquer efficacement	Marty Brounstein, Florence Balique	978-2-7540-2229-3
Les Ressources humaines	Sabine Wojtas	978-2-7540-1627-8
Les Marques	Bill Chiaravalle, Barbara Findlay Schenck, Benoît Heilbrunn	978-2-7540-2127-2

Titre	*Auteur*	*ISBN*
Le Marketing opérationnel	Alexander Hiam, Benoît Heilbrunn	978-2-7540-1981-1
Le Service client	Keith Bailey, Karen Leland, Ralph Hababou	978-2-7540-1827-2
Trouver un job	Joyce Lain Kennedy, Nicolas Barrier	978-2-7540-1092-4
Le Marketing, 2e édition	Alexander Hiam	978-2-7540-0688-0
La Comptabilité	Laurence Thibault-Le Gallo	978-2-7540-0617-0
Créer sa boîte	Laurence de Percin	978-2-7540-0492-3
Le Management	Bob Nelson	978-2-8769-1952-5
Business Plans	Paul Tifany, Steven D. Peterson	978-2-8769-1712-5
La Vente	Tom Hopkins	978-2-8769-1670-8

… en Poche

Titre	*Auteur*	*ISBN*
L'Auto-entrepreneur	Grégoire Leclercq, Marie Gouilly-Frossard	978-2-7540-2025-1
Le Marketing	Alexander Hiam	978-2-7540-1598-1
Le Management	Bob Nelson	978-2-7540-0454-1
Business Plans	Paul Tiffany, Steven D. Peterson	978-2-7540-0094-9
La Vente	Tom Hopkins	978-2-8769-1950-1

Loisirs

Sports

Titre	*Auteur*	*ISBN*
Le Tennis	Patrick McEnroe, Peter Bodo, Guy Tambon	978-2-7540-1757-2
Les Arts martiaux	Jennifer Lawler, Nicolas Dupuy, Éric Le Cam	978-2-7540-1052-8
Courir	Tere Stouffer Drenth, Philippe Maquat	978-2-7540-1044-3
Gym et Musculation	Cyndi Targosz, Jean-Pierre Clémenceau	978-2-7540-1059-7
L'Équitation	Audrey Pavia, Marie Martin	978-2-7540-0732-0
Le Golf	Gary McCord	978-2-7540-0078-9
La Voile	J.-J. Isler, Peter Isler	978-2-7540-0059-8

Musique

Titre	*Auteur*	*ISBN*
Improviser à la guitare	Antoine Polin	978-2-7540-2019-0
Accords de guitare	Antoine Polin	978-2-7540-1009-2
Exercices de piano	David Pearl, Marc Rozenbaum	978-2-7540-1337-6
Exercices de guitare	John Chappell, Mark Phillips, Antoine Polin	978-2-7540-1336-9
L'Harmonica	Winslow Yerxa, Jean-Jacques Milteau	978-2-7540-1210-2
DJ	John Steventon, Nicolas Dambre	978-2-7540-1198-3
La Batterie	Jeff Strong, Laurent Bataille	978-2-7540-0352-0
Le Chant	Pamela S. Phillips, Mariette Jost	978-2-7540-0462-6
Le Solfège	Michael Pilhofer, Jean-Clément Jollet	978-2-7540-0586-9
La Guitare basse	Patrick Pfeiffer	978-2-7540-0288-2
Claviers et Synthétiseurs	Christophe Martin de Montagu	978-2-7540-0118-2
La Guitare, 2e édition	Mark Phillips, Jon Chappel	978-2-7540-0124-3
Le Piano	Blake Neely, Marc Rozenbaum	978-2-7540-0102-1
La Guitare électrique	John Chappell	978-2-8769-1983-9

Loisirs créatifs

Titre	*Auteur*	*ISBN*
Coffret Dessin	Collectif	978-2-7540-2056-5
Créer une BD	Gérald Gorridge	978-2-7540-1883-8
Dessiner des personnages	Kensuke Okabayashi	978-2-7540-1322-2
L'Aquarelle	Colette Pitcher	978-2-7540-0934-8
La Peinture à l'huile	Anita Giddings, Cherry Stone Clifton	978-2-7540-0935-5
Dessiner des mangas	Kensuke Okabayashi, Nobuyuki Anzai	978-2-7540-0494-7
La Couture	Janice Saunders Maresh	978-2-7540-0193-9
Le Dessin	Brenda Hoddinott	978-2-7540-0185-4
Le Tricot	Pam Allen	978-2-8769-1705-7

Nature

Titre	*Auteur*	*ISBN*
Un aquarium	Maddy Hargrove, Mic Hargrove	978-2-7540-0917-1
Le Cheval	Audrey Pavia, Marie Martin	978-2-7540-0367-4

Titre	*Auteur*	*ISBN*
Éduquer son chiot	Sarah Hodgson	978-2-7540-0372-8
Éduquer son chien	Jack Volahrd, Wendy Volahrd	978-2-7540-0152-6

Jeux

Titre	*Auteur*	*ISBN*
Pack Gym cérébrale	Stéphanie Boyron, Nicolas Conti	978-2-7540-2073-2
Le Scrabble	Eugénie Michel	978-2-7540-1698-8
Les Échecs, 2e édition	James Eade, Vincent Moret	978-2-7540-1870-8
Dungeons & Dragons®	Richard Baker, Bill Slavicsek	978-2-7540-1390-1
Le Casino	Kevin Blackwood, François Montmirel	978-2-7540-0447-3
Le Poker Texas Hold'em	Mark Harlan, François Montmirel	978-2-7540-0448-0
La Magie	David Pogue, Bernard Bilis	978-2-7540-0453-4
Le Bridge, 2e édition	Eddie Kantar, Jacques Delorme	978-2-7540-0276-9
Le Poker	Richard D. Harroch, Lou Krieger, François Montmirel	978-2-7540-0123-6

... en Poche

Titre	*Auteur*	*ISBN*
Dessiner des mangas	Kensuke Okabayashi	978-2-7540-1601-8
Le Poker en ligne	Mark Harlan, Chris Derossi, François Montmirel	978-2-7540-1871-5
Le Chant	Mariette Jost, Pamelia S. Philips	978-2-7540-1597-4
Le Poker	François Montmirel	978-2-7540-1548-6
La Couture	Janice Saunders Maresh	978-2-7540-1600-1
Un chien	Gina Spadafori, Catherine Collignon	978-2-7540-1320-8
Un chat	Gina Spadafori, Monique Bourdin	978-2-7540-1321-5
Le Tricot	Pam Allen	978-2-7540-0135-9
Le Dessin	Brenda Hoddinott	978-2-7540-0889-1
La Généalogie	Francis Christian	978-2-7540-0565-4

Langues

Méga kit audio

Titre	*Auteur*	*ISBN*
L'espagnol	Collectif	978-2-7540-2024-4
L'anglais	Collectif	978-2-7540-2023-7

Lexiques

Titre	*Auteur*	*ISBN*
Lexique anglais	Brigitte Lallement, Nathalie Pierret	978-2-7540-2243-9
Lexique espagnol	David Tarradas Agea	978-2-7540-2244-6

Méthodes de langues

Titre	*Auteur*	*ISBN*
L'hébreu	Jil Jacobs, Shifra Jacquet-Svironi	978-2-7540-1752-7
Le latin	Clifford Hull, Steven Perkins, Tracy Barr, Danièle Robert	978-2-7540-0881-5
La Grammaire anglaise	Géraldine Woods, Claude Raimond	978-2-7540-0564-7
Le russe	Vincent Bénet, Oleg Chinkarouk, Serafima Gettys, Andrew Kaufman	978-2-7540-0813-6
Le portugais	Karen Keller, Ricardo Rodrigues	978-2-7540-0831-0
L'arabe	Amine Bouchentouf, Sylvie Chraibi, Aboubakar Chraibi	978-2-7540-0312-4
Le japonais	Eriko Sato, Vincent Grépinet	978-2-7540-0495-4
Le néerlandais	Margreet Kwakernaak, Michael Hofland, Annick Christiaens	978-2-7540-0313-1
Le chinois	Wendy Abraham, Joël Bellassen	978-2-7540-0212-7
L'allemand	Paulina Christensen, Claude Raimond	978-2-7540-0038-3
L'anglais	Gail Brenner, Claude Raimond	978-2-8769-1973-0
L'espagnol	Suzanna Wald, Anne-Carole Grillot	978-2-8769-1974-7
L'italien	Francesca Onufri, Sylvie Le Bras	978-2-7540-0039-0

Guides de conversation

Titre	*Auteur*	*ISBN*
L'espagnol des affaires	David Terradas Agea	978-2-7540-1708-4
L'alsacien	Bénédicte Keck, Léon Daul	978-2-7540-1848-7

Titre	*Auteur*	*ISBN*
Le corse	Jean Chiorboli	978-2-7540-1843-2
L'espagnol du voyageur	David Tarradas Agea	978-2-7540-1709-1
L'anglais des affaires	Claude Raimond	978-2-7540-1519-6
L'anglais du voyageur	Claude Raimond	978-2-7540-1520-2
Le Parler québécois	Marie-Pierre Gazaille, Marie-Lou Guévin, Yannick Resch	978-2-7540-1476-2
Le chti	Pierre-Marie Gryson	978-2-7540-1475-5
Le basque	Jean-Baptiste Coyos, Jasone Salaberria	978-2-7540-1239-3
Le breton	Hervé Le Bihan, Gwendal Denis, Martial Ménard	978-2-7540-1240-9
Le japonais	Eriko Sato, Vincent Grépinet	978-2-7540-0653-8
L'arabe	Amine Bouchentouf, Sylvie Chraïbi, Aboubakr Chraïbi	978-2-7540-0839-6
Le portugais	Karen Keller, Ricardo Rodrigues	978-2-7540-1016-0
Le russe	Vincent Bénet, Oleg Chinkarouk, Serafima Gettys, Andrew Kaufman	978-2-7540-1010-8
L'allemand	Paulina Christensen, Claude Raimond	978-2-7540-0324-7
L'italien	Francesca Onofri, Sylvie Le Bras	978-2-7540-0325-4
Le chinois	Wendy Abraham, Joël Bellassen	978-2-7540-0485-5
Le néerlandais	Margreet Kwakernaak, Michael Hofland, Annick Christiaens	978-2-7540-0484-8
L'espagnol	Suzanna Wald, Anne-Carole Grillot	978-2-7540-0178-6
L'anglais	Gail Brenner, Claude Raimond	978-2-7540-0177-9

Kits audio

Titre	*Auteur*	*ISBN*
L'allemand	Edward Swick	978-2-7540-1625-4
Le japonais	Eriko Sato, Vincent Grépinet	978-2-7540-1624-7
Le néerlandais	Michaël Hofland	978-2-7540-1623-0
L'italien	Teresa L. Picarazzi	978-2-7540-1328-4
Le chinois	Mengjun Liu, Mike Packevics	978-2-7540-1329-1
L'anglais	Gail Brenner	978-2-7540-0963-8
L'espagnol	Jessica Langemeier	978-2-7540-0964-5

... en Poche

Titre	*Auteur*	*ISBN*
La Grammaire anglaise	Géraldine Woods, Claude Raimond	978-2-7540-2519-5
L'anglais correct	Claude Raimond	978-2-8769-1923-5

Parascolaire

Juniors

Titre	*Auteur*	*ISBN*
La Bible	Eric Denimal	978-2-7540-2252-1
L'Égypte ancienne	Florence Maruéjol	978-2-7540-1979-8
L'Histoire de France	Jean-Joseph Julaud	978-2-7540-1978-1

Collège

Titre	*Auteur*	*ISBN*
Maths 6e	Cédric Bertone	978-2-7540-1176-1
Maths 5e	Yann Gélébart	978-2-7540-1178-5
Maths 4e	Jean-Charles Alvado	978-2-7540-1180-8
Maths 3e	Yann Gélébart	978-2-7540-1182-2
Français 6e	Dominique Rat, Anne Lavielle	978-2-7540-1175-4
Français 5e	Nathalie Soihet	978-2-7540-1177-8
Français 4e	Hélène Papiernick	978-2-7540-1179-2
Français 3e	Hélène Papiernick	978-2-7540-1181-5

Lycée

Titre	*Auteur*	*ISBN*
Bac Français	Gilles Guilleron	978-2-7540-2258-3
Bac Philosophie	Christian Godin	978-2-7540-2259-0
Bac Histoire-Géo	Nicolas Arnaud, Hugues Vessemont	978-2-7540-2257-6
Bac Anglais	Jean-Bernard Piat	978-2-7540-2260-6

Cahiers pour adultes

Titre	*Auteur*	*ISBN*
Cahier de Culture générale	Jean-Joseph Julaud	978-2-7540-1834-0
Cahier de Jeux d'esprit et de logique	Nicolas Conti	978-2-7540-1835-7